Wakkanai
Asahikawa
Hokkaid
Seiten 314–3
Sapporo
Obihir
Hakodate
Aomori
Hachinohe
Pazifischer Ozean
Morioka
Akita
Nord-Honshu
Seiten 294–313
Tsuruoka
Sendai
Yamagata
do
Niigata
Fukushima
Koriyama
Joetsu
Nagano
Utsunomiya
Mito
Tokyo
Seiten 78–145
Narita
entral-
Honshu
148–179
Yokohama
Fuji
oka

INSPIRIEREN / PLANEN / ENTDECKEN / ERLEBEN

JAPAN

DK Vis-à-Vis

JAPAN

INHALT

秩父錦
優良清酒
天覧山
芳醇清酒
鶴齢
新潟清酒
長者盛
香住鶴
KASUMI TSURU
福壽
老松
特撰清酒
HAKUTAKE "SHIRO" SHOCHU

JAPAN ENTDECKEN 6

TOKYO ERLEBEN 78

JAPAN ERLEBEN 146

REISE-INFOS 326

Links: *Sake-Fässer am Meiji-Jingu-Schrein, Tokyo* (siehe S. 86f)
Vorige Seite: *Eines der* torii *des Oarai-Isosaki-jinja-Schreins, Nord-Honshu*
Umschlag: *Das »schwebende«* torii *auf der Insel Miyajima* (siehe S. 230f)

JAPAN
ENTDECKEN

WILLKOMMEN IN JAPAN

Konnichiwa! Japan heißt Sie als ein faszinierendes Land der Kontraste willkommen. Erleben Sie stille Zengärten und dampfende *onsen*, Menschenmassen und Roboterrestaurants, Feuer und Eis auf Hokkaido, den majestätischen Fuji und den überirdisch schönen Bambushain in Arashiyama. Stellen Sie sich einfach Ihre ganz persönliche Traumreise zusammen!

1

2

3

4

1 *Buddha-Statue im Eikan-do-Tempel, Kyoto*

2 *Neonlichter machen die Nacht zum Tag in Tokyos Stadtviertel Akihabara*

3 *Leckeres Sushi*

4 *Herbstliche Farbenpracht am Kiyomizu-dera-Tempel*

Japan besteht aus vier Hauptinseln und Tausenden kleinerer Inseln, die sich rund 3000 Kilometer vom hohen Norden bis zum tropischen Okinawa im Süden erstrecken. Dazwischen liegen abwechslungsreiche Landschaften, die alljährlich zur Kirschblüte in zarter Schönheit erstrahlen.

Japanische Effizienz ist kein Mythos: Die dicht besiedelten Städte funktionieren wie perfekte Uhrwerke. In der Hauptstadt Tokyo scheint das einzig Beständige der Wandel zu sein. Mit ihren Cosplayern, Katzencafés und von Neonlichtern psychedelisch bestrahlten Straßen wirkt sie wie ein wahr gewordener Science-Fiction-Film. Im Westen ist die einstige Hauptstadt Kyoto mit ihren goldenen Schreinen und eleganten Geishas das Yin zu Tokyos Yang – und nicht nur historisch bedeutend, sondern auch modern und kosmopolitisch. Osaka wiederum besitzt eine chaotische Innenstadt und eine dynamische Food-Szene, und über der Stadt thront eine riesige Burg. Japan kann einen mit seinen unzähligen großartigen Sehenswürdigkeiten nahezu überwältigen.

Um Ihnen die Planung zu erleichtern, stellen wir Ihnen Japan in einzelnen Kapiteln vor – samt Touren, Experten- und Entdeckertipps. Mit dem exzellenten Eisenbahnnetz kommt man schnell voran. Detaillierte Karten dienen zur schnellen Orientierung vor Ort. Viel Spaß in Japan!

LIEBENSWERTES JAPAN

Picknicken unter Kirschblüten, jahrhundertealte Traditionen erforschen, an Bord eines Hochgeschwindigkeitszugs durch die Landschaft rasen – es gibt so viele Gründe, Japan zu lieben. Hier sind ein paar unserer Favoriten.

1 Hochgeschwindigkeitszüge

Als Japan 1964 den *shinkansen* einführte, ließ es den Rest der Welt – bildlich gesprochen – stehen: Die Hightech-Fahrt mit 320 km/h ist ein Erlebnis.

2 Aufenthalt in einem *ryokan*

Die Gästehäuser bieten eine urjapanische Erfahrung samt *yukata* (Kimono), heißem Gemeinschaftsbad und hausgemachter Mahlzeit mit viel Sake.

3 *Otaku* – leidenschaftliche Fans

Otaku war früher eine abwertende Bezeichnung für Superfans, mittlerweile nennen sich immer mehr Menschen selbst so. In Tokyos Stadtteil Akihabara *(siehe S. 118)* entdeckt man die Welt der Mangas, Animes und des Cosplay.

4 Ausgelassene Feste

Lassen Sie sich von Japans Ruf nicht täuschen: Hier wird wild gefeiert, erwarten Sie Feiernde in Lendenschurz, eine Parade von Tänzern und verlockende Düfte *(siehe S. 70f)*.

Fantastische Burgen 5

Von Burg Kumamoto *(siehe S. 274)* und anderen Festungen aus der Zeit der streitenden Reiche bis zum eleganten Turm von Himeji-jo *(siehe S. 224–227)* wirken Japans Burgen wie aus dem Märchen.

Sake trinken 6

Sake wird aus großkörnigem Reis und *koji* (Hefepilz) gebraut und erhält seinen typischen Geschmack durch Fermentierung. Er schmeckt heiß im Winter ebenso wie kalt im Sommer *(siehe S. 65)*.

Historisches Kyoto 7

1600 buddhistische Tempel und mehr UNESCO-Welterbestätten als jede andere Stadt der Welt – Kyoto ist das Top-Ziel für alle Kulturinteressierten *(siehe S. 180 – 209)*.

Zauberhafte Kirschblüte 8

Wenn im Frühjahr die Kirschblüte nach Norden wandert, genießen Einheimische eines der beliebtesten Feste: *hanami* – Picknicken unter Blüten.

9 Zengärten – Orte für Gelassenheit

Manche glauben, dass die Steine Inseln darstellen, andere, dass sie emotionale Hürden symbolisieren – suchen Sie Ihre eigene Bedeutung für diese friedvollen Gärten *(siehe S. 48)*.

10 Entspannen im *onsen*

Als eine der aktivsten Vulkanregionen der Welt ist Japan voller natürlicher heißer Mineralquellen, *onsen*. Lassen Sie Ihre Sorgen in einem der Pools verschwinden *(siehe S. 61)*.

Köstliches Sushi 11

Sushi steht auf den Karten von schicken Sterne-Restaurants ebenso wie auf denen einfacher Lokale. Zücken Sie also die Stäbchen für das absolut beste Sushi *(siehe S. 140)*.

Karaoke-Nächte 12

Kichernde Teenager, Geschäftsleute – in den schalldichten Kabinen schmettert jeder nach Herzenslust. Schnappen Sie sich Earplugs und Ihren Lieblingssong zum ultimativen Singspaß.

JAPAN
AUF DER KARTE

Für diesen Reiseführer wird Japan in neun Regionen unterteilt, die auf den folgenden Seiten einzeln beschrieben werden. Jede Region hat eine eigene Farbe, wie auf der Karte ersichtlich.

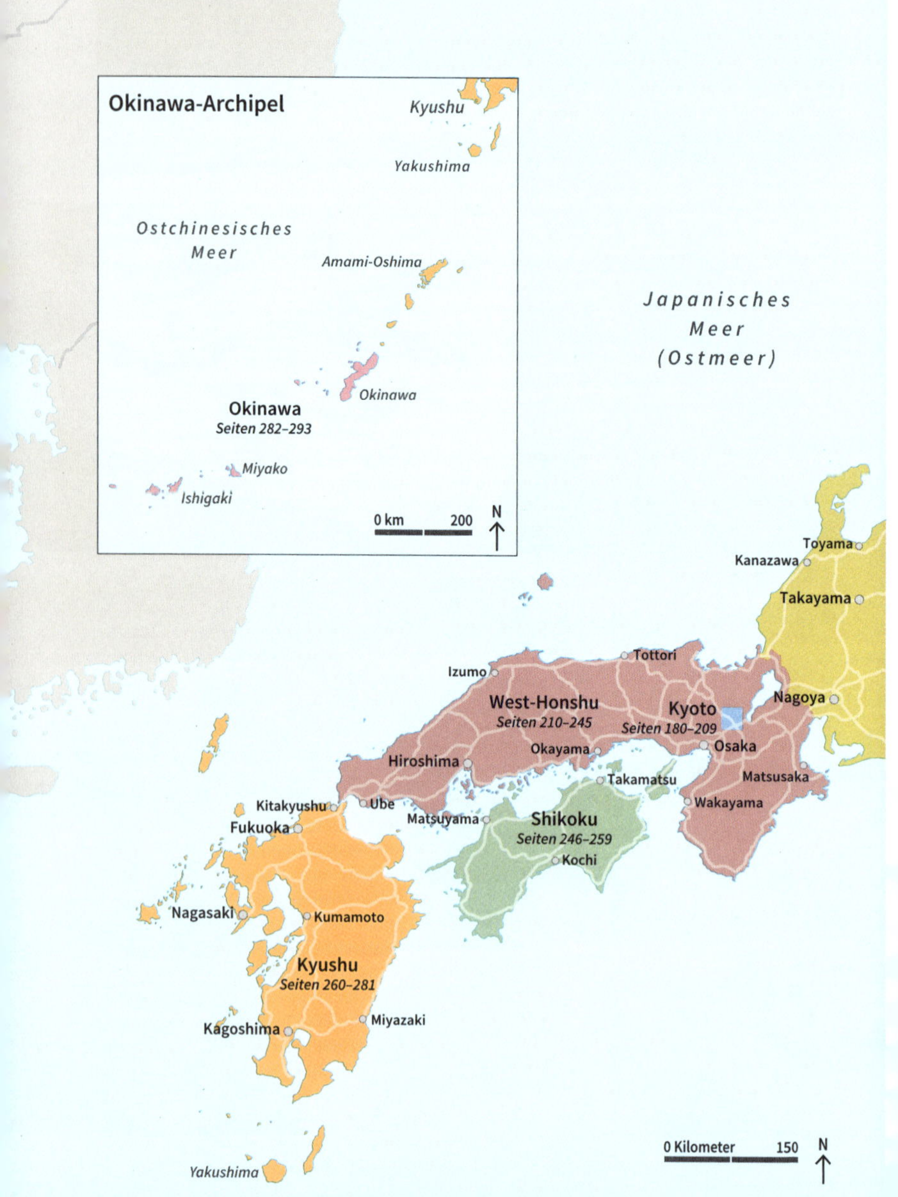

Wakkanai
Asahikawa
Kitami
Hokkaido
Seiten 314–325
Sapporo
Obihiro
Kushiro
Hakodate
Aomori
Hachinohe
Pazifischer Ozean
Morioka
Akita
Nord-Honshu
Seiten 294–313
Tsuruoka
Yamagata
Sendai
Sado
Niigata
Fukushima
Koriyama
Joetsu
Nagano
Utsunomiya
Mito
Tokyo
Seiten 78–145
Narita
Zentral-Honshu
Seiten 148–179
Yokohama
Shizuoka
Fuji

Ostasien

RUSSLAND
MONGOLEI
NORD-KOREA
SÜD-KOREA
JAPAN
CHINA
NEPAL
INDIEN
MYANMAR
VIETNAM
TAIWAN
Pazifischer Ozean
THAILAND
KAMBODSCHA
PHILIPPINEN
MALAYSIA
INDONESIEN
PAPUA-NEUGUINEA

DIE REGIONEN JAPANS

Japan besteht aus vier großen – Honshu, Hokkaido, Kyushu und Shikoku – und einigen Tausend kleinen Inseln. In diesem Land voller Kontraste gibt es hektische Metropolen, ruhige Küstendörfer und tolle Landschaften. Um Ihnen einen Überblick zu bieten, stellen wir Ihnen Japans Regionen einzeln vor.

Seiten 78–145

Tokyo

Japans Hauptstadt ist in der Vergangenheit verwurzelt und zugleich visionär. Hier stehen traditionelle niedrige Häuser neben Wolkenkratzern, der historische Ueno-Park liegt nur wenige Straßen vom Neon-Viertel Akihabara entfernt. Nach Einbruch der Dunkelheit erwacht die Stadt zum Leben, wenn sich Büroangestellte und Studenten gleichermaßen in den Cocktailbars versammeln und die leuchtenden Laternen vor den gemütlichen *izakaya* (Kneipen) die Passanten anlocken. Restaurants aller Preisklassen laden zum Essen ein – darunter mehr Sterne-Restaurants als in jeder anderen Stadt der Welt.

Entdecken
Den weltberühmten, ständigen Puls der Stadt

Sehenswert
Ginza, Ueno-Park und so viel mehr

Genießen
Eklektische Kunst in Roppongis berühmtem Kunstdreieck

Seiten 148 – 179

Zentral-Honshu

In Zentral-Honshu liegen die reizenden Städte Kamakura und Kanazawa, berühmt ist die Region jedoch für ihre atemberaubenden Landschaften. Hier bieten der Fuji und die Japanischen Alpen perfekte Ziele für Outdoor-Fans. Zentral-Honshu ist zwar gut erreichbar und vernetzt, allerdings in manchen Teilen doch so abgelegen, dass sich dort wie in einem Paralleluniversum zu Tokyo traditionelle bäuerliche Lebensstile, Architektur und Feste erhalten haben.

Entdecken
Grandiose Landschaften

Sehenswert
Yokohama, Kamakura, Fuji und die fünf Fuji-Seen, Takayama, Kanazawa

Genießen
Den Schneeaffen beim Bad in den heißen Becken bei Nagano zuschauen

Seiten 180 – 209

Kyoto

Die alte Kaiserstadt mit ihren berühmten Monumenten bietet einen guten Blick in Japans Seele, denn hier verbinden sich Geschichte und Moderne auf besondere Weise. Kyoto ist die Heimat anmutiger Geishas, faszinierender Tempel und zauberhafter Bambuswälder. Von der rosafarbenen Kirschblüte im Frühling bis zu den leuchtend roten Ahornblättern im Herbst kann man in den wunderschönen Gärten der Stadt den Lauf der Jahreszeiten verfolgen.

Entdecken
Traditionelle Tempel

Sehenswert
Burg Nijo, Fushimi-Inari-Taisha-Schrein

Genießen
Eine Führung durch das malerische Unterhaltungsviertel Gion

→

Seiten 210 – 245

West-Honshu

Osaka ist Japans größte Stadt im Westen und das kulturelle Gegenstück zum wirtschaftlich dominierenden Tokyo. Mit seinem einmaligen Dialekt, den chaotischen Straßen und der fantastischen Foodie-Szene ist Osaka unbedingt eine Reise wert. Auch West-Honshu selbst hat viel zu bieten: die traumhaft schöne Burg Himeji, das erschütternde Hiroshima und beeindruckende Landschaften. Weitere Highlights sind natürlich das *torii* auf Miyajima, das auf dem Wasser zu schweben scheint, und der Berg Yoshino, der sich zu *hanami* in rosa Kirschblüten hüllt.

Entdecken
Kirschblüte

Sehenswert
Nara, Osaka, Kobe, Burg Himeji, Friedenspark Hiroshima, die Insel Miyajima und der Tempel Horyu-ji

Genießen
Den Taucherinnen vor der Perleninsel Mikimoto zusehen

Seiten 246 – 259

Shikoku

Shikoku war jahrhundertelang isoliert und wirkt auch heute noch sehr abgelegen, was seinen besonderen Charme ausmacht. Die am wenigsten erschlossene Insel bietet einen Eindruck vom Landleben früherer Zeiten. Die charmante Stadt Matsuyama ist mit Burg, ratternden Trams und heißer Quelle ein großartiger Ausgangspunkt für Ausflüge – oder man traut sich, die berühmte, 1200 Kilometer lange 88-Tempel-Wallfahrt zu machen.

Entdecken
Ländlichen Charme

Sehenswert
Benesse Art Site Naoshima

Genießen
Die historische 88-Tempel-Wallfahrt mit den weiß gekleideten Pilgern, die auf diese Weise für Sünden büßen

Seiten 260 – 281

Kyushu

Aktive Vulkane, welliges Grasland, blubbernde heiße Quellen und kontaktfreudige Einheimische – Kyushu besitzt ein ganz spezielles Flair. Das geschäftige Fukuoka und das schöne Nagasaki, zwei kosmopolitische Städte, bezeugen zudem Kyushus historische Rolle als Japans Tor zur Welt. Die bunte kulturelle Mischung spiegelt sich auch in der vielseitigen Inselküche: Hakata-Ramen oder Lotuswurzeln sättigen hungrige Einheimische, während der Kartoffelschnaps Shochu einen feurigen Geschmack hinterlässt.

Entdecken
Dampfende *onsen*

Sehenswert
Fukuoka, Nagasaki

Genießen
Ein Bad im Freien in den heißen Quellen des aktiven Vulkans Sakurajima

→

Seiten 282 – 293

Okinawa

Etwa 1600 Kilometer südlich von Tokyo bietet Okinawa ein tropisches Paradies mit unberührten Stränden, großartigen Tauchrevieren und einem entspannten Lebensstil – kein Wunder, dass die Japaner und Japanerinnen hier am liebsten Urlaub machen. Es gibt auch viel zu entdecken: Die Hauptstadt Naha ist eine Mischung aus gepflegter Kultur und Neonlichtern, traditionellen Inselhäusern mit roten Ziegeldächern und dröhnenden Karaoke-Bars. Im Umland liegen bewegende Kriegsdenkmäler, heilige Haine und bunte Kunstgewerbeläden.

Entdecken
Entspannung in allen Variationen

Sehenswert
Traumstrände

Genießen
Den regionaltypischen, aus fermentiertem Reis destillierten kräftigen *awamori*

Seiten 294 – 313

Nord-Honshu

Um den Norden von Japans größter Insel ranken sich Mythen. Hier findet man heilige Berge, dichte Wälder und lebendige Traditionen. Tohoku, wie die Einheimischen die Region nennen, ist ein raues, einsames Wunderland, das in der Literatur eine bedeutende Rolle spielt – seine berühmteste in den Haikus des Dichters Basho, der seine kühne Reise in die abgelegene Provinz in *Auf schmalen Pfaden durchs Hinterland* verewigte. Heute ist die ruhige Gegend gut mit der Hauptstadt und dem Rest des Landes verbunden.

Entdecken
Literatur und Musik

Sehenswert
Nikko

Genießen
Eine Vorführung von *Taiko*-Trommlern auf der Insel Sado

Seiten 314 – 325

Hokkaido

Hokkaido ist Japans größte Präfektur und seine nördlichste Hauptinsel. Hier findet man fruchtbare Ebenen, perfekte Bedingungen zum Skifahren und hohe Vulkane – ein Land aus Feuer und Eis, das teilweise surreal wirkt. Das Tor zu dieser spektakulären Inselschönheit ist Hakodate, auf dessen berühmtem Morgenmarkt frische Meeresfrüchte dominieren. Eine Sensation der Hauptstadt Sapporo sind die riesigen Eisskulpturen, die alljährlich zum Schneefestival aus Schnee und Eis gefräst werden.

Entdecken
Wintersport

Sehenswert
Grenzenlose Nationalparks

Genießen
Snowboarden auf den Pulverschneepisten des Niseko-Skigebiets

←

1 *Exponate in der Intermediatheque*

2 *Fushimi-Inari-Taisha-Schrein*

3 *Aufgehübschter Eingang von Ginza Six*

4 *Stylishe Shoppingfans in Tokyos Stadtteil Harajuku*

Als Land der extremen Gegensätze ist Japan ein Geschenk für alle, die sich den zeitlichen Luxus einer längeren Reise gönnen können. Diese Tour ist eine perfekte Einführung in die Inselnation.

2 WOCHEN

in Japan

Tag 1

In Tokyo fahren Sie mit einem kostenlosen Sightseeing-Bus von Hinomaru Limousine auf dem Nihonbashi Loop (www.hinomaru.co.jp) zur Haltestelle Nihonbashi Muromachi 1-chome, um die japanische Papierherstellung bei Ozu Washi (www.ozuwashi.net) zu sehen. Danach essen Sie in der Halle von Mitsukoshi *(siehe S. 110f)*. Weiter geht es zum Kaiserpalast *(siehe S. 112f)*. Bei schönem Wetter erkunden Sie die Parks, ansonsten besuchen Sie das kostenlose Intermediatheque Museum (www.intermediatheque.jp). Abends essen Sie original Edomae-Sushi bei Yoshino Sushi Honten (3-8-11 Nihonbashi), danach lassen Sie den Abend in der Bar des Hotels Mandarin Oriental mit Blick über Tokyos Neonlichter ausklingen (www.mandarinoriental.com).

Tag 2

In Roppongi *(siehe S. 90f)* – Szeneviertel und kultureller Hotspot – kaufen Sie ein ATRo Saving Ticket für den Roppongi Art Triangle. Beginnen Sie im Mori-Kunstmuseum mit zeitgenössischer Kunst. Nach dem Mittagessen im Afuri (www.afuri.com), das für delikate Ramen bekannt ist, besuchen Sie das Nationale Kunstzentrum und das Suntory-Kunstmuseum. Abends bleiben Sie in Roppongi, das Viertel ist perfekt zum Ausgehen.

Tag 3

Heute entdecken Sie Tokyos schrille Seite. Starten Sie in der bunten Takeshita-dori in Harajuku *(siehe S. 94f)*, in den schicken Boutiquen und Vintage-Läden kann man leicht einen Vormittag verbummeln. Mittags verwöhnen Sie sich mit Süßem im Marion Crepes (www.marion-crepes.co.jp), danach fahren Sie mit der Metro nach Ikebukuro, wo in der Otome Popkultur vom Feinsten und Schrillsten wartet. Zu den Highlights der Straße gehören Animate (www.animate.co.jp) und ein Tee im Butler-Café Swallowtail (www.butlers-cafe.jp).

Tag 4

Schon vor Sonnenaufgang geht es zum Toyosu-Fischmarkt *(siehe S. 138f)*. Nachdem Sie die lebhafte Thunfischauktion beobachtet haben, können Sie ein paar Stunden in die digitalen Kunstwerke des nahe gelegenen teamLab Planets (www.planets.teamlab.art) eintauchen, bevor Sie das Einkaufszentrum Ginza *(siehe S. 106f)* besuchen. Ginza Six, der größte Einkaufskomplex des Bezirks, beherbergt im Untergeschoss ein traditionelles Noh-Theater (www.kanze.net). Nachdem Sie den Rest des Nachmittags in den Läden verbracht haben, sollten Sie früh im Sushi no Midori Ginza (www.sushinomidori.co.jp) erscheinen, um ein unvergessliches Abendessen zu genießen.

Tag 5

Mit dem *shinkansen* fahren Sie in zweieinhalb Stunden nach Kyoto. Dort führt der Weg vom Bahnhof *(siehe S. 189)* zum To-ji-Tempel *(siehe S. 188)*, wo Sie Kyotos religiöse Bedeutung kennenlernen. Bewundern Sie die 1001 Göttinnenstatuen im Sanjusangendo-Tempel *(siehe S. 189)* und essen Sie im Tsuruki Mochi Hompo Shichijo (561 Nishinomoncho). Danach geht es zum Fushimi-Inari-Taisha-Schrein *(siehe S. 186f)*, wo ein *Torii*-Gang zu einem herrlichen Ausblick über die Stadt führt. Zurück im Zentrum, spazieren Sie am Fluss entlang. Abends essen Sie im Gyoza Hohei *(siehe S. 195)*.

→

1

4

2

3

Tag 6

Auf einer kostenlosen Führung lernen Sie Kyotos Geschichte im Kaiserpalast *(siehe S. 195)* kennen. Mittags stärken Sie sich auf dem quirligen Nishiki-Markt für einen Spaziergang auf dem Philosophenweg *(siehe S. 208f)*. Am Ende des Wegs trinken Sie im Nanzen-ji-Tempel *(siehe S. 194)* traditionellen *Matcha*-Tee. Abends probieren Sie Sake-Sorten in der Jam +Sake Bar *(siehe S. 192)*.

Tag 7

Besuchen Sie den Kitano-Tenman-gu-Schrein *(siehe S. 198f)* und den glitzernden Kinkaku-ji *(siehe S. 199)*. Dann fahren Sie nach einer schnellen Bento-Box am Hauptbahnhof Kyoto mit dem Zug nach Osaka *(siehe S. 218–221)*. Abendessen und Absacker finden Sie in der geschäftigen Dotonbori im Zentrum.

Tag 8

Besichtigen Sie die Burg von Osaka *(siehe S. 218)*, probieren Sie mittags marinierten Aal im Sumiyaki-Unagi Uoi Tengo (www.sumiyaki-unagi.com) und lernen Sie Osakas Geschichte im Shitenno-ji-Tempel *(siehe S. 221)* kennen. Bei Sonnenuntergang genießen Sie den Blick von der Spitze des Conrad Osaka – der perfekte Ort für einen Cocktail.

Tag 9

Nach einer langen Tour durch das unterirdische Nationale Kunstmuseum *(siehe S. 219)* stärken Sie sich im Sternelokal Kashiwaya (www.relaischateaux.com) in traditionellem Ambiente. Dann geht es auf das markante Umeda Sky Building, um den Panoramablick im Kuchu Teien Observatory *(siehe S. 220)* zu genießen. Abends bummeln Sie durch die engen Gassen und altmodischen Bars im charmanten Viertel Shinsekai.

Tag 10

Mit dem Zug fahren Sie in einer Stunde nach Nara *(siehe S. 214f)*. Versorgen Sie sich beim Bahnhof mit Proviant, besichtigen Sie dann im Nara-Park den Todai-ji-Tempel *(siehe S. 216f)* mit den heiligen Hirschen. Später bummeln Sie durch die Läden und *machiya*

5

1 *Westtor des Tempels Shitenno-ji in Osaka* ↑

2 *Stand am Nishiki-Markt*

3 *Bunte Schilder in Osakas Stadtviertel Shinsekai*

4 *Kobes Schifffahrtsmuseum und der Hafenturm*

5 *Benesse House der Benesse Art Site Naoshima*

(Kaufmannshäuser) in Naramachi. Dann fahren Sie zurück nach Osaka.

Tag 11

Von Osaka fahren Sie in 30 Minuten nach Kobe *(siehe S. 222f)*. Dort spazieren Sie in der Kitano-zaka hinauf nach Kitano-cho mit seinen europäischen Villen. Danach lassen Sie sich Kobe-Rindfleisch im Steak House Garaku (www.steakhouse-garaku-kitano.jp) schmecken. Nachmittags verkosten Sie Sake in der Hamafukutsuru Ginjo Brewery *(siehe S. 223)*, bei Sonnenuntergang gehen Sie im Hafen spazieren mit Blick auf das Schifffahrtsmuseum. Abends essen Sie im quirligen Chinesischen Viertel.

Tag 12

Von Kobe fahren Sie mit dem *shinkansen* nach Okayama *(siehe S. 236)*. Dort besichtigen Sie den berühmten Koraku-en-Garten bei der Burg und die Museen der Stadt. Nach dem Mittagessen bringt Sie die Fähre zur Benesse Art Site Naoshima *(siehe S. 250f)*. Übernachten Sie im eleganten Benesse House und genießen Sie zum Abendessen kunstvoll arrangierte *kaiseki* (kleine Gerichte).

Tag 13

Besuchen Sie früh die Museen von Naoshima. Dann fahren Sie zurück nach Okayama und mit dem *shinkansen* weiter nach Hiroshima. Mittags essen Sie im Okonomiyaki Nagata-ya (www.nagataya-okonomi.com), danach stehen die Monumente und das Museum im Friedenspark *(siehe S. 228f)* auf dem Programm. Abends essen Sie Austern – eine Spezialität Hiroshimas – im Kakifune Kanawa (www.kanawa.co.jp).

Tag 14

Hiroshimas zukunftsgerichtete Seite lernen Sie im Hiroshima-Kunstmuseum (www.hiroshima-museum.jp) und im Hiroshima Orizuru Tower kennen. Gönnen Sie sich im Bakudanya (2-12 Shintenchi) Nudeln, bevor Sie nach Tokyo zurückkehren. Dort können Sie in Shimokitazawa Bars oder die Gassen von Golden Gai *(siehe S. 96)* besuchen.

←

1 *Die Shibuya-Kreuzung, eine der belebtesten Kreuzungen der Welt*

2 *Der rote Tokyo Tower im Shiba-Park*

3 *Ein Händler beim Zerlegen von Thunfisch auf dem Toyosu-Fischmarkt*

4 *Straßenstand auf dem Weg zum Senso-ji-Tempel*

5 TAGE
in Tokyo

Tag 1
Zuerst geht es zur Shibuya-Kreuzung *(siehe S. 92)* und mittags zu Ramen im Ichiran (en.ichiran.com). Mit der Yamanote-Linie fahren Sie nach Yoyogi, dort geht es durch den Yoyogi-Park *(siehe S. 96)* zum Meiji-Jingu-Schrein *(siehe S. 86f)* und durch Alleen. Fahren Sie dann zur Takeshita-dori in Harajuku *(siehe S. 94f)*, einem Epizentrum für junge Mode. Abends schmettern Sie Hits in einer Karaoke-Kabine – in Shibuyas Karaoke Kan (www.karaokekan.jp) aus *Lost in Translation*.

Tag 2
Im Shiba-Park *(siehe S. 118)* fahren Sie mit dem Lift auf den Tokyo Tower und genießen den atemberaubenden Blick. Dann spazieren Sie durch den Park, besichtigen den Zojo-ji-Tempel und essen mittags frischen Thunfisch im nahen Itamae Sushi (www.itamae.co.jp). Nachmittags bummeln Sie durch die riesigen Läden im nahen Ginza, traditionelle Artikel bietet Mitsukoshi in Nihonbashi *(siehe S. 110f)*. Nach einem Aperitif in der legendären Bar MOD (3-4-12 Ginza) essen Sie im Takashimaya *(siehe S. 110)* zu Abend oder sehen sich eine Kabuki-Vorführung im Kabuki-za-Theater *(siehe S. 114)* an.

Tag 3
Ganz früh geht es zum Toyosu-Fischmarkt, wo um 5:30 Uhr die Thunfisch-Auktionen beginnen *(siehe S. 138f)*. Danach erkunden Sie die künstliche Insel Odaiba *(siehe S. 145)* und essen mittags *takoyaki* (Oktopus in Teigkugeln) im Odaiba Takoyaki Museum *(siehe S. 143)*. Danach entdecken Sie die Läden in der siebenstöckigen Diver City Mall sowie die riesige Roboterstatue und technischen Exponate im Nationalmuseum für Wissenschaft und Innovation *(siehe S. 145)*. Abends schmeckt an der Shin-Toyosu-Station ein Barbecue im Wild Magic – The Rainbow Farm (www.wildmagic.jp).

Tag 4
Im Ueno-Park *(siehe S. 126f)* könnte man Tage verbringen, heute geht es zum Honkan-Gebäude des Nationalmuseums Tokyo *(siehe S. 128–131)* zu einer Einführung in japanische Kunst. Nach dem Mittagessen im Yamabe Okachimachi *(siehe S. 129)* spazieren Sie zum Senso-ji-Tempelkomplex *(siehe S. 132f)*. Danach genießen Sie auf der anderen Seite des Sumida im Tokyo Skytree *(siehe S. 135)* den freien Panoramablick über die Stadt und anschließend in den Gassen von Asakusa *(siehe S. 133)* das Abendessen im Nakasei, einem 1870 gegründeten Tempura-Restaurant (www.nakasei.biz).

Tag 5
Verwöhnen Sie Ihren inneren *otaku* in den unzähligen Manga-Läden und -Cafés in Ikebukuro *(siehe S. 142)*, einem von Japans führenden Cosplay-Zentren. Nach einem edlen Essen im berühmten Butler-Café Swallowtail (www.butlers-cafe.jp) bietet der Sky Circus im Sunshine 60 fantastische Virtual Reality. Danach spazieren Sie zum Jiyugakuen Myonichikan zu einer Führung durch Frank Lloyd Wrights »House of Tomorrow« (2-31-3 Nishiikebukuro). Miyazaki-Fans können im Ghibli-Museum (www.ghibli-museum.jp) neben dem grünen Inokashira-Park im Westen Tokyos in die skurrile Welt des Oscar-prämierten Regisseurs eintauchen – allerdings sollte man vorher reservieren.

←

1 *Moderne Wolkenkratzer in Yokohama vor der Kulisse des mächtigen Fuji*

2 *Der berühmte Große Buddha in Kamakura*

3 *Teilnehmerin bei einem Skirennen in Nagano*

4 *Kunden an einem Stand mit frischem Fisch auf dem Frühmarkt in Wajima*

5 TAGE

in Zentral-Honshu

Tag 1

Im geschäftigen Yokohama *(siehe S. 152f)* starten Sie im exzellenten Yokohama-Kunstmuseum. Zum Mittagessen bummeln Sie durch die stimmungsvolle Chinatown und probieren *nikuman* (gedämpfte Teigtaschen mit Fleisch) – die besten gibt es bei Edosei (192 Yamashitacho). Beten Sie wie die Japaner um Wohlergehen im Kantei-byo-Tempel, dann fahren Sie mit dem Bus zum schönen Sankeien-Garten. Zurück in der Innenstadt, genießen Sie ein *Katsu*-Abendessen im Katsuretsu An (www.katsuretsuan.co.jp), einen Spaziergang am Ufer entlang und eine Fahrt mit dem Riesenrad samt Blick über die glitzernden Lichter der Stadt.

Tag 2

Mit dem Zug fahren Sie nach Kamakura *(siehe S. 154–157)* mit den berühmten Bergtempeln. Ein Muss ist der Tsurugaoka-Hachiman-gu-Schrein. Spazieren Sie dann zum Ufer, um das maritime Flair zu genießen. Nach dem Mittagessen in einem der Restaurants am Wasser besuchen Sie den Großen Buddha und erfrischen sich mit *kakigori* (Eis). Mit dem Zug geht es vom Bahnhof Hase in 40 Minuten nach Enoshima. Auf der Insel entspannen Sie an einem der Strände und probieren *shirasu* (kleine Jungfische) im Tobiccho Sandoten (www.tobiccho.com), bevor Sie nach Kamakura zurückkehren.

Tag 3

Fahren Sie früh mit dem Zug in das fast drei Stunden entfernte Nagano *(siehe S. 174f)*. Dort spazieren Sie im Zenko-ji-Tempel durch einen dunklen Gang auf der Suche nach dem »Schlüssel zum Paradies«. Wenn Sie ihn gefunden haben, belohnen Sie sich mit leckeren Soba-Nudeln im Uzuraya (3229 Togakushi). Nachmittags gehen Sie je nach Jahreszeit zum Skifahren oder Wandern, dann entspannen Sie in einem *onsen*. Abends essen Sie im Fujiya Gohonjin (www.thefujiyagohonjin.com) oder preiswerte Ramen im Misoya (1362 Minaminagano).

Tag 4

Mit dem *shinkansen* fahren Sie nach Kanazawa *(siehe S. 164–167)* – das berühmte Sushi der Stadt testen Sie im Honten Kaga Yasuke (www.kaga-yasuke.com) beim Bahnhof. Schlendern Sie über den Omicho-Markt, durch das alte Geisha-Viertel Higashi Chayagai und den Kenroku-en-Garten und entdecken Sie, warum Kanazawa »Klein-Kyoto« genannt wird. Danach fahren Sie mit dem Bus nach Wajima *(siehe S. 176)*. Dort übernachten Sie im Wajima Yashio, einem *ryokan* mit Meerblick und köstlichem Abendessen (www.wajima-yashio.com).

Tag 5

Auf Wajimas berühmtem Frühmarkt in der Asaichi-dori beim Hafen sieht man lokale Seafood-Spezialitäten. Danach lernen Sie im Wajima Nuri Kaikan (www.wajimanuri.or.jp) die Lackiertradition der Stadt kennen. Wieder zurück auf dem Markt, lassen Sie sich im Naruse (2-16 Kawaimachi) Seafood schmecken. Nachmittags verkosten Sie Sake in der Hiyoshi-Sake-Brauerei und fahren dann mit dem Bus von Banbacho zum malerischen Sonnenuntergang über den Shiroyone-Senmaida-Reisterrassen. Die Busse können unregelmäßig verkehren, daher sollten Sie genügend Zeit einplanen.

1

2

3

4

←

1 *Der in der Sonne schimmernde Goldpavillon*

2 *Besucher auf dem Weg zum Kiyomizu-dera-Tempel*

3 *Straßenszene mit Radfahrern in Kyoto*

4 *Eines der vielen köstlichen Gerichte im Kikunoi*

Kyoto ist in einem überschaubaren Raster angelegt und deshalb leicht zu Fuß oder mit dem Fahrrad zu erkunden – es lohnt sich! Leihräder sind überall erhältlich, viele Hotels stellen sie ihren Gästen kostenlos zur Verfügung.

2 TAGE

in Kyoto

Tag 1

Vormittags Starten Sie am Ryoan-ji-Tempel *(siehe S. 200)*. Der Komplex diente einigen Kaisern als Mausoleum, ist aber vor allem für seinen Zengarten berühmt, der zu stiller Kontemplation einlädt. Zur Anlage gehört auch das Tofu-Restaurant Ryoanji Yudofu, in dem sich Besucher mit *shojin-ryori* – Gerichten der traditionellen vegetarischen buddhistischen Küche – stärken können.

Nachmittags Spazieren Sie durch den umliegenden Park, der sich im Frühjahr und Herbst in voller Pracht zeigt. Anschließend führt eine kurze Radtour zum berühmten Kinkaku-ji-Tempel *(siehe S. 199)*, dessen Silhouette einen traumhaften Anblick bietet. Im Koto neben dem Tempel werden traditionelle Teezeremonien abgehalten (www.teaceremony-kyoto.com).

Abends Bei einer Führung lernen Sie Gion *(siehe S. 192)* kennen. Touren starten jeden Abend um 18 Uhr vor dem Gion Omoide Museum (www.getyourguide.com). Für ein spätes Abendessen reservieren Sie einen Tisch im Kikunoi (www.kikunoi.jp). Spezialität des Lokals von Starkoch Yoshihiro Murata ist *kaiseki*, ein mehrgängiges Menü aus innovativ zubereiteten traditionellen Speisen. Danach lassen Sie den Abend mit einer Verkostung in der Jam +Sake Bar *(siehe S. 192)* ausklingen – hier führt man Sie in alle Geheimnisse von Japans Nationalgetränk ein.

Tag 2

Vormittags Zuerst steht Burg Nijo *(siehe S. 184f)* auf dem Plan, die einstige Bastion der Tokugawa-Shogune. Achten Sie auf die »Nachtigallböden«, die Töne erzeugen, wenn man auf ihnen geht. Für das Mittagessen bietet sich das Hyoto (www.hyoto.jp) an, das an den Bahnhöfen Kyoto und Shijo Bento-Boxen im *Kaiseki*-Stil und *shabu-shabu* (Eintopf) serviert.

Nachmittags Mit dem Rad fahren Sie zum Kiyomizu-dera-Tempel *(siehe S. 191)* und genießen dort die spektakuläre Aussicht auf die Stadt. Stellen Sie das Rad am besten am Fuß des Bergs ab und spazieren Sie durch die steilen, geschäftigen Gassen des hübschen Higashiyama nach oben. Die vielen Läden und Restaurants des Viertels sind schon seit Jahrhunderten auf Touristen und Pilger eingestellt. Sie bieten lokale Spezialitäten sowie *Kiyomizu-yaki*-Keramik an.

Abends Nur fünf Radminuten entfernt verläuft die malerische Pontocho-Gasse *(siehe S. 191)* parallel zum breiten Kiesweg am Ufer des Kamogawa – eine für abendliche Spaziergänge beliebte Strecke. Beschließen Sie den Tag mit *omurice* im berühmten Kichikichi *(siehe S. 195)* – reservieren Sie unbedingt vorab einen Tisch – und einem anschließenden Drink im Hello Dolly. Die Jazzbar ist für ihre riesige Sammlung an LPs bekannt (www.hello-dolly.webnode.jp).

1

2

3

4

←

1 *Nigatsu-do, Teil des Todai-ji-Tempels in Nara*

2 *Das berühmte rote* torii *des Itsukushima-Schreins auf Miyajima*

3 *Dachskelett der Atombomben-Kuppel im Friedenspark Hiroshima*

4 *Besucher auf Osakas Kuromon-Ichiba-Markt*

5 TAGE
in West-Honshu

Tag 1

In der Burg Osaka *(siehe S. 218)* sehen Sie bei einer Führung die Kunst- und Waffensammlung. Anschließend spazieren Sie in knapp einer Stunde zum Kuromon-Ichiba-Markt zum Mittagessen. Wieder zurück im Zentrum, können Sie topmoderne japanische Mode im Warenhaus Hankyu (www.hankyu-dept.co.jp) entdecken. Dann besuchen Sie das Nationale Kunstmuseum. Abends entspannen Sie bei einem Bad in der Spa World *(siehe S. 220)* und essen im Hozenji Sanpei, einem beliebten *Okonomiyaki*-Restaurant im berühmten Kanalviertel Dotonbori.

Tag 2

Mit dem Zug fahren Sie in einer Stunde in die alte Stadt Nara *(siehe S. 214f)* und vom Bahnhof gleich weiter zum Horyu-ji *(siehe S. 232f)*. Der Tempel ist Japans ältestes erhaltenes Holzgebäude. Wieder zurück im Zentrum, essen Sie *unagi* (Aal) im Edogawa (43 Shimomikadocho). Dann gibt es einen Verdauungsspaziergang im Nara-Park. Riesige hölzerne Wächter markieren den Eingang zum Todai-ji-Tempel mit dem riesigen Großen Buddha *(siehe S. 216f)*. Wer durch das Loch hinter der Monumentalfigur passt, dem ist ewiges Glück beschert. Abends essen Sie im Choose Kura (16 Komyoincho), einem stimmungsvollen *izakaya* (Kneipe).

Tag 3

Zweieinhalb Stunden dauert die Zugfahrt von Nara nach Himeji, dort begrüßt Sie der atemberaubende Anblick der Burg *(siehe S. 224f)*. Nach einer Tour durch den Hauptturm und die begrünte Anlage essen Sie im eleganten Restaurant Wabisuke (2 Zaimokucho) beim Burggraben. Mit dem Bus fahren Sie zur Shosha-Seilbahn und hinauf zum 1000 Jahre alten Tempel Engyo-ji. Danach besuchen Sie die Sake-Brauerei Nadagiku Shuzo (www.nadagiku.co.jp) beim Bahnhof in Himeji. Die Brauerei schließt um 18 Uhr, das auf Tofu und *suminabe* (auf Holzkohle zubereiteter Eintopf) spezialisierte Restaurant jedoch erst um 21 Uhr.

Tag 4

Mit dem *shinkansen* erreichen Sie in 90 Minuten Hiroshima *(siehe S. 228f)*. Besuchen Sie das Museum zum Atombombenabwurf über der Stadt im Jahr 1945. Danach picknicken Sie mit einer Bento-Box von Onigiri Nitaya (www.nitaya.jp) in stiller Kontemplation im Friedenspark. Nachdem Sie den bewegenden Monumenten im Park Respekt erwiesen haben, setzen Sie vom Pier des Parks mit der Fähre in 45 Minuten nach Miyajima *(siehe S. 230f)* über. Auf der Insel entspannen Sie im *onsen* des Kurayado Iroha Ryokan und genießen dort eine traditionelle Mahlzeit (miyajima-iroha.jp).

Tag 5

Schon früh erreichen Sie das *torii* des Itsukushima-Schreins, das bei Flut auf dem Meer zu »schweben« scheint. Besichtigen Sie den Schrein, genießen Sie dann im Kakiya (www.kaki-ya.jp) gebratene Austern und einen besinnlichen Moment im Daisho-in-Tempel. Danach wandern Sie in 90 Minuten auf den Gipfel des Misen, der einen herrlichen Panoramablick bietet. Mit der Fähre geht es zurück nach Hiroshima, wo Sie im Okonomi Mura (www.okonomimura.jp) *okonomiyaki* (pikante Pfannkuchen) essen.

1

Kyushu besitzt zwar ein exzellentes öffentliches Verkehrsnetz, am besten lässt sich die Insel jedoch mit dem Auto erkunden. Damit erreicht man auch Gebiete jenseits der üblichen Ziele.

7 TAGE *in Kyushu*

Tag 1

Die Reise beginnt im modernen Fukuoka *(siehe S. 264f)* – im faszinierenden Museum für Asiatische Kunst. Nach dem Mittagessen fahren Sie ca. 25 Minuten mit der U-Bahn zum Fukuoka Tower. Oben genießen Sie den Rundblick, dann geht es weiter zum Wissenschaftsmuseum, wo Sie fast 250 verschiedene interaktive Roboter in die Zukunft entführen. Beenden Sie den Tag mit einem Abendessen an einem der vielen *yatai* (Essensstände) auf Nakasu, einer Insel im Fluss, der durch das Stadtzentrum fließt.

Tag 2

Mit dem Mietwagen fahren Sie in zwei Stunden nach Beppu *(siehe S. 271)*, das Sie am besten mittags erreichen – dann können Sie sich gleich mit exzellentem *toriten* (Hühnchen-Tempura) im Tokyoken (www.toyoken-beppu.co.jp) stärken. Nachmittags entspannen Sie in einem der Thermalbäder, schön und abgelegen ist z. B. Myoban Hot Spring oberhalb der Stadt. Auch abends sind die Temperaturen noch hoch, wenn Sie im Jigokumushi Kobo Steam Cooking Centre (5 Furomoto) Ihre Mahlzeit selbst zubereiten. Danach fahren Sie zum Yukemuri-Observatorium (8 Kannawahigashi), wo der Blick über das Lichtermeer der quirligen Stadt geht.

Tag 3

Knapp zwei Stunden dauert die Fahrt von Beppu zu den heißen Quellen im hübschen Kurokawa *(siehe S. 276)*. Nach dem Einchecken im *ryokan* Fujiya (6541 Manganji) wandern Sie am Hauptkrater des Bergs Aso *(siehe S. 276)* entlang. Das zarte Fleisch der hier grasenden Akaushi-Rinder kann man für das Mittagessen im Imakin Shokudo (www.aso-imakin.com) in Aso bestellen. Am Nachmittag erkunden Sie die zahlreichen *onsen* der Stadt, bevor Sie rechtzeitig zum Abendessen zurück nach Fujiya fahren.

Tag 4

Auf einer malerischen Strecke gelangt man in die sagenumwobene Stadt Takachiho *(siehe S. 276f)*, die in einer fantastischen Landschaft liegt. Mittagessen gibt es in Kumamo-

1 Yatai-*Stände im Viertel Nakasu in Fukuoka* ↑

2 *Boote beim Wasserfall in der Takachiho-Schlucht*

3 *Straßenbrücke zwischen den Amakusa-Inseln*

4 *Der eindrucksvolle Garten Suizen-ji Joju-en in Kumamoto*

to *(siehe S. 274)*, am besten Sushi im schönen Aoyagi (www.aoyagi.ne.jp). Danach spazieren Sie über den Fluss zur schwarzen Burg. Eine kurze Fahrt führt Sie zum Suizen-ji Joju-en, einem herrlichen Wandelgarten mit Nachbildungen von Stätten aus anderen Teilen Japans. Abends essen Sie im Iroha *(siehe S. 277)*, das als Spezialität u. a. *basashi* (Pferdefleisch-Sashimi) serviert.

Tag 5

In knapp zwei Stunden fahren Sie von Kumamoto zu den Amakusa-Inseln. Hier lebten einst die von der Shimabara-Halbinsel vertriebenen Christen von Kyushu *(siehe S. 275)* im Verborgenen. Mehr über ihre Verfolgung erfahren Sie im Christlichen Museum in Amakusa (19-52 Funenoomachi). Nach dem Mittagessen im Yakko Sushi (76-2 Higashimachi) fahren Sie durch eine herrliche Landschaft nach Nagasaki *(siehe S. 266 – 269)*, unterwegs setzen Sie mit der Fähre über die Hayasakiseto-Meerenge über. In Nagasaki checken Sie im Hotel ein und gehen zum Sumibi Yakitori Torimasa Ebisucho für erstklassige *yakitori* (www.torimasa.net).

Tag 6

Vormittags erfahren Sie in der alten Enklave Dejima am Hafen mehr über die Geschichte der Holländer, Portugiesen und Chinesen in Nagasaki – danach schmeckt die chinesische Nudelsuppe *champon* im Shikairou (4-5 Matsugaemachi). Nachmittags besuchen Sie das Atombomben-Museum und den Friedenspark. Nach kurzer Fahrt können Sie im Kagetsu *(siehe S. 267)* *shippoku* testen, chinesisch-japanische Hybrid-Küche. Bei Einbruch der Nacht parken Sie auf dem Gipfel des Bergs Inasa und genießen die Aussicht.

Tag 7

Der Weg zurück nach Fukuoka führt über die Keramikstädte in Saga *(siehe S. 280f)*, günstigere Stücke erhält man auf dem Morgenmarkt in Yobuko. In Fukuoka geben Sie das Auto ab und probieren dann einen »Schweineknochen-Cappuccino« im Hakata Issou *(siehe S. 265)*. Ein Spaziergang bringt Sie zum Hakata-Machiya-Volkskunstmuseum, wo Sie Seidenwebern zusehen können. Abends vergnügen Sie sich in Nakasu beim *Yatai*-Hopping von Essensstand zu Essensstand.

Paläste

Im Lauf der Jahrhunderte entstanden unter der Schirmherrschaft der Kaiserfamilie in ganz Japan beeindruckende Bauwerke. Mit am berühmtesten ist die Katsura-Villa *(siehe S. 203)*, die ursprünglich für einen Prinzen im frühen 17. Jahrhundert erbaut wurde. Die Villa ist der elegante Inbegriff traditioneller japanischer Architektur – und wurde von dem deutschen Architekten Bruno Taut 1937 als idealtypisches Vorbild für modernes Bauen überhaupt gepriesen. Bei einer über das Kaiserliche Haushaltsamt (www.kunaicho.go.jp) gebuchten Führung sieht man die Villa, den Kaiserpalast *(siehe S. 195)* und die Shugaku-in-Villa *(siehe S. 204)*.

↑ *Kyotos Kaiserpalast und ehemalige Residenz aus dem 19. Jahrhundert*

JAPANS ARCHITEKTUR

Die Architektur ist ein herausragender Ausdruck japanischer Kultur und Kreativität. Vom eleganten Minimalismus der Pagoden des Tosho-gu-Schreins bis zum utopischen Optimismus des Metabolismus im 20. Jahrhundert verkörpern Japans Architekturstile den facettenreichen Charakter des Landes.

Moderne Türme

In Roppongi steht eines der modernen bautechnischen Meisterwerke: der Mori Tower. Den avantgardistischen Wolkenkratzer schützen bei Erdbeben 192 mit dickflüssigem Öl gefüllte Schwingungsdämpfer und mindern so das Risiko von Schäden. Wenn der Turm aufgrund von Beben oder starkem Wind zu schwingen beginnt, bewegt die Flüssigkeit die semiaktiven Dämpfer in die Gegenrichtung und hebt die Schwingung im Gebäude auf. Ein modernes Wunder ist auch der 2012 vollendete Tokyo Skytree. Der an einen traditionellen Pavillon erinnernde Wolkenkratzer ragt 634 Meter über Tokyo auf und dient als Fernsehturm. Von seinen Restaurants und den Aussichtsdecks hat man einen atemberaubenden Blick auf Tokyos Skyline.

← *Der Tokyo Skytree ragt weit über der umwerfenden Skyline der japanischen Hauptstadt empor*

↑ *Das wellenförmige Äußere von Tokyos hochmodernem Yoyogi National Gymnasium*

Was war der Metabolismus?

Der Wiederaufbau der japanischen Städte nach dem Zweiten Weltkrieg brachte neue Ideen für die Zukunft der Stadtplanung und -gestaltung hervor. Eine der wichtigsten war der Metabolismus. Diese Bewegung entstand im Zuge der Vorbereitungen für die Weltdesignkonferenz 1960 in Tokyo und vertrat die Idee moderner Städte im Wandel, die sich ständig verändern und an die Bedürfnisse ihrer Bewohner anpassen sollten. Dies erforderte modulare Megastrukturen, die je nach Bedarf wachsen und schrumpfen konnten. Obwohl sie mit ihrem Wunsch, Tokyo neu zu errichten, scheiterten, übten Anhänger des Metabolismus wie Kenzo Tange und Kisho Kurokawa einen großen Einfluss auf die Architektur des Landes aus.

Parks der Nachkriegszeit

Die für die Olympischen Spiele 1964 in Tokyo erbaute Nationale Sporthalle im Yoyogi-Park *(siehe S. 96)* verband Tradition mit modernem Design und verkörperte Japans Wiedergeburt nach dem verheerenden Zweiten Weltkrieg. Ihr Architekt Kenzo Tange entwarf auch das Friedensmuseum im Friedenspark von Hiroshima *(siehe S. 228f)*, zusammen mit der Atombomben-Kuppel ein bewegendes Mahnmal und Friedenssymbol. Die Architekturführungen in der Stadt thematisieren Hiroshimas Umgang mit der tragischen Vergangenheit (oa-hiroshima.org).

Sakrale Bauten

Shinto-Schreine zählen zu den auffälligsten Bauwerken in Japan. Typische Elemente sind die roten *torii* (Tore), Becken für rituelle Waschungen und *shimenawa* genannte Taue aus Reisstroh mit weißen Papierstreifen, die die Grenze zwischen der profanen und sakralen Welt kennzeichnen. Der Tosho-gu-Schrein *(siehe S. 300f)* in Nikko symbolisiert die Macht des Tokugawa-Shogunats. Japan hat auch viele architektonisch bedeutsame Tempel, zum Beispiel in Nara *(siehe S. 214–217)*.

← *Die fünfstöckige Pagode am Eingang des Tosho-gu-Schreins in Nikko*

JAPAN IM WINTER

Die Kirschblüte im Frühjahr wird meist als beste Reisezeit für Japan angesehen, doch das Land hat auch im Winter Großartiges – und für jeden etwas – zu bieten: perfekte Skipisten, ausgelassene Feste und nicht zuletzt dampfende heiße Quellen für Menschen (und Affen).

TOP 5 Erholsame *rotenburo*

Kita Onsen
kitaonsen.com
Abgelegen und über 1000 Jahre alt (Tochigi).

Ginzan Onsen
Obanazawa, Nord-Honshu
Schöne heiße Quellen.

Yagen Onsen
Shimokita-Halbinsel, Nord-Honshu
Kostenlos im Freien.

Asahidake Onsen
Higashikawa, Hokkaido
Beim höchsten Berg.

Noboribetsu Onsen
Noboribetsu, Hokkaido
Elf Wasserarten.

Heiß baden

Die ultimative winterliche Entspannung: in einem dampfenden *rotenburo* (*onsen* im Freien) die Landschaft genießen. Hokkaido besitzt mit seinen glühenden Vulkanen mehr *rotenburo* als die anderen Präfekturen, doch man findet sie im ganzen Land. Auf Nord-Honshu ist im Jigokudani-Affenpark *(siehe S. 174f)* das Bad den rotgesichtigen Japanmakaken (Schneeaffen) vorbehalten.

Ab auf die Piste!

Gebirgige Landschaft sowie unglaubliche Schneemassen im Winter – kein Wunder, dass es in Japan rund 600 Skiorte gibt! Auch wenn die Berge der Region Hokkaido nicht mit den Alpen oder den Rocky Mountains zu vergleichen sind, präsentieren sich die dortigen Wintersportorte fantastisch schneesicher, einige verzeichnen im Jahr durchschnittlich 18 Meter Schneefall. Den besten Pulverschnee findet man wohl in Niseko *(siehe S. 319)*. Dort ist das Après-Ski genauso exzellent wie die Konditionen für Skifahrer und Snowboarder.

←

Ein Snowboarder auf einer Piste in Furano, einem der vielen Wintersportorte auf Hokkaido

Restaurant

Kotogaume

Der Eintopf *nabemono*, oder kurz *nabe*, ist ein typisches Wintergericht und das traditionelle Essen der Sumo-Ringer. In der Regel isst man ihn in der Gruppe, wobei das Gericht auf einem Gasbrenner in der Mitte brodelt. Das Kotogaume gehört einem ehemaligen Sumo-Ringer und ist eines der besten Lokale, um *nabe* zu probieren.

F4 3-4-4 Kinshi, Sumida, Tokyo
+81-3-3624-7887
So

¥¥¥

→

Figur eines kleinen Mädchens beim Schneefestival in Sapporo

Eisskulptur einer Kirche bei Sapporos Schneefestival ↑

←

Entspannung in einem rotenburo *mit Blick auf einen See im Akan-Nationalpark*

Glitzernde Winterwelten

In keinem anderen Land der Welt, das auf demselben Breitengrad liegt, schneit es so viel wie in Japan. Die Japaner feiern die weiße Pracht mit großem Enthusiasmus. Beim berühmten Schneefestival in Sapporo *(siehe S. 320)* zieren Hunderte Schnee- bzw. Eisskulpturen die Stadt. Nachts werden die Darstellungen von Sehenswürdigkeiten und SciFi-Charakteren mit Neonlichtern illuminiert. Beim Yokote Kamakura Festival kann man in Eishütten *(kamakura)* exzellenten *mochi* (Reiskuchen) essen und dazu wärmenden *amazake* (Reiswein) trinken.

Nudeln über Nudeln
Die nächste dampfende Nudelschüssel ist in Japan niemals weit – seien es Ramen (Weizennudeln chinesischer Art), dünne Soba aus Buchweizen oder dicke Udon aus Weizen. Die vielen regionalen Nudelspezialitäten des Landes kann man alle im Shin-Yokohama Ramen Museum in Yokohama (www.raumen.co.jp/english) probieren.

←
Soba mit Tempura – ein japanisches Nationalgericht

JAPAN FÜR FOODIES

Nudeln in allen möglichen Variationen, herzhafte Eintöpfe, delikate Gerichte – die japanische Küche ist keineswegs ein Synonym für Sushi! Ob in versteckten Nebenstraßen in Tokyo, in feinen Restaurants in Kyoto oder irgendwo sonst auf den Inseln: In Japan kann man unvergleichlich köstlich essen.

Let's roll!
Es gibt Hunderte, vielleicht sogar Tausende verschiedene Sushi-Arten. In ihrer reinen Form besteht die Delikatesse aus zwei Zutaten: Reis und Fisch. Köche trainieren ein Leben lang, um sämtliche Varianten zu beherrschen. Dennoch ist es nie zu spät, die Kunst der Sushi-Zubereitung zu erlernen, am besten in einem der Kurse der Tokyo Sushi Academy (www.sushischool.jp).

Expertentipp
Food-Touren
Einen Einblick in die Gastro-Szenen von Japans kulinarisch führenden Städten bietet Arigato Food Tours (www.arigatojapan.co.jp). Die Food-Experten führen Sie zu den Köstlichkeiten von Tokyos *Izakaya*-Gewirr genauso wie zu Kyotos gehobener *Kaiseki*-Küche und Osakas *Hanami*-Saison.

Streetfood

In Fukuoka *(siehe S. 264f)* versorgen hell erleuchtete *yatai* Hungrige bis spät in die Nacht. Früher waren diese Essensstände in ganz Japan weitverbreitet, heute konzentriert sich die Mehrzahl von ihnen in Fukuoka. Man findet sie, wenn man einfach dem Duft von *Tonkotsu*-Ramen folgt – oder auf der Tour mit einem einheimischen Führer, wenn einem der Ruf *»oishii«* entgegenschallt (www.experiences.travel.rakuten.com).

→

An einem yatai *werden Osakas berühmte Oktopusbällchen* takoyaki *gebraten*

Saisonale Spezialitäten

Ein typisches wärmendes Wintergericht ist der Eintopf *nabemono*. Im Frühjahr passt Kirschblüteneis perfekt zum *Hanami*-Spaziergang. Leichte Nudelgerichte sind im Sommer angenehm kühl. Im Herbst sind Matsutake-Pilze ein Muss.

←

Köstlich-cremiges Kirschblüteneis

←

Essen wird im Kikunoi in Kyoto zur Kunst

Japanische Haute Cuisine

Kaiseki ist ein Menü aus zehn Gerichten und Japans Gipfel der Kochkunst. Vom Geschirr bis zu den streng saisonalen Zutaten wird dabei nichts dem Zufall überlassen. Keine Reise wäre vollständig, ohne diesen raffinierten Essensstil zu probieren. In Tokyo kann man im Kyoto Hyoki (www.hyoki.jp) günstig essen oder im Kikunoi (www.kikunoi.jp) in Kyoto, das von einem *Kaiseki*-Koch in dritter Generation geführt wird, fein dinieren.

←

Platte mit verschiedenen Arten von maki, *in* nori *gerolltem Sushi*

Bergwandern

Bergwandern ist in Japan ein beliebter Freizeitsport, die Wege sind leicht zu erreichen und gut gepflegt. Eine schöne dreitägige Rundtour führt von Kamikochi *(siehe S. 175)* aus durch die nördlichen Japanischen Alpen. Ein unvergessliches Erlebnis ist die Wanderung auf den Fuji, den mit 3776 Metern höchsten Gipfel Japans *(siehe S. 158f)*.

→

Bergwanderer kurz vor dem Gipfel des Fuji

JAPAN FÜR OUTDOOR-FANS

Japan ist zwar eines der am dichtesten besiedelten Länder der Welt, dennoch sind mehr als 70 Prozent seiner Fläche gebirgig oder bewaldet. Zusammen mit dem Meer, das die japanischen Inseln umgibt, bietet die Natur des Landes für Outdoor-Fans einen veritablen Abenteuerspielplatz.

TOP 3 Wege auf den Fuji

Die Routen auf den Gipfel des Fuji sind in zehn Etappen aufgeteilt, meist beginnen sie an der 5. Station, der höchsten mit dem Auto erreichbaren Stelle.

Yoshida
Ab der 5. Station: fünf bis sechs Stunden Aufstieg, vier Stunden Abstieg.

Subashiri
Ab der 5. Station: über fünf Stunden Aufstieg, drei Stunden Abstieg.

Gotenba
Die längste Route. Ab der 5. Station: sieben bis acht Stunden Aufstieg, drei Stunden Abstieg.

Schnorcheln vor Okinawa

Japans Inseln bieten reichlich Gelegenheit zu einem Tête-à-Tête mit reizenden Meeresschildkröten, neonfarbenen Clownfischen und eleganten Mantarochen. Highlight und Besuchermagnet auf der tropischen Insel Okinawa *(siehe S. 282–293)* ist die Blaue Höhle am Kap Maeda. Etwas unbekannter ist das Revier Odo Kaigan bei der Gyokusendo-Höhle *(siehe S. 288)*. Hier liegt ein Korallenriff im seichten Wasser – gleich vor dem flachen, für Familien perfekten Strand.

→

Schnorchler in den ruhigen Gewässern des Imgya Marine Garden, Okinawa

Camping auf Yakushima

In dem UNESCO-Biosphärenreservat *(siehe S. 219)* übernachtet man in märchenhafter Umgebung mit knorrigen Bäumen und bemoosten Felsen. Jerry's Campsite bietet Schnorchelequipment, Räder und Imkerkurse (www.eu-guesthouse-in-yakushima.net). Yakushimas einmalige Flora und Fauna lernt man auf Wanderungen kennen (www.yakushimaexperience.com).

→ *Wie aus dem Märchen: der stimmungsvolle alte Wald von Yakushima*

Surfen in Miyazaki

Wie man es von einem Land erwarten kann, das aus Tausenden Inseln besteht, bietet Japan jede Menge Wellen – das ganze Jahr über herrscht in Miyazaki auf Kyushu ein stetiger Swell. Kisakihama, der große Strand südlich der Stadt, ist bei Wellenreitern besonders populär. Hier kann man bei Surfschulen vor Ort Kurse buchen. Auf Shikoku bietet die Gegend um Kochi *(siehe S. 254f)* eine Reihe von Surfspots für Anfänger ebenso wie für Profis.

← *Ein Surfer auf dem Weg zu den Wellen am Strand in Miyazaki*

↑ *Angler im Akan-Nationalpark auf Hokkaido*

Fliegenfischen auf Hokkaido

Nicht weiter verwunderlich: Im Sushi-Land Japan gibt es überall reichlich frischen Fisch. Auf Hokkaido kann man in klaren Bächen und sauberen Seen wunderbar Lachse und Forellen angeln. Ein traumhaftes Angelgebiet ist die majestätische Landschaft des Akan-Nationalparks *(siehe S. 322f)*.

Schnell wie der Blitz: der shinkansen *am Shin-Osaka-Bahnhof* ↑

JAPAN FÜR WENIG GELD

Japan gilt als eines der teuersten Länder der Welt – und kann doch erstaunlich preiswert sein. Wer gewitzt ist, kommt mit günstigen öffentlichen Verkehrsmitteln weit herum und spart mit Fast Food und Happy-Hour-Angeboten Geld.

Preiswert essen

In Städten erhält man in Automaten-Restaurants günstiges, sättigendes Essen: Einfach ein paar Yen einwerfen, Gericht auswählen – und die Maschine spuckt einen Bon samt Wechselgeld aus. Für den Bon erhält man von den Mitarbeitern an der Theke dampfende Ramen oder Reis. Japans älteste Fast-Food-Kette Yoshinoya serviert seit 1899 *gyudon*, ein herzhaftes Gericht aus Rindfleisch, Reis und Zwiebeln (www.yoshinoya.com). Preiswert sind auch die Mittagessen in den *conbini* (Gemischtwarenläden).

→ *Im Yoshinoya in Tokyo isst man* gyudon *an Gemeinschaftstischen*

Clever reisen

Mit Bussen kann man Japan preiswert bereisen. Fernbusse sind oft mit bequemen Liegesitzen und Fußstützen ausgestattet – und bei Nachtfahrten spart man sich sogar das Hotel. Für Zugfahrten lohnt sich das für jeden erhältliche Ticket »Seishun 18«. Damit kann man außer zu Schulferien fünf Tage lang unbegrenzt mit allen lokalen und JR-Schnellzügen fahren (www.jreast.co.jp/e/pass/seishun18.html). Wer schneller und weiter reisen will, fährt mit dem mehrtägigen Japan Rail Pass von JR unbegrenzt mit allen öffentlichen Verkehrsmitteln, auch mit Hochgeschwindigkeitszügen (www.japanrailpass.net).

← *Der bunte doppelstöckige Hato-Sightseeing-Bus*

Hotels

9h nine hours woman Kanda
Gehobenes Kapselhotel nur für Frauen.

2-9-4 Kajicho, Chiyoda, Tokyo
ninehours.co.jp
¥¥¥

The Millennials Kyoto
Das Hotel bietet Kapseln mit Freibier und kostenlosem Frühstück.

235 Yamazakicho, Nakagyo, Kyoto
themillennials.jp
¥¥¥

First Cabin Hakata
Flugkabinen der ersten Klasse – am Boden.

3-7-24 Nakasu, Hakata, Fukuoka
en.first-cabin.jp
¥¥¥

Günstige Unterhaltung

Jiyu-seki (nicht reservierte Tickets) für Sumo-Kämpfe sind ab 8 Uhr erhältlich – die Plätze sind nicht besonders gut, aber für einen ganzen Tag voller Kämpfe ein Schnäppchen. *Hitomaku-mi* (Karten für einen Akt) sind manchmal auch für Kabuki zu einem geringeren Preis erhältlich. Wer lieber im Rampenlicht steht, sollte einen Karaoke-Spot suchen, um eine Nacht voller Spaß zu erleben. Karaoke Kan und Karaoke no Tetsujin sind günstige Ketten.

→ *Der Schauspieler Nakamura Baigyoku bei einer Kabuki-Aufführung im Kabuki-za-Theater*

Zeitgenössisches
Haruki Murakami ist Japans berühmtester zeitgenössischer Schriftsteller. Fans von *Naokos Lächeln* (1987) zieht es in Tokyo ins DUG (www.dug.co.jp), die Jazzbar in Shinjuku, in der Toru Watanabe Whiskey Sodas kippt. Oder sie fahren nach Hiroshima, wo *Drive My Car* (2021), die Verfilmung einer Kurzgeschichte von Haruki Murakami, spielt.

←

Standbild aus der TV-Verfilmung von Murakamis Naokos Lächeln *(2010)*

JAPAN IN LITERATUR UND FILM

Mit seinen atemberaubenden Landschaften und seinem besonderen Lebensstil hat Japan jahrhundertelang die Fantasie vieler Schriftsteller beflügelt und in der Moderne auch Filmemacher inspiriert. Auf einer Tour zu den Schauplätzen von berühmten Büchern und Filmen sieht man, warum.

TOP 5 Japanische Filmklassiker

Später Frühling **(1949)**
Drama über einen Witwer und seine Tochter.

Ran **(1950)**
Akira Kurosawa verlegt Shakespeares *König Lear* in die Samurai-Ära.

Tampopo **(1985)**
»Ramen«-Version eines Spaghetti-Western.

Chihiros Reise ins Zauberland **(2001)**
Zeichentrickfilm über ein Mädchen, das in einer magischen Welt besteht.

The Mourning Forest **(2007)**
Erforschung von Verlust und Erinnerung in den Wäldern von Nara.

Im Zauberland
Für viele ist Hayao Miyazaki, Mitgründer von Studio Ghibli, der Inbegriff des japanischen Films. Im Ghibli-Museum *(siehe S. 143)* in Tokyo kann man in seine Fantasie eintauchen. Im Ghibli Park in Aichi *(siehe S. 170)* sind nachgebaute Schauplätze des Studios. Oder man besucht einen der realen Orte, die ihn inspiriert haben. Das Badehaus in *Chihiros Reise ins Zauberland* soll dem Dogo Onsen Honkan *(siehe S. 256)* in Matsuyama nachempfunden sein.

Fenster in die Vergangenheit

Die Geschichte vom Prinzen Genji wurde im frühen 11. Jahrhundert von der kaiserlichen Hofdame Murasaki Shikibu verfasst und gilt als ältester Roman der Welt. Das Zimmer im Ishiyama-dera-Tempel in Otsu bei Kyoto, in dem sie ihn in einer Mondnacht im Jahr 1004 zu schreiben begann, kann man besichtigen. Die japanische Kunst der Haiku-Dichtung lernt man im Basho-Gedenkmuseum (1-6-3 Tokiwa) kennen, das dem Dichter Matsuo Basho gewidmet ist. Man kann aber auch seinem Reisebericht *Auf schmalen Pfaden ins Hinterland* folgen und den Berg Haguro *(siehe S. 308)* besteigen. Auf dem Weg unter turmhohen Bäumen lässt sich leicht nachvollziehen, was Basho zu seinen meditativen Versen inspirierte – vielleicht macht man es ihm am Ende der Tour nach und schreibt selbst ein Haiku?

Murasaki beim Verfassen der Geschichte vom Prinzen Genji ↑

← *Filmbild aus Hayao Miyazakis Oscar-prämiertem Zeichentrickfilm* Chihiros Reise ins Zauberland

← *Im zauberhaften Ghibli-Museum in Tokyo*

Der Blick von außen

Für viele zeigt *Lost in Translation* (2003) perfekt, wie man sich als Ausländer in Tokyo fühlt. In der ganz oben im Park Hyatt Tokyo gelegenen New York Bar *(siehe S. 89)* kann man die Szenen aus Sofia Coppolas Film Revue passieren lassen. Fans von Wes Anderson fahren mit dem Boot nach Gunkanjima (www.yamasa-kaiun.net/en). Die verlassene, heute aber touristisch zugängliche Industrieinsel war seine Inspiration für *Isle of Dogs – Ataris Reise* (2018). Sie war zudem Kulisse für einige Szenen im James-Bond-Film *Skyfall* (2012).

Scarlett Johansson und Bill Murray in Lost in Translation ↑

Paradiesgärten

Sie wurden in der Heian-Zeit von buddhistischen Mönchen in Japan eingeführt und sollen das Reine Land – das buddhistische Paradies – nachbilden. Man kann sich vorstellen, wie Buddha auf einer Insel in einem Lotosteich meditiert. Berühmte Paradiesgärten sind die des Byodo-in-Tempels in Uji *(siehe S. 240)* und des Motsu-ji-Tempels in Hiraizumi *(siehe S. 306)*, der sich die Landschaft »ausleiht«: Bäume und Berge wirken wie ein Teil des Gartens.

Die Phönix-Halle und ein Lotosteich im Garten des Byodo-in-Tempels in Uji ↑

Ikebana

Blumenopfer in Tempeln sind bereits seit dem 7. Jahrhundert bekannt, Ikebana, die Kunst des Blumenarrangements, kam jedoch erst im späten 15. Jahrhundert auf und gilt heute als Meditationsform. Man ordnet die Blumen in kontemplativer Stille an, um so die Schönheit der Natur zu entdecken und inneren Frieden zu finden.

JAPANS GÄRTEN

Japanische Gärten scheinen wie der Himmel auf Erden, spiegeln sie doch die Liebe des Shintoismus zur Natur und das buddhistische Paradies wider. Man kann sie auf verschiedenste Weise genießen, sei es bei Spaziergängen in Parks im westlichen Stil oder beim Meditieren über die Steine in Zengärten.

Zengärten

Eine perfekte Übung in Achtsamkeit: sich in einem *karesansui* (Steingarten) auf einen der Steine konzentrieren, die auf dem Kies zu schwimmen scheinen. In Kyoto ragen der Garten des Tempels Ryoan-ji *(siehe S. 200)* – dort betonen Erdmauern das Arrangement der Steine – und der Garten des Daisen-in-Tempels *(siehe S. 198)* hervor. Besichtigungen von nicht öffentlich zugänglichen Gärten bietet Kyoto Garden Experience (www.kyotogardenexperience.com).

←

Besucher genießen die Atmosphäre im Garten des Ryoan-ji-Tempels in Kyoto

TOP 3 Gärten in Japan

Kenroku-en
Der erste der »Drei berühmten Gärten Japans« in Kanazawa ist zu jeder Jahreszeit atemberaubend *(siehe S. 165)*.

Kairaku-en
Der zweite der »Drei berühmten Gärten Japans« (Mito) ist zur Pflaumenblüte im Februar / März am spektakulärsten.

Koraku-en
Der dritte der »Drei berühmten Gärten« (Okayama) ist ein malerischer Wandelgarten mit großen Rasenflächen *(siehe S. 236)*.

Wandelgärten

Bei einem Spaziergang in einem Wandelgarten ändern sich Landschaft und Aussicht bei jedem Schritt. Besonders reizvoll sind der Suizen-ji-Joju-en-Garten *(siehe S. 274)*, der Garten der Kaiservilla Katsura *(siehe S. 203)* mit seinen Nachbildungen japanischer Landschaften und der von Gedichten inspirierte Rikugi-en in Tokyo *(siehe S. 144)*.

→ *Sanft gewellte Landschaft im Suizen-ji-Joju-en-Garten in Kumamoto*

Teegärten

Auf dem Weg zu einer Teezeremonie in einem Teehaus passiert man erst einen *roji* (Teegarten) – mit lieblich duftendem Moos gesäumte Trittsteine führen wie ein Bergpfad aus der Realität in die magische Welt des Teehauses. Teezeremonien werden z. B. im Kenroku-en *(siehe S. 165)* und am Ise-Schrein *(siehe S. 245)* angeboten.

← *Abgeschiedenes Teehaus in einem Bambushain*

Berittene Bogenschützen
Beim im 12. Jahrhundert perfektionierten *yabusame* galoppiert ein Bogenschütze auf einer 255 Meter langen Bahn und schießt auf drei Ziele. Auf dem Fest Tsurugaoka Hachimangu Matsuri in Kamakura kann man dieses Kunststück beobachten. *Yabusame*-Kurse kann man in Ibaraki (experiences.travel.rakuten.com) belegen.

→

Bogenschütze beim Yabusame-*Festival in Kamakura*

JAPAN UND DIE SAMURAI

Samurai gehören zwar der Vergangenheit an, doch die Geschichten um die ehrenvollen Krieger sind bis heute verbreitet. Einen Einblick in die Welt dieser historischen Militärelite erhält man in den alten Burgen – oder man versucht sich in ihren ausgefeilten Kampfkünsten.

TOP 5 Samurai-Filme

***Die sieben Samurai* (1954)**
Samurai helfen Bauern gegen Erntediebe.

***Yojimbo – der Leibwächter* (1961)**
Ein Samurai spielt zwei Clans gegeneinander aus.

***Harakiri* (1962)**
Drama um die rituelle Selbsttötung *seppuku*.

***Samurai der Dämmerung* (2002)**
Ein Samurai wird zum Kampf gezwungen.

***Samurai Rebellion* (1967)**
Ein Samurai kämpft für die Frau seines Sohns.

Schwertkämpfer
Das Schwert eines Samurai *(katana)* war seine Seele – diese Waffen konnten nur Spezialisten herstellen. Mehr darüber erfährt man im Schwertmuseum in Tokyo *(siehe S. 144)* und bei einer Vorführung im Schwertschmiede-Museum in Seki (www.visitseki.jp).

→

Puppe eines Samurai in voller Rüstung mit gezogenem Schwert

Burgen

Vergessen Sie die märchenhafte Burg Himeji oder die dominante Festung in Osaka – die mächtigste Festung Japans ist Kumamoto *(siehe S. 274)*. Leider war diese Burg nicht so uneinnehmbar wie erhofft: Sie wurde während des Satsuma-Aufstands im Jahr 1877 verwüstet. Nach einem Erdbeben im Jahr 2016, bei dem die Anlage beschädigt wurde, dauern die Wiederaufbauarbeiten an. Das Schloss ist jetzt wieder geöffnet, aber Teile des Geländes sind immer noch gesperrt.

↑ *Fast unüberwindbar: die hohen Mauern der Burg Kumamoto*

↓ *Ninja-Kampfkunst im Koka Ninja Village*

Lautlose Attentäter

Während die Samurai als militärischer Adel Rüstungen trugen, handelte es sich bei den Ninja um Söldner, die ganz in Schwarz gekleidet waren. Die Samurai blickten auf die Ninja herab, die auf Spionage und Sabotage spezialisiert waren. Erleben Sie die Welt dieser Attentäter im Koka Ninja Village, dort kann man auch ein Ninja-Training absolvieren *(siehe S. 233)*. Alternativ kann man den Profis im Ninja-Museum in Igaryu *(siehe S. 235)* zusehen.

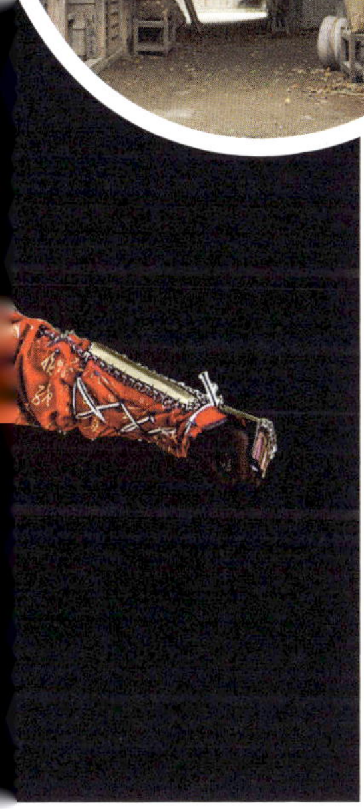

Der letzte Samurai

Durch den Wandel der Kriegsführung entwickelten sich die Samurai von berittenen Bogenschützen zu Schwertkämpfern und schließlich zu Bürokraten. Erfahren Sie mehr über diese Entwicklung im Tokyoter Nationalmuseum *(siehe S. 128–131)* mit seiner großartigen Sammlung von Waffen und Rüstungen. Im Edo-Tokyo-Museum *(siehe S. 144)* wird die Geschichte der Samurai und ihrer Gesellschaft erläutert.

→

Buddha-Statue im Tokyoter Nationalmuseum

An Regentagen

Bei schlechtem Wetter können Kinder beim Toben in glitzernden Spielhallen – die meist bei großen Bahnhöfen liegen – ihre überschüssige Energie loswerden. Die großen japanischen Spielehersteller wie Sega und Capcom unterhalten hier junge und erwachsene Spieler mit ständig neuen Attraktionen. Für einen Familienausflug an einem regnerischen Tag bietet sich die Insel Odaiba *(siehe S. 145)* in Tokyo an, auf der sich Spielhallen, Themenparks und familienfreundliche Museen befinden.

→

Odaibas Freiheitsstatue und Regenbogenbrücke

JAPAN FÜR FAMILIEN

Japan eignet sich wunderbar für einen Familienurlaub. Das Land ist freundlich, die Kriminalität gering, das öffentliche Verkehrssystem gut und leicht zu benutzen – und Kinder kann man hier mit einer bunten Mischung aus Attraktionen und Aktivitäten hervorragend unterhalten.

Fantasiewelten

Cosplay eignet sich gut, um Kinder in die japanische Kultur einzuführen. Sie verkleiden sich gern als Samurai, Ninja, *daimyo* oder Geisha. Im Toei Kyoto Studio Park (www.toei-eigamura.com) können sie sich so in alte Zeiten zurückversetzen. Im modernen Ghibli-Museum *(siehe S. 143)* tauchen sie ein in die Welt von *Totoro*, *Prinzessin Mononoke*, *Chihiros Reise ins Zauberland* und *Das Schloss in den Wolken*. Auch der Ghibli Park *(siehe S. 170)* in Aichi ist ein Muss.

←

Kinder spielen mit dem »Katzenbus« im interaktiven Ghibli-Museum

Restaurant

Dawn Avatar Robot Café
Das futuristische Restaurant ermöglicht es Menschen mit Behinderungen, die bettlägerig oder ans Haus gebunden sind, die Kellnerroboter von zu Hause aus zu bedienen.

F4 3-8-3 Nihombashi, Chuo, Tokyo dawn2021.orylab.com/en

¥¥¥

Eine Familie genießt den Schnee auf den Pisten von Niseko

Spaß beim Sport

Mit Japans sauberen, preiswerten schnellen öffentlichen Verkehrsmitteln kommt man bequem aufs Land, wo dicht bewaldete Berge, üppig grüne Reisfelder und unberührte Strände natürliche Spielplätze bieten. Auf den Pisten von Niseko kann man zudem hervorragend Ski fahren *(siehe S. 319)*, an Miyazakis Stränden lernt man surfen *(siehe S. 43)*.

Themenparks

Kinder zieht es ins Tokyo Disneyland zu Micky Maus und seinen Freunden, zu schwindelerregenden Achterbahnen und Fotosessions mit berühmten Disney-Figuren (www.tokyodisneyresort.jp). Wer nur einen der Parks besuchen möchte, findet vielleicht Tokyo DisneySea mit seiner Unterwasserwelt am interessantesten. In die Welt von populären Filmen entführen die Universal Studios *(siehe S. 220f)* in Osaka oder der exzentrischere Huis Ten Bosch bei Nagasaki *(siehe S. 269)*. Der riesige Themenpark ist so groß wie Monaco und ganz im Stil einer holländischen Stadt des 17. Jahrhunderts gestaltet – mit Windmühlen, Grachten und schmalen Grachtenhäusern.

Posing für das Erinnerungsfoto vor dem Disneyland-Schloss in Tokyo

Kimonos
Eine *geiko* im Kimono ist die Verkörperung japanischer Kultiviertheit. Herrliche Seidenkimonos sieht man im Itchiku Kubota Art Museum *(siehe S. 158)*. Im Nagamachi Yuzen Silk Center *(siehe S. 164)* kann man Kimonos selbst kreieren.

←

Drei elegante Frauen in farbenprächtigen Seidenkimonos

JAPANS KUNST-HANDWERK

Japans *shokunin* (Kunsthandwerker) werden als »lebende Nationalschätze« verehrt und halten mit Liebe zum Detail die Traditionen aufrecht. Im ganzen Land kann man in Ateliers und auf Märkten handgefertigte Keramik, gefärbte Seidenstoffe und exquisites Papier erhalten – und sogar selbst gestalten.

TOP 5 Weiteres Handwerk

Origami
Die Kunst des Papierfaltens.

Shodo
Die Kalligrafie kam um 600 n. Chr. von China nach Japan.

Bonsai
Perfekt gestutzte und durchgeformte Miniaturbäume.

Ikebana
Die Blumenarrangements waren ursprünglich Opfergaben.

Kodo
Eine der »feinen Künste«: alte Räucherzeremonie mit Dufthölzern.

Textilien färben
Jahrhundertelang durften nur die Reichsten bestimmte Farben und Stoffe, z. B. Seide, tragen. Mehr dazu erfährt man in Kyoto im Kleinen Indigo-Museum (www.shindo-shindigo.com). Textilien selbst gestalten kann man im Mingei Iyo Kasuri Kaikan in Matsuyama *(siehe S. 256)*, auf Flohmärkten findet man Vintage-Stücke.

Japanpapier

Genda Shigyo stellt seit dem Jahr 771 handgefertigtes Papier her, seit 794 in Kyoto. Im uralten Laden der Firma werden auch *mizuhiki* – dünne steife Papierschnüre – verkauft. Im Ozu Washi in Tokyo *(siehe S. 23)* kann man selbst aus einer Pulpe aus Rindenfasern und Wasser ein perfektes Blatt Papier schöpfen – so als würde man nach Gold sieben.

→

Traditionelle Papierherstellung in einer Werkstatt

Lackarbeiten

Japanischer Lack wird aus dem Harz des Urushi-Baums gewonnen. Haltbar, wasserfest und glänzend ist er die perfekte Glasur. In Wajima, dem Geburtsort der kunstvollen, widerstandsfähigen Lackarbeiten, kann man seine eigenen Designs herstellen *(siehe S. 176)*, im Atelier Wajima Kobo Nagaya Essstäbchen gravieren und von Profis mehr über ihre Arbeit lernen (4-66-1 Kawaimachi).

←

Lackteller mit eingelegten Perlmutt-Verzierungen

Keramik

Im 16. Jahrhundert revolutionierten neue Techniken aus Korea die japanische Keramik. Seitdem ist Kyushu an der Koreastraße Japans größter Keramikproduzent. In den Keramikstädten in Saga *(siehe S. 280f)* kann man in alten Ateliers und auf Märkten stöbern, im Rokuro-za in Arita sich selbst an der Töpferscheibe versuchen (1-30-1 Izumiyama).

←

Handarbeit: das Auswringen frisch gefärbter Seide in einer Seidenmanufaktur

→

Keramikerin an der Töpferscheibe in Kyushu

Insel der Inspiration

Die Dörfer auf der malerischen Insel Sado sind aus Holz errichtet, das Wind und Salz silbergrau gebleicht haben *(siehe S. 307)*. Auf dieser Insel entstand die grandiose Kunstform des *Taiko*-Trommelns. Den Sound und die Kraft der mächtigen Röhrentrommeln kann man im Taiko-Zentrum auf Sado (www.sadotaiken.jp) selbst ausprobieren.

→ *Vom Wind geprägte Landschaft der Senkaku-Bucht auf der Insel Sado*

Schon gewusst?

Von Japans insgesamt 6852 Inseln sind nur 430 bewohnt.

JAPAN AUF NEUEN WEGEN

Japan ist unendlich faszinierend – auf dem Land fühlt man sich immer wie auf einer Reise ins Unbekannte, selbst wenn man von Menschen umgeben ist. Jenseits der üblichen Attraktionen zwischen Kyoto und der Hauptstadt gibt es hier fast 7000 Inseln und unzählige Sehenswürdigkeiten zu entdecken.

Der einsame Kominato-Strand auf Chichijima, Ogasawara-Inseln ↑

Galápagos des Ostens

Rund 1000 Kilometer südlich von Tokyo präsentierten sich die Ogasawara-Inseln als Garten Eden. Das UNESCO-Weltnaturerbe umfasst mehr als 30 tropische und subtropische Inseln. Auf dem Archipel leben zahllose endemische Tierarten, etwa der Boninbrillenvogel oder der scheue Bonin-Flughund.

Land der Taucherinnen

Die winzige Insel Hegura vor der Küste von Ishikawa ist als Mekka für Vogelfreunde bekannt. In den 1960er Jahren war die Insel jedoch für ihre *ama* (Taucherinnen) berühmt, die der italienische Anthropologe Fosco Maraini in einem Bildband vorstellte. Einige der von ihm fotografierten Frauen arbeiten noch immer im Sommer auf der Insel. Den letzten Vertreterinnen dieser aussterbenden Tradition kann man wie in früheren Zeiten zusehen, wie sie Seetang sortieren und nach Abalone tauchen.

←

Die berühmten ama *(Taucherinnen) von Hegura mit ihrer Ausbeute*

Inseln der Tiere

Die berühmteste der rund ein Dutzend Katzeninseln Japans ist Aoshima, auf der die Anzahl der Katzen die der Menschen um ein Vielfaches übersteigt. Mehr als 100 Katzen streifen über die Insel, dösen in verlassenen Häusern und stolzieren durch das ruhige Fischerdorf. Wenn Katzen nichts für Sie sind, besuchen Sie das ungewöhnliche Zao Fox Village in der Präfektur Miyagi oder Okunoshima. Auf dieser Insel, auf der Japan während des Zweiten Weltkriegs Giftgas produzierte, leben heute Tausende niedliche Kaninchen.

Verborgene christliche Stätten

Als das Christentum Ende des 16. Jahrhunderts verboten wurde, flohen viele Christen auf die zwischen Kumamoto und Nagasaki gelegenen Amakusa-Inseln. Dort lebten sie über 300 Jahre lang ihren Glauben im Verborgenen. Das Christliche Museum in Amakusa *(siehe S. 35)* zeigt buddhistische Statuen mit geschnitzten Kreuzen am Rücken und Marien-Darstellungen, die wie die buddhistische Göttin des Mitgefühls Kannon aussehen. Auf einer Bootstour kann man nachvollziehen, warum die nebligen Inseln perfekte Verstecke waren (www.seacruise.jp/cruise-english).

→

Eine der hübschen christlichen Kirchen auf den Amakusa-Inseln

Skurrile Nächte
Wenn die Dämmerung einsetzt, sollte man eine der Tokyoter Themenbars besuchen. Das Bacon in Shin-Okubo (Tel. +81-3-6821-5193) ist wie eine futuristische Apotheke gestaltet. Die Science Bar Incubator (www.incubator.sc) geht noch einen Schritt weiter mit Personal in Laborkitteln.

→

Die futuristischen, blauen und violetten neonbeleuchteten Innenräume von Bacon

JAPAN AM ABEND

Nach Sonnenuntergang verwandeln sich Japans Straßen in neonstrahlende Reviere für Nachtschwärmer. Von altmodischen Trinkhallen bis zu futuristischen Cocktailbars, von frenetischen Nachtclubs bis zu entspannten Livemusik-Events – das berauschende Nachtleben des Landes sollte man nicht verpassen.

Japan live!
Von sanftem Gitarrensound bis zu dröhnendem Punk – Musikfans zieht es nach Tokyo. Die neuesten Trends hört man im Shimokitazawa Three (www.toos.co.jp/3), während das AKB48 Theater in Akihabara (www.akb48.co.jp) der Ort für J-Pop ist. Außerhalb der Hauptstadt ist das Osaka Muse etwas düsterer (osaka.muse-live.com).

←

Ein Jazzschlagzeuger beim Auftritt auf einer Kleinbühne

Authentische Kneipen

In Tokyo verstecken sich im Gassen- und Arkadengewirr von Golden Gai einige trübe bis stimmungsvolle Kneipen *(siehe S. 96).* Beginnen Sie die Erkundung im Albatross (www.alba-s.com), einer legendären Kneipe, die von Künstlern, Studenten, Auswanderern und Büroangestellten besucht wird. In Osaka sollten Sie sich den Einheimischen in einem *tachinomiya* anschließen. Diese oftmals versteckten »Stehbars« sind so authentisch wie nur möglich.

→

Bedienung in einer belebten Bar in Tokyos Viertel Shibuya

Clubbing

Electro Funk, Techno, House – Japans Clubs bieten alles. Der herausragende Veranstaltungsort in Tokyos Shibuya-Viertel ist der Club Womb (www.womb.co.jp) auf vier Etagen, während Arty Farty ein Anlaufpunkt im Shinjuku Ni-chome ist. Tanzen Sie bis zum Morgengrauen im ID Café in Nagoya (www.idcafe.info) oder im Club Joule (www.club-joule.com) in Osaka.

←

Sound Museum Vision in Tokyos Stadtteil Shibuya

Expertentipp
Bootsfahrt

Osakas Glitzerlichter und die extravaganten Schilder der unzähligen Bars und Restaurants sieht man besonders gut auf einer nächtlichen Bootsfahrt (www.ipponmatsu.co.jp) auf dem Kanal – dabei entdeckt man gleich interessante Ziele – oder auf einer Nachttour (www.magical-trip.com) von *izakaya* zu *izakaya*.

LGBTQ+

Nirgendwo gibt es mehr Schwulenbars auf einem Fleck als in Ni-chome in Shinjuku. Auf einer Nachttour mit Out Asia Travel lernt man die besten der gut 300 Bars kennen (www.outasiatravel.com). In Osaka sollten Sie für Karaoke ins Frenz Frenzy Rainbow Haven (8-14 Kamiyamacho; +81-6-6311-1386) gehen.

↑ *Kostümierte Teilnehmer auf einem Festwagen beim Tokyo Pride*

Pilgern

Zu Japans religiösen Traditionen gehören auch zahlreiche Pilgerwege, die das Land durchziehen. Am bekanntesten ist die buddhistische 88-Tempel-Wallfahrt *(siehe S. 258f)* auf Shikoku. Der rund 1200 Kilometer lange Rundweg führt wie ein Mandala von Stätte zu Stätte und dauert 30 bis 60 Tage. Einen Eindruck erhält auch, wer nur einen Abschnitt des Wegs mitwandert.

←

Buddhistische Pilger bei der 88-Tempel-Wallfahrt auf Shikoku

WELLNESS

IN JAPAN

Wer Ruhe und Erholung sucht, für den ist Japan ein perfektes Ziel. Das Land bietet zahllose Möglichkeiten zur Stärkung des Wohlbefindens, sei es beim Entspannen in Thermalquellen, beim Waldbaden, als Pilger auf Wallfahrt oder als Gast in einem Tempel.

Auszeit im Tempel

Japans buddhistisches Erbe steht für tiefe Spiritualität und bietet die Möglichkeit, in einem Tempel inneren Frieden zu finden und abseits der modernen Welt Teil einer oft stillen buddhistischen Gemeinschaft zu werden. Auf dem heiligen Berg Koya *(siehe S. 234f)* können Besucher in über 50 Tempeln meditieren, traditionelle vegetarische *Shojin-ryori*-Gerichte essen und wie die Mönche in Thermalquellen baden.

Baden

Japans zahlreiche *onsen* bieten nicht nur Entspannung pur, sondern das heiße Thermalwasser soll auch verschiedene Heilwirkungen besitzen, beispielsweise neuralgische Schmerzen lindern. Eine neuere, vor allem in Esoterikkreisen beliebte Wellness-Anwendung ist *shinrin-yoku*, das »Waldbaden«. Es soll den Blutdruck senken und den »Energiefluss« steigern.

→ *Abendliche Entspannung in einem* onsen *im Freien*

Ikigai

Von großer Bedeutung ist das japanische Konzept des *ikigai*, des Lebenssinns und der Achtsamkeit. Man kann jeden Tag sinnvoll durch Aktivitäten ausfüllen, z. B. durch Zengärtnern an der Kyoto-Universität für Kunst und Design (www.jghh.jp/center) oder in einem *Washoku*-Kochkurs an Tokyos Tsukiji Cooking School (www.tsukiji-cooking.com).

← *Ein Mann bei der Gartenpflege*

↑ *Mönche vor dem Kongobu-ji-Tempel am Berg Koya*

Essen

Viel Seafood und Fermentiertes: Die traditionelle japanische Küche gilt als Hauptfaktor für die Langlebigkeit der Japaner – ein guter Grund, sich selbst damit zu verwöhnen. Die Zubereitung lernt man in Tokyo bei einem Kochkurs bei Mayuko's Little Kitchen (www.mayukoslittle kitchen.com). Warum Fermentiertes so gesund ist, erfährt man in der traditionellen Miso-Fabrik im Volkskunstdorf Kyushu Yufuin in Yufuin *(siehe S. 270)*.

→ *Köstliche hausgemachte Ramen*

JAPANS POPKULTUR

Japan ist berühmt für seine uralten Traditionen – und für seine faszinierende futuristische Popkultur. Mit schrägen Animes, niedlichen Katzencafés, kitschigen Karaoke-Bars oder schlagfertigen Robotern erobert die facettenreiche Kultur des Landes den Rest der Welt im Sturm.

△ Ich fang sie alle!
Japan ist das Land des Pokémon. Möchtegern-Trainer zieht es natürlich ins Pokémon Center Mega Tokyo in Ikebukuro *(siehe S. 142)*. Von Süßigkeiten bis Kissen findet man hier alle erdenklichen Merchandise-Artikel – perfekt, um den Pokédex aufzumotzen.

▽ Cosplay
Cosplay, bei dem sich Fans wie ihre Lieblingsfiguren verkleiden, ist in Japan sehr beliebt. Man sieht sie vor allem in Tokyos Vierteln Harajuku *(siehe S. 94f)*, Ikebukuro *(siehe S. 142)* und Akihabara *(siehe S. 118)*. Liebhaber von Shonen-Manga und Anime (männliches Publikum) werden sich in Akihabara wohlfühlen, während Ikebukuro eher die Fans von Shojo (weibliches Publikum) anspricht.

△ J-Pop
Japans kitschiger J-Pop entstand in den 1990er Jahren, seitdem hat er mit seinen eingängigen Melodien und exzentrischen Outfits viele Nachahmer weltweit. Die Hits von AKB48 und SMAP kann man in Karaoke-Kabinen schmettern oder man besucht das AKB48-Theater (www.akb48.co.jp/theater), um die Band in Aktion zu sehen.

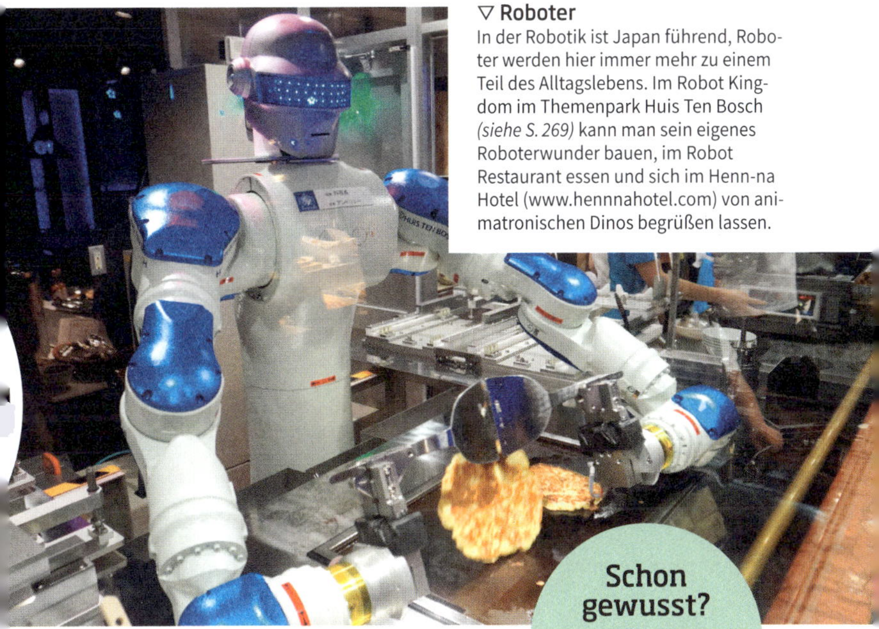

▽ Roboter

In der Robotik ist Japan führend, Roboter werden hier immer mehr zu einem Teil des Alltagslebens. Im Robot Kingdom im Themenpark Huis Ten Bosch *(siehe S. 269)* kann man sein eigenes Roboterwunder bauen, im Robot Restaurant essen und sich im Henn-na Hotel (www.hennnahotel.com) von animatronischen Dinos begrüßen lassen.

Schon gewusst?

Mittlerweile gibt es einen Roboterpriester, der bei Begräbnissen Mantras rezitiert.

△ Themenlokale

Japanische Katzencafés haben einen weltweiten Hype ausgelöst, aber auch für andere Vorlieben wird gesorgt. So gibt es neben Tee mit Kätzchen im Calico Cat Café (www.catcafe.jp) auch Drakula-Häppchen im Vampire Café in Ginza (6-7-6 Ginza). Der Merchandise-Händler Animate betreibt mehrere Cafés in Tokyo (cafe.animate.co.jp) mit ständig wechselnden Anime-Themen.

▽ Fashion-Fantasien

Die Takeshita-dori in Harajuku gilt als eine der einflussreichsten Gegenden der Modewelt und ist bevölkert von Ständen, die eine riesige Vielfalt an Outfits anbieten *(siehe S. 94)*. Zu den auffälligsten Subkulturen, die hier entstanden sind, gehören »Gothic Lolita«, »Visual Kei« und »Rockabilly«. Alles Dinge, die Harajuku-Mädchen *(siehe S. 95)* lieben. Nachdem Sie hier das perfekte Outfit gefunden haben, können Sie sich in einem *purikura* in eine lebende Anime-Figur verwandeln. Diese Fotoautomaten bieten Hunderte von verschiedenen Bearbeitungsmöglichkeiten mit Aufklebern, Filtern und mehr.

Wein

Angeblich wurden in Japan bereits 718 n. Chr. Trauben kultiviert, japanischer Wein wird jedoch erst seit Kurzem auch im Ausland registriert. Die Nationaltraube Koshu wird in den Bergen der Präfektur Yamanashi angebaut. Die meisten der dortigen Weingüter bieten Führungen, empfehlenswert sind Sadoya (www.sadoya.co.jp) und 98 Wines (www.98wines.jp).

→ *Mit Lavendel aromatisierter Wein aus Furano auf Nord-Hokkaido*

JAPANISCHE GETRÄNKE

Aromatischer Sake, spritziges Bier, zeremonieller *Matcha*-Tee, kräftiger Whisky – Japans Barsortiment bietet eine reiche Auswahl an Klassikern. Doch auch neuen Genüssen aus aller Welt steht man hier offen gegenüber. Einige dieser flüssigen Spezialitäten sollte man auf jeden Fall probieren.

TOP 5 Tees in Japan

Matcha
Eiscreme, Nudeln – das Grünteepulver findet breite Verwendung.

Sencha
Der grüne Tee für *matcha* wächst im Schatten, *sencha* dagegen in der Sonne.

Hojicha
Hat weniger Koffein als die anderen Grüntees.

Mugicha
Der Gerstentee wird im Sommer kalt getrunken.

Genmaicha
Das Getränk aus Grüntee und braunem Reis beruhigt den Magen.

Bier

Japans große vier – Kirin, Asahi, Sapporo und Suntory – sind weltbekannt, Gleiches gilt für einige Craftbeer-Brauereien. Im Sapporo-Biergarten und -Biermuseum *(siehe S. 320)* erfährt man mehr über die Geschichte des Biers und kann diverse Sorten verkosten.

→ *Biermuseum der Brauerei Sapporo auf Hokkaido*

> Expertentipp
> **Apfelwein**
> Japanischer Apfelwein ist auf dem Vormarsch – auf dem Apfelweinweg in Niigata können Sie das in Japan neue Getränk verkosten (www.pommelier.net).

Whisky

Japanische Whiskys sind mit vielen Preisen ausgezeichnet und werden in Bars auf der ganzen Welt serviert. In der Destillerie und im Museum der bekannten Marke Suntory in Yamanashi (www.suntory.com) widmet man sich ausschließlich dem Whisky.

↑ *Traditionelles Ritual – junge Frau bei der Teezeremonie*

↓ *Whisky von Ichiro, einer der kleinsten Brennereien Japans*

Tee

Den Tee brachten japanische Mönche im 6. Jahrhundert aus China mit. Seitdem spielt er eine wesentliche Rolle in der japanischen Kultur und wird in Tokyos coolen Cafés ebenso getrunken wie bei Teezeremonien in Tempelgärten *(siehe S. 197)*. Bei Kyoto erstrecken sich an Wazukas sanften Hügeln Reihen über Reihen von Teesträuchern. Auf Touren mit Kyoto Obubu Tea Farms kann man auf den Plantagen selbst Tee pflücken, verschiedene Sorten verkosten und japanische Süßigkeiten probieren (www.obubutea.com).

Sake

Japans Nationalgetränk wird traditionell aus kleinen Keramikschalen oder -bechern getrunken. Sake wird aus Reis, Wasser und Hefe gebraut, in verschiedenen Temperaturen serviert und passt perfekt zu japanischem Essen. Es gibt Hunderte von Brauereien – jede mit eigenen Geschmacksrichtungen. Besuchen Sie die besten mit Sake Tours (saketours.com).

→ *Bunt verzierte Sake-Fässer in Tokyo*

Rugby

Japans Liebe zum Rugby begann Mitte des 19. Jahrhunderts mit dem Ende des Isolationismus, und schon bald war Rugby ein fester Bestandteil der Eliteuniversitäten. Der Sport wurde zu einer Quelle des Nationalstolzes, nachdem Japans Team – die Brave Blossoms – eine Reihe von beeindruckenden Leistungen und einen legendären Sieg über Südafrika 2015 erzielt hatte. Japan war 2019 Gastgeber einer Weltmeisterschaft, das Rugby-Fieber ist groß. Es lohnt sich, ein Spiel zu besuchen (www.rugby-japan.jp).

→ *Japanische Rugby-Teams spielen in der League One*

JAPAN FÜR SPORTFANS

Japans Sportkalender ist vollgepackt mit traditionellen Sportarten wie Sumo und Kendo, aber auch mit westlichen Spielen wie Baseball. Erleben Sie die Spannung, indem Sie sich beim Sumo oder bei einem Baseball-Spiel unter die Einheimischen mischen oder einfach in einer guten Sportbar abhängen.

Kendo

Kendo ist die Fechtkunst mit Bambusschwertern, die auf die Samurai zurückgeht. Samurai Trip organisiert Kurse, Besuche bei Waffenmeistern und Treffen mit professionellen Kendoka (www.samuraitrip07.com).

→ *Kendoka fechten mit Bambusschwertern*

Baseball

Baseball kam mit den US-Amerikanern in der frühen Meiji-Zeit nach Japan und wurde fast sofort bei Amateur-Sportclubs und an den Universitäten populär. Im Zweiten Weltkrieg war Baseball als zerstörerischer US-Einfluss verboten, heute ist es die führende aktiv betriebene Sportart und der beliebteste Zuschauersport Japans. Im Tokyo Dome – dem Heimstadion der Yomiuri Giants – präsentiert die Baseball Hall of Fame and Museum zahllose Exponate (www.english.baseball-museum.or.jp). Selbst spielen kann man im Shinjuku Batting Centre (2-21-13 Kabukicho).

← *Fans der Yomiuri Giants im Tokyo Dome*

Sportbars

MLB Cafe Saitama
Der Baseball-Schrein ist mit Baseball-Devotionalien dekoriert.
F4 2135 Seibu Dome Kamiyamaguchi, Tokorogawa
mlbcafe.jp/en

The FooTNiK
Hier kann man bei einem Getränk Fußball gucken.
F4 1-11-22 Ebisu, Shibuya
footnik.com

Rugby Bar Nikenme
Gemütliche Sportbar mit gutem Essen.
D5 6-1-6 Fukushima, Osaka
+81-6-6131-8974

Frauen im Ring

Viele traditionelle Sportarten in Japan wie Kyudo und Kendo sind geschlechtsneutral, bei Sumo ist das nicht so. Frauen sind nicht nur als Ringerinnen ausgeschlossen, sie dürfen den Ring überhaupt nicht betreten – auch nicht als medizinisches Personal. Nichtsdestotrotz wird Sumo bei jungen Frauen immer beliebter, von denen einige um das Recht kämpfen, den Sport als Profi auszuüben. Da das Interesse wächst – Netflix hat sogar den Dokumentarfilm *Little Miss Sumo* gedreht –, bleibt abzuwarten, ob der japanische Sumoverband seine Politik diesbezüglich ändern wird.

↑ *Sumo-Ringer und gyoji (Schiedsrichter)*

Sumo

Die Rituale rund um Sumo sind kompliziert, aber die Regeln einfach: Wer als Erster den Ring verlässt oder mit dem Körper den Boden berührt, hat verloren. Im Ryogoku Kokugikan in Tokyo finden jedes Jahr drei große Turniere statt (www.sumo.or.jp/EnTicket). Um einen Eindruck vom Leben in einem *beya* (Sumo-Stall) zu bekommen, sollten Sie in einem Restaurant in Ryogoku *(siehe S. 144f)* *chankonabe* (»Sumo-Eintopf«) probieren. Viele der Lokale werden von Ex-Sumo-Ringern betrieben.

Moderne Meister

Fans zeitgenössischer Kunst sollten sich das Mori-Kunstmuseum in Tokyo *(siehe S. 91)* oder das Towada Art Center (www.towadaartcenter.com) im Norden Honshus ansehen. Auf Japans »Kunstinsel« Benesse Art Site Naoshima spazieren Besucher zwischen Yayoi Kusamas berühmten gepunkteten Skulpturen und Tadao Andos Meisterwerken aus Beton *(siehe S. 250f)*.

←

Der beeindruckende Kürbis von Yayoi Kusama, Benesse Art Site Naoshima

KUNST
IN JAPAN

Kunst war lange Zeit Japans erfolgreichster Exportartikel – jahrhundertelang riss sich die ganze Welt um *Ukiyo-e*-Drucke und wunderschön bemalte Stellschirme. Heute gesellen sich spannende Museen und innovative zeitgenössische Künstler zu den traditionellen Stars im Rampenlicht.

Expertentipp
Kunstsinniges Hotel

Das Palace Hotel Tokyo organisiert für Kunstfans individuelle Führungen von Kunsthistorikern durch Tokyos exzellente Museen und Avantgarde-Galerien (www.en.palacehotel tokyo.com).

Traditionelle Kunst

Im Nezu-Museum *(siehe S. 93)* in Tokyo verbinden sich traditionelle Kunst und modernes Design auf einmalige japanische Art. Das vom mit Preisen ausgezeichneten Architekten Kengo Kuma entworfene Museum präsentiert mehr als 7400 japanische und ostasiatische Werke, darunter Ogata Korins (um 1701 – 05) traumhaftes Stellschirm-Bild *Schwertlilien*. Traditionelles präsentiert auch Tokyos Nationalmuseum *(siehe S. 128 – 131)*. Hier bieten Noh-Masken einen Einblick in die typisch japanische Kunstform des Noh-Theaters.

Schon gewusst?

Yayoi Kusamas *Polka Dots* entspringen Halluzinationen, die sie als Kind hatte.

↑ *Bourdells* Herkules der Bogenschütze, *Hakone-Museum*

Eindrucksvolle Skulpturen

Das Hakone-Freilichtmuseum *(siehe S. 169)* zeigt Arbeiten von Rodin, Miró und Picasso sowie eine der weltweit größten Henry-Moore-Sammlungen, das Kirishima-Freilichtmuseum auf Kyushu Werke von Gormley, Turrell, Kapoor und Yayoi Kusama (www.open-air-museum.org).

← *Eingang zum Museum für Asiatische Kunst in Fukuoka*

Asiatische Kunst

Das Museum für Asiatische Kunst *(siehe S. 265)* in Fukuoka stellt herausragende asiatische Künstler vom frühen 20. Jahrhundert bis heute vor. Gezeigt wird von Ölgemälden bis Videokunst einfach alles. Einen guten Überblick über die zeitgenössische asiatische Kunstszene bietet die Benesse Art Site Naoshima *(siehe S. 250f)*.

↑ Schwertlilien *von Ogata Korin (um 1701 – 05) im Nezu-Museum, Tokyo*

Holzschnitte

Von Hokusais Ansichten des Berges Fuji über Utamaros Porträts bis hin zu Hiroshiges stimmungsvollen Landschaften – Ukiyo-e (»Bilder der vergänglichen Welt«) ist zu einer der bekanntesten Kunstformen Japans geworden. Sie ist auch eine der einflussreichsten: Die Holzschnitte waren eine wichtige Inspiration für die Impressionisten.

→ *Ein Ukiyo-e-Druck aus der Edo-Periode, der das tägliche Leben darstellt*

DAS JAHR IN JAPAN

Januar

△ **Neujahr** *(1. Jan)*. Um Mitternacht läuten buddhistische Tempel ihre Glocken 108 Mal.

Nanokado Hadaka-mairi *(7. Jan)*. Männer in Lendenschurzen klettern in Yanaizu an einem Seil an die Decke des Nanokado-Tempels.

Februar

△ **Setsubun** *(3. Feb)*. Zum Frühlingsbeginn werden Bohnen geworfen, um das Böse zu vertreiben und Glück zu bringen.

Schneefest Sapporo *(Anf. Feb)*. Groß angelegte Schnee- und Eisskulpturen erobern eine Woche lang die Stadt.

Mai

Aoi Matsuri *(15. Mai)*. In Kyoto findet ein prächtiger Festumzug zu den Schreinen Shimogamo und Kamigamo statt.

△ **Sanja Matsuri** *(3. Wochenende)*. Tokyos wildestes Fest mit Paraden, Tanz und traditioneller Musik.

Juni

△ **Reispflanzfest** *(14. Juni)*. In traditioneller Kleidung pflanzen Teilnehmer Setzlinge in den Reisfeldern von Sumiyoshi im Süden Osakas.

Chagu-chagu Umakko *(2. Sa)*. Geschmückte Pferde paradieren zum Hachiman-gu-Schrein in Morioka.

September

△ **Tsurugaoka Hachimangu Reitaisai** *(14.–16. Sep)*. Prozession mit Festwagen und Bogenschießen zu Pferd am Hachiman-gu-Schrein in Kamakura.

Sumo Basho *(Mitte Sep)*. In Tokyo finden 14 Tage lang professionelle Wettkämpfe statt.

Oktober

Nada-Kampffestival *(14./15. Okt)*. Am Matsubara-Schrein in Himeji wetteifern Männer um das Läuten der Glücksglocke im Innenhof.

Toshogu-Herbstfest *(16./17. Okt)*. Samurai in Rüstungen eskortieren in Nikko einen Schrein.

△ **Feuerfest** *(22. Okt)*. Riesige Feuer in Form von chinesischen Schriftzeichen werden in die Hügel um Kyoto gebrannt.

März

△ **Hina Matsuri** *(3. März)*. Familien mit jungen Töchtern stellen aufwendig gekleidete Puppen aus, die den kaiserlichen Hof in der Heian-Zeit darstellen.

Sumo Basho *(Mitte März)*. Jährlich stattfindendes Sumo Turnier in Osaka, das im Verlauf immer intensiver wird.

April

△ **Sakura**. Die Blüten schmücken landesweit Tempel und Parks. Die Kirschblüte wird in der klassischen Poesie und Literatur gefeiert.

Kanamara Matsuri *(1. So)*. Am Kanayama-Schrein in Kawasaki wird ein zwei Meter hoher Phallus durch die Straßen getragen, um für Empfängnis, Geburt und Eheglück zu beten.

Buddhas Geburtstag *(8. Apr)*. Überall baden Gläubige kleine Buddha-Statuen und schmücken sie mit Blumen, um seine Geburt zu feiern.

Juli

Gion Matsuri. Kyotos größtes Fest mit wunderschönen traditionellen Kostümen.

△ **Tanabata Matsuri** *(7. Juli)*. Altes Fest, bei dem Wünsche auf Papier geschrieben und an Bäume gehängt werden.

Fuji Rock Festival *(letztes Wochenende)*. Japans größte Musikveranstaltung im Freien.

August

△ **Awa-Odori** *(12.–15. Aug)*. Tokushima singt und tanzt vier Tage und Nächte lang zum Gedenken an den Bau der Burg 1587.

Obon *(13.–16. Aug)*. Buddhisten besuchen ihre Familiengräber zum Totenfest, bei dem Tänze aufgeführt und Laternen angezündet werden, um den Verstorbenen den Weg zu weisen.

Daimonji *(16. Aug)*. Auf Hügeln um Kyoto werden zum Ende von Obon Feuer angezündet.

November

△ **Daimyo Gyoretsu** *(3. Nov)*. In Hakone wird die Prozession eines Feudalherrn auf der Tokaido-Straße (Edo – Kyoto) nachgestellt.

Kyokusui-no-En *(3. Nov)*. Am Jonan-gu-Schrein in Kyoto müssen als Heian-Adlige verkleidete Dichter ein 31-silbiges Gedicht verfassen, während sie ein Glas Sake trinken.

Dezember

Winterbeleuchtung. Lichtinstallationen schmücken Städte im ganzen Land, von Sapporo bis Nagasaki.

△ **Okera-Mairi-Zeremonie** *(31. Dez)*. Besuchen Sie den Yasaka-Schrein in Kyoto, um zu sehen, wie Einheimische Bambusseile mit der heiligen Flamme entzünden, damit sie die Kerzen auf ihren Hausaltären anzünden können.

1

KURZE GESCHICHTE

Japan war in seiner Geschichte nicht nur geografisch, sondern auch politisch von Kontinentalasien getrennt. Als sich das isolierte Land im 19. Jahrhundert nach außen öffnete, übernahm es zielstrebig neue Technologien. Heute ist Japan in vielen Branchen führend, von der Mode bis zur Robotertechnik.

Japans Entstehung

Erste Siedler kamen vor mehr als 40 000 Jahren wahrscheinlich über Landbrücken von Kontinentalasien auf die Inseln. Die Jäger-Sammler-Kultur Jomon entstand rund 14 500 v. Chr., von 300 v. Chr. bis 300 n. Chr. breitete sich die Yayoi-Kultur von Kyushu nach Honshu und Shikoku aus. Im Westen konsolidierte ein lokaler Clan – die Vorfahren der heutigen kaiserlichen Familie – zwischen 538 und 710 seine Macht. In dieser Zeit kamen buddhistische und chinesische Schriften auf die Inseln. Ein auf dem Konfuzianismus basierendes Rechtssystem entstand.

1 *Karte der Präfekturen* ↑
2 *Häuser der Yayoi-Ära im Yoshinogari-Park*
3 *Murasaki Shikibu, Verfasserin der* Geschichte vom Prinzen Genji
4 *Darstellung der Mongoleninvasion 1281*

Chronik

300 v. Chr. – 300 n. Chr.
Anbau, Metallverarbeitung und Töpferei kommen nach Japan

239
Königin Himiko schickt einen Abgesandten ins chinesische Reich Wei

710
Heijo-kyo (Nara) wird die Hauptstadt Japans

794
Heian-kyo (Kyoto) wird kaiserliche Hauptstadt – bis 1868

823
Der Shingon-Buddhist Kukai wird Abt des Toji-Tempels

2

3

4

Nara- und Heian-Zeit

Die Nara-Zeit begann 710 mit der Gründung der kaiserlichen Hauptstadt. In dieser Epoche erlebte Japan eine sensationelle Blüte von Literatur, Kunst, Architektur und Religion. Die Ära endete 794 mit der Verlegung der Hauptstadt nach Heian-kyo (Kyoto), wo chinesische und japanische Elemente in Malerei, Kalligrafie, Poesie und Prosa miteinander verschmolzen. Nach dem Ende der chinesischen Tang-Dynastie 907 begann sich Japan zunehmend von China zu distanzieren und entwickelte eine eigenständige Kultur.

Kamakura-Zeit

1185 erschütterten die Kämpfe der Clans Taira und Minamoto die elegante Welt des Heian-Hofs. In der Folge entstand Japans erstes Shogunat (Kriegerherrschaft). Kamakura nahe dem heutigen Tokyo stieg zum Machtzentrum auf. Zwei Mongoleninvasionen scheiterten 1274 und 1281 auch am Wetter, was die Japaner als göttlichen Wind – *kamikaze* – interpretierten. 1333 stürzte Kaiser Go-Daigo das Kamakura-Shogunat und versuchte die kaiserliche Herrschaft wiederherzustellen.

Japans Epochen

Jomon 14 500 – 300 v. Chr.
Yayoi 300 v. – 250 n. Chr.
Yamato 250 – 710
Nara 710 – 794
Heian 794 – 1185
Kamakura 1185 – 1333
Muromachi 1333 – 1568
Momoyama 1568 – 1603
Tokugawa (Edo) 1603 – 1868
Meiji 1868 – 1912
Taisho 1912 – 1926
Showa 1926 – 1989
Heisei 1989 – 2019
Reiwa seit 2019

um 1000
Die Hofdame Murasaki Shikibu schreibt mit *Genji Monogatari* den vielleicht ersten Roman der Welt

1087
Kaiser Shirakawa dankt ab und wird Japans erster Klosterkaiser

1180–85
Der Minamoto-Clan besiegt den Taira-Clan und gründet das Kamakura-Shogunat

1274
Erste Mongoleninvasion in Kyushu

1333
Sturz des Kamakura-Shogunats

1

2

3

Zeit der streitenden Reiche

Aus dem jahrelangen Bürgerkrieg ging das Muromachi-Shogunat 1336 als Sieger hervor. Im Gegensatz zum Kamakura-Shogunat, das gemeinsam mit dem Kaiserhof bestand, übernahm Muromachi die verbliebene kaiserliche Macht. In der Folge flackerten Aufstände auf, 1467 brach der Onin-Krieg aus. In dessen Verlauf wurde Kyoto zerstört und die zentrale Herrschaft des Shogunats beendet. In den folgenden 100 Jahren wurde Japan von Kriegen zwischen zunehmend autonomen Samurai-Herrschern erschüttert. Der in den Provinzen militärisch erfolgreiche *daimyo* (Feudalherr) Nobunaga Oda strebte die Einigung des Landes an, starb jedoch 1582, bevor er dieses Ziel erreichte. Odas Stellvertreter, der ehemalige Bauer Hideyoshi Toyotomi, setzte die Einigung fort. Dazu zerstörte er so viele Burgen wie möglich und konfiszierte die Waffen der Bauern. Nach Toyotomis Tod zerstritten sich die *daimyo* des Ostens und Westens. Sie sendeten ihre Samurai unter Führung von Ieyasu Tokugawa bzw. Mitsunari Ishida in die Schlacht von Sekigahara, die Tokugawa 1600 gewann. In der Folge gründete er 1603 das Tokugawa-Shogunat.

1 *General und Staatsmann Nobunaga Oda* ↑

2 *Statue von Hideyoshi Toyotomi bei Osaka*

3 *Landung des Commodore Perry*

4 *Das Große Kanto-Erdbeben von 1923*

Schon gewusst?

Die kaiserliche Familie führt ihr Geschlecht auf die Sonnengöttin Amaterasu zurück.

Chronik

1467
Beginn des verheerenden Onin-Kriegs, Kyoto wird großteils zerstört

1603
Ieyasu Tokugawa gründet das Tokugawa-Shogunat

1633
Beginn der *Sakoku*-Politik (geschlossenes Land). Die meisten Ausländer werden ausgesperrt

1641
Nur Holländer und Chinesen dürfen nach Japan

1707
Letzter Ausbruch des Fuji

4

Edo-Ära und Meiji-Restauration

Das Land wurde befriedet, indem man die *daimyo* zwang, jedes zweite Jahr in Edo (Tokyo), dem neuen Sitz des Shogunats, zu residieren. Während Kyoto die offizielle Hauptstadt blieb, wuchs Edo rasant. Japan isolierte sich von der Welt, bis 1853 der US-Offizier Commodore Perry das von Unruhen geschwächte Shogunat mit Kriegsschiffen zwang, sich dem Westen zu öffnen. 1868 wurde das Kaisertum wiedereingeführt, und Japan übernahm unter dem Meiji-Kaiser westliche Technologien. Tokyo wurde Haupt- und Residenzstadt des Kaisers, die Samurai-Klasse wurde abgeschafft und 1885 der erste Premierminister ernannt. Durch die Einführung der Wehrpflicht entstand ein modernes Heer, das sich im Ersten Chinesisch-Japanischen Krieg 1894/95, im Russisch-Japanischen Krieg 1904/05 und bei der Annexion Koreas 1910 als wirksam erwies. In der folgenden Taisho-Ära erstarkten Parteien, das Wahlrecht wurde erweitert und ein neues Arbeitsrecht umgesetzt – doch der Erste Weltkrieg, die Reisunruhen von 1918, das Kanto-Erdbeben 1923 und das repressive Gesetz zur Aufrechterhaltung der öffentlichen Sicherheit bedrohten die liberale Atmosphäre.

↑ *Porträt des Meiji-Kaisers Mutsuhito, der Japans Modernisierung vorantrieb*

1853
US-Navy-Offizier Commodore Matthew Perry ankert in der Edo-Bucht

1854
Vertrag von Kanagawa zwischen den USA und Japan

1868
Restauration des Kaisertums, Tokyo wird Hauptstadt

1894
Ausbruch des Ersten Chinesisch-Japanischen Kriegs

1905
Russisch-Japanischer Krieg endet mit dem Vertrag von Portsmouth

1

2

Zweiter Weltkrieg

Nach der Taisho-Ära ermordeten Hardliner im Militär moderate Politiker. Die Militaristen wollten dem Land durch die Expansion nach China und Russland Rohstoffe sichern und die nationale Sicherheit verbessern. 1937 startete Japan daher eine Invasion in China. Obwohl die USA China unterstützten, schnitten sie Japan erst 1941 den Zugang zum Öl ab. Daraufhin griff Japan Pearl Harbor auf Hawaii an. Als Vergeltung bombardierten die USA japanische Städte, aber die Militärregierung weigerte sich zu kapitulieren. Im August 1945 warfen die USA Atombomben auf Hiroshima und Nagasaki ab, die UdSSR trat in den Pazifikkrieg ein. Kaiser Hirohito befahl dem Kabinett, um Frieden zu bitten, Japan wurde von den USA besetzt.

Oshkosh Daily Northwestern

JAPAN SURRENDERS TO END WORLD WAR

Reconversion Policy Outlined

MacArthur Named Chief

Gas Rationing Is Terminated

State Goes Wild As Victory Comes

↑ *Zeitung mit der Schlagzeile von Japans Kapitulation*

Spekulationsblase

Das Ende der US-Besatzung 1952 löste eine neue Freiheit und eine kreative Welle mit Innovationen in Kunst, Film, Literatur und Architektur aus. Japan profitierte zudem vom Koreakrieg, da es das US-Militär mit Fahrzeugen und Technik versorgte. Durch die rasant wachsende Industrieproduktion und Exporte

Chronik

1932
Bei einem Putschversuch ermorden Marinekadetten den Premierminister

1933
Japan verlässt den Völkerbund

1941
Japan tritt in den Zweiten Weltkrieg ein

1945
Atombomben zerstören Hiroshima und Nagasaki

1964
Erste Fahrt eines *shinkansen* (Hochgeschwindigkeitszug)

3

4

von u. a. Autos und Elektronik wurde es eines der reichsten Länder der Welt. 1992 stoppte die Entwicklung, als die Spekulationsblase, die den Immobilien- und Aktienmarkt aufgebläht hatte, platzte. Danach folgten Jahrzehnte der Stagnation.

Japan heute

Im März 2011 erschütterte ein Erdbeben der Stärke 9,0 Nord-Honshu und löste einen Tsunami aus. Die Naturkatastrophe verursachte in vier Reaktorblöcken des Atomkraftwerks Fukushima schwere Störfälle, dabei wurden große Mengen radioaktiver Stoffe freigesetzt. Das Vertrauen in die Regierung schwand zunehmend. 2012 wurde Shinzo Abe, der versprach, die Deflation zu beenden, zum Premierminister gewählt. Nur zwei Jahre später schlitterte Japan jedoch aufgrund einer Mehrwertsteuererhöhung erneut in eine Rezession. Die alternde Bevölkerung, die sinkende Geburtenrate und der Widerstand gegen Einwanderung behindern weiter das Wachstum. Japan bleibt jedoch auf der Weltbühne präsent und richtet Veranstaltungen wie die verschobenen Olympischen und Paralympischen Spiele 2021 aus.

1 *Marschierende japanische Truppen 1939* ↑

2 *Friedensdenkmal in Hiroshima*

3 Shinkansen *in Tokyo*

4 *Menschen beten für die Opfer des Erdbebens von 2011*

Schon gewusst?

Die durchschnittliche Verspätung eines *shinkansen* beträgt nur 30 Sekunden.

1989
Kaiser Hirohito (Showa-Ära) stirbt, Nachfolger wird sein Sohn Akihito (Heisei-Ära)

1997
Die Rezession in Südostasien greift auf Japan über

2011
Erdbeben mit Tsunami auf Honshu

2019
Naruhito wird Kaiser; Beginn der Reiwa-Ära

2022
Ermordung des ehemaligen Premierministers Shinzo Abe

TOKYO
ERLEBEN

Weltbekannt: Kreuzung in Shibuya

アイフル
190円
しゃぶしゃぶ
"Shabu-Shabu"
食べ放題!
2,480yen
コスパ◎
キャンパスコース
とらそば
5F
1F

TOKYO
AUF DER KARTE

In diesem Reiseführer wird Tokyo in drei Areale gegliedert. Hinzu kommen Abstecher *(siehe S. 136–145)*. Die Areale sind farbig markiert und werden auf den folgenden Seiten einzeln beschrieben.

TABATA
NISHI-NIPPORI
MINAMI-SENJU
SUMIDA
HIGASHI-NIPPORI
MINOWA
SENDAGI
Yanaka-Friedhof
KIYOKAWA
TSUTSU-MIDORI
NEGISHI
SENZOKU
YANAKA
UENO-SAKURAGI
IRIYA
IMADO
NEZU
National-museum Tokyo
HIGASHI-MUKOJIMA
Tokyo Metropolitan Art Museum
MATSUGAYA
ASAKUSA
Senso-ji-Tempel
NISHIKATA
HONGO
Ueno-Park
MUKOJIMA
Tokyo Skytree
INARICHO
Norden
Seiten 122–135
AZUMABASHI
UENO
KOTOBUKI
NARIHIRA
YUSHIMA
TAITO
MISUJI
HONJO
KURAMAE
SOTOKANDA
ISHIWARA
MISAKICHO
ASAKUSA-BASHI
KAMEZAWA
KINSHI
KANDA
RYOGOKU
KOTOBASHI
IWAMOTOCHO
UCHI-KANDA
TATEKAWA
Östlicher Garten des Kaiserpalasts
OTEMACHI
HAMACHO
SARUE
Zentrum
Seiten 102–121
NIHONBASHI-NINGYOCHO
TAKABASHI
Kaiserpalast
YAESU
NIHONBASHI
KIYOSUMI
Imperial Palace Plaza
MARUNOUCHI
SENGOKU
Tokyo International Forum
SHINKAWA
Hibiya-Park
SHINTOMI
EITAI
FUYUKI
TOYO
GINZA
MINATO
UCHISAI-WAICHO
AKASHICHO
Japan
TSUKIJI
SHINBASHI
Hamarikyu-Garten
SHIBA-DAIMON
KAIGAN
TOYOMICHO
HARUMI
TOKYO

Verspiegelte Rolltreppe, Einkaufszentrum Tokyu Plaza Omotesando Harajuku

Westen

Shinjuku und Shibuya – das Doppelzentrum im Westen Tokyos, das auf der Yamanote-Linie nur drei Stationen auseinanderliegt, boomte erst nach dem Erdbeben von 1923 und der Erweiterung der Tokyu-Toyoko-Linie 1932, die die Hauptstadt mit Yokohama verband. Trotz dieser kurzen Stadthistorie gibt es hier alte Geschichten, etwa von Hachiko, dem Hund, der jeden Tag von 1923 bis 1935 treuherzig am Bahnhof Shibuya auf die Rückkehr seines Besitzers wartete, oder von der amerikanischen Besetzung des Yoyogi-Parks, der von 1945 bis 1964 als Washington Heights bekannt war. Der Park stand bei den Olympischen Sommerspielen 1964 im Blickpunkt der Welt.

In diesem Teil der Stadt können Besucher das moderne Tokyo erleben: voller Energie, hektisch und ständig im Wandel, was wiederum auf die traditionelleren Vergnügungen von Nord- und Zentral-Tokyo zurückwirkt. Als die kaiserliche Armee ab 1890 in Roppongi stationiert war, boomte das Rotlichtviertel. Nach dem Zweiten Weltkrieg wurde dessen schlechter Ruf durch die Auswanderer nach Kriegsende noch verstärkt.

Heute hat Roppongi mit seinen kosmopolitischen Bars und Clubs zwar immer noch eine pulsierende Nachtszene, aber die modernen Galerien und eleganten Stadtsanierungen haben es auch zu einem beliebten Ort gemacht, an dem man sich tagsüber aufhält. Darüber hinaus ist Shibuya zusammen mit den benachbarten Vierteln Harajuku und Minami-Aoyama seit den 1980er Jahren das Zentrum der japanischen Jugend- und Haute-Couture-Mode.

A
B
C
0 Meter
600
N
OKUBO-DORI
Okubo
Shin-okubo
WAKAMATSUCHO
KUYAKUSHO-DORI
Higashi-shinjuku
SHOKUAN-DORI
SHOKUAN-DORI
OTAKIBASHI-DORI
NISHI-SHINJUKU
Nishi-shinjuku
Seibu-shinjuku
MEIJI-DORI
BUNKA CENTER-DORI
YOCHOMACHI-DORI
OME-KAIDO
KABUKICHO
Golden Gai
Hanazono-Schrein
TOMIHISACHO
Shinjuku-nishiguchi
TOKYO-IDAI-DORI
Sompo Japan Building
SHINJUKU
YASUKUNI-DORI
5
KITA-DORI
West-Shinjuku
Bahnhof Shinjuku
SHINJUKU
Shinjuku-Park
CHUO-DORI
Tochomae
Rathaus
GIJIDO-DORI
HIGASHI-DORI
PLAZA-DORI
Bahnhof Shinjuku
Shinjuku-sanchome
SHINJUKU
Shinjuku-Gyoemmae
YOTSUYA
KOKUSAI-DORI
Takashimaya Times Square
SHINJUKU-DORI
NISHI-SHINJUKU
KOEN-DORI
MINAMI-DORI
KOSHU-KAIDO
MEIJI-DORI
Bunka-Gakuen-Kostümmuseum
Shinjuku-Gyoen-Garten
GAIEN-NISHI-DORI
YOYOGI
Yoyogi
6
Minami-shinjuku
SENDAGAYA
Tokyo Opera City
New National Theater
Sendagaya
Hatsudai
EXPRESSWAY NO. 4
Nationales Noh-Theater
Kokuritsu-kyogijo
Schatzmuseum Meiji-Jingu-Schrein
HATSUDAI
Sangubashi
SENDAGAYA
Japan National Stadium
SHIBUYA
MEIJI-DORI
GAIEN-NISHI-DORI
Meiji-Jingu-Schrein
YAMATE-DORI
7
YOYOGI
Irisgarten
MOTO-YOYOGICHO
Togo-Schrein
Yoyogi-Park
Harajuku
TAKESHITA-DORI
JINGUMAE
Watari-um-Kunstmuseum
Yoyogi-uehara
Harajuku
Gaienmae
Yoyogi-koen
LaForet
KITA-AOYAMA
INOKASHIRA-DORI
Meiji-jingumae
Altes Olympia-stadion
OMOTESANDO-DORI
Omotesando Hills
Minami-Aoyama
UEHARA
INOKASHIRA DORI
MEIJI-DORI
8
TOMIGAYA
JINNAN
JINGUMAE
Omotesando
MINAMI-AOYAMA
YAMATE-DORI
KOEN-DORI
Spiral Building
OMOTESANDO-DORI
UDAGAWACHO
Nezu-Museum
SHOTO
Toguri-Kunstmuseum
Tokyu Hands
AOYAMA-DORI
Taro-Okamoto-Gedenkmuseum
Shibuya-Kreuzung
SHIBUYA
KOTTO-DORI
KOMABA
Bunkamura
CENTER GAI
BUNKAMURA-DORI
MIYAMASU-ZAKA
SAKAE-DORI
Shibuya Hikarie
ROPPONGI-DORI
DOGEN-ZAKA
Shibuya
EXPRESSWAY NO. 3
MARUYAMACHO
ROPPONGI-DORI
Shinsen
9
DOGENZAKA
AWASHIMA DORI
MEIJI-DORI
YAMATE-DORI
HIGASHI
OHASHI
TAMAGAWA-DORI
SAKURA-GAOKACHO
SHIBUYA
A
B
C

Westen

Highlights

1. Meiji-Jingu-Schrein
2. West-Shinjuku
3. Roppongi

Sehenswürdigkeiten

4. Bahnhof Shinjuku
5. Shibuya-Kreuzung
6. Minami-Aoyama
7. Harajuku
8. Tokyo Opera City
9. Shinjuku-Gyoen-Garten
10. Yoyogi-Park
11. Akasaka

Restaurants

① Maruhachi
② Den

Bars

③ New York Bar
④ Gen Yamamoto
⑤ Roku Nana

Hotels

⑥ Sequence Miyashita Park
⑦ OMO3 Akasaka

1

Meiji-Jingu-Schrein

明治神宮

B7 1-1 Yoyogikamizonocho, Shibuya
Harajuku +81-3-3379-5511 Öffnungszeiten variieren saisonal, siehe Website
meijijingu.or.jp/english

Für die Tokyoter sind die Anlagen des Meiji-Jingu-Schreins eine willkommene grüne Lunge im Herzen der Stadt. Machen Sie einen Spaziergang durch das wunderschöne Gelände mit rund 120 000 Bäumen, erfahren Sie mehr über die kaiserliche Familie anhand der in den Museen ausgestellten Artefakte und tauchen Sie ein in das traditionelle Shinto-Leben.

Der 1920 errichtete Schrein wurde bei den Luftangriffen im Zweiten Weltkrieg zerstört und 1958 neu aufgebaut. Umstritten war, dass er wieder Kaiser Meiji (1852–1912) gewidmet wurde statt einem *kami* (Geist), denn der Kaiser hatte nach Ende des Zweiten Weltkriegs auf seine Göttlichkeit verzichtet. Im Schatzmuseum und seinem Anbau sind Exponate des Kaiserhofs zu sehen, darunter Kimonos, Lackarbeiten und Möbel. Besichtigen Sie den Nai-en-Garten, der für die Kaiserin angelegt wurde. Darin befindet sich ein Teehaus, das auf einen malerischen Seerosenteich mit Karpfen blickt. Rechts vom Teich führt ein Weg zum herrlichen Minami-ike Shobuda (Irisgarten) mit 150 Arten von Schwertlilien.

Spiritus Rector

Ein verblüffender Anblick beim Schrein ist die »Mauer« aus Sake-Fässern. Sie sind leer, doch mit Bedeutung aufgeladen. Sake soll nämlich die Verbindung mit den Göttern erleichtern. In den ältesten japanischen Texten wird das alte Wort für Sake mit den Zeichen für »Gott« und »Wein« geschrieben. In Shinto-Schreinen wird für die Gesundheit der Brauer gebetet. Im Gegenzug spenden die Brauereien den für Rituale und Zeremonien benötigten Sake.

Fotomotiv

Traditionelle Hochzeiten

Mit etwas Glück kann man am Schrein eine traditionelle Shinto-Hochzeit erleben. Die Braut trägt einen wundervollen Hochzeits-Kimono und geht unter einem roten Sonnenschirm. Priester begleiten sie. Achtung: Bleiben Sie bitte respektvoll auf Abstand.

Der Meiji-Tenno

Kaiser Meiji (1852–1912, Eigenname Mutsuhito) bestieg 1868 als 14-Jähriger den Chrysanthemen-Thron. Er modernisierte Japan. Während seiner Regierungszeit wurden ein Parlament gegründet, die Industrialisierung forciert und die Konflikte mit China, Korea und Russland in Kriegen beendet.

←

Gläubige beim harai *(rituelle Reinigung) vor dem Betreten des Schreins*

→

Vor dem Eingang zum Meiji-Jingu-Schrein: große »Mauer« aus Sake-Fässern mit den Namen der verschiedenen Sake-Brauereien

↑ *Besucher vor dem Minami-shinmon, dem Tor, das zum inneren Heiligtum des Schreins führt*

2

West-Shinjuku
西新宿

B5 Shinjuku Shinjuku

Die meisten Bürotürme (und teuersten Grundstücke) ballen sich unmittelbar westlich des Bahnhofs Shinjuku. Rund 250 000 Menschen arbeiten hier täglich und verursachen Menschenaufläufe. In vielen Hotels und einigen Bürogebäuden von West-Shinjuku gibt es in der obersten Etage Restaurants mit Blick auf die Stadt.

1960 erklärte die Regierung Shinjuku zum *fukutoshin* (»zweiten Herzen der Stadt«). Als die Stadtverwaltung 1991 in Kenzo Tanges mächtigen 47-stöckigen Bau umzog, nannten viele das Areal *shin toshin* (neue Hauptstadt), der Bau erhielt wegen der enormen Kosten von einer Milliarde US-Dollar den Spitznamen »Steuersilo«. Abseits der Wolkenkratzer bietet die Westseite des Viertels rustikale, unkonventionelle Ecken, darunter die schmale Gasse Omoide Yokocho (1-2 Nishishinjuku) mit vielen bunt beleuchteten, gemütlichen Bars und Restaurants.

↑ *Aussichtsplattform im 45. Stock des Rathauses*

Schon gewusst?

In den Läden von Shinjuku geben die Kunden jedes Jahr drei Billionen Yen aus.

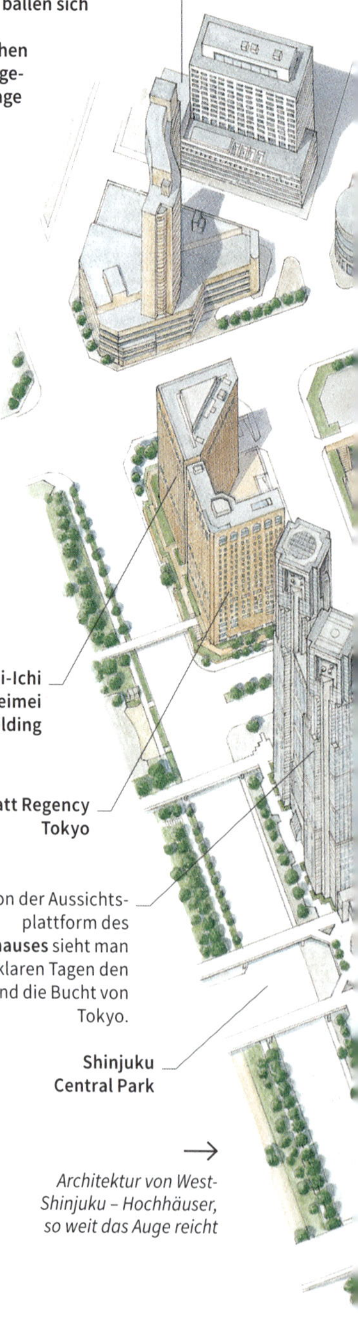

→ *Architektur von West-Shinjuku – Hochhäuser, so weit das Auge reicht*

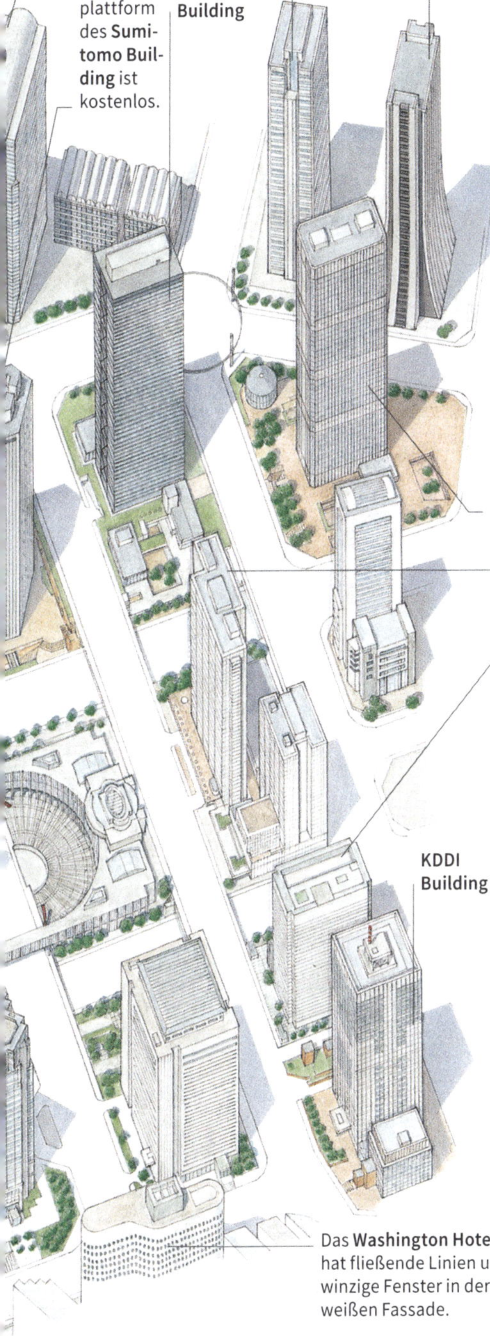

Highlight

Bar

New York Bar
Das Luxushotel Park Hyatt Tokyo ist für immer mit Sofia Coppolas Film *Lost in Translation* (2003) verbunden. Es gibt in Tokyo keinen besseren Ort als diese Bar, um einen Whisky Soda zu ordern und auf die Glitzerlichter der Stadt zu schauen.

A6 52. Stock, Park Hyatt Tokyo, 3-7-1-2, Nishishinjuku, Shinjuku
hyatt.com/en-US/hotel/japan/park-hyatt-tokyo/tyoph

↑ *Das auffällige Sonpo Japan Building mit leicht ausgestellter Basis*

Blick über die Stadt vom Rooftop Sky Deck des Mori Tower

3

Roppongi

六本木

E9 Minato Roppongi

Roppongi ist der Ort, an den Tokyos Erwachsene zum Spielen kommen. Einst berühmt für sein ausschweifendes Nachtleben, hat es sich durch große Kunstgalerien und riesige Bauprojekte gewandelt. Heute ist Roppongi ein Anziehungspunkt für Kultur, Shopping, Unterhaltung und die Clubszene.

1

Roppongi Hills

6-10-1 Roppongi, Minato
roppongihills.com

Der Geschäfts- und Wohnkomplex ist eines der größten Bauvorhaben seiner Art in Japan. Die Mischung aus Restaurants, Bars, Cafés, Läden, Museen und Unterhaltungsmöglichkeiten, die alle in einer hochmodernen architektonischen Vision miteinander verbunden sind, macht es leicht, hier einen ganzen Tag zu verbringen. Die Gegend ist voller Kunstinstallationen im Freien.

Roppongi Hills hat eine kosmopolitische Atmosphäre und ist ein beliebtes Ausgeh- und Einkaufsviertel für die internationale Gemeinschaft Tokyos.

2

Mori-Kunstmuseum

Roppongi Hills Mori Tower, 6-10-1 Roppongi, Minato
tägl. 10–22 (Di bis 17)
mori.art.museum

Das Mori-Kunstmuseum bildet mit dem National Art Center, Tokyo und dem Suntory-Kunstmuseum das »Roppongi Art Triangle«. Hier werden ständig wechselnde Ausstellungen gezeigt, wobei der Schwerpunkt auf zeitgenössischen Werken und der Nachkriegsavantgarde liegt. Es ist eine einflussreiche Institution in der japanischen Kunstszene, die dafür bekannt ist, die angesagtesten Künstler wie Takashi Murakami und Leandro Erlich zu präsentieren. Der Mori Tower hat noch weitere Attraktionen: In der Mori Arts Center Gallery finden kurzfristige Ausstellungen statt. Die beiden Aussichtsplattformen Tokyo City View und Sky Deck bieten einen Panoramablick über die Hauptstadt.

3

Nogi-Schrein

8-11-27 Akasaka, Minato
tägl. frühmorgens–18
nogijinja.or.jp/english

Der Schrein ist General Nogi Maresuke – einem berühmten Helden der kaiserlichen Zeit – und seiner Frau Nogi Shizuko gewidmet. Als Kaiser Meiji 1912 starb, demonstrierte das Paar seine Loyalität, indem es am Tag seiner Beerdigung den rituellen Selbstmordakt des *seppuku* (Ausweiden) beging.

Trotz des gewaltsamen Endes des Ehepaars ist dieser Schrein ein wunderschöner und friedvoller Ort. Das Haus der Familie Nogi aus dem 19. Jahrhundert steht immer noch im gleichnamigen Park und kann am 12. und 13. September, dem Vorabend und Jahrestag des Todes des Paars, besichtigt werden. Außerdem findet auf dem Gelände jeden vierten Samstag im Monat – je nach Wetterlage – ein Flohmarkt statt.

④

The National Art Center, Tokyo

7-22-2 Roppongi, Minato
siehe Website nact.jp

Das National Art Center, Tokyo (NACT) wurde 2007 erbaut, um Roppongi nicht nur als ein Zentrum des Nachtlebens neu zu erfinden. Das Werk von Kisho Kurokawa, die gewellte Glasfassade des Gebäudes, wurde von Wellen und Hügeln inspiriert. Als einer der größten Ausstellungsräume Japans verfügt das NACT nicht über eine eigene ständige Sammlung, sondern konzentriert sich ganz auf Wechselausstellungen und Bildungsprogramme (siehe Website).

⑤

Tokyo Midtown

9-7-1 Akasaka, Minato
tokyo-midtown.com

Das 2007 fertiggestellte Hochhausprojekt hat dazu beigetragen, dass sich Roppongi in ein schickes Viertel für Shopping, Unterhaltung und Kunst verwandelt hat. Ähnlich wie die nahe gelegenen Roppongi Hills ist Tokyo Midtown voll von Läden, Lokalen und Museen in den Gebäuden Galleria, Plaza und Midtown Tower und wird im Nordosten vom Hinokicho-Park begrenzt. Dieser befindet sich auf dem ehemaligen Gelände der Gärten der Herren des Hagi-Clans und erinnert an die Zeit, als Roppongi noch mit Zypressen *(hinoki)* bewachsen war.

Gegenüber befindet sich die Galerie 21_21 Design Sight, eine Zusammenarbeit des Architekten Tadao Ando und des Modedesigners Issey Miyake mit dem Ziel, den Alltag durch die Schönheit durchdachten Designs zu bereichern. Die Exponate wechseln regelmäßig, und der Museumsshop ist wie eine Galerie für sich.

⑥

Fujifilm Square

9-7-3 Akasaka, Minato
tägl. 10–19
fujifilmsquare.jp/en

Eine unterhaltsame, kostenlose Aktivität in Roppongi ist diese Galerie des Unternehmens Fuji. Der Fotosalon zeigt Fotos von der japanischen Meiji-Ära bis zur Gegenwart, während die Besucher bei Touch Fujifilm die neuesten Kameras und technischen Geräte ausprobieren können.

⑦

Suntory-Kunstmuseum

Tokyo Midtown Galleria, 9-7-4 Akasaka, Minato
Mi–Mo 10–18
suntory.com/sma

Das Suntory-Kunstmuseum in der Tokyo Midtown Galleria zeigt die Sammlung des Unternehmens Suntory, das mit der Herstellung von Whisky und Bier ein Vermögen verdient hat. Gezeigt werden Wechselausstellungen zu Textilien, Glas, Lackwaren und Keramik.

Jeden zweiten Donnerstag finden Teezeremonien statt. Reservierungen sind nicht möglich, also kaufen Sie Ihre Eintrittskarte frühzeitig (ab 10 Uhr an der Rezeption).

Bars

Gen Yamamoto
Kreative Cocktail-Degustationsmenüs (vorab reservieren!).
E9 106-0045 Tokyo, Minato
genyamamoto.jp

Roku Nana
Versteckte Rooftop-Bar mit toller Aussicht.
E8 106-0032 Tokyo, Minato
roku-nana.zetton.co.jp

↑ *Pendler auf den Bahnsteigen im Bahnhof Shinjuku, einem der verkehrsreichsten weltweit*

SEHENSWÜRDIGKEITEN

4
Bahnhof Shinjuku
新宿駅

B5 Shinjuku S Shinjuku

Mit über zwei Millionen Reisenden pro Tag gilt der Bahnhof Shinjuku als der belebteste Bahnhof der Welt. Auf den Bahnsteigen der Yamanote- und Chuo-Linie sind während der morgendlichen Rushhour Mitarbeiter damit beschäftigt, die letzten Pendler in den Zug zu schieben.

Der Bahnhof ist eine wichtige Haltestelle des JR- und des städtischen U-Bahn-Systems und Ausgangspunkt für Züge und Busse in die Vorstädte. Die hohen Immobilienpreise haben die Menschen immer weiter aus der Stadt herausgedrängt, eine Pendelzeit von mindestens einer Stunde ist Standard.

In diesem Labyrinth aus scheinbar identischen Passagen zwischen den Linien kann man sich leicht verirren. Diese Passagen sind mit Kaufhäusern verbunden, sodass man den ganzen Tag mit Schaufensterbummeln in Shinjuku verbringen kann, ohne sich auch nur einen Moment auf der Straße aufzuhalten.

5
Shibuya-Kreuzung
渋谷スクランブル

B9 2-2-1 Dogenzaka, Shibuya S Shibuya

Müssten sich Besucher für einen bestimmten Anblick von Tokyo entscheiden, wäre die geschäftige Shibuya-Kreuzung ein Hauptkandidat. Die auch als »Shibuya Scramble« bekannte Kreuzung befindet sich vor dem großen Verkehrsknotenpunkt Shibuya Station. Zu Spitzenzeiten überqueren jedes Mal, wenn die Ampel auf Grün schaltet, mehr als 2500 Menschen die Straße aus fünf verschiedenen Richtungen.

Hier feiert Japans Jugend, und die Reklametafeln, Lichter und riesigen Bildschirme haben die Kreuzung zum prägenden Bild der Stadt gemacht. In den Cafés und Restaurants, die von den Gebäuden aus auf die Kreuzung blicken, geht es oft fast so hektisch zu wie auf der Kreuzung selbst, da Hunderte von Menschen um einen Fensterplatz wetteifern, um sie zu fotografieren. Über der Kreuzung befindet sich die Aussichtsplattform Shibuya Sky, die einen 360-Grad-Blick auf Tokyo bietet.

6
Minami-Aoyama
南青山地区

C8 Minato S Gaienmae, Omotesando, Nogizaka, Aoyama-itchome

Künstler, Schriftsteller und Jungunternehmer lieben das quirlige Viertel zwischen dem Aoyama-Friedhof und Shibuya. Aoyama-dori, die breite Straße im Zentrum, ist für ihre Boutiquen bekannt.

In der Gaien-Nishi-dori zeigt das **Watari-Museum für zeitgenössische Kunst** in regelmäßig wechselnden Ausstellungen Werke japanischer und internationaler Künstler.

Fotomotiv
Von oben

Das L'Occitane Café im dritten Stock in Shibuya ist perfekt, um die Shibuya-Kreuzung zu fotografieren. Versuchen Sie, einen Fensterplatz zu ergattern, wo Sie Ihren Tee, den Kuchen und natürlich die großartige Aussicht auf das organisierte Chaos unter sich genießen können.

Schon gewusst?

Die Krähen in Tokyo können mit Werkzeugen umgehen und erkennen Gesichter.

Zurück auf der Aoyama-dori, biegen Sie an der Omotesando-Kreuzung links zum **Nezu-Museum** ab, das eine Sammlung japanischer, chinesischer und koreanischer Kunst zeigt (Tickets online buchen). In der Nähe liegt das **Taro-Okamoto-Gedenkmuseum** mit dem Werk des gleichnamigen Bildhauers. Er schuf gesichtslose Figuren mit rankenden Auswüchsen.

Nur einen kurzen Spaziergang entfernt liegt die Kotto-dori voller Antiquitätenläden, in denen Schriftrollen, Gemälde und Porzellan verkauft werden. Auch Cafés und Läden gibt es hier.

Nahe der Omotesando-Kreuzung in Richtung Shibuya steht das weiße, nach der spiralförmigen Rampe im Inneren benannte **Spiral Building** (auch bekannt als Wacoal Art Center). Alles an dem 1985 von Fumihiko Maki entworfenen Bau ist hip und trendy (*torendi* auf Japanisch) – das gilt auch für die meisten Leute hier. Zu den Attraktionen gehören die Spiral Hall für Ausstellungen und Aufführungen, ein Teehaus, ein französisches Restaurant, etliche Läden und ein Schönheitssalon.

Gehen Sie in Richtung Osten zur U-Bahnstation Nogizaka und besuchen Sie den **Aoyama-Friedhof**, Japans ersten und wohl exklusivsten Friedhof. Hier liegen viele bekannte Persönlichkeiten, darunter der ehemalige Premierminister Shigeru Yoshida.

Watari-Museum für zeitgenössische Kunst
3-7-6 Jingumae, Shibuya +81-3-3402-3001 Di–So 11–19 watarium.co.jp

Nezu-Museum
6-5-1 Minamiaoyama, Minato +81-3-3400-2536 Di, Do, Sa, So 10–17 nezu-muse.or.jp/en

Taro-Okamoto-Gedenkmuseum
6-1-19 Minamiaoyama, Minato +81-3-3406-0801 Mi–Mo 10–18 taro-okamoto.or.jp/en

Spiral Building
5-6-23 Minamiaoyama, Minato spiral.co.jp

Aoyama-Friedhof
2-32-2 Minamiaoyama, Minato +81-3-3401-3652 24 Std.

Hotels

Sequence Miyashita Park
Stylishes Hotel in Shibuya, das von Schlafsälen bis zu Suiten alles bietet.
B8 6-20-10 Jingumae, Shibuya sequencehotels.com/miyashita-park
¥¥¥

OMO3 Akasaka
In dem Kapselhotel wird jeden Abend eine Stunde lang kostenlos Bier ausgeschenkt.
E7 4-3-2 Akasaka hoshinoresorts.com/en/hotels/omo3tokyoakasaka
¥¥¥

→ *Hochpreisige Boutique nahe der Omotesando in Minami-Aoyama*

7

Harajuku

原宿地区

B7 Shibuya Harajuku Meiji-jingumae

Der Bahnhof Harajuku war 1964 Hauptstation für das olympische Dorf. Das internationale Flair prägte die Gegend, denn es lockte die jungen und innovativen Tokyoter an. Noch heute ist Harajuku ein Zentrum für Mode, mit edlen Boutiquen, aber auch Billigläden.

In der Takeshita-dori, einer Gasse zwischen Meiji-dori und Bahnhof, findet sich alles, was bei Teenies angesagt ist. Die Preise wie die Mode variieren von billig bis sehr teuer.

Vom Bahnhof Harajuku, knapp 200 Meter die Straße hinunter, führen links einige Stufen zum Togo-Schrein, der Admiral Togo geweiht ist, dem Kommandanten, der in der Schlacht von Tsushima (1905) im Russisch-Japanischen Krieg gegen die russische Flotte kämpfte. Der Krieg endete mit dem Sieg Japans, dem ersten eines asiatischen Landes über ein westliches. Admiral Togo ist in Japan nach wie vor ein Held. Den Schrein schmückt ein schöner Garten mit Teich. Wenige Blocks östlich des Schreins liegt die **Design Festa Gallery**. Die postmoderne Galerie stellt neueste Kunst aus und bietet das *Okonomiyaki*-Restaurant Sakura-tei.

Südlich der Takeshita-dori verläuft parallel die elegantere Omotesando. Mit ihren breiten, baumbestandenen Gehwegen und Dutzenden von Nobelboutiquen ist sie eine der schönsten Flaniermeilen Tokyos.

Wenn Sie vom Bahnhof Harajuku kommen, führt noch vor der Kreuzung mit der Meiji-dori eine schmale Straße nach links zum **Ota-Kunstmuseum für Ukiyo-e**. Es birgt eine der schönsten Sammlungen von *Ukiyo-e*-Drucken *(siehe S. 131)*. Das lebendige Bild eines Kabuki-Darstellers von Sharaku, der einen Superhelden im klassischen *Aragoto*-Stil darstellt, und die meisterhafte Serie einer Kabuki-Gedenkaufführung von Hiroshige gehören zu den bekanntesten Werken. Es gibt zudem einen Museumsshop mit *Ukiyo-e*-Drucken und Souvenirs.

Auf der linken Seite der Meiji-dori befindet sich LaForet, eine Ikone der Harajuku-Modeszene mit über 150 Läden. Es bietet alles von High-End-Labels bis hin zu lokalen Indie-Marken.

Kurz vor der Fußgängerbrücke, die von Omotesando abzweigt, befindet sich auf der linken Seite eine Gasse, die von Boutiquen aufstre-

Fotomotiv

Japan im Spiegel

Der Shoppingkomplex Tokyu Plaza Omotesando Harajuku im Herzen des Viertels ist über eine verspiegelte Rolltreppe zugänglich *(siehe S. 82)*. Machen Sie ein kaleidoskopartiges Foto vom Ende der Rolltreppe oben.

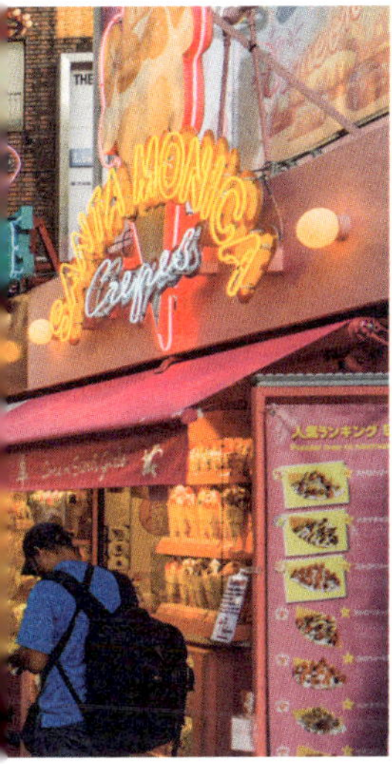

←
Menschenmenge und Neonlichter in der Takeshita-dori in Harajuku

bender Designer gesäumt ist und einen guten Eindruck vom Leben in diesem gehobenen Viertel vermittelt. Die Cat Street auf der rechten Seite ist ebenfalls ruhig und ein guter Ort, um erschwingliche Kreationen von lokalen Designern und Vintage-Stücke zu finden.

Hinter der Brücke rechts befindet sich das Oak Omotesando Building. Das zweistöckige Shoppingareal besitzt eine imposante Glasfassade und beherbergt Labels wie Emporio Armani und Japans erste Filiale eines Nespresso-Ladens.

Direkt vor dem Oak Omotesando Building befindet sich der zinnoberrot-weiße Oriental Bazaar, ein Konglomerat von Läden mit echten und nachgemachten Antiquitäten sowie mit Kunsthandwerk – ein idealer Ort für Souvenirjäger.

Design Festa Gallery
3-20-18 Jingumae, Shibuya · +81-3-3479-1498 · tägl. 11–20 · designfestagallery.com

In der Takeshita-dori, einer engen Gasse zwischen Meiji-dori und Bahnhof Harajuku, findet sich alles, was bei Teenies angesagt ist. Sonntags ist hier am meisten los.

Ota-Kunstmuseum für Ukiyo-e
1-10-10 Jingumae, Shibuya · +81-3-3403-0880 · Di – So 10:30 –17:30 · siehe Website · ukiyoe-ota-muse.jp

8 Tokyo Opera City
東京オペラシティー

A6 · 3-20-2 Nishishinjuku, Shinjuku · Hatsudai · operacity.jp

Das Hochhaus beherbergt Tokyos modernsten Musik- und Theaterkomplex. Der Bau besitzt zwei Hauptsäle. Im einen wird meist klassische japanische Musik und Theater gespielt. Der zweite, größere Saal mit Gewölbedach dient für Opernaufführungen. Es gibt häufig Vorstellungen. Infos zu kommenden Veranstaltungen erhalten Sie auf der Website, auf der Sie auch Tickets buchen können.

Über den beiden Sälen erheben sich 54 Stockwerke, meist Büros, darunter eines von Apple. Die ersten drei Geschosse sind öffentlich zugänglich. Hier findet man eine Kunstgalerie, Läden und Restaurants, die man vor oder nach einer Opernaufführung besuchen kann. Das weitläufige NTT Intercommunication Center (www.ntticc.or.jp/en) belegt den vierten Stock. Es ist eines der wichtigsten Zentren Tokyos für moderne interaktive Kunst. Im 52. und 53. Stock gibt es Dutzende von schicken Bars und Restaurants, einige davon mit schönem Panoramablick auf die Stadt.

Harajuku-Stil

Harajuku ist seit Mitte der 1990er Jahre das Mode-Mekka der Teenager Tokyos, als sich in der Nähe des ehemaligen Olympiaparks die unterschiedlichsten Modesubkulturen zum Einkaufen und Angeben trafen. Damals veröffentlichte das Magazin *FRUiTS* Porträts der jungen Leute und ihres Outfits – ein Schub für die Idee von Tokyo als Ort der Teenie-Mode. Diverse Mainstream-Labels, etwa Uniqlo, folgten und machten das Viertel touristisch interessant. 2017 wurde die Printausgabe von *FRUiTS* eingestellt. Nichtsdestotrotz ist die Gegend immer noch bekannt für ihre innovative Street Fashion.

←
Frühlingshafte Kirschblüte im Shinjuku-Gyoen-Garten

9

Shinjuku-Gyoen-Garten
新宿御苑

C6 11 Naitomachi, Shinjuku Shinjuku Di–So; Zeiten siehe Website env.go.jp/garden/shinjukugyoen/english

Wie viele japanische Gärten war auch Shinjuku Gyoen einst die Residenz eines Fürsten aus der Edo-Ära. Nachdem er als kaiserlicher Familienbesitz gedient hatte, wurde er kurz nach dem Zweiten Weltkrieg zu einem öffentlichen Park. Seitdem hat sich der Park zu einer riesigen Gartenanlage entwickelt, in der traditionelle japanische, französische und englische Landschaftsstile zu finden sind. Die Rasenflächen eignen sich ideal für ein Picknick, vor allem im Frühling zur Kirschblüte.

Essen in Golden Gai

Nördlich des Shinjuku-Gyoen-Gartens erstreckt sich Golden Gai, ein schäbig-charmantes Viertel, das in der modernen Stadt fast untergeht. In dem Labyrinth dunkler Gassen mit Leuchtreklame gibt es über 200 winzige Bars und Lokale. Aber gehen Sie nicht zu früh hin – vor 21 Uhr macht hier nichts auf. Außerdem gibt es keinen Grund zur Eile, denn der Spaß geht die ganze Nacht weiter.

10

Yoyogi-Park
代々木公園

A7 Shibuya Harajuku, Sangubashi S Yoyogi-koen

Fast 30 Jahre lang füllte sich der Park jeden Sonntag mit Künstlern und Bands. Mitte der 1990er Jahre verboten die Behörden diese Veranstaltungen, angeblich wegen steigender Kriminalität. Die Wochenenden sind immer noch eine gute Zeit für einen Besuch – für Flohmärkte und jährliche Veranstaltungen wie internationale Essensfeste und den Tag der Erde. Am Parkeingang kann man immer noch Mitglieder der *zoku* (Modestämme) sehen, die früher hier auftraten, darunter Punks, Gruftis, Hippies und Breakdancer.

Die beiden Olympiastadien von Kenzo Tange, Wahrzeichen des Yoyogi-Parks, wurden 1964 für die Olympischen Spiele in Tokyo fertiggestellt. Für die Olympischen Spiele 2021 in Tokyo wurden sie renoviert und als Handballstadien sowie für Rollstuhl-Rugby und Badminton bei den Paralympics genutzt. Die Krümmung der muschelartigen Bauten wurde durch gespannte Stahlseile erreicht.

11

Akasaka
赤坂

E7 Minato S Akasaka, Akasaka-Mitsuke

Mit dem Parlament *(siehe S. 116f)* und vielen Regierungsbüros direkt im Osten ist Akasaka ein beliebter Treffpunkt für Politiker. Limousinen bringen Gäste zu den vielen exklusiven Etablissements in dieser Gegend.

Etwa 200 Meter entlang der Aoyama-dori vom Bahnhof Akasaka-Mitsuke entfernt liegt der **Toyokawa-Inari-Schrein** (auch Myogon-ji genannt). Mit seinen roten Laternen, Fahnen und Fuchsstatuen (traditionelle Boten von Inari, einer Shinto-Reisgottheit) ist er ein angenehmer Ort zum Verweilen.

TOP 5 Symbolische Tiere

Fuchs
Als Boten des Shinto-Gotts Inari sind Fuchsstatuen an Schreinen zu finden.

Kranich
Kraniche stehen für Langlebigkeit.

Tanuki
Skulpturen des asiatischen Marderhunds bringen Glück.

Katze
Die *Maneki-neko* (winkende Katze) soll Glück und Wohlstand bringen.

Koi
Der Karpfen symbolisiert in Japan Treue und Ehe.

Der Weg zurück, vorbei am Bahnhof Akasaka-Mitsuke und über den Wassergraben, führt zum **Hotel New Otani**, das manchem aus dem Bond-Film *Man lebt nur zweimal* bekannt sein dürfte. Im 17. Stock befindet sich das Drehrestaurant THE SKY, in dem japanische, chinesische und westliche Küche serviert wird und das eine atemberaubende Aussicht bietet. Auf dem Gelände liegt ein japanischer Garten (17. Jh.), der frei zugänglich ist.

Westlich des Hotels befindet sich ein überraschendes Wahrzeichen Tokyos: der **Akasaka-Palast**, der 1909 erbaut und europäischen Palästen nachempfunden wurde. Heute dient er als Unterkunft für Staatsgäste.

Südlich des Bahnhofs Akasaka-Mitsuke liegt der Hie-Jinja-Schrein (1478), den der Shogun Ietsuna Tokugawa zum Schutz seiner Burg hierherverlegte. Mitte Juni wird Sanno Matsuri mit einem Umzug von 50 *mikoshi* und Teilnehmern in Kostümen aus der Heian-Zeit gefeiert.

Toyokawa-Inari-Schrein
1-4-7 Motoakasaka, Minato tägl. 7–20
toyokawainari-tokyo.jp

Hotel New Otani
4-1 Kioicho, Chiyoda
newotani.co.jp

Akasaka-Palast
2-1 Motoakasaka, Minato Do–Di 10–17
geihinkan.go.jp/3n

Restaurants

Maruhachi
Das Essen in dem *izakaya* kann man mit *shochu* (Schnaps aus Reis oder Süßkartoffeln) oder *awamori* (aus Langkornreis) einnehmen.
B9 2-10-12 Dogenzaka, Shibuya
+81-3-3476-5739
¥¥¥

Den
Chefkoch Zaiyu Hasegawa zaubert wunderbare Gerichte. Testen Sie das »Dentucky Fried Chicken«.
C7 2-3-18 Jingumae, Shibuya
mittags, So
jimbochoden.com/en
¥¥¥

Der Zugang zum Toyokawa-Inari-Schrein ist von Füchsen mit roten Lätzchen (Detail) *gesäumt*

Spaziergang durch Ost-Shinjuku

Länge 2,5 km **Dauer** 35 Min. **U-Bahnhof** Shinjuku

Ost-Shinjuku ist Tokyos Amüsiermeile. Schon in der Edo-Zeit war das Gebiet ein Zentrum des Nachtlebens, als es die erste Station auf der alten Tokaido-Straße nach Kyoto war. Seit der Eröffnung des Bahnhofs Shinjuku in den 1880er Jahren richten sich die Vergnügungsangebote des Viertels vor allem an männliche Pendler, die auf dem Weg zurück in die Vororte sind. Die Vergnügungen konzentrieren sich auf die kleinen Bars von Golden Gai und das Rotlichtviertel Kabukicho. Zu den Attraktionen am Tag gehören mehrere Kunstgalerien, ein ruhiger Schrein und einige der besten Kaufhäuser Tokyos. Bei einem Spaziergang am späten Nachmittag, wenn das Neonlicht zu leuchten beginnt, kann man sowohl die anspruchsvollen als auch die zwielichtigen Seiten dieses faszinierenden Viertels entdecken.

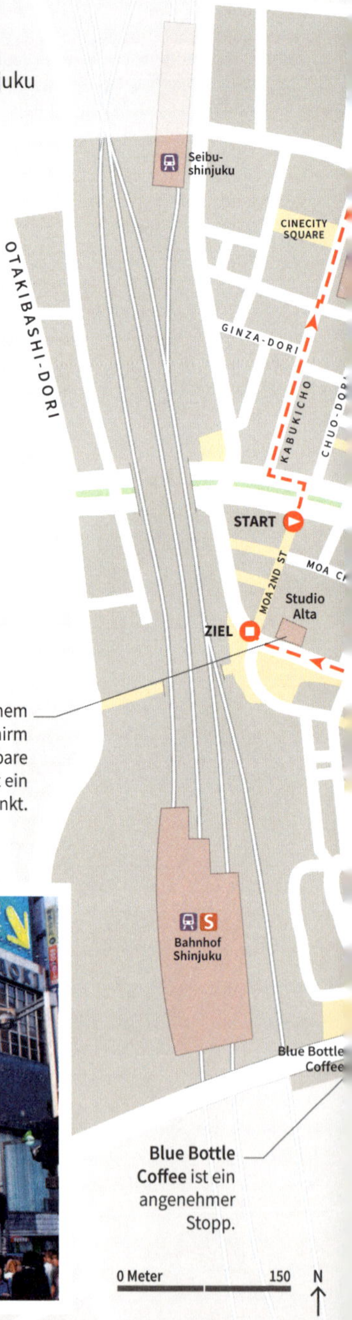

Schon gewusst?

Trotz des Namens: In Kabukicho wurde nie ein Kabuki-Theater gebaut.

Das an seinem riesigen TV-Schirm sofort erkennbare **Studio Alta** ist ein beliebter Treffpunkt.

Blue Bottle Coffee ist ein angenehmer Stopp.

↑ *Werbung auf einer Großleinwand an der Fassade des Shoppingkomplexes Studio Alta*

Dieser Block von Kabukicho wird vom **Toho Cinema Complex** dominiert, der auch ein IMAX-Kino einschließt.

In **Kabukicho** gibt es *Pachinko*-Hallen, Love Hotels und Hostessenclubs – neben Kneipen, Lokalen, Spielezentren, Karaoke-Läden und Cafés.

Zur Orientierung
Siehe Stadtteilkarte S. 84f

Der **Hanazono-Schrein** (17. Jh.) ist ein Rückzugsort zwischen den Betontürmen.

Tagsüber sehen die gammeligen Gassen von **Golden Gai** *(siehe S. 96)* alles andere als golden aus. In die meisten Bars passt gerade mal die Theke mit einer Reihe von Barhockern.

Unter allen Kaufhäusern in Japan ist das stylishe **Isetan** ein Vorreiter in Sachen Mode und Trends. Die Lebensmittelabteilung im Untergeschoss lohnt einen Besuch.

Books Kinokuniya führt mit die beste Auswahl an fremdsprachiger Literatur.

→ *Eindrucksvolle Fassade der Shinjuku-Filiale des Kaufhauses Isetan*

Spaziergang durch Shibuya

Länge 3 km **Dauer** 45 Min. **U-Bahnhof** Shibuya

Shibuya ist für Tokyos Jugend *sakariba* (Partystadt) – doch das ist der Bezirk schon seit den 1930er Jahren, als die Tokyu-Toyoko-Linie die Hauptstadt mit Yokohama verband und man die Fassaden mit Leuchtmitteln zu überfrachten begann. Heute findet man hier den letzten Schrei in Sachen Mode, Essen und Musik – sowohl in den Läden als auch auf der Straße. Shibuyas Aufschwung begann nach den Olympischen Spielen 1964. Er wurde von der kaufkräftigen Jugend der drittgrößten Ökonomie weiter angeheizt. Die Gegend zwischen Bahnhof Shibuya im Nordwesten und Yoyogi-Park im Süden bietet daher trendige Boutiquen, Kaufhäuser und Plattenläden. Doch ein Bummel führt Besucher auch zu einigen interessanten Museen und zum Bunkamura-Kulturzentrum. Angrenzend an Shibuya liegt Dogenzaka, ein Gewirr aus abschüssigen Straßen und Gassen mit Clubs, Bars und Love Hotels.

Schon gewusst?

Pachinko ist ähnlich wie Flipper. Ziel ist es, für Preise Stahlkugeln zu sammeln.

Im Kulturzentrum **Bunkamura** finden Rock- und Klassikkonzerte statt. Es verfügt auch über Kinos, eine Kunstgalerie und ein Theater.

Im **Spotify O-East** gibt es jede Nacht Livemusik.

Das **Yosano-Akiko-Denkmal** ist der Dichterin gewidmet.

← *Nächtlicher Verkehr auf einem Expressway in Shibuya*

Der purpurfarbene **Uhrturm** steht vor dem Shibuya-Bezirksbüro und blickt über den Yoyogi-Park und die NHK Studios.

Der **Humax Pavilion**, der aussieht wie eine Cartoon-Rakete, ist einer der fantasievolleren Bauten der Gegend.

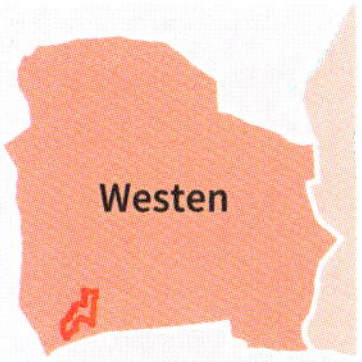

Zur Orientierung
Siehe Stadtteilkarte S. 84f

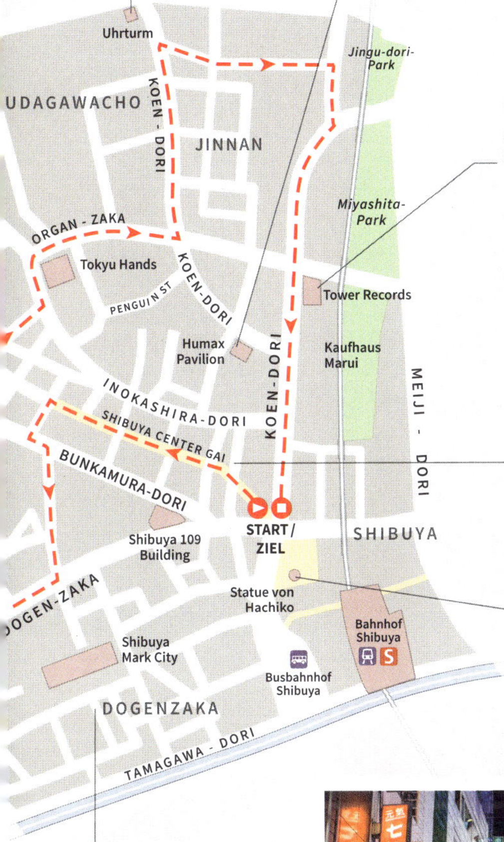

Tower Records hat ein großes Angebot japanischer und internationaler Musik.

Center Gai besteht aus Läden, *Pachinko*-Hallen, Restaurants und Karaoke-Bars voller Studenten.

Seit 1934 erinnert die **Statue von Hachiko** an den Hund, der nach dem Tod seines Herrn zehn Jahre jeden Abend am Bahnhof auf ihn wartete.

Das Viertel **Dogenzaka** (benannt nach einem Banditen, der sich hier als Mönch zur Ruhe setzte) ist zwar ein nächtliches Ziel, bietet aber auch mehrere Kunstgalerien.

0 Meter 200 N

↑ *Menschen auf einer der Shoppingmeilen Shibuyas, der neonbeleuchteten Center Gai*

Die Nijubashi-Brücke vor dem Kaiserpalast (siehe S. 112f)

Zentrum

Das Areal nördlich und westlich des Flusses Sumida bildet das Herz der Stadt, seit der Shogun Ieyasu Tokugawa an der Stelle Burg und Hauptstadt errichtete, wo noch heute der Kaiserpalast steht. Als Ieyasu Tokugawa 1590 sein Militärlager hierher verlegte, bestand die Umgebung hauptsächlich aus Sumpf und Marschland. Dieser »Silberort«, heute Ginza, wurde trockengelegt und zog Händler und Kaufleute an. Das Areal wurde mehrmals verwüstet, u. a. 1872 durch einen verheerenden Brand, das Große Kanto-Erdbeben 1923 und das US-Bombardement im Zweiten Weltkrieg. Ebenso oft wurde es neu aufgebaut und blieb dabei seiner Geschichte als Zentrum Tokyos immer treu.

Das Geschäftsviertel Hibiya und das kosmopolitische Marunouchi, in dem sich das Tokyo International Forum befindet, zeugen von der anhaltenden Bedeutung des Gebiets. Ginza und Nihonbashi sind heute noch genauso florierend und wohlhabend wie in der Edo-Zeit (1603–1868) und bieten eine Mischung aus Kaufhäusern und schicken Boutiquen in den Seitenstraßen.

E
F
G
H
5
6
7
8
9
SHINJUKU
Korakuen
HONGO
Hongo-sanchome
KASUGA-DORI
Yushima
BUNKYO
Koishikawa-Koraku-en-Garten 13
Tokyo Dome
Tokyo Dome City
KORAKU
Kagurazaka
YUSHIMA
SHOHEIBASHI-DORI
Suidobashi
YUSHIMA-ZAKA
SOTOBORI-DORI
KARAMAEBASHI-DORI
YARAICHO
MEJIRO-DORI
Iidabashi
Suidobashi
Kanda
Ochanomizu
Kanda-Myojin-Schrein 15
Ushigome-kagurazaka
MISAKICHO
KAEDE-DORI
SOTOKANDA
OKUBO-DORI
KAGURAZAKA
HAKUSAN-DORI
AIOI-ZAKA
FUJIMI
MEJIRO-DORI
Nihonbashi
Buchhändlerviertel Jimbocho 4
Ochanomizu
USHIGOME-CHUO-DORI
NISHI-KANDA
MEIDAI-DORI
Auferstehungskathedrale
KANDA-JINBOCHO
Shin-ochanomizu
SOTOBORI-DORI
Kudanshita
EXPRESSWAY NO. 5
Jimbocho
KANDA
KUDAN-KITA
Ogawamachi
Awajicho
Yasukuni-Schrein 14
UCHIBORI-DORI
YASUKUNI-DORI
ICHIGAYA
Soto-bori
Nippon Budokan
YASUKUNI-DORI
KANDA-NISHIKICHO
Kanda
Wissenschaftsmuseum
Ichigaya
Chidorigafuchi
Kitanomaru-Park 12
HONGO-DORI
UCHI-KANDA
Kanda
Ichigaya
Togo-Park
OHTSUMA-DORI
Takebashi
Ote-bori
TOGO-ZAKA
National-museum für moderne Kunst
SOTOBORI-DORI
NIHON TV-DORI
ICHIBANCHO
CHIYODA
Östlicher Garten des Kaiserpalasts
OTEMACHI
Bank of Japan
Hanzo-bori
Hanzomon
NAGAI-ZAKA
Otemachi
Kojimachi
KOJIMACHI
CHIYODA
SHINJUKU-DORI
Wadakura-Brunnenpark
Marunouchi 9
HIRAKAWACHO
KIOICHO
Kaiserpalast 3
Hauptbahnhof Tokyo
YAESU
Nationaltheater
UCHIBORI-DORI
Imperial Palace Plaza
DORI
NAKA-DORI
SOTOBORI-DORI
Oberster Gerichtshof
Nijubashimae
Nijubashi-Brücke
HIBIYA-DORI
EXPRESSWAY NO. 4
Nagatacho
Sakurada-bori
MARUNOUCHI
SOTOBORI-DORI
Hibiya-bori
Akasaka-mitsuke
Sakuradamon
Kaiserliches Theater
Tokyo International Forum 5
Kyobashi
MISUJI-DORI
NAGATACHO
Parlament 8
UCHIBORI-DORI
Yurakucho
National Film Center
SOTOBORI-DORI
Hie-Schrein
Kasumigaseki
Hibiya
Ginza-itchome
Kokkai-gijidomae
KASUMIGASEKI
YURAKUCHO
YANAGI-DORI
Tameike-sanno
Hibiya-Park
Sony Building
Ginza 1
MATSUYA-DORI
Akasaka
EXPRESSWAY NO. 3
KOKKAI-DORI
Ginza
CHUO-DORI
Kabuki-za-Theater 6
Westen
Seiten 82–101
Toranomon
SOTOBORI-DORI
UCHISAIWAICHO
KOJUNSHA-DORI
GINZA
Higashi-ginza
HANATSUBAKI-DORI
AKASAKA
Uchisaiwaicho
HARUMI-DORI
Suntory Hall
SAKURADA-DORI
NISHI-SHINBASHI
HIBIYA-DORI
Shinbashi
Shiodome
Nagakin Capsule Tower
Musée Tomo
Roppongi-itchome
Shinbashi
TORANOMON
MINATO
Shiodome
Caretta Shiodome
Tsukijishijo
ROPPONGI-DORI
UCHIBORI-DORI
HIGASHI-SHINBASHI
ROPPONGI
EXPRESSWAY NO. 2
AZABUDAI
SAKURADA-DORI
Kamiyacho
SHINBASHI
Onarimon
Hamarikyu-Garten 7
SHIBA-KOEN
SHIBA-DAIMON
DAIICHI-KEIHIN
Tokyo Tower 10
Sumida
HIGASHI-AZABU
Zojo-ji-Tempel
Azabu-Juban
Daimon
Shiba-Park
SHIBA-KOEN
Akabanebashi
Hamamatsucho
Kyu-shiba-Rikyu-Garten
KAIGAN
AZABU-JUBAN
EXPRESSWAY LOOP LINE
Shibakoen
Takeshiba
TOYOMICHO
MITA

Zentrum

Highlights

❶ Ginza
❷ Nihonbashi
❸ Kaiserpalast

Sehenswürdigkeiten

❹ Buchhändlerviertel Jimbocho
❺ Tokyo International Forum
❻ Kabuki-za-Theater
❼ Hamarikyu-Garten
❽ Parlament
❾ Marunouchi
❿ Tokyo Tower
⓫ Akihabara
⓬ Kitanomaru-Park
⓭ Koishikawa-Koraku-en-Garten
⓮ Yasukuni-Schrein
⓯ Kanda-Myojin-Schrein

Restaurants

① Takashimaya
② Sushi Shin
③ Rokurinsha

Hotels

④ Aman Hotel
⑤ The Tokyo Station Hotel
⑥ Hotel Niwa Tokyo

Shopping

⑦ Ginza Six
⑧ Ginza Wako

1

Ginza
銀座

H7 Chuo Ginza, Yurakucho

Tokyo bietet Einkaufsmöglichkeiten wie keine andere Stadt weltweit – und Ginza ist wie Mayfair, Fifth Avenue und Avenue Montaigne zusammengenommen. Kleine Läden, die Kunsthandwerk verkaufen, teilen sich die Szene mit trendigen Galerien und luxuriösen Einkaufszentren und Kaufhäusern: eine Erfahrung der besonderen Art.

Das mondäne Viertel Ginza mit seinen von Bäumen gesäumten Alleen und breiten Fußgängerzonen hat ein kosmopolitischeres Flair als viele andere Stadtteile Tokyos. 1872 wurde das Areal von einem verheerenden Brand zerstört. Der Kaiserhof beauftragte den irischen Architekten Thomas Waters damit, Ginza in Ziegelbauweise wiederaufzubauen – rote Ziegel galten damals als letzter Schrei. Heute ist die Gegend Sitz einiger der edelsten Boutiquen und Shoppingmalls sowie der schicksten Restaurants der Hauptstadt. Darunter befinden sich das gigantische Ginza Six mit den allerneuesten Modetrends und das altehrwürdige Kaufhaus Ginza Wako aus den 1940er Jahren. In der Chuo-dori, die allgemein »Brand Street« genannt wird, reihen sich die renommiertesten Läden aneinander – angefangen von Kaufhäusern wie Matsuya bis zu Designerboutiquen von Dior, Gucci, Louis Vuitton und Prada.

Shopping

Ginza Six

Der größte Shoppingkomplex der Gegend birgt über 240 Läden. Man findet hier fünf große internationale Labels, darunter Céline und Dior.

H8 6-10-1 Ginza, Chuo tägl. 10:30–20:30 ginza6.tokyo/welcome-to-gsix

Ginza Wako

Mit seinem markanten Uhrturm zieht das Kaufhaus Wako schon seit Jahrzehnten die Kunden an. Es ist bekannt für seine große Auswahl an Uhren, Schmuck, Schokolade und Porzellan. Ein wunderbarer Konsumtempel.

H7 4-5-11 Ginza, Chuo tägl. 10:30–19 wako.co.jp

← *Trendige Mode zum Sonderpreis im Foyer von Ginza Six*

↑ *Stilvolle Schaufensterdekoration von Chanel in der Chuo-dori*

Fotomotiv
Ginza bei Nacht

In Ginza stehen einige der elegantesten Gebäude Tokyos, etwa das geschwungene V88, der klassische Wako-Uhrturm, das perlenartige Mikimoto sowie der mit Gittern versehene Ginza Place und das goldfarbene Yamaha Ginza.

Highlight

Schon gewusst?

Die unregelmäßigen Fenster am Mikimoto Ginza2 sollen die Meeresoberfläche nachahmen.

Ein Hingucker: die Fassade des Juwelier- und Kosmetikladens Mikimoto Ginza2 in der Chuo-dori ↑

Spaziergang durch Ginza

Länge 2 km **Dauer** 30 Min. **U-Bahnhof** Yurakucho

Seit der Ire Thomas Waters im 19. Jahrhundert beauftragt wurde, das Areal mit roten Ziegelsteinen wieder aufzubauen, war Ginza *(siehe S. 106f)* das Epizentrum Japans für westliche Einflüsse und Modernität – und es ist immer noch eines der großen Geschäftsviertel Tokyos. Kleine Kunsthandwerksläden, Galerien und Kaufhäuser garantieren ein unvergessliches Einkaufserlebnis. Wer durch die schattigen Straßen von Ginza bummelt, sollte in eines der Kaufhäuser gehen. Ihre glitzernden Lebensmittelabteilungen bieten alle erdenklichen Köstlichkeiten. Einige haben sogar ihre eigenen Kunstgalerien.

Schon gewusst?

An Wochenenden und Feiertagen ist die Chuo-dori nachmittags für den Verkehr gesperrt.

Das **Kaufhaus Hankyu Men's** konzentriert sich auf Herrenmode mit einer Mischung aus japanischen und internationalen Marken.

Das **Asahi Building** bietet einen traditionellen Kimono-Laden, Silberschmiede und diverse Boutiquen.

Namiki-dori ist gesäumt von Boutiquen von Gucci, Dior, Louis Vuitton und Cartier.

0 Meter 150

N

↑ *Fassade von Bulgari in der Chuo-dori*

Zur Orientierung
Siehe Stadtteilkarte S. 104f

Dieses Areal spiegelt den **Pariser Einfluss auf Ginza** seit den 1930er Jahren wider – mit französischen Cafés und Boutiquen.

Der **Flagship-Store** von **Muji** in Ginza ist der größte der Welt und verfügt über mehrere Etagen, auf denen Sie die Waren der Kultmarke kaufen können.

Im **Kaufhaus Matsuya** bekommt man alles.

Mikimoto Ginza2 ist die zweite Filiale des Luxusperlenjuweliers im Bezirk.

Der Uhrturm des **Kaufhauses Wako** ist ein Wahrzeichen von Ginza. Die Schaufenster sind immer interessant dekoriert.

Das **Kaufhaus Mitsukoshi** verströmt einen Hauch von Glamour. Schauen Sie nach den Kimonos.

Ginzas **Yon-chome-Kreuzung** gehört zu den verkehrsreichsten der Welt.

Wenn in der Abenddämmerung die Neonlichter durch die Scheiben des **San'ai Building** leuchten, verströmt der Glasbau einen besonderen Zauber.

→ *Das Interieur des kultigen Mikimoto Ginza2 in Tokyo, entworfen von Toyo Ito*

Restaurant

Takashimaya
Das Rezept für die grandiose Sauce, die im Takashimya zum Aal angeboten wird, gibt es schon seit 1875, als der Laden ein kleines Lokal eröffnete. Auch serviert das altehrwürdige Restaurant seinen anspruchsvollen Gästen nicht irgendeinen Aal, sondern nur Kyosui *unagi*, eine langsam wachsende, wohlschmeckende Unterart des Fisches mit cremiger Textur. Es gibt Bento-Boxen zum Mitnehmen.

J6 11-5 Nihonbashikobunacho, Chuo So takashimaya.info

¥¥¥

→ *Der Coredo-Muromachi-Komplex ist zur Zeit der Frühlingsblüte wunderbar illuminiert*

2

Nihonbashi

日本橋地区

J6 Chuo S Tokyo S Nihonbashi, Mitsukoshimae Tokyo Stock Exchange: Mo – Fr 9 –16:30 jpx.co.jp (Tokyo Stock Exchange)

Nihonbashi, das Handelszentrum von Edo und dem Tokyo der Meiji-Zeit, ist seit Jahrhunderten das traditionelle Geschäftszentrum der Stadt. Hier, inmitten der hochmodernen Straßen und Gebäude, finden Sie einige der ältesten kontinuierlich betriebenen Geschäfte der Welt, darunter Dutzende von Bankzentralen, große Kaufhäuser und kleinere traditionelle Geschäfte.

Als Sitz der Bank of Japan und der Tokyoter Börse, die über eine Aussichtsplattform verfügt, fühlt sich Nihonbashi wie das Zentrum der Stadt an. Das Viertel ist nach der berühmten Brücke benannt, die in Hokusais Grafiken von großen Prozessionen auf dem Weg in die Shogun-Stadt verewigt wurde. In diesem dicht gedrängten Viertel ist die Edo-Zeit noch immer zum Greifen nah, und bis heute ist Nihonbashi das Zentrum des traditionellen japanischen Handwerks in der Stadt. Kimono-Macher, Stickerinnen und sogar Zahnstocher-Schnitzerinnen verkaufen hier immer noch ihre Waren. Ein ehemaliger Kimono-Laden ist Mitsukoshi. Der 1673 gegründete, labyrinthische Komplex war das erste Kaufhaus Japans und ist ein Denkmal für den Konsum. Eine neuere Ergänzung des Viertels ist der Coredo-Muromachi-Komplex. In seinen drei Gebäuden befinden sich Mode- und Einrichtungsboutiquen sowie traditionelle Feinkostläden, Süßwarengeschäfte, Bars und Restaurants.

Obwohl der Handel an der Tokyo Stock Exchange 1999 auf Computer umgestellt wurde, ist sie immer noch ein großartiger Ort, um die Bedeutung des Handels in der Hauptstadt zu sehen. Die Aussichtsplattform für Besucher bietet einen Blick auf das Börsenparkett.

Highlight

Schon gewusst?

In Japan werden die Entfernungen von der Nihonbashi-Brücke aus gemessen.

1 *Die Nihonbashi-Brücke schmücken Tierdarstellungen, u. a. Löwen und Drachen.*

2 *Das Foyer des Kaufhauses Mitsukoshi wird von der Statue der Göttin der Wahrheitsliebe gekrönt.*

3 *Auch wenn es nur noch entlang der Edo Sakura-dori Kirschbäume gibt, feiert Nihonbashi die Kirschblüte mit vielen Events.*

2

3

1

3

Kaiserpalast
皇居

G6 1-1 Chiyoda, Chiyoda Tokyo S Nijubashi, Otemachi
Kaiserpalast: 2. Jan, 23. Feb; Östlicher Garten des Kaiserpalasts: siehe Website W kunaicho.go.jp

Die Residenz der japanischen Kaiser ist ein moderner Palast im Herzen Tokyos. In einer Stadt, die sich in ständiger Veränderung befindet, bilden der Palast und seine Anlagen ein grünes Band der Kontinuität, das Japans Vergangenheit mit heute verbindet.

Nach der Meiji-Restauration 1868 zog Japans kaiserliche Familie von Kyoto nach Tokyo um. Die Burg Edo, der ehemalige Sitz der Tokugawa-Shogune, wurde für den Kaiser beschlagnahmt. Keines der Hauptgebäude aus dieser Zeit ist heute noch erhalten, aber die Gräben, Mauern, Eingangstore und Wachhäuser zeugen von der kriegerischen Vergangenheit. Der größte Teil des Palasts wurde während des Zweiten Weltkriegs zerstört, aber er wurde im gleichen Stil wieder aufgebaut. Beliebte Sehenswürdigkeiten sind die Nijubashi – zwei Brücken, die den Zugang zum inneren Palastgelände bilden – und der üppige Östliche Garten. Hier finden sich sowohl Gärten im japanischen als auch im westlichen Stil sowie die Fundamente des ehemaligen Bergfrieds der Burg. Besucher können den Kaiserpalast nur an zwei Tagen im Jahr betreten, den Rest des Jahres werden Führungen durch das Gelände angeboten (Di – Sa 10, 13:30; Anmeldung 1 Std. vor der Führung möglich).

In einer Stadt, die sich in ständiger Veränderung befindet, bilden der Palast und seine Anlagen ein grünes Band der Kontinuität.

Highlight

↑ Eingang zum Östlichen Garten des Kaiserpalasts

Expertentipp
Poesie im Palast

Immer an Neujahr findet eine Utakai Hajime genannte Dichterlesung im Kaiserpalast statt. Diese Tradition soll auf das Jahr 1267 zurückgehen. Heute wird die Lesung in Anwesenheit der Kaiserfamilie im TV übertragen – und eröffnet Blicke in den Palast.

↑ Der beeindruckende Kyuden, der Hauptbau des Kaiserpalasts

↑ Alles secondhand: Bücher über Bücher an Ständen im Buchhändlerviertel Jimbocho

SEHENSWÜRDIGKEITEN

4

Buchhändlerviertel Jimbocho

神保町古本屋街

G4 Chiyoda
S Jimbocho

Drei der größten Universitäten des Landes – Meiji, Chuo und Nihon – entstanden in den 1870er und 1880er Jahren in dieser Gegend. Bald gab es hier viele Buchhandlungen, die neue und gebrauchte Bücher verkauften. Seinerzeit waren hier auch 50 Prozent der japanischen Verlage ansässig.

Heute gibt es hier noch die Meiji- und die Nihon-Universität sowie Dutzende Buchläden, von denen einige auch *ukiyo-e* verkaufen. Sie ballen sich alle um die Kreuzung von Yasukuni-dori und Hakusan-dori. Englischsprachige Bücher über östliche Themen findet man bei Issei-do oder Kitazawa Books, *ukiyo-e* bei Oya Shobo – alle liegen auf der Südseite der Yasukuni-dori, wenn man sich von der Hakusan-dori entfernt.

Der ökonomische Status (auch Freizeitverhalten und Vorlieben) der Tokyoter Studenten hat sich verändert, wie man im Viertel deutlich sieht. Überall gibt es Läden, die Surf- und Snowboards anbieten, Musikgeschäfte mit E-Gitarren sind so häufig wie Buchläden.

Schon gewusst?

Das japanische Wort »tsundoku« meint, dass jemand mehr Bücher kauft, als er je lesen wird.

Das riesige elegante Innere des Tokyo International Forum ↑

> Expertentipp
> **Markttage**
> Am besten besucht man das Tokyo International Forum am ersten oder dritten Sonntag im Monat, wenn der Oedo Antique Market – der größte Antikmarkt Japans – den Vorplatz mit Ständen überflutet.

5 Tokyo International Forum

東京国際フォーラム

H7 3-5-1 Marunouchi, Chiyoda Yurakucho, Tokyo S Yurakucho, Tokyo, Ginza tägl. 7–11:30 t-i-forum.co.jp/en

Das von dem US-Architekten Rafael Viñoly entworfene, 1996 vollendete Forum ist einer der unverwechselbaren Bauten der Innenstadt. Das Kulturzentrum besteht aus zwei Gebäuden: einem Kubus mit einer weißen würfelartigen Struktur mit vier Sälen (größter Saal: 5012 Plätze) und einem geschwungenen 60 Meter hohen Glasatrium. Ein schattiger begrünter Hof trennt beide, gläserne Übergänge verbinden sie.

Das Innere des riesigen Atriums ist lichtdurchflutet und hat eine Decke, die an einen Schiffsrumpf erinnert. Es gibt zahlreiche Läden, Cafés, Restaurants und Imbisswagen sowie Konferenzräume, die alle mit modernster Technik ausgestattet sind. In der Eingangshalle steht kostenloser Internetzugang zur Verfügung.

6 Kabuki-za-Theater

歌舞伎座

H8 4-12-15 Ginza, Chuo S Higashi-Ginza +81-3-3545-6800 kabuki-za.co.jp

Tokyos größtes Kabuki-Theater eröffnete 1889, als sich zur Zeit des Meiji-Kaisers das Theaterspiel von der Alltagsunterhaltung zur elitären Kunstform entwickelte.

Das Theater hat zahlreiche Umgestaltungen erfahren, ist aber immer noch im traditionellen japanischen Design gehalten. Bei der Bombardierung durch die Alliierten 1945 wurde es fast zerstört und 1951 wieder aufgebaut, um 2010 erneut abgerissen zu werden. 2013 wurde das Theater wiedereröffnet, und nun finden hier an den meisten Abenden bezaubernde Aufführungen statt.

Eingang zum rekonstruierten Kabuki-za-Theater →

↑ *Der Held einer Noh-Aufführung kämpft gegen einen maskierten Dämon*

Traditionelles japanisches Theater

Vier Haupttypen des traditionellen Theaters sind in Japan noch regelmäßig zu sehen: Noh, Kyogen, Kabuki und Bunraku. Noh ging aus Shinto-Riten hervor. Es wurde stark ritualisiert, spaltete sich dann aber in verschiedene Theaterformen auf, die sich auch an ein breiteres Publikum richteten.

Noh

Noh, das erstmals von Kan'ami Kiyotsugu (1333–1384) aufgeführt wurde, ist ein verhaltenes, aber expressives Spiel. Ein oder zwei Darsteller betreten die karge Bühne und agieren in langsamen choreografischen Aktionen *(kata)* zu Musik und Chor.

Kyogen

Die Form entstand aus den komischen Zwischenspielen, die das anspruchsvolle Noh auflockerten. Die drastischen Dialoge handeln von menschlichen Schwächen. Gespielt wird meist ohne Masken, aber in den typischen gelben *Tabi*-Socken.

Kabuki

Kabuki ist ein prachtvoll buntes Theater auf großer Bühne. Prächtiges Make-up ersetzt die Masken, ein Vorhang ermöglicht Szenenwechsel. Obwohl Kabuki von einer Frau eingeführt wurde, sind nun alle Schauspieler männlich. Weibliche Rollen werden von *onnagata* verkörpert.

Bunraku

Bunraku-Puppen sind 1,20 Meter groß. *Shamisen*-Musik begleitet das Puppenspiel. Ein Sprecher erzählt die Geschichte und spricht alle Rollen.

↑ *Kabuki-Vorstellung auf der Bühne des Kabuki-za-Theaters*

↑ *Eine Bunraku-Puppe schlägt eine Zeremonialglocke*

←

Ein Bach fließt durch den hübschen, baumbestandenen Hamarikyu-Garten

7 Hamarikyu-Garten

浜離宮庭園

H9 1-1 Hamarikyu-teien, Chuo Shinbashi S Shiodome tägl. 9–17 tokyo-park.or.jp/teien/en/hama-rikyu

Der 25 Hektar große Garten voller bunt blühender Kamelien und Azaleen an der Mündung des Sumida in die Tokyo-Bucht wurde 1654 als Rückzugsort für die Familie des Shoguns angelegt, der hier auch Enten jagte. Der Garten hat eine illustre Geschichte. 1879 wohnte der damalige US-Präsident Ulysses S. Grant bei seinem Besuch im Gästehaus des Gartens und trank im Nakajima-Teehaus grünen Tee.

Nach wie vor ist der Hamarikyu-Garten mit seinen Ententeichen ein angenehmer Hort der Ruhe. Die alten Teehäuser, Villen und Pflanzen fielen einem schweren Bombenangriff am 29. November 1944 zum Opfer. Das Nakajima-Teehaus, das über dem Teich zu schweben scheint, ist ein originalgetreuer Nachbau. Hier bekommt man grünen Tee und japanisches Naschwerk.

Expertentipp
Alle an Bord!

Tokyo Cruise fährt auf dem Sumida vom Hamarikyu-Garten nach Asakusa. Sie fahren unter Brücken hindurch, bewundern die Wolkenkratzer und sehen Menschen, die sich in Parks entspannen. Die Tickets für die Bootsfahrt beinhalten den Eintritt zum Hamarikyu-Garten. In der Nähe von Asakusa gibt es Boote für Rundfahrten bei Laternenlicht (www.suijobus.co.jp/en).

8 Parlament

国会議事堂

F7 1-7-1 Nagatacho, Chiyoda S Nagatacho, Kokkai-Gijidomae Mo–Fr 8–17 (nach Anmeldung) sangiin.go.jp

Das 1936 fertiggestellte Parlament beherbergt die Legislative, die in der Meiji-Zeit als Zwei-Kammern-System eingeführt wurde. Auf Führungen (nur auf Japanisch) bekommt man das eindrucksvolle Innere zu sehen, darunter das Unterhaus, wo man den Beratungen der Abgeordneten zusehen kann, sowie die extravagant eingerichteten Räume, die der Kaiser früher zu offiziellen Anlässen nutzte.

Der nahe Hibiya-Park ist Mittelpunkt des Viertels Hibiya und der einzige große Park westlichen Stils im Zentrum. Wegen seiner Nähe zu den politischen Einrichtungen von Kasumigaseki und

→

Der imposante Platz vor dem Hauptbahnhof Tokyo in Marunouchi

zum Parlament ist er für öffentliche Kundgebungen beliebt. Die große Tribüne wird auch für Konzerte genutzt.

9

Marunouchi

丸の内

H6 Chiyoda

S Tokyo

Das Viertel wurde in der Edo-Zeit auf den Namen »Spielerwiese« getauft, weil die Lage ideal für heimliche Glücksspiele war. In der Meiji-Zeit nutzte es die Armee, die es 1890 an Mitsubishi verkaufte. Der Bau der Bahnlinie machte Marunouchi als Geschäftsviertel attraktiv. Nach dem Erdbeben von 1923 zogen viele Firmen hierher.

Der von Kingo Tatsuno entworfene und 1914 vollendete Hauptbahnhof Tokyo soll dem Bahnhof von Amsterdam nachempfunden sein. Die Kuppel, die 1945 bei Luftangriffen beschädigt wurde, wurde später durch das heutige Polyederdach ersetzt. Sehenswert sind die Originalreliefs über den Nord- und Südausgängen. Gegenüber dem Südausgang liegt das Einkaufszentrum KITTE, in dessen erster Etage sich das Informationszentrum **Tokyo City-i** befindet.

Schon gewusst?

In der Edo-Zeit residierten einige der mächtigsten japanischen Adelsfamilien in Marunouchi.

Das Personal spricht Englisch – wie auch der Roboter Pepper, der hier agiert.

Wer sich für traditionelles japanisches Kunsthandwerk interessiert, kann im **Idemitsu-Kunstmuseum** die umfangreiche Kunstsammlung von Sazo Idemitsu, dem Gründer einer der größten japanischen Ölgesellschaften, besichtigen. Die regelmäßig wechselnden Exponate zeigen erstaunliche Beispiele japanischer Kalligrafie und Malerei sowie japanische und chinesische Keramiken.

Tokyo City-i
2-7-2 Marunouchi, Chiyoda tägl. 8–20
W en.tokyocity-i.jp

Idemitsu-Kunstmuseum
3-1-1 Marunouchi, Chiyoda Di–So (Zeiten siehe Website W idemitsu-museum.or.jp

Hotels

Aman Hotel
Das Luxushotel bietet in jedem Zimmer einen Whirlpool.
H6 1-5-6 Otemachi, Chiyoda
W aman.com/hotels/aman-tokyo
¥¥¥

The Tokyo Station Hotel
Das Luxushotel beim Bahnhof Tokyo ist eine Oase der Ruhe.
H6 1-9-1 Marunouchi, Chiyoda
W thetokyostationhotel.jp
¥¥¥

Hotel Niwa Tokyo
Das Hotel verbindet das Aussehen eines traditionellen Gasthauses mit modernen Elementen.
G4 31-1-16 Kanda Misakicho, Chiyoda
W hotelniwa.jp
¥¥¥

10

Tokyo Tower

東京タワー

F9 4-2-8 Shiba-koen, Minato S Akabanebashi
tägl. 9–23
tokyotower.co.jp

Der Tokyo Tower wurde 1958 unter anderem als Symbol für Japans Nachkriegsboom und als einziger Sendeturm für die Region Kanto errichtet. Sein Design wurde durch den Eiffelturm inspiriert. Zwei Aussichtsplattformen – Main Deck (150 m) und Top Deck (250 m) – bieten einen Blick auf die Bucht von Tokyo, Shimbashi und Ginza sowie den Berg Fuji. Fahren Sie abends hinauf, um die Lichter der Stadt und den beleuchteten Turm zu sehen.

Als Symbol der Stadt mag er vom Tokyo Skytree *(siehe S. 135)* verdrängt worden sein, aber der Tokyo Tower ist einen Besuch wert, nicht nur wegen der Aussicht, sondern auch wegen der Cafés und Läden in Foot Town am Fuß des Turms.

Östlich erstreckt sich der Shiba-Park, in dessen Zentrum der **Zojo-ji-Tempel** liegt, der Tempel der Tokugawa-Familie. Er wurde 1393 gegründet, und Ieyasu Tokugawa verlegte ihn 1598 hierher, um seine neue Hauptstadt zu schützen. Der heutige Tempel stammt von 1974. In der Nähe stehen die beiden Tore Dai-mon und San-mon, das von 1622 stammt und das älteste Holzgebäude Tokyos ist.

Zojo-ji-Tempel
4-7-35 Shiba-koen
tägl. 9–17 zojoji.or.jp

Japans *Otaku*-Kultur

Otaku ist die Bezeichnung für obsessive Fans, vor allem von Anime und Manga, wird aber auch für Kameras, Autos, Pop-Stars oder Elektronik benutzt. Ursprünglich war das Wort abwertend gemeint, doch heute bezeichnen sich immer mehr Menschen als *otaku*. Die Subkultur entstand in den 1980ern zeitgleich mit dem Anime-Boom, als ein Teil der japanischen Gesellschaft sich aufgrund der sich ändernden gesellschaftlichen Mentalität als Außenseiter betrachtete.

11

Akihabara

秋葉原

H4 Chiyoda
S Akihabara

Akihabara ist das inoffizielle Zentrum für einige der beliebtesten Exportgüter Japans: Elektronik, Videospiele und Anime. Tokyos »Elektrische Stadt« erfindet sich alle 15 bis 20 Jahre neu. In den Nachkriegsjahren war sie ein heruntergekommener Markt, bekannt für billige Radios, bevor sie sich der Nachfrage nach Fernsehern und Waschmaschinen anpasste. In den 1980ern zogen die großen Ladenketten in die Vororte, und der Schwerpunkt der Produkte verlagerte sich von Haushaltsgeräten auf die neuen Heimcomputer.

Da sich viele Menschen auch für Videospiele, Manga und Anime interessierten, fand die *Otaku*-Kultur ihren Weg nach Akihabara, und in den späten 1990er Jahren hatte die Gemeinschaft hier ein Zuhause gefunden. Heute ist Akihabara eine in der ganzen Welt bekannte Geek-Hauptstadt. Das alte Herz des Viertels hat bis heute überlebt mit vielen kleinen Läden, die noch immer Haushaltsgeräte verkaufen.

12

Kitanomaru-Park

北の丸公園

F5 1-1 Kitanomaru-koen, Chiyoda S Kudanshita, Takebashi
tägl. 24 Std.

Der einstige Bereich der Palastwache wurde 1969 in einen Park umgewandelt. Gehen Sie, bevor Sie den Park betreten, zum Chidorigafuchi (westlicher Wassergraben), einem der schönsten Orte in Tokyo, um die Kirschblüte zu betrachten. Hier können Ruderboote gemietet werden.

Im Park findet man eine Reihe von Bauten. Nahe dem Tayasu-mon steht das 1964 für die Kampfsportarten der

↑ *Wenn die Nacht zum Tag wird: bunte Neonreklamen in Akihabara*

Olympischen Spiele errichtete Nippon Budokan, das heute für Konzerte genutzt wird. Ein paar Schritte weiter liegt das **Wissenschaftsmuseum**. Einige Exponate sind interaktiv, z. B. virtuelle Fahrradausflüge (nur auf Japanisch).

Hinter dem Museum, jenseits einer Straße und links den Berg hinunter, liegt das **Nationalmuseum für moderne Kunst**. Es wurde 1952 gegründet und befindet sich in einem Gebäude des bekannten japanischen Architekten Kunio Maekawa. Die ständige Sammlung umfasst japanische Werke von der Meiji-Restauration 1868 bis zur Gegenwart. Die Galerie für Kunsthandwerk des Museums war ursprünglich in denselben Räumlichkeiten. 2020 wurde sie jedoch nach Kanazawa verlegt.

Wissenschaftsmuseum
2-1 Kitanomaru-koen, Chiyoda +81-3-3212-8544 Do – Di 10 – 16:50 jsf.or.jp/en

Nationalmuseum für moderne Kunst
3-1 Kitanomaru-koen, Chiyoda +81-3-5777-8600 Di – So 10 – 17 (Fr, Sa bis 20) momat.go.jp

Boote sowie Menschenmassen zur Zeit der Kirschblüte (Detail) *im Kitanomaru-Park* ↑

13

Koishikawa-Koraku-en-Garten

小石川後楽園

F4 1-6-6 Koraku, Bunkyo Korakuen tägl. 9 – 17 tokyopark.or.jp/teien/en/koishikawa

Koraku-en, der »Garten der verzögerten Freuden«, ist einer der schönsten Wandelgärten Tokyos. Die Anlage wurde 1629 begonnen und 30 Jahre später vollendet. Zhu Shunsui, ein chinesischer Gelehrter im Exil, half bei der Engetsukyo-Brücke (Vollmondbrücke), deren Spiegelbild wie ein Vollmond aussieht. Die Tsukenkyo-Brücke, die Kopie einer Brücke in Kyoto, bildet mit ihrem Rot einen Kontrast zum dunkelgrünen Wald rundum.

Der Garten bildet Landschaften en miniature nach, etwa den berühmten Berg Rozan in China und den Fluss Oikawa in Kyoto. In einem großen Teich liegt die Insel Horai, eine Komposition aus Felsen und Pinien.

Restaurants

Sushi Shin
Das Sushi-Restaurant im Mandarin Oriental gehört zu den Top-Etablissements und bietet die beste Aussicht auf die Stadt.

H6 2-1-1 Nihonbashi Muromachi, Chuo Di sushishin-tokyo.jp

¥¥¥

Rokurinsha
Probieren Sie in diesem beliebten Ramen-Lokal die *tsukemen*, bei denen die Nudeln separat serviert und in Brühe getunkt werden.

H8 4-9-16 Tsukiji, Chuo +81-3-3542-0620

¥¥¥

14

Yasukuni-Schrein
靖国神社

F5 3-1-1 Kudankita, Chiyoda S Kudanshita
März – Okt: tägl. 6 –18; Nov – Feb: tägl. 6 –17
W yasukuni.or.jp/english

Im 1879 eingeweihten Yasukuni Jinja (Friedensschrein der Nation) wird der 2,5 Millionen Japaner gedacht, die seit der Meiji-Restauration in Kriegen gefallen sind.

Bis zum Ende des Zweiten Weltkriegs war der Shintoismus Staatsreligion. Die Asche Gefallener wurde ungeachtet der Wünsche ihrer Angehörigen hierhergebracht. Kontrovers diskutiert wird, dass hier auch der Führer im Zweiten Weltkrieg und der Besatzer von China und Korea gedacht wird, u. a. Premierministers Hideki Tojo.

Neben dem Schrein liegt **Yushukan**, das Museum für die Kriegstoten. Viele Exponate versuchen Japan im Krieg menschlich erscheinen zu lassen: Unter dem Foto eines lächelnden jungen Offiziers hängt sein letzter Brief nach Hause. Es wird auch an eine Krankenschwester erinnert, die an Überarbeitung starb. Manche romantisierende Gemälde von Soldaten in der Mandschurei, Waffen, Flugzeuge und die Lok der Thailand-Burma-Linie dürften aber eher bestürzen.

Die Debatte um den Yasukuni

Seit 1869 ist der Yasukuni-Schrein den Seelen *(kami)* der toten Soldaten Japans gewidmet. Für Millionen Japaner ist er ein Erinnerungsort an ihre Angehörigen, die in den Kriegen starben. Allerdings sind auch über 1000 Kriegsverbrecher in die Liste der *kami* aufgenommen worden. Dies entfachte eine Diskussion um den Schrein, inklusive internationaler Kritik, vor allem von Japans Nachbarn Korea, Taiwan und China, die unter den japanischen Kriegsverbrechen zu leiden hatten.

Yushukan
tägl. 9 –16:30

15

Kanda-Myojin-Schrein
神田明神

H4 2-16-2 Sotokanda, Chiyoda S Ochanomizu
24 Std. tägl.
W kandamyoujin.or.jp

Kanda Myojin ist über 1200 Jahre alt. Der heutige Schrein ist allerdings ein nach dem Erdbeben 1923 errichteter Nachbau. Die Wächter am Tor sind zwei Bogenschützen aus Stein: rechts Udaijin, links Sadaijin. Im Inneren sieht man links die große Statue von Daikoku, einem der *shichi-fuku-jin* (sieben Glücksgötter). Er thront auf zwei riesigen Reissäcken.

Der leuchtend rote Schrein und sein Inneres aus Lack, Gold und chinesisch inspiriertem Dekor sind sehr eindrucksvoll. Frühmorgens kann man die Shinto-Priester bei ihren Ritualen beobachten. Kanda Matsuri (Mitte Mai in ungeraden Jahren) ist eines der größten und prächtigsten Feste Tokyos – seien Sie früh da und auf Menschenmassen gefasst.

Hinter dem Hauptschrein liegt ein **Ritualsaal mit Museum** mit Zeugnissen der Kanda-Myojin-Geschichte.

Ritualsaal mit Museum
tägl. 9 –16

Das zinnoberrote Äußere des Kanda-Myojin-Schreins ↑

↑ *Die leuchtend rote Haupthalle des Kanda-Myojin-Shinto-Schreins im Tokyoter Viertel Chiyoda*

Shinto

Der Shinto(ismus) ist Japans älteste Religion. Sie beruht auf der Vorstellung, dass *kami* (Gottheiten, Naturgeister, Seelen Verstorbener) alle Dinge, ob lebendig, tot oder unbeweglich, beherrschen. Heute gibt es nur noch wenige reine Shintoisten, doch viele praktizieren Shinto-Rituale neben buddhistischen.

Heilige Tore

Durch den Eingang zum Schrein *(jinja)* gelangen die Gläubigen von der säkularen in die heilige Welt. Den Durchgang markieren oft zinnoberrote *torii*, an den Eingängen zu *Inari*-Schreinen halten Steinfüchse mit roten Lätzchen Wache. Am Zugang zum Hauptkomplex hängen *shimenawa* (ineinandergewundene Stricke aus Reisstroh), die vor Krankheit und Bösem schützen sollen.

Haiden und *honden*

In der Gebetshalle *(haiden)* ziehen die Gläubigen an einem Glockenseil, werfen Geld in ein Behältnis und klatschen zweimal, um den hier residierenden *kami* zu rufen. Dann verharren sie in stillem Gebet. Der *kami* soll im innersten Heiligtum *(honden)* wohnen, zu dem meist nur die Priester Zugang haben.

Kannushi

Das Shinto-Priesteramt *(kannushi)* wurde meist vererbt. Wichtige Familien *(shake)* stehen noch heute mit Schreinen in Verbindung. Die meist in weiße und orangefarbene Gewänder gekleideten *kannushi* vollziehen Reinigungszeremonien und andere Rituale.

Talismane und Votivtafeln

Omamori (Glücksbringer) – meist für Fruchtbarkeit, Erfolg bei Prüfungen und Gesundheit – werden an allen Schreinen Japans angeboten. Der Text ist auf ein Stück Papier oder dünnes Holzstück geschrieben, das in einem Stoffsäckchen steckt. Dieses soll man am Körper oder an einem wichtigen Ort aufbewahren. (Nicht öffnen, sonst wirkt es nicht!) Bitten oder Wünsche können auch auf *Ema*-Tafeln *(oben)* notiert und am Schrein aufgehängt werden.

→ *Stofftäschchen mit Papier-omamori*

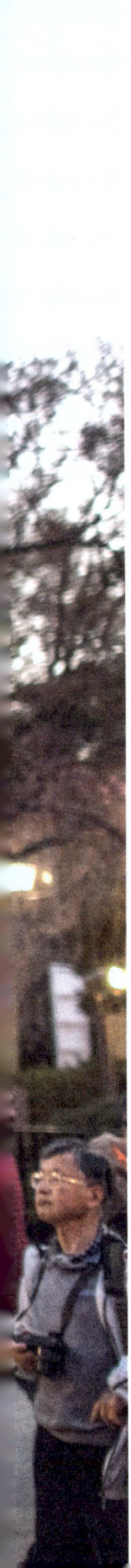

Kirschblüte im Ueno-Park (siehe S. 126f)

Norden

Tokyos nördliche Stadtteile Asakusa und Ueno bergen die Reste der alten Tokyoter Unterstadt Shitamachi, des einstigen Zentrums der Edo-Kultur, die zum Thema zahlloser *Ukiyo-e*-Holzdrucke wurde. Handel und Handwerk blühten hier neben dem Kabuki-Theater. In der Folge dieser liberalen Atmosphäre siedelte sich im 17. Jahrhundert (nach dem großen Meireki-Brand von 1657) das Rotlichtviertel Yoshiwara in der Nähe Asakusas an. 1893 lebten und arbeiteten über 9000 Frauen in dieser rauen Gegend.

In Ueno fand 1868 eine der letzten großen Schlachten in Japan statt, in der der Meiji-Tenno Mutsuhito das Tokugawa-Shogunat besiegte. 1872 entdeckte der holländische Militärarzt Dr. Anthonius Baudin die Naturschönheit des Areals und warb dafür, es in einen der ersten öffentlichen Parks umzuwandeln – statt wie vorgesehen in ein Militärhospital mit Friedhof. So entstand 1876 mit dem Ueno-Park Japans älteste Parkanlage. Der Park wurde auch ein Schutzraum für Kunst und Innovationen, er beherbergte 1877 und 1881 die ersten beiden nationalen Industrieausstellungen Japans und ist seit 1882 Sitz des Nationalmuseums Tokyo.

G
H
J
0 Meter
600
N
NISHI-NIPPORI
HIGASHI-NIPPORI
NIPPORI-CHUO-DORI
OTAKEBASHI-DORI
OGUBASHI-DORI
YANAKA GINZA
Nippori
Asakura-Skulpturenmuseum
SENDAGI
Sendagi
SHINOBAZU-DORI
Daien-ji-Tempel
Tenno-ji-Tempel
Zensho-an-Tempel
Yanaka-Friedhof
KOTOTOI-DORI
NEGISHI
YANAKA
Yanaka
Ueno Sakuragi Atari
UENO-SAKURAGI
Uguisudani
SHITAYA
Daimyo-Uhrenmuseum
NICHI-IDAI-TSUTSUJI-DORI
Nezu-Schrein
Universität der Künste
Iriya
Nationalmuseum Tokyo
NEZU
EXPRESSWAY NO.1
Todaimae
Kunstmuseum der Präfektur Tokyo
Nezu
Ueno-Zoo
UENO
Nationalmuseum der Naturwissenschaften
MATSUGA
NISHIKATA
Tosho-gu-Schrein
Große buddhistische Pagode
Nationalmuseum für Westliche Kunst
HONGO
Gojoten-Schrein
Ueno-Park
Ueno
SHOWA-DORI
KIYOSUBASHI-DORI
Universität von Tokyo
Benten-do
Inaricho
Inaric
HONGO-DORI
Taikan-Yokoyama-Gedenkhalle
Shinobazu-Teich
Keisei-ueno
ASAKUSA-DO
HIGASHI-UENO
Kyu-Iwasaki-tei-Residenz
Shitamachi-Museum
Ameyoko-Yokocho-Markt
MOTO ASAKU
HONGO
Yushima
Uenookachimachi
Shin-okachimachi
KASUGA-DORI
Yushima-Tenjin-Schrein
Uenohirokoji
Okachimachi
Hongo-sanchome
Naka-okachimachi
KASUGA-DO
UENO
BUNKYO
SHOHEIBASHI-DORI
CHUO-DORI
TAITO
YUSHIMA
SHOWA-DORI
TAITO
Suidobashi
KARAMAEBASHI-DORI
Suehirocho
KURAMAEBASHI-DORI
SOTOBORI-DORI
Kanda
YUSHIMA-ZAKA
SOTOKANDA
Ochanomizu
MISAKICHO
KAEDE-DORI
Yushima-Seido-Tempel
EXPRESSWAY NO.1
Zentrum
Seiten 102–121
AIOI-ZAKA
HAKUSAN-DORI
Ochanomizu
ASAKUSA-BASHI
MEIDAI-DORI
Akihabara
Aufersthungs-kathedrale
Akihabara
Asakusa-bashi
KANDA-JINBOCHO
Shin-ochanomizu
Kanda
Jimbocho
KANDA
Iwamotocho
Ogawamachi
Awajicho
YASUKUNI-DORI
IWAMOTOCHO
Bakurocho
KANDA-NISHIKICHO
Kanda
Bakuro-yokoyama
CHIYODA
HONGO-DORI
Higashi-nihombashi
Kanda
EDO-DORI
UCHI-KANDA
Takebashi
Kodenmacho
KIYOSUBASHI-
SOTOBORI-DORI
SHOWA-DORI
Shin-nihonbashi

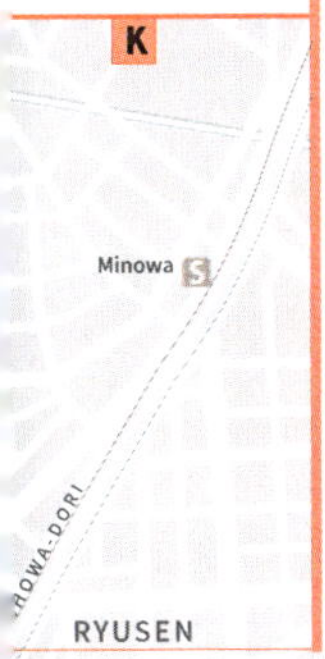

Norden

Highlights
❶ Ueno-Park
❷ Senso-ji-Tempel

Sehenswürdigkeiten
❸ Ameyoko-Yokocho-Markt
❹ Yanaka
❺ Tokyo Skytree
❻ Inaricho und Kappabashi-dori

Restaurant
① Yamabe Okachimachi

Shopping
② Kamata
③ Ganso

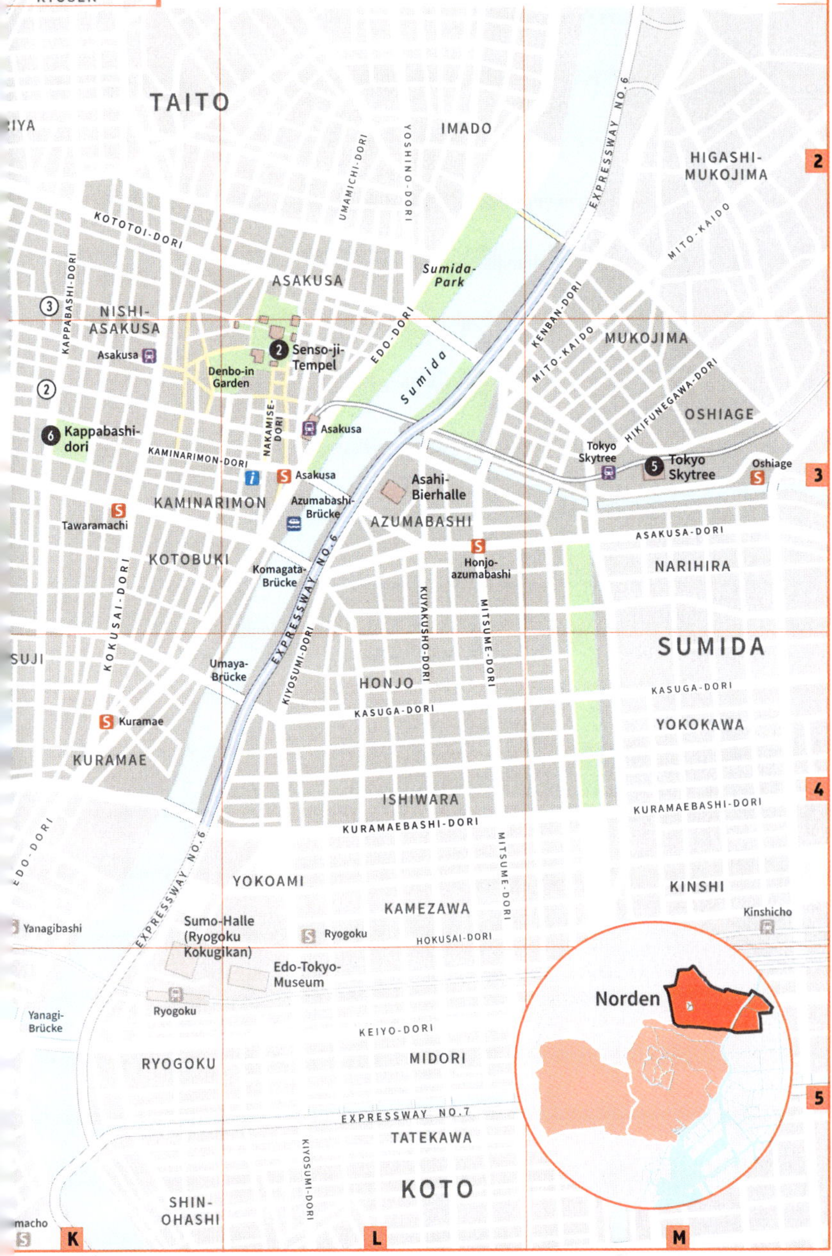

Menschen genießen ein Hanami-Picknick unter den Kirschblüten im Ueno-Park ↑

❶

Ueno-Park

上野公園

J3 5-20 Ueno-koen, Taito Uguisudani, Ueno S Ueno

Es ist nicht verwunderlich, dass der Ueno-Park, eine der schönsten Grünflächen Tokyos, in so vielen Holzschnitten und Geschichten vorkommt, wenn er jeden Frühling in einem Aufruhr rosafarbener Kirschblüten erstrahlt. Neben seiner vergänglichen, natürlichen Schönheit beherbergt der Park auch eine Reihe von dauerhaften Attraktionen, die von modernen Kunstmuseen bis zu ruhigen Tempeln reichen.

①

Shitamachi-Museum

2-1 Ueno-koen, Taito wegen Renovierung bis März 2025 W taitocity.net/zaidan/shitamachi

Das Museum am Ufer des Shinobazu-Teichs widmet sich der Bewahrung des Geists und der Artefakte von Shitamachi Tokyo, dem Gebiet um den Sumida, in dem früher die unteren Schichten lebten. Zu den 50 000 Ausstellungsstücken gehören Nachbildungen von Läden aus der Edo-Ära, traditionelles Spielzeug, Werkzeuge und Fotografien.

②

Kunstmuseum der Präfektur Tokyo

8-36 Ueno-koen, Taito
tägl. 9:30–17:30
1. und 3. Mo im Monat
W tobikan.jp/en

Das 1926 eröffnete Museum war das erste öffentliche Kunstmuseum in Japan und wurde mithilfe einer Spende des Industriellen Keitaro Sato eingerichtet. Heute beherbergt es eine eklektische Mischung aus japanischer und westlicher Kunst. Gezeigt werden unter anderem eine Retrospektive des norwegischen Malers Edvard Munch (1863–1944), ein Blick auf *Ukiyo-e*-Holzschnitte sowie Ausstellungen lokaler Künstler.

③

Nationalmuseum der Naturwissenschaften

7-20 Ueno-koen, Taito
Di–So 9–17
W kahaku.go.jp

Das Museum in der nordöstlichen Ecke des Ueno-Parks ist leicht an dem lebensgroßen Modell eines Blauwals vor dem Eingang zu erkennen. Im Inneren sind die Dinosaurier-Exponate ebenso beeindruckend. Auf vier Etagen bietet das Museum außerdem Ausstellungen zu Themen wie Geschichte und Natur der japanischen Inseln, Erfindungen ab der Edo-Zeit und die Ursprünge der Erde.

④

Nationalmuseum für Westliche Kunst

7-7 Ueno-koen, Taito
Di–So 9–17:30 (Fr, Sa bis 20) W nmwa.go.jp/en

Das fabelhafte Museum wurde 1959 aus der Privatsammlung des japanischen Geschäftsmanns und Kunst-

Highlight

sammlers Kojiro Matsukata gegründet. Es zeigt Gemälde vor dem 18. Jahrhundert von van Cleve, van Ruysdael und Rubens sowie Werke von Gaugin, Monet, Renoir und van Gogh aus dem 19. bis frühen 20. Jahrhundert.

⑤
Tosho-gu-Schrein

9-88 Ueno-koen, Taito
März – Sep: tägl. 9 –17:30; Okt – Feb: tägl. 9 –14:30
uenotoshogu.com

Der 1627 zum Gedenken an Ieyasu Tokugawa errichtete Schrein ist mit seinen Schnitzereien und der Goldfolie alles andere als unauffällig. Die beste Zeit für einen Besuch ist April und Mai, wenn die Pfingstrosen blühen. In der Prüfungszeit ist der Schrein am stärksten frequentiert, denn dann kommen die Studenten hierher, um für akademischen Erfolg zu beten.

⑥
Shinobazu-Teich

5-20 Ueno-koen, Taito
tägl. 24 Std.

Mit einem Umfang von zwei Kilometern dominiert der malerische Shinobazu-Teich den südlichsten Teil des Ueno-Parks. Der Teich ist in drei Abschnitte unterteilt, wobei sich auf der kleinen Insel in seiner Mitte ein Tempel befindet. Ein Teil ist für Bootsfahrten reserviert, ein anderer dient als Lebensraum für Kormorane und Zugvögel, und der dritte ist mit Lotosblumen bewachsen, die im Juli blühen.

⑦
Kiyomizu-Kannon-do-Tempel

1-29 Ueno-koen, Taito
tägl. 9 –16 **kiyomizu. kaneiji.jp/english**

Der älteste Tempel Tokyos wurde in den frühen Jahren des Tokugawa-Shogunats als Teil des Kan'ei-ji-Tempelkomplexes errichtet, der zu seiner Blütezeit 68 Gebäude umfasste, die sich über den heutigen Ueno-Park verteilten. Sein charakteristisches Merkmal ist die »Mondkiefer«, die so gezüchtet wurde, dass ihre Äste einen Kreis bilden, und in Utagawa Hiroshiges berühmter *Ukiyo-e*-Serie *100 berühmte Ansichten von Edo* (1856 –1858) abgebildet ist.

Expertentipp
Kirschblüte

Im Ueno-Park wachsen etwa 1000 Kirschbäume. Jedes Jahr im Frühling besuchen mehr als zwei Millionen Menschen den Park für ein *Hanami*-Picknick. Um herauszufinden, wann die beste Zeit für Picknick unter den blühenden Kirschbäumen ist, ist es hilfreich, der *Hanami*-Vorhersage (sakura.weathermap.jp) zu folgen.

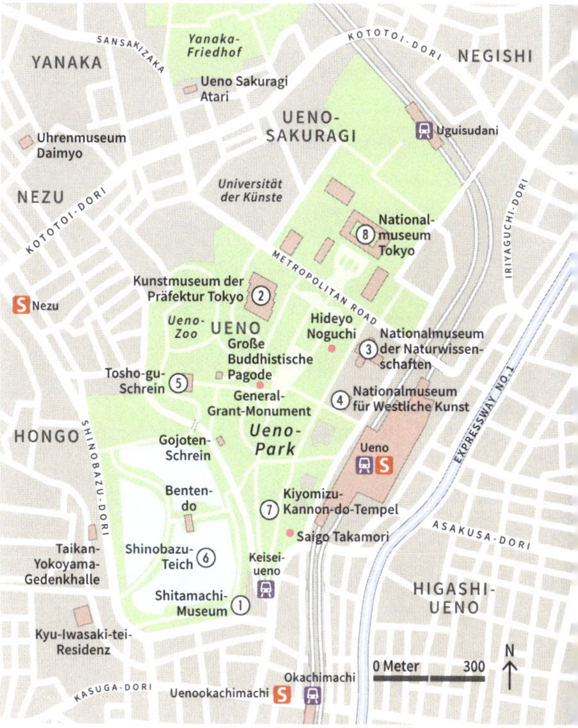

Fassade des Honkan, des Hauptgebäudes des Nationalmuseums Tokyo ↑

1 *Werke im westlichen Stil von Seiki Kuroda, darunter* Am See *(1897), sind in der Kuroda-Gedenkhalle zu sehen.*

2 *Der Horyu-ji-Schatz vereint die an den Kaiserhof verkauften Tempelstücke, darunter seltene Statuen aus dem 7. bis 8. Jahrhundert.*

3 Ukiyo-e *(Farbholzdrucke) sind im Honkan ausgestellt, darunter* Die 36 Unsterblichen der Dichtkunst *(14. Jh.).*

1

2

3

Highlight

Zur Orientierung
Siehe Stadtteilkarte S. 124f

Restaurant

Yamabe Okachimachi
Anstatt in einem der teuren Museumsrestaurants zu Mittag zu essen, können Sie in diesem Lokal ein leckeres *tonkatsu* (in Stücke geschnittenes, paniertes »Schweineschnitzel«) genießen.

J3 6-2-6 Ueno
+81-3-5812-8076
¥¥¥

8

Nationalmuseum Tokyo

東京国立博物館

J2 13-9 Ueno-koen, Taito Ueno
Di – So 9:30 – 17 tnm.jp

In der Nordostecke des Ueno-Parks bilden sieben Gebäude eines der besten Museen Tokyos. Von Kimonos bis zu archäologischen Funden – das Nationalmuseum bietet einen überwältigenden Einblick in Geschichte und Kultur des Landes.

Die Bestände des Museums umfassen über 110 000 Exponate – darunter die weltweit beste Sammlung japanischer Kunst. Die Dauerausstellungen wechseln häufig und präsentieren etwa 4000 Stücke aus den Sammlungen. Daneben gibt es Sonderausstellungen zu internationaler Kunst. Wenn Sie nur wenig Zeit haben, sollten Sie den ersten Stock des Honkan besichtigen. Hier gibt es Audio-Guides, Führungen und englisch beschilderte Exponate, die einen exzellenten Überblick über Japans Vergangenheit vermitteln. Wer mehr Zeit mitbringt, kann auch die anderen Gebäude besuchen – mit antiken Statuen, chinesischer Keramik und impressionistischer Malerei.

Schon gewusst?

Das Nationalmuseum Tokyo ist Japans ältestes und größtes Museum.

Holzstatue einer Shinto-Gottheit im Ausstellungsbereich des Honkan

Kurzführer

Das Hauptgebäude heißt Honkan und beherbergt japanische Kunst von archäologischen Stücken bis zu modernen Werken. Östlich davon liegt das Toyokan mit nicht japanischer asiatischer Kunst. Das Hyokeikan (1909) im westlichen Architekturstil ist nur bei Sonderausstellungen geöffnet. Ihm schließen sich die Abteilung mit dem Horyu-ji-Schatz, der eindrucksvolle Objekte aus dem Horyu-ji-Tempel in Ikaruga enthält, sowie das Heiseikan an, das archäologische Funde präsentiert. Ein Ticket ermöglicht den Zugang zu allen Ausstellungen – machen Sie sich einen Plan, um möglichst viel zu sehen.

Expertentipp
Museums-App

Laden Sie die Tohaku-Navi-App herunter, um sechs kostenlose Führungen durch das Museum zu erhalten. Wählen Sie ganz nach Ihrem Interesse aus.

Stellschirm von Okamoto Shuki im Honkan

Highlight

Museumsbereiche

Honkan

▷ Die Sammlung nimmt zwei Stockwerke ein. Im Erdgeschoss findet sich japanische Kunst – von Tonfiguren aus der Jomon-Zeit (ca. 10 000 v. Chr.) bis hin zu *Ukiyo-e*-Holzschnitten (19. Jh.). Dazwischen gibt es Kalligrafie, Tee-Utensilien, Rüstungen und Kostüme, die im Noh- und Kabuki-Theater gebräuchlich waren. Der erste Stock funktioniert auch gegen den Uhrzeigersinn. Es gibt hier thematische Gruppierungen, etwa Skulpturen, Lackwaren, Schwerter und westlich beeinflusste moderne Kunst.

Toyokan

Das Toyokan (1968) präsentiert erlesene asiatische Kunst, u. a. Textilien und Keramiken. Viele Stücke stammen aus China und Korea, eine Folge der langen Verbindung mit Japan. Im Erdgeschoss gibt es schöne buddhistische Statuen, im ersten Stock Skulpturen aus Indien, Ägypten und dem Nahen Osten. Im zweiten und dritten Stock ist China vertreten, der letzte ist der Geschichte Koreas gewidmet.

Heiseikan

Das Heiseikan wurde 1993 zur Hochzeit des Kronprinzen, heute der 126. Kaiser, erbaut. Es dient für größere Wechselausstellungen und die Sammlung japanischer archäologischer Funde, die ab 10 000 v. Chr. datieren. Highlight sind die *Haniwa*-Figuren. *Haniwa* bedeutet »Lehmring« und bezeichnet Lehmskulpturen (4.–7. Jh.), die den Toten ins Grab gelegt wurden, um sie zu beschützen. Hier sind auch Funde der Jomon-Zeit (14 500 – 300 v. Chr.) zu sehen, etwa *dogu,* Erdfiguren mit stark hervorstehen Augen.

Horyu-ji-Schatz

◁ Als die Besitztümer des Horyu-ji-Tempels bei Nara *(siehe S. 232f)* während der Meiji-Reformen beschädigt wurden, verkaufte der verarmte Tempel Teile seines Schatzes an die Kaiserfamilie, um Renovierungen zu bezahlen. Über 300 der kostbaren Stücke, darunter frühe buddhistische Statuen, Masken für *Gigaku*-Tänze und herrliche Stellschirme, sind in der modernen, von Yoshio Taniguchi designten Abteilung ausgestellt.

Kuroda-Gedenkhalle

Der Bau für Seiki Kuroda (1866–1924) zeigt Bilder, Zeichnungen und andere Werke im westlichen Stil dieses Malers. Auch zu sehen: der Briefwechsel des Künstlers.

TOP 4

Nicht versäumen

Ukiyo-e
Das Honkan zeigt eine Sammlung dieser poetischen Farbholzdrucke (17.–19. Jh.).

Vergoldete Bronze-Buddhas
Versäumen Sie nicht diese großartigen Statuen des Horyu-ji-Schatzes – alle nur 30 bis 40 Zentimeter hoch.

Koreanische Kunst
Im Toyokan sind koreanische Funde aus der Bronzezeit (100 v. Chr. – 300 n. Chr.) zu sehen.

***Haniwa*-Figuren**
Die charmanten Lehmfiguren im Heiseikan stellen meist Krieger und Tiere dar.

2

Senso-ji-Tempel

浅草寺

L3 2-2-3-1 Asakusa, Taito Asakusa, Tobu-Asakusa S Asakusa Haupthalle: tägl. 6–17 (Okt–März: ab 6:30); Nakamise-dori: tägl. 9:30–19 (Öffnungszeiten variieren) W senso-ji.jp

Der im Volksmund Asakusa Kannon genannte Senso-ji ist Tokyos heiligster und zugleich ältester Tempel. Die Anlage allein ist schon beeindruckend, doch es sind die Menschen mit ihren täglichen Ritualen, die das Besondere des Orts ausmachen.

628 zogen zwei Fischer eine kleine Goldstatue Kannons, der buddhistischen Gnadengottheit, aus dem Sumida. Ihr Herr ließ für sie zunächst einen Schrein bauen, der heilige Mann Shokai 645 einen Tempel errichten. Dessen Ruhm, Reichtum und Größe nahmen zu, Ieyasu Tokugawa schenkte der Anlage ein großes Stück Land. Das Vergnügungsviertel Yoshiwara, das 1657 in der Nähe entstand, erhöhte die Beliebtheit des Senso-ji. Der Tempel überstand das Kanto-Erdbeben von 1923, nicht jedoch den Zweiten Weltkrieg. Die Hauptgebäude sind daher relativ neu, folgen aber der Anlage aus der Edo-Zeit. Heute weht noch immer Weihrauch durch die Luft, und auf der Einkaufsstraße Nakamise-dori sind viele Menschen.

Garten

1

2

3

1 Die fünfstöckige Pagode mit der Asche des Buddha ist eine 1973 errichtete Kopie des Originalbaus.

2 Das zweistöckige Hozo-mon-Tor aus Beton wurde 1964 errichtet. Es birgt in der oberen Etage einige chinesische Sutras aus dem 14. Jahrhundert.

3 Einer der Läden, die die weitläufige Nakamise-dori säumen und Souvenirs und traditionelle Lebensmittel verkaufen

Das **Kaminari-mon-Tor** (»Donnertor«) besitzt Wächterfiguren. Fujin (rechts) und Raijin (links) haben alte Köpfe, aber neue Körper.

← *Senso-ji-Tempelkomplex, den man über die Nakamise-dori erreicht*

↑ *Blick über die Ladenstraße Nakamise-dori zum Hozo-mon-Tor*

Expertentipp
Hinterhofviertel

Der Senso-ji-Tempel liegt im Herzen von Asakusa, wo die Atmosphäre des Nachkriegs-Tokyo noch lebendig ist. Nach dem Tempelbesuch sollten Sie die Seitenstraßen erkunden und eines der Straßenlokale aufsuchen, in denen Kisten als Tische dienen.

SEHENSWÜRDIGKEITEN

3

Ameyoko-Yokocho-Markt

アメヤ横丁

J3 **4-9-14 Ueno, Taito**
Okachimachi, Ueno
S Ueno, Ueno-Okachimachi

Ameyoko Yokocho ist einer der größten Märkte Asiens, auf dem es fast alles zu kaufen gibt – und fast immer zu günstigen Preisen. In der Edo-Zeit konnte man hier *ame* (Süßigkeiten) erwerben. Nach dem Zweiten Weltkrieg gab es Schwarzmarktwaren wie Schnaps, Zigaretten, Schokolade und Nylonstrümpfe, und *ame* erhielt seine zweite Bedeutung als Abkürzung für American (*yoko* bedeutet »Gasse«). Ameyoko ist ein Gebiet mit winzigen Läden, die sich unter den Hochbahngleisen drängen. Kleidung und Accessoires sind unter den Gleisen konzentriert, während Lebensmittel, darunter eine große Auswahl an Meeresfrüchten, die Straße entlang der Gleise säumen.

Shopping

Kamata

Die berühmten Kamata-Messer werden in Kappabashi aus demselben Metall und nach denselben Prinzipien wie Samurai-Schwerter hergestellt. Ein Muss für alle passionierten Köche.

K3 **2-12-6 Matsugaya, Taito**
W kap-kam.com

Ganso

Der Laden verkauft *sanpuru* (Plastiklebensmittel) und Bausätze, mit denen man selbst »falsche« Lebensmittel herstellen kann.

K3 **3-7-6 Nishiasakusa, Taito**
W ganso-sample.com

4

Yanaka

谷中

H2 **Taito** **Nippori**

Das ruhige Viertel hat das große Kanto-Erdbeben von 1923 und die Bombenangriffe im Zweiten Weltkrieg überstanden. Es hat sich etwas von der Atmosphäre des alten Shitamachi bewahrt, mit dicht gedrängten Häusern und traditionellen Essensständen.

Der Yanaka-Friedhof ist in der Kirschblütenzeit ein Muss. Darin befindet sich der Tenno-ji-Tempel mit einem großen Bronze-Buddha von 1690. Westlich des Tempels liegt das **Asakura-Skulpturenmuseum**, das Haus des Bildhauers Fumio Asakura (1883–1964). Im zweiten Stock sind Statuen eines seiner Lieblingsthemen – Katzen –, aber das eigentliche Highlight ist der Garten mit seiner traditionellen Komposition aus Wasser und Stein.

Im Norden liegt die Yanaka Ginza, die Einkaufsstraße des Viertels, mit traditionellen Läden und familiengeführten Restaurants. Versteckt in den alten Gassen des Viertels ist neben einigen trendigen Cafés und Bars **SCAI the Bathhouse**, eine Galerie für zeitgenössische Kunst in einem ehemaligen öffentlichen Badehaus. Nur einen kurzen Spaziergang entfernt befindet sich das unaufdringliche **Daimyo-Uhrenmuseum**, in dem 100 Uhren aus der Edo-Zeit präsentiert werden.

Japanische Begräbnisriten

Wenn Japaner sterben, wird der Körper nach Hause gebracht, damit er die letzte Nacht auf dem eigenen Futon verbringen kann. Am nächsten Tag ist Beerdigung. Gäste spenden Geld. Nach der Einäscherung nehmen die Angehörigen spezielle Stäbchen, um die Knochen herauszupicken und sie in eine Urne zu geben. In den Folgejahren gibt es am Geburtstag des Toten Erinnerungszeremonien.

Asakura-Skulpturenmuseum
7-18-10 Yanaka, Taito
+81-3-3821-4549
Di, Mi, Fr–So 9:30–16:30

SCAI the Bathhouse
6-1-23 Yanaka, Taito
Di–Sa 12–18
W scaithebathhouse.com

Daimyo-Uhrenmuseum
2-1-27 Yanaka, Taito
Mitte Jan–Juni, Okt–Dez: Di–So 10–16

↑ *Unscheinbarer Zugang zum Asakura-Skulpturenmuseum*

5

Tokyo Skytree
東京スカイツリー

M3 1-1-2 Oshiage, Sumida Tokyo Skytree, Oshiage siehe Website tokyoskytree.jp/en

Der Skytree ist mit 634 Metern das höchste Bauwerk Japans. Der Fernseh- und Rundfunksendeturm beherbergt auch ein großes Einkaufszentrum, ein Aquarium, ein Planetarium sowie Restaurants. Das Tembo Deck liegt 350 Meter über dem Boden und bietet einen 360-Grad-Blick über Tokyo. Eine weitere Aussichtsplattform, Tembo Galleria, ist mit 450 Metern die höchste in Japan. An einem klaren Tag kann man von hier bis zum Fuji sehen.

6

Inaricho und Kappabashi-dori
稲荷町とかっぱ橋通り

K3 Taito Inaricho, Tawaramachi

Inaricho ist das Zentrum für den Großhandel mit religiösen Waren. Holzkisten für Buddhas und Familienfotos, Papierlaternen, Messingblumensträuße *(jouka)*, Shinto-Hausschreine und sogar Gebetsperlen sind hier zu finden.

In der Kappabashi-dori, benannt nach dem Wassergeist *(kappa)*, der beim Bau einer Brücke *(bashi)* geholfen haben soll, findet man Küchengeräte und *sanpuru* (Plastiklebensmittel), die man in fast jedem Restaurantfenster in Japan sieht. Die »Lebensmittel« sind zwar käuflich, aber die Preise sind viel höher als bei ihren echten Pendants.

→

Schlanke Silhouette des Tokyo Skytree, der sich über die Skyline der Stadt erhebt

Gebäude von Fuji TV in Odaiba (siehe S. 145)

Abstecher

Highlight

❶ Toyosu-Fischmarkt

Sehenswürdigkeiten

❷ Goto-Kunstmuseum
❸ Japanisches Volkskunstmuseum
❹ Ikebukuro
❺ Toden-Arakawa-Linie
❻ Ebisu
❼ Sengaku-ji-Tempel
❽ Ghibli-Museum
❾ Rikugi-en-Garten
❿ Ryogoku
⓫ Odaiba

Im Großraum Tokyo leben unglaubliche 35 Millionen Menschen – es ist das größte urbane Areal der Welt. Die Stadtteile jenseits des Zentrums gehören mit zu den charakteristischen – seien es der popkulturelle Hotspot Ikebukuro, die künstlichen Inseln der Bucht von Tokyo oder die hippen Viertel Ebisu, Daikanyama und Meguro im Westen.

Im Außenbereich findet man einige der interessantesten Entwicklungen der Stadt, etwa in Toyosu, Ort einer der größten Shoppingmalls Tokyos und des riesigen neuen Fischmarkts. Das in der Nähe gelegene futuristische Odaiba und seine Umgebung wirken wie eine frische Brise, die ins hektische Zentrum bläst.

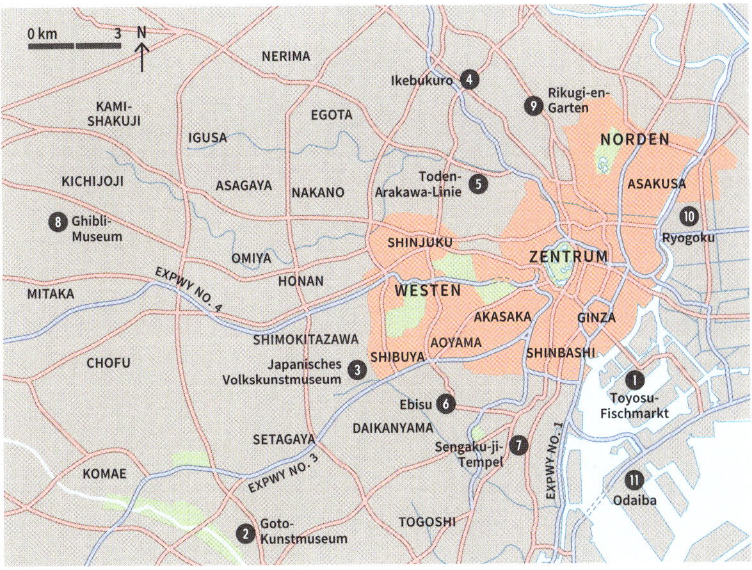

❶

Toyosu-Fischmarkt

豊洲市場

6-6-2 Toyosu, Koto · Shijo-mae · Mo–Sa 5–15

Der Toyosu-Fischmarkt ist der größte Markt seiner Art in der Welt und das pulsierende Herz der gastronomischen Kultur Japans. Hier werden jeden Tag rund 1200 Tonnen Meeresfrüchte umgeschlagen. Die meisten Besucher kommen nicht hierher, um Fisch zu kaufen, sondern um das pulsierende Marktleben aufzusaugen und fantastische Meeresfrüchte zu essen.

Nach jahrelangen Verzögerungen wurde der hochmoderne Fischmarkt 2018 in Toyosu eröffnet, nur zwei Kilometer vom vorherigen Standort in Tsukiji entfernt. Toyosu ist eleganter und weniger chaotisch als sein Vorgänger und hat ein zweckmäßiges Layout, das die früheren Spannungen zwischen Touristen und Markthändlern beseitigt. Begeben Sie sich auf die Aussichtsplattform, um die tägliche Thunfisch-Auktion zu beobachten (im Voraus buchen). Sie findet ab 5:30 Uhr statt und dauert bis zu einer Stunde, wobei riesige Fische in langen Reihen für die Käufer ausgelegt werden. Besucher können zwar nicht direkt auf dem Markt einkaufen, aber viele Sushi-Händler, die im Schatten des alten Tsukiji-Markts ihr Handwerk ausübten, sind ebenfalls nach Toyosu umgezogen und versorgen hungrige Besucher mit den frischesten Sushi, die man sich vorstellen kann.

Thunfisch

Auf dem Toyosu-Fischmarkt bekommt man *maguro* (Thunfisch), der zum Teil aus Neuseeland und dem Nordatlantik stammt. Japan verbraucht ungefähr 30 Prozent der 1,7 Millionen Tonnen Thunfisch weltweit. 80 Prozent werden als Sashimi roh verzehrt – aus den besten Teilen des Fisches. Vor allem der Rote Thunfisch *(Thunnus thynnus)*, der Favorit für Sashimi, ist vom Aussterben bedroht. Dem WWF zufolge werden die Populationen in wenigen Jahren ausgerottet sein. Dennoch konnten sich Staaten und Fischindustrie bisher nicht auf Fangquoten einigen.

→ *Von Seafood überbordende Stände auf dem Toyosu-Fischmarkt*

1 *Die Händler zerlegen den Fisch mit einem scharfen Messer, das zwei Leute bedienen müssen. Sie demonstrieren auf diese Weise potenziellen Käufern die Frische des Fischs.*

2 *Käufer betrachten die Ware genau, bevor sie bieten.*

3 *Neben Seafood verkaufen Toyosus Händler in einem bestimmten Areal auch Obst und Gemüse, etwa Wasabi.*

Schon gewusst?

Das Areal für die Thunfisch-Auktion wird auf 0 °C gekühlt – nehmen Sie eine warme Jacke mit!

Küchenchef bei der Zubereitung verschiedener Sushi-Arten in einem Restaurant in Tokyo

Sushi und Sashimi

Besucher, die sich erstmals in Japan aufhalten, sind von den Speisen oft fasziniert und zugleich irritiert. »Sushi« bezieht sich auf eine Vielfalt von Gerichten (die meist mit dem Suffix *»-zushi«* versehen sind). Bei Sushi wird kalter, etwas gesüßter und mit Essig gewürzter Sushi-Reis mit rohem oder gekochtem Fisch, eingelegtem Gemüse oder Fleisch belegt oder eingerollt. Dünne rohe Fischfilets ohne Reis heißen Sashimi.

Nigiri-zushi
Dünne Scheiben von rohem Fisch sind über »Reisfinger« mit Wasabi gelegt. Man dippt sie in Sojasauce und isst sie in einem Stück.

Chirashi-zushi
Die Sushi-Platte besteht aus einem Mix von Zutaten (Fisch, Omelett, Gemüse), die auf einem Bett aus kaltem Sushi-Reis arrangiert sind.

Maki-zushi
Gerollte Sushi sind sehr beliebt. Reis wird mit Fisch, eingelegtem Gemüse und anderen Zutaten kombiniert und mit Algenblättern *(nori)* umhüllt.

Sashimi
Filetscheiben von absolut frischem rohem Fisch werden als Einzelgericht serviert. Sashimi ist zart und weich. Als »Beilagen« gibt es Sojasauce, Wasabi, *daikon*, eventuell ein *Shiso*-Blatt.

Beliebte Fischarten

Von den etwa 3000 in Japan verzehrten Fischarten sind die folgenden das ganze Jahr über erhältlich: *maguro* (Thunfisch), *tai* (Meerbrasse), *haze* (Meergrundel), *buri* (Brasse), *saba* (Makrele), Krustentiere wie *ebi* (Garnele) und *kani* (Krebs) sowie gesalzener Fisch, etwa *sake* (Lachs) und *tara* (Kabeljau). Im Frühling beginnt die Saison des Süßwasserfisches *ayu* – traditionell werden für dessen Fang Kormorane abgerichtet. Echten Bonito gibt es im Frühling und Sommer, *unagi* (Aal) im Sommer, *sanma* (Makrelenhecht) im Herbst. Im Winter fängt man *anko* (Seeteufel), *dojo* (Schmerle) und den *fugu* (Kugelfisch), der in Leber und Eierstöcken tödliche Toxine besitzt.

2 Goto-Kunstmuseum
五島美術館

3-9-25 Kaminoge, Setagaya Tokyu-Denentoshi-Linie von Shibuya nach Futago-Tamagawa, dann Tokyu-Oimachi-Linie nach Kaminoge Di–So 10–17 gotoh-museum.or.jp

Das Museum in einem schönen Park zeigt die Privatsammlung von Keita Goto (auch Gotoh; 1882–1959), der die Tokyu Group zu einem der führenden Konzerne Japans aufbaute und auch Minister war. Der an Zen interessierte Geschäftsmann begeisterte sich ursprünglich für buddhistische Kalligrafie *(bokuseki)*, meist aus dem 16. Jahrhundert. Zu sehen sind auch Keramiken, Gemälde und Metallspiegel. Die Exponate wechseln mehrmals im Jahr (dann ist das Museum geschlossen).

Highlights der Sammlung sind Rollbilder aus dem 12. Jahrhundert mit Szenen aus der *Geschichte vom Prinzen Genji* des Malers Fujiwara Takayoshi, die zum nationalen Kulturerbe erklärt wurden. Sie werden einmal im Jahr ausgestellt, meist während der Goldenen Woche (29. Apr–5. Mai).

Schon gewusst?

Keita Goto war Lehrer, bevor er in die Welt der Wirtschaft eintrat.

3 Japanisches Volkskunstmuseum
日本民芸館

4-3-33 Komaba, Meguro Komaba-Todaimae, Keio-Inokashira-Linie Di–So 10–17 mingeikan.or.jp

Das als Mingeikan bekannte kleine Museum wurde vom Kunsthistoriker Muneyoshi Soetsu Yanagi gegründet. Alle Exponate sind Werke unbekannter Künstler, sie wurden für den täglichen Gebrauch geschaffen und sind typisch für die Region, aus der sie stammen. Der von Soetsu entworfene, 1936 vollendete Bau ist weiß verputzt und mit schwarzen Ziegeln gedeckt.

Zu sehen sind u. a. Flechtkörbe, Axtscheiden, Eisenkessel, Keramik und Kimonos – ein faszinierendes Kaleidoskop ländlichen Lebens. Themenausstellungen beschäftigen sich u. a. mit Keramik des 20. Jahrhunderts oder japanischen Textilien. Ein Raum zeigt Arbeiten aus der Zeit der koreanischen Yi-Dynastie. Im Museumsladen kann man Kunsthandwerk und Bücher kaufen.

Brauereien

Belg Aube Toyosu
Das Café bietet belgische Biere und europäische Speisen, etwa Iberico-Schinken, Enten-*confit* und Muscheln.

LaLaport Toyosu 1F, 2-4-9 Toyosu, Koto +81-3-6910-1275

Tokyo Port Brewery
Besuchen Sie den Verkostungswagen der einzigen Sake-Brauerei Tokyos. Probieren Sie unbedingt Umeshu (Pflaumenwein) und Nihonshu (Reiswein).

4-7-10 Shiba, Minato tokyoport brewery.wkmty.com

Spring Valley Brewing
Die hier ausgeschenkten Biere reichen von Pils und IPAs bis hin zu experimentellen Fruchtbieren.

Log Road Daikanyama, Daikanyamacho, Shibuya spring valleybrewery.jp

← *Vom Gründer entworfene Fassade des Japanischen Volkskunstmuseums*

4 Ikebukuro
池袋

Toshima Ikebukuro

Ikebukuro hat sich zu einem der beliebtesten *Otaku*-Viertel Japans entwickelt. Hier befinden sich der Flagship-Store des landesweit größten Einzelhändlers für Anime-Artikel – Animate – sowie Filialen des Animate Cafe, in dem alle paar Monate die Anime-Dekoration wechselt.

Während Tokyos berühmtestes *Otaku*-Viertel Akihabara *(siehe S. 118)* eher bei Männern beliebt ist, wird Ikebukuro eher von Frauen besucht, da sich hier viele Läden auf Medien mit weiblichen Fans konzentrieren. Das Viertel hat sogar ein Butlers Cafe (www.butlers-cafe.jp) anstelle der für Akihabara typischen Maid-Versionen.

Aber auch für Nicht-*otaku* ist das Vergnügungsviertel mit seinen Spielhallen, Bars und Restaurants interessant. Außerdem gibt es das Einkaufszentrum **Sunshine City** mit einem Aquarium, einer Aussichtsplattform und einem Vergnügungspark.

Sunshine City
3-1 Higashiikebukuro
siehe Website
sunshinecity.jp

5 Toden-Arakawa-Linie
都電荒川線

viele Stationen

1955 benutzten täglich noch 600 000 Menschen Dutzende von Tramlinien. Heute ist die 13 Kilometer lange Toden-Arakawa-Linie neben der privaten Tokyu-Setagaya-Linie eine von nur noch zwei Linien. Die anderen wurden im Zuge der Modernisierung für die Olympischen Spiele 1964 abgeschafft.

Die Linie führt von Waseda im Westen nach Minowabashi im Osten. In der Nähe von Waseda befinden sich die Haruki Murakami Library und der ruhige Spaziergarten Higo-Hosokawa Teien. Es gibt nur wenige herausragende Sehenswürdigkeiten auf der Strecke, aber das Vergnügen dieser Tramfahrt liegt darin, eine wohnliche Seite von Tokyo zu sehen. In der Nähe der Haltestelle Arakawa Yuenchimae ist der charmante Retro-Vergnügungspark **Arakawa Yuen Amusement Park**. Gegenüber der Haltestelle Arakawa-nanachome liegt der Arakawa-Naturpark.

Arakawa Amusement Park
6-35-11 Nishiogu, Arakawa +81-3-3893-6003

Eine Tram der Toden-Arakawa-Linie bei Nacht

6 Ebisu
恵比寿

Shibuya Ebisu

Der Mitte der 1990er Jahre entstandene Geschäfts- und Wohnblock Yebisu Garden Place brachte Leben in das Viertel. Das **Fotomuseum Tokyo** rechts vom Eingang zeigt eine Dauerausstellung von Werken in- und ausländischer Fotografen. Im Block gibt es ein Mitsukoshi-Kaufhaus, viele Boutiquen, zwei Kinos, ein Theater und Restaurants. Links vom Mitsukoshi liegt das kleine **Biermuseum Yebisu** mit Objekten zu Bier weltweit und in Japan sowie mit Gratisproben.

Fotomuseum Tokyo
1-13-3 Mita, Meguro
+81-3-3280-0099
Di – So 10 –18 (Do, Fr bis 20) **topmuseum.jp**

Das beleuchtete Eingangstor zum Einkaufszentrum Sunshine City mit zahlreichen Restaurants und Läden

Schon gewusst?
Der Stadtteil Ebisu wurde nach der Biermarke Yebisu benannt.

Biermuseum Yebisu
4-20-1 Ebisu, Shibuya
siehe Website
sapporo beer.jp/english/brewery/y_museum

7

Sengaku-ji-Tempel

泉岳寺

2-11-1 Takanawa, Minato
Sengaku-ji **Gedenkhalle: 9–16:30 (Okt–März: bis 16)** **sengakuji.or.jp**

Hier spielte sich die Klimax von *Chushingura*, Japans Lieblingsstück um Treue und Rache, ab. Der Feudalherr Asano wurde zum Tod durch *seppuku* (ritueller Selbstmord) verurteilt, weil er, von Kira provoziert, das Schwert gegen diesen erhoben hatte. 47 von Asanos nun herrenlosen Samurai *(ronin)* schworen Rache. 1702 enthaupteten sie Kira und brachten den Kopf zu Asanos Grab im Sengaku-ji-Tempel. Sie wurden zu *seppuku* verurteilt und liegen hier begraben. Hinter dem Tor führen rechts Stufen zum Brunnen hinauf, in dem die *ronin* Kiras Kopf wuschen. Ein paar Schritte weiter liegen rechts die Gräber der 47. Eine Gedenkhalle am Fuß der Treppe (Eintritt) zeigt Erinnerungsstücke.

→

Statue des Ronin-Führers Oishi Kuranosuke im Sengaku-ji

8

Ghibli-Museum

三鷹の森ジブリ美術館

1-1-83 Shimo-renjaku, Mitaka **Mitaka** **tägl. 10–17 (Sa, So bis 19)** **27. Dez–2. Jan** **ghibli-museum.jp**

Die japanische Animationsfirma Studio Ghibli ist weltweit für ihre Oscar-gekrönten Animes bekannt – einige von ihnen sind charmante Coming-of-Age-Geschichten, andere Fantasy-Epen. Der Mitgründer des Studios, Hayao Miyazaki, entwarf dieses Museum mit dem Ziel, den Fans das Gefühl zu geben, direkt in die Kulissen von *Prinzessin Mononoke* (1997), *Chihiros Reise ins Zauberland* (2001) und vielen anderen seiner Filme einzutauchen.

Das Museum verfügt über einen Kinderspielplatz, ein Kino, in dem Kurzfilme gezeigt werden, und Sammlungen von Originalzeichnungen aus den Filmen sowie charmante Cafés und Läden. Eintrittskarten müssen im Voraus online gebucht werden.

Restaurants

T.Y.Harbor

In dem Restaurant am Wasser gibt es Burger, Steaks und Crab Cakes. T.Y.Harbor braut auch sein eigenes Bier.

2-1-3 Higashi-shinagawa, Shinagawa
tysons.jp/tyharbor/en

¥¥¥

Tokyo Ramen Kokuhigan Mai

Die sechs Ramen-Filialen servieren Ramen mit Miso im Sapporo-Stil und *Tonkotsu*-Ramen (mit Schweineknochen) im Hakata-Stil.

Aqua City Odaiba 5F, 1-7-1 Daiba, Minato
+81-3-3599-4700

¥¥¥

Odaiba Takoyaki Museum

Sieben Stände bieten Variationen der klassischen frittierten Tintenfischbällchen.

Decks Tokyo Beach, 1-6-1 Daiba, Minato
odaiba-decks.com/en/takoyaki

¥¥¥

9

Rikugi-en-Garten

六義園

6-16-3 Honkomagome, Bunkyo Komagome tägl. 9–17 tokyo-park.or.jp/teien/en/rikugien

Yoshiyasu Yanagisawa, Kammerherr des fünften Shoguns, begann 1695 mit der Anlage eines der schönsten Wandelgärten der Edo-Zeit. 88 Miniaturlandschaften aus den *waka* (31-silbigen Gedichten) sind hier zu sehen, bei jedem Schritt ändert sich die Landschaft. Genießen Sie die Ansicht und hören Sie dem Vogelgezwitscher zu.

Leben der Sumotori

Mit 15 Jahren werden Jungen in einen *beya* (Sportlerstall) aufgenommen. Sumo ist streng hierarchisch. Neulinge müssen den Älteren dienen und für den ganzen *beya* kochen und putzen. Ihr Training beginnt morgens um vier. Die einzige Mahlzeit des Tages am Mittag besteht aus *chanko-nabe,* einem Eintopf, wobei die Jungen essen, was die Älteren übrig lassen.

10

Ryogoku

両国

Sumida Ryogoku

Zur Edo-Zeit war Ryogoku ein großes Unterhaltungs- und Handelszentrum. Heute ist es ruhiger, doch die berühmtesten Bewohner sind noch da: die Sumo-Ringer. Hier gibt es viele *beya* (Sumo-Ställe), und oft sieht man Athleten in *yukata* (Baumwollkimonos) und *geta* (Holzsandalen) durch die Straßen laufen.

Die Kokugikan-Sumo-Arena birgt auch das **Sumo-Museum**, das mit den Porträts aller *yokozuna* (großen Meister) bestückt ist.

Neben dem Stadion befindet sich das **Edo-Tokyo-Museum**. In zwei Bereichen wird das Alltagsleben in Edo und später in Tokyo (wie Edo seit 1868 heißt) dargestellt. Der Museumsrundgang beginnt mit der Überquerung einer traditionellen Holzbogenbrücke, einer Nachbildung der Nihonbashi. Es gibt Kopien von Gebäuden in Originalgröße und maßstabsgetreue Dioramen, die vom Haus eines *daimyo* (Feudalherrn) bis zu einem Teil von Shitamachi alles zeigen. Modelle der Boote, die einst auf dem Sumida verkehrten, vermitteln eine Vorstellung von der Bedeutung des Flusses. In der Medienabteilung wird Schritt für Schritt gezeigt, wie *Ukiyo-e*-Holzdrucke *(siehe S. 131)* hergestellt wurden.

Das **Schwertmuseum** präsentiert kunstvolle Schwerter, einige stammen aus dem 12. Jahrhundert. Man sieht verzierte Griffe und illustrierte Texte, die die Schwertherstellung erläutern.

Das **Sumida-Hokusai-Museum** ist dem *Ukiyo-e*-Künstler Katsushika Hokusai gewidmet, der vor allem für sein Bild *Die große Welle vor Kanagawa* bekannt ist. Das Museum bietet eine erstaunliche Auswahl an Hokusais Kunst sowie Videos und Infos über sein Leben.

Sumo-Museum
1-3-28 Yokoami, Sumida Mo–Fr 10–16:30 sumo.or.jp

Edo-Tokyo-Museum
1-4-1 Yokoami, Sumida wegen Renovierung bis 2025 edo-tokyo-museum.or.jp

Schwertmuseum
1-12-9 Yokoami, Sumida Di–So 9:30–17 touken.or.jp/english

→

Der imposante Hauptteil von Tokyo Big Sight in Odaiba

↑ *Brücke über einen Teich im grünen Rikugi-en-Garten*

Sumida-Hokusai-Museum
2-7-2 Kamezawa, Sumida
Di – So 9:30 –17:30
hokusai-museum.jp

⓫

Odaiba

お台場

Koto Odaiba-kaihin-koen von Asakusa 10:15 – 16 alle 40 – 50 Min.

Als der Westen Mitte des 19. Jahrhunderts Japans Öffnung erzwang, errichtete das Shogunat *daiba* (Sperren) vor dem Tokyoter Hafen, um Schiffe an der Einfahrt zu hindern. Odaiba (oder Daiba), eine Insel, die die Mündung der Bucht von Tokyo fast verschließt, hat daher ihren Namen. Für die Strecke nach Odaiba nehmen Sie die Yurikamome-Monorail, die über Tokyos Hafen die Regenbogenbrücke erreicht.

Vom Bahnhof Odaiba-kaihin-koen kommt man zum einzigen Strand Tokyos. In der Nähe liegt der Daisan-Daiba-Geschichtspark mit Resten der Originalsperren. Westlich stößt man auf das Einkaufszentrum Decks Tokyo Beach mit vielen Lokalen und Läden sowie Joypolis, ein riesiges Sega-Center mit den neuesten Computerspielen.

Das **Nationalmuseum für Wissenschaft und Innovation (Miraikan)** in Aomi zeigt interaktive Roboter, Biotechnologie- und Umweltausstellungen. Das Gebäude von Fuji TV dominiert das Areal.

Am Bahnhof Aomi liegt Palette Town mit dem Shoppingcenter Venus Fort und dem Mega Web Toyota City Showcase mit Hightech-Fahrsimulatoren. Das Wanza-Ariake-Gebäude mit Läden und Lokalen ist mit dem Bahnhof Tokyo Big Sight verbunden, der seinen Namen vom Konferenzzentrum Tokyo Big Sight hat.

Nationalmuseum für Wissenschaft und Innovation (Miraikan)
2-3-6 Aomi, Koto
Mi – Mo 10 –17
28. Dez – 1. Jan
miraikan.jst.go.jp

Hotels

Hotel Metropolitan Tokyo Ikebukuro
Das Hotel im Zentrum des quirligen Ikebukuro ist ein angenehmes Vier-Sterne-Hotel zu akzeptablen Preisen. Aus einigen Zimmern hat man den Fuji im Blick.
1-6-1 Nishiikebukuro, Toshima
ikebukuro.metropolitan.jp
¥¥¥

InterContinental The Strings Tokyo
Fünf-Sterne-Luxus direkt am Bahnhof Shinagawa, der gut mit dem Zentrum von Tokyo, dem Küstengebiet und der *Shinkansen*-Linie verbunden ist.
2-16-1 Konan, Minato
intercontinental-strings.jp
¥¥¥

JAPAN
ERLEBEN

Bambushain in Arashiyama, Kyoto

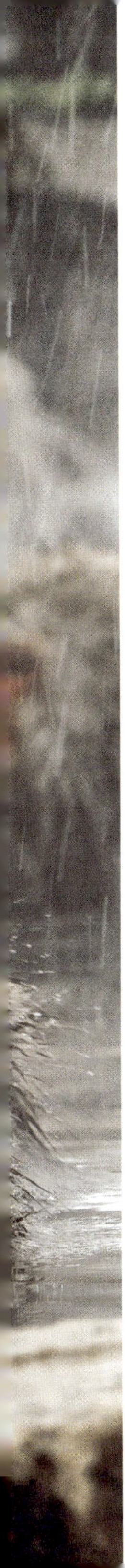

Badende Schneeaffen im Jigokudani-Affenpark bei Nagano (siehe S. 174f)

Zentral-Honshu

Der zentrale Teil der Insel Honshu erstreckt sich zwischen den Städten Tokyo und Kyoto und spiegelt die Kontraste des heutigen Japan wider. An der dicht besiedelten Küste befinden sich mit Yokohama die zweit- und mit Nagoya die viertgrößte Stadt des Landes, im Inneren ragen seine wildesten und höchsten Berge empor – der Fuji, aber auch die nördlichen und südlichen Japanischen Alpen mit einigen mehr als 3000 Meter hohen Gipfeln.

In der Edo-Zeit führten fünf Poststraßen durch die Region, zwei – Tokaido und Nakasendo – verbanden Edo (Tokyo) und Kyoto. Die Feudalherren mussten die Hälfte ihrer Zeit in Edo verbringen. Deshalb waren die Straßen stark frequentiert, es entstanden immer mehr Kontrollpunkte und Poststationen. Die Tokaido verlief über Yokohama, Hakone und Shizuoka, während die Nakasendo durch das Kiso-Tal ins Landesinnere führte und immer noch begangen werden kann. Die Siedlungen entlang der Routen sind also gut erreichbar, doch noch so abgelegen, dass sie wenig Veränderung erfuhren. Der alte Postort Kiso und die Shokawa-Dörfer bieten Architektur der Edo-Zeit. Takayama und Chichibu ziehen mit ihren historischen Festen, die auf das 16. bzw. 18. Jahrhundert zurückgehen, Tausende Besucher an. Attraktiv ist auch das traditionelle Handwerk der Region: Lackarbeiten in Takayama, Noto und Kiso, Schnitzereien in Kamakura, *yosegi-zaiku* (japanische Holzmosaiktechnik) in Hakone. Bis in die 1970er Jahre wurden in Shokawa und Chichibu Seidenraupen gezüchtet, in Kanazawa wird noch heute Seide gefärbt.

0 Kilometer 40
N
Sado
Ogi
Japanisches Meer (Ostmeer)
Suzu-misaki
Halbinsel Noto 21
Suzu
Wajima
249
Noto
Anamizu
Togi
Noto-jima
Nanao
Kashiwazaki
Joetsu
Itoigawa
8
E8
17
Arai
Asahi
Myoko-san 2446 m
160
Himi
Hakui
Kurobe
E18
Iiyama
Uozu
Shirouma-dake 2932 m
Takaoka
8
Nakano
Oyabe
Tonami
Toyama
Nördliche Japanische Alpen
Nagano 17
Tsubata
E8
Toyama Airport
Suzaka
Kanazawa 5
TOYAMA
Tate-yama 3015 m
Johana
41
E8
E41
Omachi
19
Asama-yama 2560 m
8
Gokayama
Komatsu
Yariga-take 3180 m
E19
Ueda
Komatsu Airport
14 Shokawa-Tal
18
ISHIKAWA
Kamioka
Komoro
E18
Kaga
Karuiza
Shirakawa
Furukawa
Kamikochi 18
16 Matsumoto
Haku-san 2702 m
Takayama 4
Shiojiri
Fukui
Norikura-dake 3026 m
Okaya
Koumi
Eihei-ji-Tempel 20
Katsuyama
Shokawa
19
Chino
Ono
Yatsuga- 2899 m
Echizen
E8
Shirotori
Ontake-san 3063 m
NAGANO
E20
FUKUI
8
GIFU
41
Ina
Gero
Kiso-Fukushima
152
Nogohaku-san 1617 m
Imajo
Gujo
19
Nirasaki
Kiso
E41
Kanayama
E19
Tsuruga
Shirane-san 3192 m
Tenryu-gawa
Tsumago
Imazu
E8
Seki
C3
41
Nakatsugawa
52
Iida
Nagahama
Gifu
Minokamo
E19
Ena-san 2190 m
Ogaki
15
13
Mizunami
Biwa-See
E1
Inuyama
Südliche Japanische Alpen
Fujinom
Kasugai
Tsushima
C3
West-Honshu
Seiten 210–245
11 Nagoya
AICHI
Toei
Kuwana
Toyota
SHIZUOKA
E1A
Tokai
Shin
SHIGA
1
Anjo
Okazaki
152
Shizuoka 12
E1
Tokoname
Kameyama
E1A
Chubu Centrair International Airport
Handa
Tenryu
Shimada
Yaizu
E1A
Gamagori
Shizuoka Airport
Iga
Kikugawa
E1
E25
Tsu
Toyohashi
Hamamatsu
1
Tahara
Omaezaki
Matsusaka
E23
Omae-zaki
MIE
Ise
Toba
E42
Taiki
Owase

Zentral-Honshu

Highlights

1. Yokohama
2. Kamakura
3. Fuji und die fünf Fuji-Seen
4. Takayama
5. Kanazawa

Sehenswürdigkeiten

6. Narita
7. Kawagoe
8. Karuizawa
9. Hakone
10. Halbinsel Izu
11. Nagoya
12. Shizuoka
13. Inuyama
14. Shokawa-Tal
15. Gifu
16. Matsumoto
17. Nagano
18. Kamikochi
19. Nationalpark Chichibu-Tama-Kai
20. Eihei-ji-Tempel
21. Halbinsel Noto

↑ *Moderne Skyline des Viertels Minato Mirai 21 in Yokohama*

❶

Yokohama
横浜

F5 3 758 000 Präfektur Kanagawa
Yokohama Bahnhof Yokohama beim Westausgang
Hafenfest (Ende Mai) yokohamajapan.com

Die zweitgrößte Stadt Japans ist seit Mitte des 19. Jahrhunderts ein Zentrum für Schifffahrt, Handel, kosmopolitisches Flair und Fortschritt. Das ehemalige Fischerdorf an der Tokaido-Straße wurde 1859 Vertragshafen. Durch den Zustrom ausländischer Kaufleute entstand im frühen 20. Jahrhundert der größte Hafen Asiens.

①

Landmark Tower

2-2-1 Minato Mirai
Yokohama, Sakuragicho
tägl. 10–21 (Läden unterschiedlich) yokohama-landmark.jp

Zentraler Punkt des futuristischen Minato Mirai 21 mit seinen umgewandelten Docks, die vor allem am Wochenende gut besucht sind, ist der Landmark Tower. Der 1993 errichtete Turm ist mit 296 Metern Japans vierthöchstes Gebäude. Mit dem schnellen Aufzug (750 Meter/Minute) erreicht man die Plattform im 68. Stock mit herrlicher Aussicht. Im Tower befindet sich die Shoppingmall Landmark Plaza mit diversen Luxusmarken, Anime-Läden und Restaurants.

②

Yokohama-Kunstmuseum

3-4-1 Minato Mirai
Yokohama, Sakuragicho
+81-45-221-0300
siehe Website
yokohama.art.museum

Yokohamas Rolle als Treffpunkt zwischen Ost und West hatte einen Ideenaustausch zur Folge. Das Museum des Architekten Kenzo Tange feiert dieses Vermächtnis mit einer Sammlung von moderner Kunst und Fotografie. Zugleich konzentriert sich das Museum auch auf japanische Künstler mit Bezug zur Stadt, etwa Shiko Imamura, Kanzan Shimomura und Chizuko Yoshida.

③

NYK-Schifffahrtsmuseum

3-9 Kaigan-dori Bashamichi +81-45-641-4362
Di–So 10–17
nyk.com/rekishi/e

Nippon Yusen Kaisha (NYK) ist eine der größten Reedereien der Welt. Das skurrile NYK-Schifffahrtsmuseum mit seinen detailgetreuen Schiffsmodellen zeugt von der Geschichte des Unternehmens und der Verbindung Yokohamas zum Meer und zeigt, wie der Seehandel die Meerestechnik, den Handel und die Politik revolutioniert hat.

Entdeckertipp
Jede Menge Nudeln

Ramen-Fans sollten das Cupnoodles Museum (www.cupnoodles-museum.jp) besuchen. Hier kann man Instantnudeln selbst fabrizieren und seine eigene Suppe kreieren.

④

Hikawa Maru

Yamashita-Park S Nippon Odori, Motomachi-Chukagai Di – So 10 – 17 W nyk.com/rekishi/e

Das in den 1930er Jahren gebaute Kreuzfahrt- und leichte Frachtschiff *Hikawa Maru* diente im Zweiten Weltkrieg als Hospital. In seinen 30 Jahren Dienst beförderte es gut 25 000 Passagiere. Heute liegt es renoviert am Dock in Yokohama. Besucher können an Deck gehen und die eleganten holzgetäfelten Kabinen bestaunen sowie den Art-déco-Glamour in der Lounge. Technikinteressierte dürfen auch in die Nähe der gewaltigen Maschinen.

Schon gewusst?

Japans erste Eisenbahn entstand 1872 und verband Yokohama mit Tokyo.

⑤

Kantei-byo-Tempel

140 Yamashitacho S Nippon Odori, Motomachi-Chukagai tägl. 9 – 19 W yokohama-kanteibyo.com

Der Kantei-byo repräsentiert die kosmopolitischen Wurzeln der Stadt. Der Tempel im Herzen von Chinatown – der größte chinesische in Japan – steht hier seit 150 Jahren. Er ist spiritueller, kultureller und sozialer Mittelpunkt, was man vor allem am Chinesischen Neujahr erleben kann.

⑥

Ausländerfriedhof

96 Yamatecho S Motomachi-Chukagai Di – So 10 – 17 W yfgc-japan.com

Der Ausländerfriedhof wurde 1854 nach dem Tod eines amerikanischen Marinesoldaten gegründet. Unter den 4500 Gräbern auf dem Friedhof aus dem frühen 20. Jahrhundert befindet sich auch das von Edmund Morel, dem englischen Ingenieur, der beim Bau der ersten japanischen Eisenbahnen half.

⑦

Sankei-en-Garten

58 Honmokusannotani
Sankeien-iriguchi
tägl. 9 – 17
W sankeien.or.jp

Dieser Zufluchtsort mit seinen Teichen, Bambushainen, Flüssen und mäandernden Pfaden versetzt Besucher ins alte Japan. Zu den architektonischen Schätzen des Gartens gehört eine Pagode aus dem 15. Jahrhundert. Sie wurde in Kyoto gebaut und 1914 in den Sankei-en gebracht.

1906 wurde der einstige Privatgarten von Tomitaro »Sankei« Hara (1868 – 1939), einem sehr reichen Seidenhändler, öffentlich zugänglich gemacht. Sein Haus – ein auf einem Rasen gelegener weitläufiger Komplex mit Dutzenden luftigen *Tatami*-Räumen – kann besichtigt werden.

↑ *Besucher erweisen dem Großen Buddha ihre Ehrerbietung*

2

Kamakura

鎌倉

F5 173 000 Präfektur Kanagawa Kamakura, Kita-Kamakura Bahnhof Kamakura; +81-467-22-3350 Hachiman-gu-Fest (Mitte Sep) city.kamakura.kanagawa.jp/visitkamakura/en

Die Stadt am Meer mit ihren Tempeln und bewaldeten Hügeln war von 1192 bis 1333 Japans Regierungssitz. In der Stadt gedeiht der Antiquitäten- und Kunsthandwerksmarkt. Zur Zeit der Kirschblüte und im Sommer ist sie voller Besucher.

①

Großer Buddha

2-2-8 Hase Hase
Apr – Sep: tägl. 8 – 17:30; Okt – März: tägl. 8 – 17
kotoku-in.jp/en

Der Große Buddha (Daibutsu) ist Kamakuras Hauptattraktion. Die 1252 aufgestellte Bronzestatue des Amida-Buddha ist 13,50 Meter hoch. Ihre Proportionen sind verzerrt, doch von vorn betrachtet wirken sie ausgeglichen – das Spiel mit der Perspektive könnte griechische Ursprünge (via Seidenstraße) haben.

Schon gewusst?

Der Große Buddha besitzt an der Basis Federn, die ihn vor Erdbeben schützen sollen.

②

Hase-dera-Tempel

3-11-2 Hase Hase
tägl. 8 – 17:30 (Okt – Feb: bis 17) hasedera.jp/en

Im Hase-dera thront ein elfgesichtiger Kannon, ein Gnaden-*bodhisattva*. Das Schatzhaus zeigt Statuen der 33 Wiedergeburten des Kannon (Muromachi-Zeit). Es gibt auch Behältnisse für Sutras. Die Sutras zu drehen gilt als genauso viel wert, wie sie zu lesen. Die Glocke von 1264 ist die älteste der Stadt. Darunter liegt ein Saal, der Jizo, dem Beschützer der Kinder, geweiht ist. Er ist von Statuen verstorbener Kinder umgeben.

Expertentipp
Ein-Tages-Pass

Einige Viertel kann man gut zu Fuß erkunden. Doch bei den vielen Hügeln lohnt es sich, am Bahnhof einen Ein-Tages-Pass zu erwerben. Für Sportliche: Es gibt auch Leihräder.

③

Myohon-ji-Tempel

1-15-1 Omachi
Kamakura tägl. 9 – 17
myohonji.or.jp

Auf einem Hügel mit hohen Bäumen thront der größte Tempel der Nichiren-Schule Kamakuras. Der Tempel mit dem ungewöhnlichen steilen Dach wurde 1260 im Gedenken an ein Massaker von 1203 errichtet.

(4)

Tsurugaoka-Hachiman-gu-Schrein

2-1-31 Yukinoshita Kamakura Schrein: tägl. 5–21 (Okt–März: ab 6); Museum: Di–So 10–16:30 hachimangu.or.jp/en

Japans Hachiman-Schreine sind dem Kriegsgott geweiht. Dieser Schrein ist auch ein Schutzschrein des Minamoto-Clans (oder Genji-Clans). Er wurde 1063 nahe Yuigahama errichtet und 1191 hierher versetzt. Der Zugang führt an zwei Lotosteichen vorbei, dem Genji-Teich mit drei Inseln (japanisch *san* bedeutet »drei« sowie »Leben«) und dem Heike-Teich mit vier Inseln (*shi* bedeutet »vier« und »Tod«). Der Hauptschrein wurde 1828 im Edo-Stil neu errichtet. An den Teichen zeigt das Tsurugaoka-Museum eine Fülle von Tempelschätzen.

(5)

Zuisen-ji-Tempel

710 Nikaido Ootonomiya tägl. 9–17 kamakura-zuisenji.or.jp

Der abgelegene Tempel ist für seinen wunderschönen naturalistischen Garten bekannt. Er wurde im Jahr 1327 von dem Mönch Muso Soseki mit Wasserfall, Felsen und Sand angelegt. In den Fels ist eine Zen-Meditationshöhle gehauen.

Im Januar blühen hier dekorative Narzissen, im Februar die japanischen Pflaumenbäume. Schon früh im Jahr ist der Garten eine idyllische Oase – bevor die Kirschblüte folgt.

→ *Der Hongu (Haupthalle) des Tsurugaoka-Hachiman-gu-Schreins*

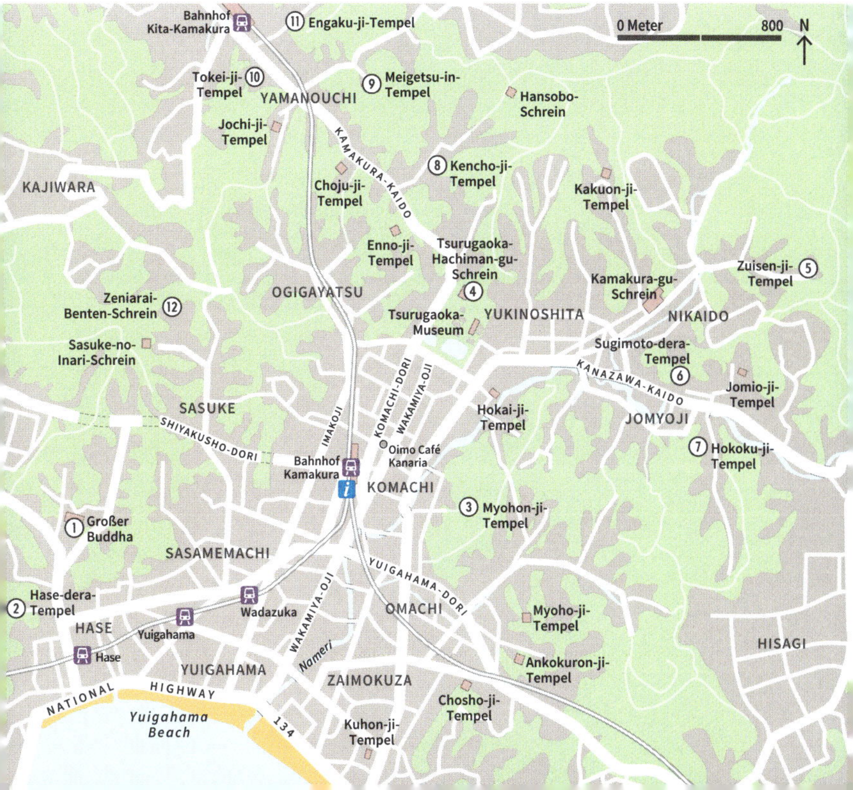

⑥

Sugimoto-dera-Tempel

903 Nikaido · Sugimoto Kannon · tägl. 9–15 (Sa, So bis 16) · sugimotodera.com

Der 734 gegründete Tempel ist der älteste der Stadt. In ihm geht es angenehm ungezwungen zu. In der Gewölbehalle stehen drei Holzstatuen des elfgesichtigen Kannon, bewacht von grimmigen Figuren am Tempeltor.

⑦

Hokoku-ji-Tempel

2-7-4 Jomyoji · Hokokuji · tägl. 9–16 · hokokuji.or.jp

Hauptattraktion des Rinzai-Zentempels (1334) ist der Bambushain, aber auch der Steingarten ist schön. Die Meditationen *(zazen)* sonntagmorgens sind für Besucher frei zugänglich.

Der hübsche hintere Garten des Kencho-ji-Tempels mit Teich ist in Form des Kanji-Zeichens für Herz (oder Kopf) angelegt.

⑧

Kencho-ji-Tempel

8 Yamanouchi · Kita-Kamakura · tägl. 8:30–16:30 · kenchoji.com

Der wichtigste von Kamakuras fünf großen Zentempeln ist Japans ältestes Kloster für Zenübungen. Die 1253 gegründete Anlage bestand aus sieben Haupt- und 49 Nebenbauten. Bis auf zehn wurden alle durch Brände zerstört. Neben dem imposanten Tor San-mon steht die 1255 aufgestellte Glocke mit einer Zeninschrift des Tempelgründers. Die Buddha-Halle ist das Heim eines Jizo-*bodhisattva*, zuständig für die Rettung der Seelen Verstorbener. Im Hatto hinter der Halle finden Zeremonien statt. Das Kara-mon (Chinesentor) führt zum Hojo, wo Gottesdienste abgehalten werden. Der hübsche hintere Garten mit Teich ist in Form des Kanji-Zeichens für Herz (oder Kopf) angelegt. Seitlich des Tempels gibt es eine Allee zu Nebenbauten. Die Treppe führt zum Hanso-bo, dem Tempelschrein.

⑨

Meigetsu-in-Tempel

1-8-9 Yamanouchi · Kita-Kamakura · +81-467-24-3437 · Juli–Mai: tägl. 9–16; Juni: tägl. 8:30–17

Der »Hortensien-Tempel« ist ein kleines Zenheiligtum mit schönen Gärten. Neben Hortensien (Blüte im Juni) gibt

es Iris-Sorten, die Ende Mai in Blüte stehen. Dann ist der hintere Garten, dessen Schönheit man sonst nur durch ein Fenster erahnt, für Besucher geöffnet.

⑩

Tokei-ji-Tempel

1367 Yamanouchi
Kita-Kamakura
tägl. 8:30 –16:30

Der kleine Tempel wurde im Jahr 1285 als Kloster gegründet. Damals durften sich nur Männer scheiden lassen. Wenn allerdings Frauen drei Jahre in einem Kloster lebten, konnten sie das ebenfalls tun. Daher hieß der Tokei-ji auch »Scheidungstempel«. Ab 1873 durften Frauen offiziell die Scheidung einreichen. 1902 wurde der Tokei-ji zum Kloster. Mit seinen Gärten, die sich bis zu den bewaldeten Hügeln hin erstrecken, wirkt die Anlage immer noch wie eine Zuflucht.

Highlight

↑ *Der grandiose Butsunichian, das Mausoleum für den Gründer des Engaku-ji-Tempels*

⑪

Engaku-ji-Tempel

409 Yamanouchi Kita-Kamakura tägl. 8 –16:30 (Dez – Feb: bis 16) engakuji.or.jp

Der größte von Kamakuras fünf großen Zentempeln steht tief im Wald und wurde im Jahr 1282 von Shogun Hojo Tokimune gegründet. Das seit der Meiji-Zeit bedeutende *Zazen*-Zentrum (Meditationszentrum) bietet Kurse an.

Engaku-ji wurde beim Erdbeben von 1923 weitgehend zerstört. 17 der über 40 Nebenbauten blieben erhalten, ein behutsamer Wiederaufbau bewahrte den alten Zen-Grundriss *(siehe S. 177)*. Ein Highlight ist der Shariden im Shozoku-in-Untertempel, der Buddha-Reliquien beherbergt. Japans schönstes Beispiel für chinesische Zenbaukunst im Sung-Stil ist an Neujahr geöffnet und kann sonst durch ein Tor bewundert werden. Das Butsunichian-Mausoleum des Engaku-ji-Gründers serviert *Matcha*-Tee für Besucher. Hier spielt Kawabatas Roman *Senbazuru (Tausend Kraniche)* aus dem Jahr 1949.

← *Das Haupttor zum Hokoku-ji-Tempel, umgeben von einem Bambuswald*

⑫

Zeniarai-Benten-Schrein

2-25-16 Sasuke Kamakura +81-467-25-1081 tägl. 8 –16:30

Der Schrein ist Benten, der Göttin der Eloquenz, einer der sieben Glücksgöttinnen der Volksreligion, geweiht. Der in einer Steilwand versteckte Bau ist durch einen Tunnel und mehrere *torii* erreichbar. Sie führen zu einer Grotte, deren Wasser den Wert von hier gewaschenen Münzen verdoppeln soll.

Café

Oimo Café Kanaria

Das Café in der Nähe des Bahnhofs Kamakura serviert hauptsächlich Süßes und bietet gutes *kakigori* (geschabtes Eis mit Sirup). Probieren Sie eine der traditionellen Geschmacksrichtungen, etwa grünen Tee oder Adzukibohnen.

F5 1F Enomoto Building, 2-10-10 Komachi Mi oimocafe.exblog.jp

¥¥¥

Schon gewusst?

Der Blick auf den Sonnenaufgang vom Fuji wird *goraiko* genannt – er ist überwältigend.

Der majestätische Fuji spiegelt sich im Kawaguchi-See ↑

3

Fuji und die fünf Fuji-Seen

富士山と富士五湖

F5 Präfekturen Shizuoka und Yamanashi Fujisan, Kawaguchi-ko, Gotenba, Mishima (Tokaido Shinkansen), Fujinomiya nur im Sommer, von allen Bahnhöfen zur nächsten 5. Etappe, auch ab Tokyo (Bahnhof West-Shinjuku oder Hamamatsucho) nach Kawaguchi-ko, Gotenba und zum Yamanaka-See fujisan-climb.jp

Der Fuji (Fujisan, 3776 m) ist Japans höchster Berg. Seine Kuppe überragt lilagrau oder schneeweiß andere Gipfel und bisweilen die Wolken. Die Silhouette der japanischen Ikone ist weltweit bekannt.

Vor 8000 bis 10 000 Jahren brach der Fuji erstmals aus. Seit 1707 »schläft« er. Die oberen Hänge sind mit loser Vulkanasche bedeckt, auf der nichts wächst. Früher galt das UNESCO-Welterbe als so heilig, dass nur Priester und Pilger den Berg besteigen durften – für Frauen war dies bis 1868 verboten. Heute sind die Wanderwege, die in zehn Etappen eingeteilt sind, das Revier von Freizeitkletterern. Die Region der fünf Fuji-Seen am Fuß des Bergs bietet viele Sportmöglichkeiten sowie Attraktionen, darunter das Itchiku Kubota Art Museum.

Expertentipp
Bergtouren

Der Berg ist nur von Juli bis Mitte September besteigbar. Für den Sonnenaufgang gehen Sie nachts los (5. Etappe) oder übernachten in einer Hütte (7. oder 8. Etappe), früh geht es weiter. Ab der 8. Etappe droht Höhenkrankheit.

→ *Wanderer am torii (Tor) auf dem Gipfel des Bergs*

Fuji in der Kunst

Die anmutige, fast symmetrische Form, die Verwandlung im Tages- und Jahreslauf und der majestätische Anblick haben den Fuji zum beliebten Kunstmotiv gemacht. Er taucht in verschiedenen *ukiyo-e* auf, darunter Katsushika Hokusais *36 Ansichten des Berges Fuji (oben)* und *Dreiundfünfzig Etappen des Tokaido* von Hiroshige. In anderen Künsten findet sich der Berg Fuji in dekorativen Motiven wieder, zum Beispiel auf Kimonos, in Holzschnitzereien und sogar in der Form von Fensterrahmen.

↑ *Shiraito-Wasserfall am Fujinomiya-Wanderweg, fünf Stunden von der 5. Etappe entfernt*

4

Takayama

高山

E4 85 000 Präfektur Gifu Takayama
vor dem JR-Bahnhof Sanno Matsuri (Mitte Apr)
hida.jp/english

Das stimmungsvolle Takayama liegt mitten in den Bergen. Die Stadt mit den reichen Holzressourcen brachte exzellente Zimmerleute hervor. Dank der abgeschiedenen Lage blieben hier ganze Straßen aus der Edo-Zeit erhalten – heute mit winzigen Läden, Museen und Restaurants. Das reine Wasser eignet sich bestens für das Brauen von Sake.

①

Takayama-Festwagenhalle

178 Sakuramachi tägl. 9–17 (Dez–Feb: bis 16:30)
hidahachimangu.jp

Das Takayama-Fest entstand um 1690 und findet im Frühjahr zur Saatzeit (Sanno Matsuri) und im Herbst zur Erntezeit (Hachiman Matsuri) statt. Beide Male gibt es Umzüge mit geschmückten Festwagen, die von Einheimischen in alten Kostümen begleitet werden. Vier der Wagen tragen *Karakuri*-Marionetten. Diese Form des Puppenspiels wurde 1617 in Edo (Tokyo) erfunden. Die mechanisierten Marionetten führen traditionelle Tätigkeiten aus, etwa das Eingießen von Tee oder Verbeugungen vor Publikum. Die frühen »Roboter« tauchen bei Festen in ganz Japan auf. Zwischen den Takayama-Matsuris sind vier der Prachtwagen sowie Fotos der anderen in der Halle beim Sakurayama-Hachiman-gu-Schrein ausgestellt. Sie haben schöne Schnitzereien – Zeugnisse der Handwerkskunst. Wenn Sie die Wagen bewundert haben, sollten Sie in die angrenzende Galerie gehen, die exquisite Modelle des Tosho-gu-Schreins in Nikko *(siehe S. 300f)* präsentiert.

→

Festwagen in der Takayama-Festwagenhalle

↑ *Spaziergang durch Sannomachi, das historische Zentrum von Takayama*

Highlight

②

Takayama-Showa-kan-Museum

6 Shimoichinomachi
tägl. 10–17
showakan.jp

Im Takayama-Showa-kan-Museum können Sie durch eine Straße der 1950er Jahre spazieren. In den Läden aus der Mitte des Jahrhunderts können Besucher auch kleine Spielzeuge und Retro-Süßigkeiten kaufen und sich bei einem Spaziergang an alten Spielen versuchen.

③

Takayama Jinya

1-5 Hachikenmachi
tägl. 8:45–17 (Nov–Feb: bis 16:30) **jinya.gifu.jp**

Der Verwaltungssitz wurde 1615 für Takayamas Feudalherren erbaut. Doch 1692 richtete das Shogunat hier die Provinzregierung ein. Das Gebäude ist das einzige noch erhaltene seiner Art. In den vorderen Räumen warteten einst die Bittsteller oder sprachen mit den Beamten. Dahinter liegen Küchen und die Privatgemächer des Gouverneurs. Im Kerker kann man Folterinstrumente besichtigen, in den Lagerhäusern Maße für das Reissteuer-System.

④

Hida-Museumsdorf

1-590 Kamiokamotomachi **tägl. 8:30–17**
hidanosato-tpo.jp/english12.htm

Nahe bei Takayama befindet sich das Hida-Museumsdorf (Hida Folk Village) mit über 30 Häusern aus der Region, darunter einem *Gassho-zukuri*-Haus aus dem Shokawa-Tal. Zu sehen sind außerdem restaurierte Lagerhäuser, eine Festbühne sowie Vorführungen alter Handwerkskunst. Die Häuser am Hang mit Blick auf die Japanischen Alpen sind in Bezug auf Baustil, Funktion und menschliche Details interessant, etwa was klimatische Erfordernisse oder was die besonderen Ansprüche eines Bürgermeisters anbelangt.

Expertentipp
Fahrradtouren

Eine Radtour mit Hida Satoyama (www.satoyama-experience.com) durch die Straßen Takayamas und die grünen Reisfelder gibt Einblicke ins ländliche Japan. Stopps sind heiße Quellen, hölzerne Bauernhäuser, Obstgärten und Höfe. Auf der drei- bis fünfstündigen Takayama-Tour legt man 22 Kilometer zurück.

Das Takayama-Fest geht auf das Jahr 1690 zurück und findet zweimal im Jahr statt: im Frühjahr zur Zeit der Aussaat und im Herbst zur Erntezeit.

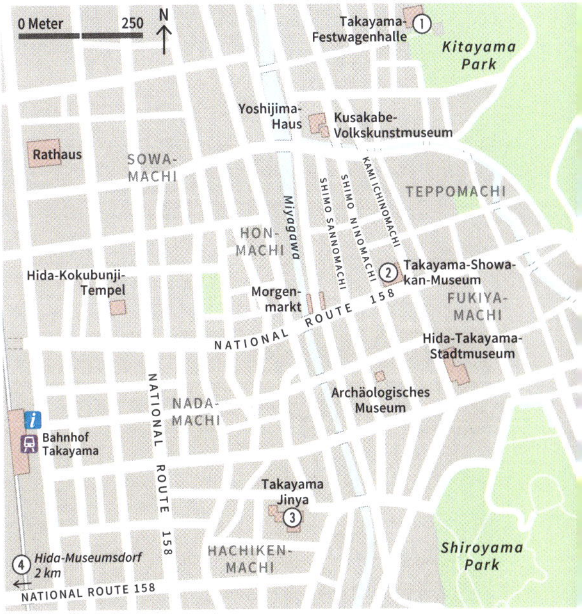

Spaziergang in Takayama

Länge 2 km **Dauer** 30 Min. **Bahnhof** Takayama

Mit seinen alten Straßen, heute Fußgängerzonen, ist Takayamas Sannomachi-Viertel (Sanmachisuji) ideal für einen Bummel. Von 1692 bis 1868 unterstand die Region wegen ihres Holzreichtums aus den umliegenden Wäldern direkt der Kontrolle des Shogunats. Die Kunst der Zimmerleute Takayamas spiegelt sich in den charmanten Holzhäusern wider, die die Straßen säumen. Die alten Kaufmannshäuser besitzen hohe Decken mit Oberlichtern und Holzbalken sowie feuerfeste Lagerräume. In vielen gibt es noch immer Läden, die lokales Handwerk verkaufen. Der Stadtteil bietet auch einige faszinierende Museen.

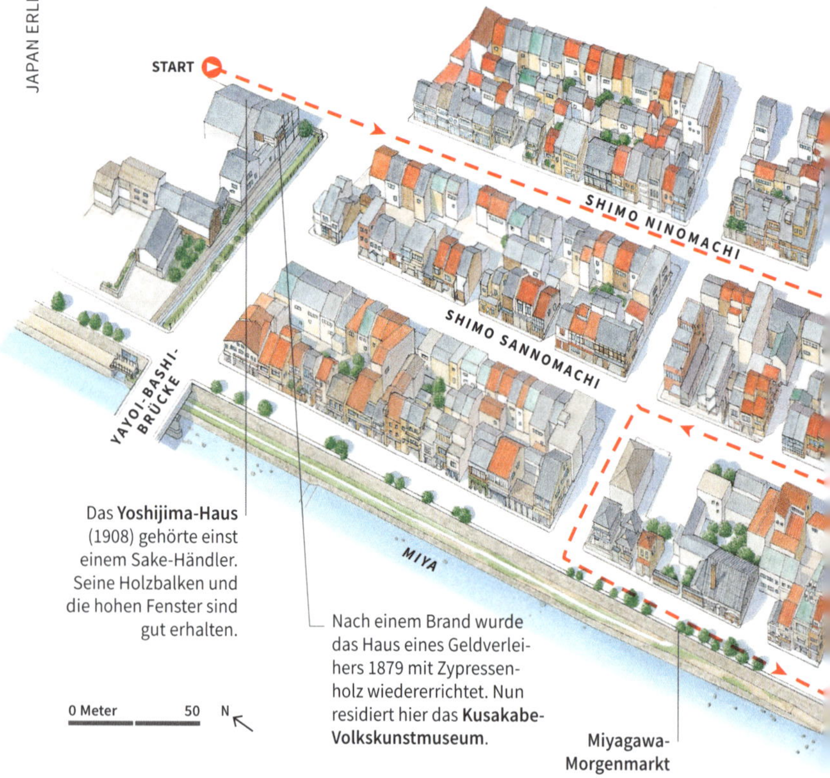

Ein Händler präsentiert seine Waren in einem Laden am Miya-Fluss

Schon gewusst?

Takayama wird oft »Klein-Kyoto« genannt – wegen seines altehrwürdigen Flairs.

↑ *Charmante Straßenszene im Sannomachi-Viertel*

↑ *Straße mit schönen Holzgebäuden im Viertel Higashi Chaya-gai*

5

Kanazawa
金沢

E4 463 250 Präfektur Ishikawa Komatsu Kanazawa Hyakumangoku Matsuri (Anfang Juni) visitkanazawa.jp/en

1583 ging Kaga, wie die Gegend damals hieß, von der egalitären Herrschaft der buddhistischen Ikko-Schule an das strenge Regiment der Maeda-Feudalherren über. Während Japan um Stabilität rang, erlebte Kaga drei Jahrhunderte lang Frieden. Mit dem Wohlstand erblühte die Kunst. Künstler aus Kyoto kamen hierher und entwickelten neue Stile.

①

Nagamachi-Samurai-Viertel

Das historische Areal, einst das Samurai-Viertel, wird vom malerischen Onosho-Kanal zweigeteilt. Die Gegend mit Kanälen und alten befestigten, gewundenen Straßen liegt am Fuß der Burg Kanazawa. Einige der Samurai-Häuser mit Gärten kann man besichtigen.

Am Ende der Edo-Zeit waren viele Samurai mittellos, da das Finanzsystem zusammengebrochen war. Eine der betroffenen Familien waren die Nomuras, die gezwungen waren, ihr Haus zu verkaufen. Viele Gebäude wurden abgerissen, doch das Nomura-Haus kaufte der Geschäftsmann Hikobei Kuboi und restaurierte es. Mit reichen Holzarbeiten, kostbaren Fensterscheiben und schönem Garten gibt die **Nomura-ke Samurai Residence** einen Einblick in das Leben der Samurai. Besucher können an einer Teezeremonie teilnehmen.

Nomura-ke Samurai Residence
1-3-2 Nagamachi
tägl. 8:30–17:30 (Okt–März: bis 16:30)
nomurake.com

②

Seisonkaku-Villa

1-2 Kenrokumachi
Do–Di 9–17
seisonkaku.com

Die Seisonkaku-Villa beim Kenroku-en-Garten wurde 1863 von Maeda Nariyasu, dem 13. Feudalherrn, für seine Mutter errichtet. Im Erdgeschoss gibt es Empfangsräume, deren Wände mit Goldstaub überzogen sind. Die *Shoji*-Papiertüren haben Bleiglaseinsätze aus Holland. Im Obergeschoss ist es zwangloser und farbiger. Das Gebäude besitzt auch eine 20 Meter lange überdachte Promenade, die als »Pferdeschwanz-Korridor« bekannt ist – ihr Dach kommt ohne tragende Balken aus.

Entdeckertipp
Kimono-Zeit

Das Nagamachi Yuzen Silk Center stellt in einem langwierigen 18-stufigen Färbprozess Kimonos aus *Yuzen*-Seide her. Gegen Gebühr dürfen Sie einen Kimono Ihrer Größe selbst bemalen (www.kaga yuzen-club.co.jp).

Highlight

③ Ishikawa-Museum für traditionelles Kunsthandwerk

1-1 Kenrokumachi
+81-76-262-2020 tägl. 9–17 Apr–Nov: 3. Do im Monat; Dez–März: Do
visitkanazawa.jp/en

Das ansprechende Museum präsentiert Kunsthandwerk aus der Präfektur Ishikawa, darunter grandiose Kutani-Keramik, Seidenmalerei, Lackarbeiten, Metallwaren, Vergoldungen, japanisches Papier und Feuerwerk. Besucher können auch selbst handwerklich aktiv werden. Im Museum gibt es zudem regelmäßige Vorführungen von traditionellen Handwerkskünsten.

Der Museumsshop im Erdgeschoss bietet eine gute Auswahl an preisgünstigen Stücken, die ausschließlich von lokalen Handwerkern hergestellt wurden.

Infos zu Vorführungen und Workshops, bei denen man selbst Hand anlegen kann, gibt es auf der Website des Museums.

↑ *Vermittelt auch schneebedeckt ein heiteres Flair: der Kenroku-en-Garten*

Schon gewusst?

Im Winter werden die Lehmmauern zum Schutz vor Frost mit Strohmatten abgedeckt.

④ Kenroku-en-Garten

Kenrokumachi
siehe Website
pref.ishikawa.jp

Der »Garten der sechs Merkmale« (eines chinesischen Gartens) der Maeda-Familie gehört zu Japans »drei großen« Gärten. Er ist weitläufig, abgeschieden, kunstfertig, mit Wasser und weitem Blick.

⑤ 21st Century Museum of Contemporary Art

1-2-1 Hirosaka Ausstellungen: Di–So 10–18 (Fr, Sa bis 19); Öffentlicher Bereich: tägl. 9–22 kanazawa21.jp

Das experimentelle Museum wurde vom Architektenpaar SANAA (Kazuyo Sejima und Ryue Nishizawa) entworfen, das 2010 den Pritzker-Preis erhielt. Zu sehen sind Werke der visuellen Kunst, Design, Mode, Architektur und Film – mit Bezug auf Multikulturalismus, Mobilität, Technologie, Gender-Fragen und Identität. Angesagt ist die Interaktion mit Besuchern – daher ist das Museum auch bei Familien beliebt.

Ólafur Elíassons Colour Activity House *(2010) im 21st Century Museum of Contemporary Art* ↑

⑥ Burg Kanazawa

Marunouchi März–Mitte Okt: tägl. 7–18; Mitte Okt–Feb: tägl. 8–17 pref.ishikawa.jp

Die Größe der Burg Kanazawa, einer der größten des feudalen Japan, spiegelt die Macht ihrer früheren Besitzer wider – der Maeda-Clan war die zweitmächtigste Familie Japans. Der Bau der Burg begann 1583, in ihr lebten 14 Generationen bis 1869. 1881 wurden die Anlage durch einen Brand zerstört. Nur das 30-Klafter-Langhaus und ein Tor (Ishikawa-mon) verblieben. Seither wird die Burg von Grund auf rekonstruiert, wobei man beim Wiederaufbau auf originale Bautechniken zurückgreift.

Im Zentrum des später hinzugekommenen Parks können Besucher drei große Modelle der originalen Burganlage bewundern. Im Inneren findet man Rekonstruktionen der Burg sowie Exponate, die die verschiedenen architektonischen Techniken zeigen, die für die Rekonstruktion eingesetzt wurden.

⑦ Kaga-Honda-Museum

3-1 Dewamachi tägl. 9–17 (Dez–Feb: Fr–Mi) honda-museum.jp

Das Museum erlaubt einen guten Einblick in Japans Feudalzeit. Die Exponate stammen von den Nachfahren von Masanobu Honda, dem Ratgeber des Tokugawa-Shoguns und höchsten Vasallen des Maeda-Clans.

Zu sehen sind seltene Rüstungen und Waffen. Besonders interessant sind die Samurai-Stücke, darunter ein Sattel mit feinen Lackarbeiten, Steigbügel mit Goldintarsien und beeindruckende Pferderüstungen, die zu den kostbarsten in Japan gehörten.

Ebenfalls ausgestellt sind Schutzbekleidungen von Feuerwehrleuten und die Brautausstattung einer Dame aus dem Maeda-Clan, die in die Honda-Familie einheiratete.

← *Die rekonstruierte Burg Kanazawa mit ihren Befestigungen*

Highlight

Schon gewusst?

Im Sakuda-Blattgoldladen kann man eine Tasse Tee mit Blattgold genießen.

⑧

Geisha-Haus Ochaya Shima

1-13-21 Higashiyama
tägl. 9–18 (Dez–Feb: bis 17) **ochaya-shima.com**

Das Museum bewahrt die Geschichte von Higashi Chayagai. Das 1820 entstandene Vergnügungsviertel gehörte zu den größten außerhalb von Kyoto und Edo. Es wurde von Adligen und reichen Geschäftsleuten frequentiert. Die Gegend strahlt mit ihren altmodischen Laternen und Holzgitterfenstern viel Atmosphäre aus. Heute liegen hier etwas versteckt elegante Restaurants und Ateliers.

Im Zentrum des Viertels steht das seit der Edo-Zeit weitgehend unveränderte Geisha-Haus. Oben befinden sich Zimmer mit kleinen Bühnen, wo die Geishas sangen und tanzten, unten gab es bescheidenen Wohnraum. Präsentiert werden Objekte der Geishas, die hier lebten, etwa Utensilien für die Teezeremonie und Musikinstrumente. Nach dem Rundgang durch das Museum kann man bei einer Tasse *Matcha*-Tee entspannen.

⑨

Fukushima Sangenten

1-1-6 Kannoncho
Mo–Sa 10–16 **2. und 4. Sa im Monat, Feiertage**
fukushimasangenten.com

Wer an japanischer Musik interessiert ist, sollte diesen Laden aufsuchen. Die Fukushima-Familie fertigt hier seit Anfang des 20. Jahrhunderts dreisaitige *shamisen (sangen)*.

Alle Geishas mussten dieses Instrument erlernen. Der eindringliche Klang einer *shamisen* gehört zu den unvergesslichen Erlebnissen in Japan. Im Fukushima Sangenten kann man gegen eine kleine Gebühr auf den Instrumenten spielen lernen und erfährt, wie sie hergestellt werden. Die Lektion ist vielleicht nicht für jeden geeignet – traditionelle *shamisen* werden aus Katzen- und Hundehaut gefertigt.

⑩

Sakuda-Blattgoldladen

1-3-27 Higashiyama
tägl. 9–18
goldleaf-sakuda.jp

Japan hat den Ruf, minimalistisch zu sein – doch überall sieht man Blattgoldverzierungen, von Raumteilern bis zu Essstäbchen. Über 400 Jahre lang war Kanazawa das Zentrum der Blattgoldherstellung. Die Stadt liefert immer noch 98 Prozent der Landesproduktion – dank des feuchten Klimas, das elektrische Spannungen minimiert, die die hauchdünnen Blättchen beschädigen könnten. Im Laden demonstrieren Handwerker, wie das Blattgold auf Objekte aufgebracht wird. Man kann auch an einer Führung durch die Fabrik teilnehmen und selbst versuchen, Blattgold zu applizieren.

Shopping

Omicho-Markt

In dem 300 Jahre alten Markt sind etwa 170 Läden, die alles von frischem Fisch bis zu Blumen anbieten.

D4
50 Kamiomicho
ohmicho-ichiba.com

Kutani Kosen Pottery Kiln

Im einzigen in Kanazawa noch erhaltenen Brennofen wird seit Mitte des 19. Jahrhunderts Keramik produziert. In der Werkstatt kann man seine eigenen Stücke kreieren.

D4 **5-3-3 Nomachi**
kutanikosen.com

SEHENSWÜRDIGKEITEN

6

Narita

成田

G4 130 700 Präfektur Chiba Narita
vor dem JR-Bahnhof
Setsubun-e (Anfang Feb)
nrtk.jp

Der hübsche Ort steht in Kontrast zum Narita Airport. Hauptattraktion ist der Narita-san Shinsho-ji (940), ein Tempel der Shingon-Schule für Fudo Myo-o, den Mantra-König. Mehrmals täglich verbrennen Priester symbolisch Hölzer für irdische Leidenschaften.

Bei Narita befinden sich über 1000 alte Hügelgräber *(kofun)*, die besten im Freilichtmuseum **Boso no Mura**. Das **Nationalmuseum für japanische Geschichte** präsentiert Japans Historie.

Schon gewusst?

Narita ist für Aal-Lokale bekannt, die einst Adlige auf dem Weg nach Tokyo bewirteten.

Boso no Mura
1028 Ryukakuji, Sakae
+81-476-95-3333
Di–So 9–16:30

Nationalmuseum für japanische Geschichte
117 Jonaicho, Sakura
Di–So 9:30–17 (Okt–Feb: bis 16:30) rekihaku.ac.jp

7

Kawagoe

川越

F4 354 200 Präfektur Saitama Kawagoe, Hon-Kawagoe 24-9 Wakitamachi, Kawagoe
Ashi-odori (Mitte Apr)
koedo.or.jp

Die auch »Klein-Edo« genannte Stadt strahlt mit ihren *Kura*-Gebäuden noch das Flair Edos im 19. Jahrhundert aus. *Kura* besitzen Lehmmauern, Doppeltüren und massive Fensterläden. Kaufhäuser und Läden wurden so erbaut.

30 *kura* nördlich des Bahnhofs Hon-Kawagoe sind erhalten. Das heutige Museum **Kura-Zukuri Shiryokan** war früher ein *Kura*-Tabakladen. Der nahe hölzerne Glockenturm Toki-no-kane wurde 1624 errichtet – auch um vor Feuer zu warnen. Östlich liegt Kita-in, ein Tempel der Tendai-Schule, mit erhaltenen Räumen der Edo-Burg.

Früher besaß Kawagoe eine eigene Burg. Ein erhaltener Teil des Baus namens **Honmaru Goten** diente als Residenz der Burgherren. Die großzügigen Räume können besichtigt werden.

Kura-Zukuri Shiryokan
7–9 Saiwacho +81-49-222-5399 Di–So 9–17

Honmaru Goten
2-13-1 Kurawamachi
+81-49-224-6015
Di–So 9–17

8

Karuizawa

軽井沢

F4 Präfektur Nagano
Karuizawa am Bahnhof visitkaruizawa.com

Der Bergort ist ein beliebter Sommerurlaubsort für die Reichen und Berühmten – jeder, vom damaligen Kronprinzen Akihito bis zu John Lennon und Yoko Ono, hat hier übernachtet.

Die Stadt ist für ihre Einkaufsmöglichkeiten und Galerien bekannt, aber die Natur ist der eigentliche Anziehungspunkt. Sie

liegt an der Nakasendo-Wanderroute mit einem Wald, in dem sich auch Japans erstes Vogelschutzgebiet befindet.

9

Hakone

箱根

A F5 11 300 Präfektur Kanagawa Hakone Yumoto i 706-35 Yumoto Toriiyaki (Anfang Aug) W hakone.or.jp/en/

Das seit dem 9. Jahrhundert beliebte Hakone ist eine hügelige Stadt mit heißen Quellen, die kulturell wie landschaftlich einiges zu bieten hat. Die Region liegt auf den Trümmern eines Vulkans, der vor 3000 bis 4000 Jahren erlosch und heiße Quellen hinterließ.

Hakone ist einen Tagesausflug von Tokyo entfernt, es lohnt unbedingt eine Übernachtung. Eine Rundtour zu den Hauptsehenswürdigkeiten beginnt in der *Onsen*-Stadt Hakone-Yumoto. Mit der Tozan-Bahn geht es bergauf zum **Hakone-Freilichtmuseum** mit modernen Skulpturen und dann mit der Seilbahn weiter zum **Hakone-Kunstmuseum**, das eine exzellente Sammlung japanischer Keramik besitzt. Die Seilbahn führt über den Kamm zum Owaku-dani (»Tal des großen Dampfes«): eine Gegend voller Schwefeldämpfe. Teile der vulkanischen Zone sind bisweilen für Besucher gesperrt.

Dann führt die Seilbahn weiter zum Ashi-See, auf dem Nachbauten historischer Schiffe nach Hakone-machi und Moto-Hakone fahren. An klaren Tagen kann man hier den herrlichen Blick auf den Fuji genießen. In Hakone-machi steht eine Nachbildung des **Seki-sho-Schrankentors**, an dem in der Edo-Ära auf der Tokaido-Straße von Edo (Tokyo) nach Kyoto die Passanten kontrolliert wurden.

Von Hakone-machi aus gelangt man über ein Reststück der Tokaido-Straße zu Fuß schnell nach Moto-Hakone. Auf einem Hügel über dem Ashi-See liegt das **Narukawa-Kunstmuseum** mit ungefähr 1500 Exponaten moderner japanischer Kunst. Über einen Pass hinter Moto-Hakone gelangt man zum Ama-zake-chaya-Teehaus und zum Dorf Hatajuku, das mit *Yosegi-zaiku*-Holzmosaikarbeiten Berühmtheit erlangt hat.

← *Alte Straße in Kawagoe mit* Kura-*Gebäuden und dem Toki-no-kane-Uhrturm*

↑ *Wanderer in den Schwefeldämpfen im Owaku-dani (»Tal des große Dampfes«) bei Hakone*

Hakone-Freilichtmuseum
1121 Ninotaira
tägl. 9–17
W hakone-oam.or.jp

Hakone-Kunstmuseum
1300 Gora +81-460-82-2623 Fr–Mi 9–16:30 (Dez–März: bis 16)
W moaart.or.jp/hakone

Seki-sho-Schrankentor
tägl. 9–17 (Dez–März: bis 16:30)
W hakonesekisyo.jp

Narukawa-Kunstmuseum
570 Motohakone
+81-460-83-6828 tägl. 9–17 W narukawamuseum.co.jp

Hotels

Hakone Kowakien Ten-yu
Das luxuriöse Spa in Hakone bietet in jedem Zimmer einen Open-Air-*onsen*.
A F4 1297 Ninotaira, Hakone
W ten-yu.com
¥¥¥

Wakamatsu Honten
Das 240 Jahre alte Gasthaus, nur 15 Autominuten vom Flughafen Narita entfernt, bietet ein Stückchen Tradition.
A G4 355 Honcho, Narita W wakamatsuhonten.jp
¥¥¥

Ryokan Hakone Ginyu
Traditionelles *ryokan* mit Blick auf die Berge.
A F4 100-1 Miyanoshita, Hakone
W hakoneginyu.co.jp
¥¥¥

Sonnenuntergang am Hafen von Shimoda, Halbinsel Izu

10

Halbinsel Izu

伊豆半島

F5 Präfektur Shizuoka Atami, Ito, Shuzenji Bahnhöfe Atami, Ito und Shuzenji Anjin-Fest (Aug, Ito) explore-izu.com

Die hügelige Halbinsel mit dem milden Klima ist wegen ihrer Thermalquellen beliebt. Seit dem Mittelalter war sie ein Zufluchtsort, im frühen 17. Jahrhundert bot sie dem gestrandeten Engländer William Adams Exil, dessen Geschichte James Clavell zu seinem Roman *Shogun* anregte.

Izus Ostküste ist hoch entwickelt. Im Westen gibt es schöne Buchten und Fischerdörfer wie Toi und Heda, wo man langbeinige Krebse bekommt. Das Hinterland ist relativ unberührt, mit bewaldeten Bergen und Thermalquellen wie Shuzenji Onsen sowie einigen Dörfern, von Amagi Yugashima bis Kawazu. In Kawazu spielt Yasunari Kawabatas Erzählung *Die Tänzerin von Izu*.

Die gesamte Region hat sich zu einem beliebten Gebiet für Radurlaube entwickelt, mit ihren dynamischen Landschaften und den vielen *onsen*, die eine gute Möglichkeit bieten, am Ende eines Radtags zu entspannen.

11

Nagoya

名古屋

E5 2 327 000 Präfektur Achi Chubu Centrair Nagoya JR-Bahnhof Atsuta Matsuri (5. Juni) nagoya-info.jp

Von Nagoya aus kann man gut die Umgebung erkunden. Im 17. Jahrhundert erlangte der Geburtsort der Feudalherren Nobunaga Oda und Hideyoshi Toyotomi wegen der Tokaido-Burg Bekanntheit. Im Zweiten Weltkrieg wurde der Industriestandort heftig bombardiert. Ein-Tages-Pässe (für Sightseeing-Bus oder Bus und U-Bahn) sind sinnvoll.

Herbstlaub umrahmt die elegante Burg Nagoya

Die **Burg Nagoya** (1610–12), eine der größten der Edo-Zeit, wurde 1945 von Bomben zerstört. Die Rekonstruktion aus Beton bietet eine Aussichtsplattform und Ausstellungen.

Eine kurze Busfahrt nach Osten führt zum **Tokugawa-Kunstmuseum** mit Schätzen aus der Edo-Zeit und einem Rollbilder-Zyklus der *Geschichte vom Prinzen Genji* aus dem 12. Jahrhundert, von dem jeweils im November einzelne Teile gezeigt werden. Reproduktionen sind immer zu sehen.

Am Stadtrand liegt der 2022 eröffnete riesige **Ghibli Park**. In dem Themenpark sind die magischen Welten von Studio Ghibli nachgestellt: Besucher können durch den Dondoko-Wald aus *Mein Nachbar Totoro* wandern oder Yubabas Büro aus *Chihiros Reise ins Zauberland* besuchen.

Burg Nagoya
1-1 Hommaru Shiyakusho Nagoya-jo Seimon-mae tägl. 9–16:30 nagoyajo.city.nagoya.jp

Tokugawa-Kunstmuseum
1017 Tokugawacho Tokugawaen Shindeki +81-52-935-6262 Di–So 10–17 tokugawa-art-museum.jp/en

Ghibli Park
Aichi Commemorative Park Linimo Mo, Mi–Fr 10–17, Sa, So 9–17 ghibli-park.jp/en

⑫
Shizuoka
静岡

F5 685 600 Präfektur Shizuoka Shizuoka JR-Bahnhof exploreshizuoka.jp/en

Schon 200 bis 300 n. Chr. gab es hier Siedlungen. Später wurde der Ort Alterssitz von Ieyasu Tokugawa. Heute ist Shizuoka eine wachsende Stadt, die stark erdbebengefährdet und deshalb sehr gut dagegen gesichert ist.

Die **Toro-Ruinen** am Hafen bieten Rekonstruktionen alter Bauten und ein interaktives Museum. Von der Nihondaira-Plattform sieht man auf Fuji und Halbinsel Izu. Der nahe Kunozan Toshogu ist einer der drei wichtigsten Tosho-gu-Schreine.

Umgebung: Westlich liegt Kanaya mit Japans größter Teeplantage (Besichtigung möglich). Das **Fujinokuni-Chanomiyako-Museum** weiß alles über die Teeherstellung. Die Oigawa-Dampfeisenbahn bringt Sie in die Südalpen.

Toro-Ruinen
5-10-5 Toro +81-54-285-0476 Di–So 9–16:30

Fujinokuni-Chanomiyako-Museum
3053-2 Kanaya Fujimicho Mi–Mo 9–17 tea-museum.jp

⑬
Inuyama
犬山

E5 73 000 Präfektur Aichi Chubu Centrair Inuyama westl. vor dem Bahnhof ml.inuyama.gr.jp/en

Inuyama liegt am Kiso. **Burg Inuyama** (15. Jh.) ist die älteste in Japan – eine Verteidigungsanlage, die durch ihre Anmut und den Blick über den Fluss besticht.

Bei Inuyama liegt **Meiji Mura**, ein Themenpark mit über 60 Bauten der Meiji-Zeit (1868–1912). Mit dem Zug kommen Sie nach Yaotsu, Chiune Sugiharas Geburtsort. Als japanischer Konsul in Litauen rettete er im Zweiten Weltkrieg rund 6000 Juden. Ihm sind im Hill of Humanity Park ein Museum und ein Monument gewidmet.

Burg Inuyama
65-2 Inuyama Kitakoken +81-568-61-1711 tägl. 9–16:30

Meiji Mura
20 Min. per Bus von Inuyama siehe Website 21. Jan–25. Feb meijimura.com/english

← *Ausflugsboot auf dem Fluss Kiso, im Hintergrund die Burg Inuyama*

Bars und Clubs

ID Café
Der riesige Club im lauten Sakae-Viertel von Nagoya fasst 5000 Menschen auf sechs Tanzflächen.
E5 3-1-15 Sakae, Naka, Nagoya idcafe.info

Shooters
Mit über einem Dutzend Bildschirmen ist dies Nagoyas größte Sportbar.
E5 2-9-26 Sakae, Naka, Nagoya shooters-nagoya.com

7 Days Craft Kitchen
Die Bar beim Bahnhof schenkt exzellentes Craftbeer aus.
E5 4-4-21 Meieki, Nakamura, Nagoya 7craft.kitchen

Gassho-zukuri-*Häuser im hübschen Dorf Ogimachi im Shokawa-Tal* ↑

14 Shokawa-Tal
庄川渓谷

E4 Präfekturen Gifu und Toyama von Nagoya, Takayama, Toyama, Shin-Takaoka, Kanazawa vill.shirakawa.lg.jp/en

Die abgelegene Bergregion mit den typischen Schilfdachhäusern besteht aus zwei Gebieten: Shirakawa-go (mit Ogimachi) im Süden und den fünf Weilern von Gokayama im Norden.

Von Dezember bis März ist die Region tief verschneit. Sie war früher Zuflucht für Verfolgte. Bis in die 1970er Jahre wurden in den schilfgedeckten *Gassho-zukuri*-Häusern Raupen für die Seidenproduktion gezüchtet.

Von einst 1800 *Gassho-zukuri*-Häusern sind weniger als 150 erhalten. Drei Siedlungen – Ogimachi, Suganuma und Ainokura – sind UNESCO-Welterbestätten. Von April bis Mai werden die Häuser neu gedeckt, 200 Helfer benötigen zwei Tage für ein Dach. Das größte Dorf Ogimachi besitzt 26 *Gassho-zukuri*-Häuser sowie das **Gasshozukuri-Minkaen-Freilichtmuseum**. In Suganuma stehen neun *Gassho-zukuri*-Bauten, in Ainokura 20, von denen zwei zu besichtigen sind.

Gasshozukuri-Minkaen-Freilichtmuseum

2499 Ogimachi, Shirakawa-go +81-5769-6-1231 März – Nov: tägl. 8:40 –17; Dez – Feb: Fr – Mi 9 –16

15 Gifu
岐阜

E5 Präfektur Gifu Gifu Bahnhof Gifu visitgifu.com

Gifu ist für das traditionelle *ukai* (Kormoran-Fischen) bekannt. Von Mai bis Oktober fahren Fischer mit Fackeln und ihren Vögeln nachts in Booten hinaus – außer bei Sturm oder Vollmond. Die Vögel tauchen nach *ayu* und Forellen. Ein Halsring hindert sie am Verschlingen ihrer Beute.

Bekannt ist die Stadt auch für den größten Lack-Buddha Japans am Shoho-ji-Tempel. Die Figur von 1832 besteht aus einer Bambusform, die mit Papier, auf das Sutras geschrieben waren, bedeckt, mit Lehm überzogen und lackiert wurde.

Gifu wird von Foodies für seine einzigartige Küche gerühmt, eine Folge seiner Geschichte als Handelsstadt.

TOP 5 Spezialitäten von Gifu

Ayu
Der Fisch wird über Feuer gegrillt und mit wenig Salz bestreut.

Fuyu-Kaki
Die Winterfrüchte schmecken nach Datteln, braunem Zucker und Zimt.

***Hida*-Rindfleisch**
Das Fleisch ist für seine Marmorierung und Fettschicht bekannt.

Kuri kinton
Die Süßigkeit aus kandierten Kastanien und Süßkartoffeln – Symbol für Reichtum – gibt es meist an Neujahr.

Keichan
Frittierte Hühnerschenkel mit Kraut und Knoblauch-Sojasauce.

Gassho-zukuri-Häuser

Steile, an *gassho* (»betende Hände«) erinnernde Schilfdächer gaben den Häusern ihren Namen. Das Klima erfordert stabile, steile Dächer, die Schneelasten tragen können und den Regen schnell ablaufen lassen, damit das Stroh nicht fault. Die meist drei- oder vierstöckigen Häuser wurden von Familien mit 20 bis 30 Mitgliedern bewohnt, die alle in der Seidenproduktion arbeiteten. In den oberen Etagen ließen sich Licht, Luft und Wärme für die Seidenraupen am besten anpassen. Einfache Giebeldächer ermöglichten eine optimale Licht- und Luftzufuhr, Fenster vorn und hinten sorgen für Durchzug. Architektonische Details unterscheiden sich von Dorf zu Dorf.

Die horizontalen **Stangen** am Dachfirst werden für Sicherungsseile bei Reparaturen genutzt.

Das **Stroh** besteht aus bis zu einem Meter dicken Chinaschilf (Miscanthus).

Gassho-**Dächer** haben eine Neigung von 60 Grad.

Zwischenräume in der Decke lassen den Rauch vom Ofen nach oben dringen.

Leicht gekrümmte **Balken** halten dem Druck besser Stand.

Ein Balken mit Kerben dient als **Leiter**.

Der **Herd** diente zum Heizen, Kochen und Trocknen der Seide.

↑ *Typisches* Gassho-zukuri-*Haus im Shokawa-Tal*

Schon gewusst?

Die Häuser haben keine Nägel – Balken sind mit Strohseilen zusammengebunden.

← Gassho-zukuri-*Haus in Ainokura, einem von fünf Weilern in Gokayama*

16
Matsumoto
松本

E4 239 000 Präfektur Nagano Matsumoto JR-Bahnhof Taiko-Trommelfest (Ende Juli) visitmatsumoto.com/en

Hauptattraktion des »Tors zu den Japanischen Alpen« ist **Burg Matsumoto**. Sie besitzt den ältesten fünfstöckigen Bergfried Japans (1593). Mauern und Graben stammen von 1504. Zur Verteidigung dienten Nischen für Bogenschützen, Waffen und Wurfsteine. Im obersten Stock befindet sich ein Schrein für die Göttin der 26. Nacht, die gegen Feuer und Überfälle schützt.

Neben dem Bergfried steht der Mondblickturm aus den 1630er Jahren. Ebenfalls hier beheimatet ist das Stadtmuseum Matsumoto.

Das **Japan-Ukiyo-e-Museum** präsentiert eine Sammlung von Holzdrucken, das **Matsumoto-Volkskunstmuseum** zeigt Kunsthandwerk. Am Stadtrand befinden sich die Thermalquellen von Utsukushigahara und Asama.

Bei Hotaka nördlich von Matsumoto liegt Japans größte Wasabi-Farm.

Burg Matsumoto
4-11 Marunouchi Matsumoto-jo tägl. 8:30–17 matsumoto-castle.jp

Japan-Ukiyo-e-Museum
2206 Shinkiri, Shimadachi Ukiyoe Hakubutsukan Di–So 10–17 japan-ukiyoe-museum.com

Matsumoto-Volkskunstmuseum
1313-1 Satoyamabe Mingeikan-mae +81-263-33-1569 Di–So 9–17

17
Nagano
長野

E4 367 000 Präfektur Nagano Nagano JR-Bahnhof go-nagano.net

Das von Bergen umgebene Skizentrum war 1998 Austragungsort der Olympischen Winterspiele. Highlight ist der Zenko-ji-Tempel (670), der ungewöhnlicherweise immer auch für Frauen zugänglich war. Er birgt Japans wohl ältestes Buddha-Bildnis, eine Amida-Triade, die im 6. Jahrhundert aus Korea kam. Das Statue wird verborgen gehalten, alle sechs Jahre wird eine Kopie ausgestellt. In einem Gang unter dem Tempel liegt der »Schlüssel zum Paradies«: Wer ihn berührt, soll Glück im Jenseits haben.

Dosojin-Steine
Die heiteren Steinfiguren sind die Schutzgötter der Reisenden. Im Norden der Präfektur Nagano findet man sie meist an Straßenrändern, aber auch in Dörfern. Das dargestellte Pärchen hält sich oft an den Händen.

Umgebung: Das **Hokusai-Museum** in Obuse ist Katsushika Hokusai (1760–1849) gewidmet, der sich im Alter hier niederließ. In den Bergen liegt der **Jigokudani-Affenpark**. Berühmt ist der Ort für die Makaken, die an den Thermalquellen leben.

Hokusai-Museum
485 Obuse, Obusemachi Obuse tägl. 9–17 hokusai-kan.com

→

Fußgänger auf der Kappabashi-Brücke über den Azusa in Kamikochi

Jigokudani-Affenpark
15 Min. mit dem Bus von Yudanaka Apr–Okt: tägl. 8:30–17; Nov–März: tägl. 9–16 en.jigokudani-yaenkoen.co.jp

18

Kamikochi

上高地

E4 Präfektur Nagano Shin-Shimashima, dann Bus von Tokyo, Osaka, Kyoto, Hirayu Onsen oder Shin-Shimashima beim Busbahnhof Kamikochi kamikochi.org

Das Alpental auf gut 1500 Meter Höhe im Süden des Chubu-Sangaku-Nationalparks (Nördliche Japanische Alpen) ist ein guter Ausgangspunkt für Wander- und Klettertouren. Ins Tal führt ein Tunnel (Ende Apr–Anfang Nov geöffnet). Die Zufahrt ist im Juli, im August, in der Goldenen Woche und an manchen Wochenenden für Privatfahrzeuge gesperrt.

Japans höchste Berge liegen zwar in den Südalpen, doch im Norden gibt es mehr Schnee und auch die imposantere Szenerie. Viele Hütten bieten sich als Etappen für Wanderungen an. Eine dreitägige Klettertour führt von Kamikochi aus über die Berge Yari und Hotaka (mit 3190 Meter Höhe der höchste Gipfel der Nordalpen). Für Tagesausflüge eignen sich die Geröllhänge des Yake, des einzigen aktiven Vulkans der Nordalpen. Bei Regen sind Talwanderungen am Fluss nur begrenzt möglich.

←

Der Graben um Burg Matsumoto wurde im frühen 16. Jahrhundert angelegt

19

Nationalpark Chichibu-Tama-Kai

秩父多摩甲斐国立公園

F4 Präfekturen Tokyo, Saitama, Nagano und Yamanashi Seibu-Chichibu, Chichibu, Okutama, Mitake Bahnhof Seibu-Chichibu japan.travel/national-parks

Die Hügellandschaft liegt zwischen den engen Tälern um Okutama im Süden und Chichibu-Stadt im Norden. Der Park wird durch Berge zweigeteilt, Wanderwege verbinden beide Teile. Im Park selbst verkehren Bahnen. Zu den meisten Punkten kommt man aber per Bus.

Chichibu war bis Anfang des 20. Jahrhunderts führend in der Seidenproduktion. Heute ist die Gegend für die 34-Kannon-Tempel-Wallfahrt bekannt. In Nagatoro im Norden passiert der Arakawa Schieferformationen.

Der Berg Mitake bei Okutama lädt zum Wandern ein. Per Seilbahn erreicht man ein Dorf mit Schrein. Auch die Tropfsteinhöhle in **Nippara** lohnt einen Besuch.

Nippara-Höhle
760 Nippara, Okutama +81-428-83-2099 tägl. 9–17

Restaurants

Kobayashi
Matsumoto ist für seine Soba-Nudeln bekannt, und dieses Lokal ist der ideale Ort, um sie zu probieren.

E4 3-3-20 Ote, Matsumoto +81-263-32-1298 Do

¥¥¥

Alps Gohan
Das Restaurant mit Kultstatus bietet seinen Gästen zwei täglich wechselnde Menüs.

E4 3-7-5 Fukashi, Matsumoto alpsgohan.com So–Mi

¥¥¥

Fureai Yamabekan
Die Gelegenheit für Hobbyköche: Hier vermitteln Experten, wie man Soba-Nudeln herstellt.

E4 85-1 Satoyamabe, Matsumoto +81-263-35-9076

¥¥¥

20

Eihei-ji-Tempel

永平寺

D4 Präfektur Fukui
Eiheijiguchi, dann Bus
Laternenfest (Ende Aug)
daihonzan-eiheiji.com/en

Der Eihei-ji von 1244 ist einer der beiden Haupttempel der Soto-Zenschule des Buddhismus und seit Langem Japans aktivstes Zen-Meditationskloster. Seine braun-weißen Hallen im klassischen Stil schmiegen sich an den Hang. Soto Zen verspricht Erleuchtung durch weltabgewandte Meditation. Zum Kloster gehören rund 50 Mönche und 250 Novizen.

Trotz der Askese ist die Stimmung fröhlich. In der Sodo-Halle hat jeder Novize eine *Tatami*-Matte zum Essen, Schlafen und Meditieren. Hier sowie im Bad- und Toilettengebäude wird nicht gesprochen.

Laien, die sich den strengen Zenregeln unterwerfen wollen, müssen im Voraus reservieren. Wer es etwas ruhiger mag, kann im Zen-Dorf des Tempels übernachten.

Shopping

Wajima-Markt

Jeden Morgen sind die Straßen Wajimas erfüllt von den Stimmen der Händler dieses Markts, der angeblich schon seit 1000 Jahren stattfinden soll. Die Stände verkaufen frischen Fisch vom Hafen, Gemüse von nahen Bauernhöfen und Kunsthandwerk wie die berühmten Wajima-Lackarbeiten.

E3 1-115 Kawaimachi, Honmachi-dori, Wajima
tägl. 8–12, außer 2. und 4. Mi im Monat

↑ *Das Jouyou-mon-Tor des Eihei-ji-Tempels, eines wichtigen Soto-Zenklosters*

21

Halbinsel Noto

能登半島

E3 Präfektur Ishikawa
von Kanazawa
alter Bahnhof Wajima; +81-768-22-1503 Seihakusai (3.–5. Mai, Nanao)

Die 70 Kilometer ins Japanische Meer hineinragende Halbinsel ist für Seafood sowie für ihre alten Traditionen bekannt. Die Ostküste und der sandige Westen bei Kanazawa sind stark besiedelt, der Norden und Nordwesten schroff und malerisch. Busse und Züge sind gleich schnell und teuer. Das Busnetz ist ein wenig besser ausgebaut, generell sind öffentliche Verkehrsmittel rar.

Das alte Fischerstädtchen Wajima produziert hochwertige Lackarbeiten mit über 70 Lackschichten. Die nahe Insel Hegura ist ein Domizil für Zugvögel.

Östlich von Wajima liegt Senmaida, das für seine »1000 Reisterrassen« bekannt ist und von der Ernährungs- und Landwirtschaftsorganisation der UN als schützenswert eingestuft wurde. Die Küste von Sosogi weist ungewöhnliche Felsformationen auf. Bei Sommerfesten der Region sind Trommler mit Dämonenmasken und bis zu 15 Meter hohe Kiriko-Laternen zu sehen. In Monzen im Westen befinden sich der wichtigste Soji-ji-Zentempel, in Hakui der bedeutende Keta-Taisha-Schrein und ein 2000 Jahre alter Sumo-Ring – Japans ältester, der noch immer genutzt wird. Senmaida, Sosogi und Monzen erreicht man mit dem Bus von Wajima aus, Hakui per Bus oder Zug von Kanazawa.

Fotomotiv
Sonnenreis

Shiroyone Senmaida verfügt über 1000 kleine Reisterrassen an Hängen, die zur Felsküste der Halbinsel Noto abfallen – ein sehr atmosphärisches Motiv bei Sonnenauf- oder -untergang.

Schon gewusst?

Der Glanz der Wajima-Lackwaren entsteht durch Zugabe von *nunokise* (Gewebe) zum Lack.

Zenbuddhistische Tempel

Zenbuddhistische Tempel erleichtern den Weg zur Erleuchtung, sie sollen die Gläubigen von der irdischen Welt in die des Buddha führen.

Japanische Zentempel sind wie chinesische Tempel der Sung-Dynastie angelegt: rechteckig und symmetrisch. Die Brücke über einen Teich oder einen Bach zum Tempelgelände versinnbildlicht die Überwindung irdischer Hindernisse. Die Hauptgebäude, darunter San-mon (Haupttor), Hatto (Gebetshalle), Butsuden (Buddha-Halle), Räume zum Meditieren oder Studieren und die Quartiere von Abt und Mönchen, sind natürlich und von schlichter Schönheit. Die Gebäude aus meist unbehandeltem Holz sollen helfen, den Geist von weltlichen Gedanken zu befreien, um Erleuchtung zu erlangen.

↑ *Kinkaku-ji (Goldpavillon), ein zenbuddhistischer Tempel in Kyoto*

↑ *Buddha-Statue im Engaku-ji-Tempel, Kamakura*

TOP 5 Zentempel in Japan

Eihei-ji
Der »Tempel des ewigen Friedens« ist ein *daihonzan* (Haupttempel) der Soto-Zenschule.

Kinkaku-ji
Im Teich dieses Tempels *(siehe S. 199)* spiegelt sich der Goldpavillon.

Engaku-ji
Der schönste der fünf großen Zentempel in Kamakura *(siehe S. 157)*.

Ginkaku-ji
Trotz des Namens – Kyotos Silberpavillon war nie mit Silber bedeckt *(siehe S. 195)*.

Soji-ji
Der *daihonzan* ist einer der größten Tempel Japans.

→ *Grundriss des Engaku-ji, eines zenbuddhistischen Tempels in Kamakura*

Schon gewusst?

Nezame-no-toko bedeutet »Bett des Erwachens«.

Felsblöcke in der Nezame-no-toko-Schlucht ↑

Tour durch das Kiso-Tal

Länge 60 km **Rasten** Narai, Magome, Tsumango
Schwierigkeit gut gepflegte Straßen und Wanderwege

Der Kiso fließt durch ein malerisches Tal, durch das einst die Nakasendo verlief, eine der Poststraßen der Edo-Zeit. Unternehmen Sie auf dieser Strecke eine Autofahrt und stoppen Sie in den elf charmanten Poststädten entlang der Route. Vor allem Tsumago, Narai und Magome mit ihren von Gasthäusern und Läden gesäumten Gassen haben viel vom historischen Flair bewahrt. Teile der alten Nakasendo-Route eignen sich für Wanderungen, vor allem zwischen Tsumago und Magome. Sie sind seit Edo-Tagen unverändert und führen an Wald, Bauernhöfen und Meilensteinen vorbei. Die umliegenden Berge, etwa der Ontake, sind ein Wanderparadies.

Narai bietet einige Museen, die das frühere Reisen auf der Nakasendo erläutern.

Die Spezialität von **Kiso-Hirasawa** sind Lackarbeiten.

In **Kiso-Fukushima** befand sich zu Nakasendo-Zeiten ein großes Tor mit Schranke. Heute ist hier der Zugang zum heiligen Berg Ontake.

Über den **Torii-Pass** führt noch ein originaler gepflasterter Abschnitt der Nakasendo.

Nezame-no-toko ist eine hübsche Schlucht, eine halbe Stunde Fußweg von Agematsu entfernt.

In **Tsumago** wurden alle Zeichen der Moderne versteckt. Kabel sind unsichtbar verlegt, Autofahren ist verboten.

Magome ist ein guter Startpunkt für den 8,5 Kilometer langen Wanderweg der Nakasendo bis Tsumago.

Zur Orientierung
Siehe Regionalkarte S. 150f

Der Yasaka-Schrein in Kyotos Geisha-Viertel Gion (siehe S. 192)

Kyoto

Kyoto wurde im Jahr 794 als Heian-kyo (»kaiserliche Residenzstadt des Friedens und der Ruhe«) nach dem Vorbild der während der Tang-Dynastie bedeutenden chinesischen Stadt Changan gegründet. Der an drei Seiten von Bergen umgebene Ort mit dem von Norden nach Süden verlaufenden Fluss erschien den Geomanten von Kaiser Kanmu ideal für die Anlage einer Stadt. Doch die Hygiene in Kyoto wurde mit zunehmender Bevölkerungsdichte zum Problem, vor allem sobald der Fluss Kamogawa über die Ufer trat. Um die »Plagegeister« zu besänftigen, wurden zahlreiche Rituale und Feiern eingeführt. Es entstanden Zeremonien und Gebräuche, die bis heute erhalten sind.

Die Kyoto-Kultur ist ein Schmelztiegel zahlreicher Einflüsse: Kaiserhof und Adel spielten dabei die größte Rolle. Samurai-Kultur, Zenbuddhismus und Teezeremonie hinterließen ebenfalls Spuren. Auch die Kaufleute trugen ihr Scherflein bei, vor allem die Seidenweber von Nishijin.

Mehrmals wurde die Stadt zerstört – von Bränden, Erdbeben und dem zehn Jahre dauernden Onin-Bürgerkrieg (1467–1477). In der Edo-Zeit (1603–1868) verlagerte sich die Macht nach Edo (Tokyo). Im Jahr 1869 verlor Kyoto schließlich den Status als Hauptstadt.

Kyoto hat einerseits sein verfeinertes kaiserliches Flair bewahrt, andererseits öffnet sich die Stadt allen Neuerungen, was sie zu einer kosmopolitischen Kapitale des 21. Jahrhunderts macht.

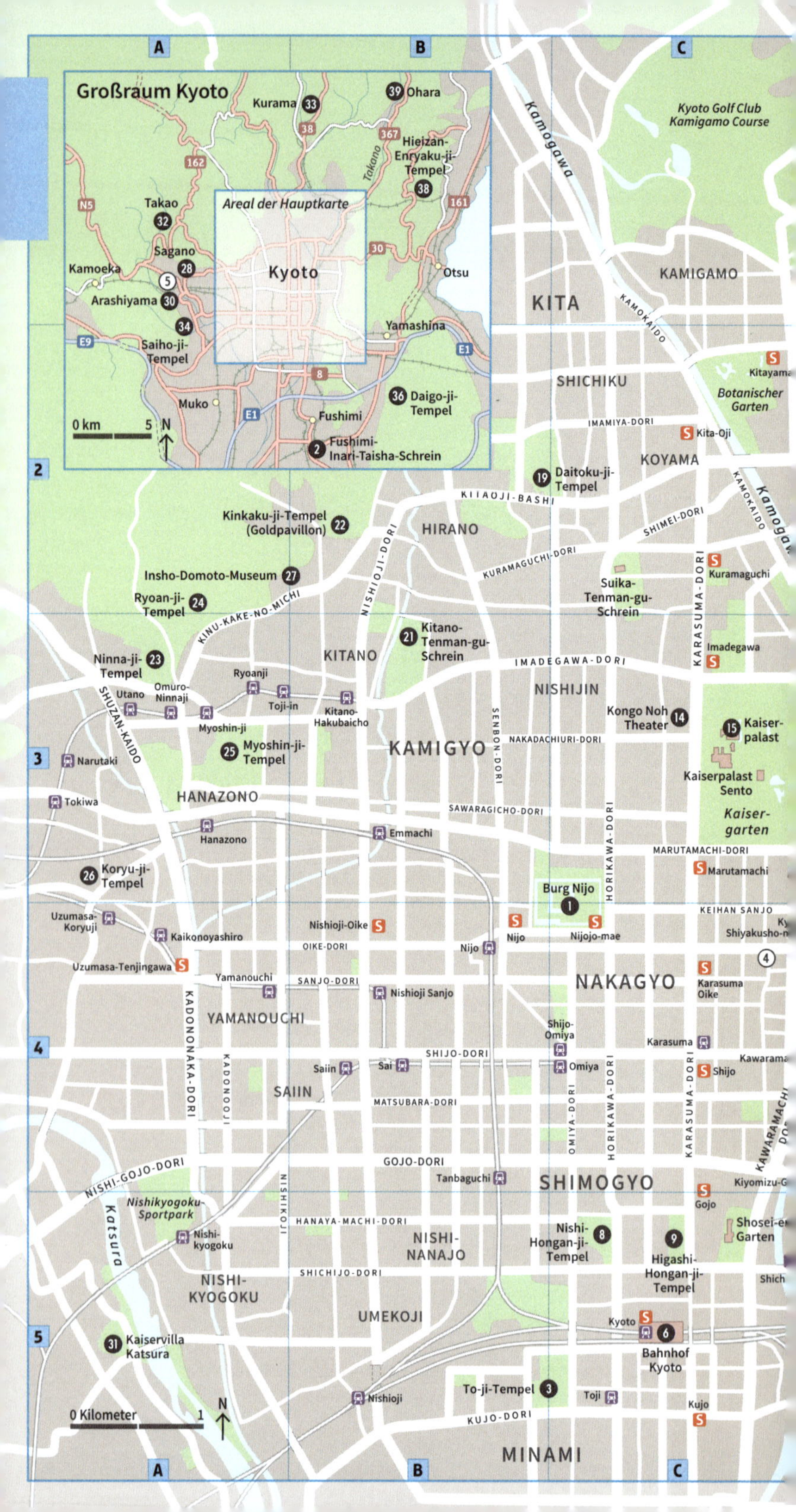

Großraum Kyoto
Kurama 33
39 Ohara
Hieizan-Enryaku-ji-Tempel 38
Takao 32
Sagano 28
Kamoeka
5
Arashiyama 30
34
Saiho-ji-Tempel
Areal der Hauptkarte
Kyoto
Otsu
Yamashina
Muko
Fushimi
36 Daigo-ji-Tempel
2 Fushimi-Inari-Taisha-Schrein
0 km 5 N
Kamogawa
Kyoto Golf Club Kamigamo Course
KAMIGAMO
KITA
KAMOKAIDO
SHICHIKU
Kitayama
Botanischer Garten
IMAMIYA-DORI
Kita-Oji
KOYAMA
19 Daitoku-ji-Tempel
KITAOJI-BASHI
Kinkaku-ji-Tempel (Goldpavillon) 22
HIRANO
SHIMEI-DORI
KURAMAGUCHI-DORI
NISHIOJI-DORI
Insho-Domoto-Museum 27
Kuramaguchi
Ryoan-ji-Tempel 24
KINU-KAKE-NO-MICHI
Suika-Tenman-gu-Schrein
KARASUMA-DORI
21 Kitano-Tenman-gu-Schrein
Ninna-ji-Tempel 23
KITANO
Imadegawa
IMADEGAWA-DORI
Ryoanji
Utano
Omuro-Ninnaji
Toji-in
Kitano-Hakubaicho
NISHIJIN
Kongo Noh Theater 14
15 Kaiserpalast
SHUZAN-KAIDO
Myoshin-ji
25 Myoshin-ji-Tempel
KAMIGYO
SENBON-DORI
NAKADACHIURI-DORI
Narutaki
Kaiserpalast Sento
Tokiwa
HANAZONO
SAWARAGICHO-DORI
Kaiser-garten
Hanazono
Emmachi
HORIKAWA-DORI
MARUTAMACHI-DORI
26 Koryu-ji-Tempel
Marutamachi
Burg Nijo 1
Uzumasa-Koryuji
KEIHAN SANJO
Nishioji-Oike
Kaikonoyashiro
Nijo
Nijojo-mae
Shiyakusho-mae
OIKE-DORI
Nijo
4
Uzumasa-Tenjingawa
Yamanouchi
SANJO-DORI
Nishioji Sanjo
NAKAGYO
Karasuma Oike
KADONONAKA-DORI
YAMANOUCHI
Shijo-Omiya
Karasuma
KADONOOJI
SHIJO-DORI
Kawaramachi
Saiin
Sai
Omiya
Shijo
SAIIN
MATSUBARA-DORI
OMIYA-DORI
KAWARAMACHI-DORI
GOJO-DORI
NISHI-GOJO-DORI
Tanbaguchi
SHIMOGYO
Kiyomizu-Gojo
Katsura
Nishikyogoku-Sportpark
NISHIKOJI
Gojo
HANAYA-MACHI-DORI
Nishi-Hongan-ji-Tempel 8
9
Shosei-en-Garten
Nishi-kyogoku
NISHI-NANAJO
Higashi-Hongan-ji-Tempel
SHICHIJO-DORI
NISHI-KYOGOKU
Shichijo
UMEKOJI
Kyoto
6 Bahnhof Kyoto
31 Kaiservilla Katsura
To-ji-Tempel 3
Toji
Nishioji
Kujo
0 Kilometer 1 N
KUJO-DORI
MINAMI
A B C
2 3 4 5

Kyoto

Highlights

1 Burg Nijo
2 Fushimi-Inari-Taisha-Schrein

Sehenswürdigkeiten

3 To-ji-Tempel
4 Nationalmuseum Kyoto
5 Sanjusangen-do-Tempel
6 Bahnhof Kyoto
7 Chion-in-Tempel
8 Nishi-Hongan-ji-Tempel
9 Higashi-Hongan-ji-Tempel
10 Pontocho-Gasse
11 Kiyomizu-dera-Tempel
12 Gion
13 Nanzen-ji-Tempel
14 Kongo Noh Theater
15 Kaiserpalast
16 Ginkaku-ji-Tempel (Silberpavillon)
17 Shoren-in-Tempel
18 Okazaki-Park
19 Daitoku-ji-Tempel
20 Kamo-Schreine
21 Kitano-Tenman-gu-Schrein
22 Kinkaku-ji-Tempel (Goldpavillon)
23 Ninna-ji-Tempel
24 Ryoan-ji-Tempel
25 Myoshin-ji-Tempel
26 Koryu-ji-Tempel
27 Insho-Domoto-Museum
28 Sagano
29 Shisen-do-Tempel
30 Arashiyama
31 Kaiservilla Katsura
32 Takao
33 Kurama
34 Saiho-ji-Tempel
35 Manshu-in-Tempel
36 Daigo-ji-Tempel
37 Kaiservilla Shugaku-in
38 Hieizan-Enryaku-ji-Tempel
39 Ohara

Restaurants

① Kichikichi
② Gyoza Hohei

Bar

③ Jam Sake Bar

Hotels

④ Tawaraya Ryokan
⑤ Hoshinoya Kyoto
⑥ Jam Hostel

Shopping

⑦ Kyoto Handicraft Center
⑧ Ippodo

1

Burg Nijo

二条城

C3 · 541 Nijojocho, Nakagyo · Nijojo-mae · 9, 12, 50, 101 · +81-75-841-0096 · tägl. 8:45–17 (letzter Einlass: 16) · Nijo-jo: 26. Dez–3. Jan; Ninomaru-Palast: Jan, Juli, Aug, Dez: Di · nijo-jocastle.city.kyoto.lg.jp

Auch wenn die Festung von außen nicht allzu beeindruckend wirkt, wird das Innere der Burg Nijo (Nijo-jo) Sie nicht enttäuschen. Der unbestreitbar schöne Ninomaru-Palast ist ein faszinierender Ort, den es zu erkunden gilt.

Die Burg ist mit weniger Befestigungsanlagen versehen als andere Palastbauten in Japan. Nijo ist bekannt für seine Ausstattung und die »Nachtigallböden«. Diese gaben beim Betreten vogelartige Geräusche von sich und warnten somit vor möglichen Eindringlingen. Die Anlage wurde von Shogun Ieyasu Tokugawa (1543–1616) errichtet und versinnbildlicht Macht und Reichtum des frisch etablierten Shogunats. Bei der Vorbereitung eines kaiserlichen Besuchs beauftragte Ieyasus Enkel Iemitsu die besten Maler der Kano-Schule mit der Gestaltung der Empfangshallen. Ironie des Schicksals: 1867 dankte der letzte Tokugawa-Shogun hier im Beisein des Meiji-Tenno ab.

Malerei der Kano-Schule

Die einer niederen Samurai-Familie entstammenden Kano-Maler wurden im 15. Jahrhundert mit chinesischen Landschaftsmotiven, die Tiere und Blumen zeigen, berühmt. Die Burg besitzt die größten je gemalten Kano-Bilder – mit Motiven von lebensgroßen Tigern in Bambushainen, Winterszenen mit Reihern und Rad schlagenden Pfauen.

Die blühenden Kirschbäume auf den **Schiebetüren** werden Naonobu Kano (1607–1650) zugeschrieben.

Daimyo-**Puppen** in der Ohiroma Ichi-no-ma (Audienzhalle)

Shiroshoin (Privatgemächer des Shoguns)

Kuroshoin (inneres Audienzzimmer)

Der **Burggarten** ist für seine zahlreichen Steinformationen berühmt.

Die »Nachtigallböden« wurden so genannt, weil sie beim Betreten vogelartige Geräusche von sich gaben und somit vor möglichen Eindringlingen warnten.

Highlight

1 *Das Kara-mon-Tor (Momoyama-Zeit) hat einen chinesischen Giebel und vergoldete Teile.*

2 *Im Teehaus können Besucher an einer traditionellen Teezeremonie teilnehmen.*

3 *Das Areal ist mit vielen Kirschbaumarten bepflanzt, die zwischen Ende März und Mitte April zu verschiedenen Zeiten blühen.*

↑ *Ninomaru-Komplex der Burg mit Empfangsräumen*

Schon gewusst?

Als die Katzenbilder der Burg entstanden, dachten die Maler, dass Leoparden weibliche Tiger wären.

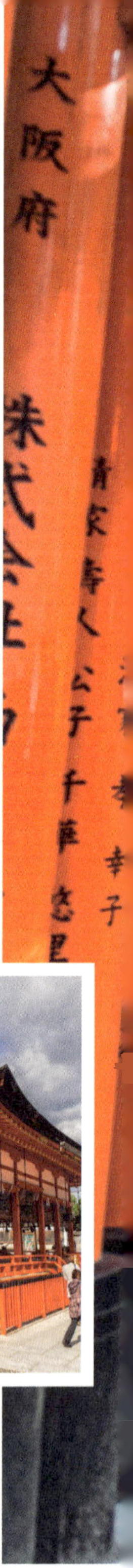

2

Fushimi-Inari-Taisha-Schrein

伏見稲荷大社

B2 68 Yabunouchi, Fukakusa, Fushimi Fushimi-Inari, Inari +81-75-641-7331 24 Std. tägl. inari.jp/en

Der weitläufige Schrein-Komplex mit seinen Tausenden von leuchtend roten Toren, der sich südlich der Stadt Kyoto die Hügel hinaufschlängelt, ist eine der eindrucksvollsten Sehenswürdigkeiten Japans.

Der Fushimi-Inari-Taisha-Schrein soll schon vor der Gründung Kyotos existiert haben. Die Anlage im Stadtteil Fushimi (»verstecktes Wasser«) ist Inari, dem Shinto-Gott des Reises und des Sake, geweiht. Die Region ist Japans zweitgrößter Sake-Produzent.

Tausende von zinnoberroten *torii* säumen den vier Kilometer langen Weg vom Hauptschrein zum inneren Schrein. Sie wurden von Einzelpersonen und Unternehmen gestiftet, deren Name und das Datum der Spende auf der Rückseite jedes Tors eingraviert sind. Größere Tore können bis zu einer Million Yen kosten. Das imposanteste von allen ist das gigantische Tor Ro-mon, das vor dem Hauptschrein steht. Es wurde 1589 von Hideyoshi Toyotomi gestiftet, dem Kriegsherrn, der für die Einigung des Landes verantwortlich war.

Expertentipp
Straßenleben

Die Straßen rund um den Schrein lohnen wegen der faszinierenden traditionellen Architektur und der lebhaften Atmosphäre eine Erkundung. Am Weg gibt es Händler, die gebratene Spatzen am Spieß anbieten. Dieser traditionelle Snack ist nicht für jeden geeignet – der Vogel ist noch gut zu erkennen.

→ *Die Bühne wird für Tanzdarbietungen während der jährlichen Rituale am Schrein genutzt*

← *Fuchsstatue mit rotem Lätzchen auf dem Areal des Fushimi-Inari-Taisha-Schreins – Füchse gelten als Boten der Gottheit Inari*

Highlight

Schon gewusst?

Die Funktion eines *torii* ist es, die Grenze zwischen Alltäglichem und Sakralem zu markieren.

↑ *Ein mit roten* torii *gesäumter Weg beim Fushimi-Inari-Taisha-Schrein*

SEHENSWÜRDIGKEITEN

3 To-ji-Tempel
東寺

B5 1 Kujocho, Minami 42 bis Toji Higashimon-mae; 19 und 78 bis Toji Minamimon-mae; 16 bis Toji Nishimon-mae tägl. 8–17 toji.or.jp

Auch wenn er nicht so schön ist wie viele andere Tempel in Kyoto, so beeindruckt der altehrwürdige To-ji (heute: Kyo-o-gokoku-ji) allein durch seine Geschichte. Seit der Gründung durch Kukai 794 haben hier Buddhas über die Stadt gewacht. Er ist die religiöse Basis der Stadt. To-jis heilige Hallen verströmen die Aura uralter Rituale.

Kukai machte aus To-ji das Zentrum des Shingon-Buddhismus. Die esoterischen Rituale dieser Schule ranken sich um Mandalas. Im Kodo (Vortragshalle) bilden 21 Statuen ein Mandala, in dessen Mitte sich Dainichi Nyorai befindet, der Kosmische Buddha, der die Lehre ins Leben rief. Die 1200 Jahre alten Bildnisse sind jeweils aus einem Stück Holz geschnitzt.

Yakushi Nyorai, der Heilende Buddha, und dessen Helfer Gakko und Nikko sind im Kondo (Haupthalle) begraben. Der Bau von 796 wurde 1603 neu errichtet und gilt als Meisterwerk.

Wahrzeichen der Stadt ist die prächtige fünfstöckige Holzpagode des To-ji, die 1644 erneuert wurde. Mit 55 Metern ist sie die höchste Pagode in Japan. Im Inneren befinden sich vier Buddha-Statuen sowie die Statuen von Schülern. Nordwestlich des Kodo steht der Miei-do oder Taishi-do (große Lehrhalle), wo Kukai lebte. Er beherbergt einen Geheimen Buddha, eine Fudo-Myo-o-Statue, die nur zu besonderen Anlässen gezeigt wird, sowie eine Statue von Kukai. Der Bau von 1380 ist heute ein nationales Kulturgut.

Kukais Tod wird am 21. jeden Monats mit einem Flohmarkt, *Kobo-san*, begangen. Jeden ersten Sonntag im Monat findet außerdem ein Antiquitätenmarkt statt. Viele Besucher unternehmen dann eine kleine Wallfahrt zum Miei-do, wo sie Geld und Weihrauch opfern. Manche reiben den Rauch auf den Körperteil, der ihnen Beschwerden bereitet.

Bento-Box

Eine Bento-Box ist eine Lunchbox mit mehreren Unterteilungen. Büroangestellte kaufen sie zu Mittag, Schulkinder essen daraus an ihrem Pult, Geschäftsreisende haben sie auf Zugfahrten dabei. In den Fächern befinden sich Reis und ein Hauptgericht aus Fleisch oder Fisch, daneben häufig Omelettstücke, Gemüse und Eingelegtes. Doch das Schöne an der Bento-Box ist, dass alles darin sein kann. Vielleicht finden Sie beim Öffnen überraschenderweise einen winzigen Tintenfisch oder einen kleinen ganzen Fisch.

4 Nationalmuseum Kyoto
京都国立博物館

D5 527 Chayacho, Higashiyama 100, 206 und 208 bis Hakubutsukan Sanjusangendo-mae Di–So 9:30–17 kyohaku.go.jp/eng/indextop.html

Das Nationalmuseum Kyoto wurde im Jahr 1895 gegründet. Bemerkenswert sind buddhistische Bilder, Tuschmalereien, Textilien und Skulpturen aus der Heian-Zeit. Im Backsteinbau aus der Meiji-Zeit (rechts vom Eingang) finden häufig Sonderausstellungen statt.

← *Fünfstöckige Holzpagode auf dem Gelände des To-ji-Tempels*

Die futuristische Halle des Glas-Stahl-Bahnhofs von Kyoto

5 Sanjusangen-do-Tempel

三十三間堂

D5 657 Sanjusangen-domawari, Higashiyama Keihan Shichijo 100, 206, 208 bis Hakubutsukan Sanjusangendo-mae +81-75-561-0467 tägl. 8:30–17 (Mitte Nov–März: tägl. 9–16)

Der Tempel Sanjusangen-do (offiziell: Rengeo-in) übt auf Besucher eine fast halluzinatorische Wirkung aus: In der langen Haupthalle steht man plötzlich 1001 Statuen fast identischer Kannons (Gnadengottheiten) gegenüber, die im Dunkeln schimmern. Sanjusangen-do stammt von 1164 und ist der längste Holzbau Japans. Sein Name ist von den 33 Lücken *(sanju-san)* zwischen den Pfeilern abgeleitet. Das prächtige Hauptbildnis des Tempels ist der 1000-armige Kannon. Er wurde 1254 von dem 82-jährigen Tankei gestaltet. Der Kopf des Kunstwerks ist mit weiteren zehn Köpfen sowie einem Bild des Amida-Buddha versehen. Beiderseits der Hauptstatue schließen sich 1000 kleinere Bildnisse an. Kannon soll sich in 33 Gestalten zeigen. Die Gläubigen baten mithin um die Gnade von 33 033 Kannons.

Am ersten Sonntag im Januar findet im Tempel ein Bogenschießwettkampf für junge Frauen statt. Die Pfeile werden von einem Ende der Haupthalle zur anderen geschossen.

6 Bahnhof Kyoto

京都駅

C5 Haupthalle, 1. Stock links kyoto tourism.org

Das moderne Gebäude mit hohen Hallen, Glasoberflächen und tribünenartigen Treppen bildet den futuristischen Eingang zur alten Kaiserstadt. Der 1997 vollendete Bau ist das Werk des Architekten Hiroshi Hara, eines ehemaligen Tokyoter Universitätsprofessors, dessen Entwurf bei einer internationalen Ausschreibung gewann. Der Bahnhof ist ein Blickfang, auch wenn Kritiker bemängeln, dass japanische Traditionen nicht ins Design integriert wurden. Doch mit seiner luftigen Halle ähnelt er durchaus einem traditionellen Kyoto-Holzhaus: angenehm temperiert im Sommer, zugig-kalt im Winter.

Im Bahnhof gibt es die Einkaufszone The Cube, in der man vor allem Kunsthandwerk aus Kyoto sowie Lebensmittel bekommen kann.

Hotels

Tawaraya Ryokan

Jedes der Zimmer dieses altehrwürdigen *ryokan* ist traditionell ausgestattet und besitzt einen Gartenanteil.

C4 278 Nakahakusancho, Nakagyo +81-75-211-5566

¥¥¥

Hoshinoya Kyoto

Das Luxushotel am Fluss Hozugawa erreicht man per Boot. Entspannen Sie am Ende des Tages in einer Zedernholzwanne.

A3 11-2 Genrokuzancho, Nishikyo hoshinoya.com/kyoto/en

¥¥¥

Jam Hostel

Das unprätentiöse Hostel bietet Schlafsäle mit Stockbetten sowie einige wenige Einzelzimmer.

D4 170 Tokiwacho, Higashiyama +81-75-201-3374

¥¥¥

Schon gewusst?

Das San-mon des Chion-in-Tempels ist das größte Tempeltor Japans.

7 Chion-in-Tempel
知恩院

D4 400 Rinkacho, Higashiyama S Higashiyama 31, 46, 201, 203 bis Chion-in-mae tägl. 9–16:30 W chion-in.or.jp/en

Das riesige San-mon (Haupttor) sollte die Vormachtstellung der buddhistischen Jodo-Schule verdeutlichen, deren Hauptsitz Chion-in ist, und nicht zuletzt auch die Macht des Tokugawa-Shogunats, das die Restaurierung des Tempels finanzierte.

Die Anlage steht dort, wo Jodo-Gründer Honen 1175 erstmals predigte. Sie umfasst eine prächtige Gründerhalle, eine kleinere Halle mit dem Bildnis des Amida-Buddha und eine elegante Empfangshalle mit Gemälden der Kano-Schule. Das Gongen-do-Mausoleum birgt die Überreste von Ieyasu Tokugawa, seinem Sohn Hidetada und seinem Enkel Iemitsu.

Die riesige Tempelglocke wird am Abend vor Neujahr 108-mal (die Zahl möglicher Sünden) geschlagen.

8 Nishi-Hongan-ji-Tempel
西本願寺

C5 60 Horikawa-dori Hanayacho, Shimogyo 9, 28, 75 bis Nishi Hongan-ji-mae tägl. 5:30–17 W hongwanji.kyoto/en

Mit den verzierten Giebeln, großen, mit Blumen übersäten Altären und den schimmernden *Tatami*-Matten, den riesigen Goei-do (Gründerhalle) und kleineren Amida-do zeugen die beiden höhlenartigen Hongan-ji-Tempel (Nishi und Higashi) von der Macht und Beliebtheit der Jodo-Shinshu-Schule.

Nishi-Hongan-ji besitzt viele nationale Kulturgüter: die Shoin (Studierhalle) mit reich verzierter Shiroshoin- und Kuroshoin-Abteilung, Kokei no Niwa, den Palmfarngarten, zwei Noh-Bühnen, von denen die eine als älteste existierende Bühne gilt, Hiunkaku, einen großen Teepavillon, und das Kara-mon, das Chinesentor. Die Shoin ist zweimal im Monat geöffnet (die Kuroshoin-Abteilung ist nie zugänglich). Die Besichtigung des Hiunkaku muss man einen Tag vorher buchen (außer es finden Veranstaltungen statt). Für den Besuch einer Teezeremonie oder eines Noh-Theaterstücks wird eine großzügige Spende erwartet.

↑ *Gläubige beim Chion-in-Tempel zünden Räucherstäbchen an und beten*

9 Higashi-Hongan-ji-Tempel
東本願寺

C5 754 Tokiwa-cho, Karasuma-dori, Shichijo-agaru, Shimogyo Kyoto März–Okt: tägl. 5:50–17:30; Nov–Feb: tägl. 6:20–16:30 W higashihonganji.or.jp

Higashi-Hongan-jis riesiges Goei-do-Tor gehört zu den ersten traditionellen Bauten, die Besucher sehen, wenn sie nördlich aus dem Bahnhof Kyoto kommen. Der Goei-do (Gründerhalle) des Tempels stammt von 1895 und gilt als größter Holzbau der Welt. Die weißgrauen Wände an der Nordseite des

Tempels gehören zum *kura*, dem Lagerhaus. Im Inneren stapeln sich wertvolle Kunstwerke.

Zwei Blocks östlich des Higashi-Hongan-ji befindet sich der weitläufige Garten Shosei-en (Spitzname: Kikoku-tei). Der angehende Dichter Jozan Ishikawa (1583–1672) und der Landschaftsarchitekt Kobori Enshu (1579–1647) sollen diese grüne Oase mit Wildenten, Reihern und weiteren Wildtieren angelegt haben.

10 Pontocho-Gasse

先斗町通り

D4 Kawaramachi 5, 17, 205 bis Shijo-Kawaramachi

Die reizvolle Pontocho-Gasse ist abends am schönsten, wenn sie wie ein lebendig gewordener *Ukiyo-e*-Druck *(siehe S. 131)* wirkt. Einst befand sich hier eine Sandbank. Ab 1670 wurde das Areal bebaut und entwickelte sich zum Vergnügungszentrum und lizenzierten Geisha-Viertel, das es noch heute ist. Auch wenn Neonlichter und Beton auf dem Vormarsch sind, dominieren hier noch die traditionellen *ochaya*, die Teehäuser, in denen Geishas für Unterhaltung sorgen.

In der Gasse steht auch der kleine Tanuki-Schrein (Marderhund-Schrein). 1978 kam in der Gasse eine Geisha bei einem Brand ums Leben. Wo er endete, wurde ein Keramik-*tanuki* gefunden. In der Annahme, dass sich der Marderhund für alle Überlebenden geopfert habe, stifteten die Anwohner einen Schrein für seine Überreste. Wirft man eine Münze ein, ertönen ewige Weisheiten wie »Achtung vor Bränden«. Übrigens: *Tanuki*-Statuen besitzen große Hoden, sie symbolisieren Säcke voller Gold.

Von ungefähr Anfang Juni bis Mitte September errichten viele am Kamogawa gelegene Restaurants Plattformen, sogenannte *yuka*, über dem Kanal, der parallel zum Fluss verläuft.

↑ *Am Kiyomizu-dera-Tempel hinterlassen buddhistische Gläubige Fürbitten* (Detail)

11 Kiyomizu-dera-Tempel

清水寺

D4 294 Kiyomizu, Higashiyama 100, 206, 207 bis Gojyozaka tägl. 6–18 (Juli, Aug: bis 18:30) kiyomizudera.or.jp/en

Andere berühmte Tempel gehören zu bestimmten Schulen, Kiyomizu-dera ist für alle zugänglich. Seit mehr als 1000 Jahren beten Pilger den elfgesichtigen Kannon an und trinken aus der heiligen Quelle. Die Veranda der Haupthalle, ein Wunderwerk japanischer Tischlerkunst, bietet einen schönen Blick über Kyoto. Den Tempel sieht man am besten von der Pagode aus. Hier wird deutlich, warum die Wendung »von der Kiyomizu-Veranda springen« so viel heißt wie »sich zu etwas durchringen«.

12

Gion

祇園

D4 Gion-shijo
46, 206 bis Gion

Berüchtigt und faszinierend zugleich: In den Tee- und Gästehäusern (nördlich und südlich der Shijo-dori) von Kyotos bekanntestem Geisha-Viertel suchen japanische Männer nach wie vor die Gesellschaft der professionellen Unterhalterinnen.

Gions Geschichte beginnt in der Feudalzeit. Damals wurden Pilger und andere Besucher an Ständen bewirtet. Daraus entstanden die *ochaya* (Teehäuser) mit unterschiedlichen Angeboten. Ende des 16. Jahrhunderts wanderte Kabuki vom Ufer des Kamogawa, wo es einst begonnen hatte, in verschiedene Theater östlich des Flusses ab, was Gions Ruf als »Playboyparadies« förderte. Eines der Theater, das Minami-za, existiert noch heute.

Der Yasaka-Schrein, dessen leuchtend rotes zweistöckiges Tor sich am Ostende der Shijo-dori erhebt, wurde um 656 errichtet und hieß zunächst Gion-Schrein. Seine Gottheiten sollen vor Krankheiten schützen. 869 wurden die Figuren wegen einer Seuche durch die Straßen getragen – der Beginn des berühmten Gion Matsuri. An Neujahr kommen Tausende hierher, um für Gesundheit und Wohlstand zu beten. Anfang April strömen die Menschen in Massen durch die Eingänge zum Kirschblütenfest im Maruyama-Park.

Gions Shoppingmeile erstreckt sich auf der Shijo-dori zwischen Yasaka-Schrein und Shijo-Brücke. Hier gibt es teures Kimono-Zubehör. An der südöstlichen Ecke von Shijo und Hanamikoji liegt Ichiriki, Gions berühmtestes *ochaya*. Das Teehaus ist an seinen roten Wänden zu erkennen. Es war Schauplatz einer Szene des Kabuki-Stücks *Chushingura*. In der historischen Hanamikoji zeigt sich Gion von seiner edelsten Seite. Die dortigen Restaurants und *ochaya* sind bei Politikern und Firmenbossen beliebt. Nicht »standesgemäße« Besucher werden gern von oben herab behandelt. Gion Corner und Gion Kobu Kaburenjo freuen sich dagegen weit mehr über ausländische Gäste.

Östlich der Hanamikoji – nördlich der Shijo – verläuft die Shinbashi mit kultivierten *ochaya* ohne Neonzeichen. Den durchschnittlichen Gion-Besucher zieht es allerdings mit seinen Kollegen eher in die Karaoke-Bars. Sein Revier liegt im Nordosten, wo Neon-Etablissements die Straßen säumen.

Bar

Jam +Sake Bar

Wer sich Reiswein-Kenntnisse zulegen will, ist hier richtig. Die Bar schenkt 30 verschiedene regionale Sake-Arten aus, darunter auch viele Spezialitäten aus Kyoto. Es gibt sogenannte »Flights« (Kostproben verschiedener Sake). Das Personal spricht Englisch.

D4 170 Tokiwa-cho, Higashiyama

←

Menschen spazieren durch Gion, im Hintergrund der Yasaka-Schrein

Geisha, *geiko* und *maiko*

Der traditionelle Beruf der Geisha stammt aus dem 17. Jahrhundert, aber die Zahl derer, die ihn ausüben, ist rückläufig. Geishas sind jedoch immer noch auf den Straßen von Kyoto unterwegs. Ihre Enklaven, die als *geiko* (Kinder der Künste) bekannt sind, sind Gion-kobu, Pontocho, Miyagawa-cho und Kamishichi-ken.

Trachten

Die *maikos*, Geishas in Ausbildung, sind weniger gestylt als ihre *Geiko*-Schwestern – es gibt sie nur in Kyoto. Zur Kleidung gehören ein langer hängender *obi* (Schärpe), hohe *Koppori*-Schuhe und ein Unterkimono mit besticktem Kragen. Sie nutzen viel mehr Make-up und entsprechen am ehesten der Vorstellung einer Geisha. Ist die Ausbildung beendet, wird der bestickte Kragen durch einen weißen ersetzt. Dies wird als *eri-kae* (Kragenwechsel) bezeichnet.

Perfekte Vorstellung

Geishas sind Unterhaltungskünstlerinnen mit umfassenden Kenntnissen der traditionellen Künste, rhetorischen Fertigkeiten und größter Verschwiegenheit. Damit verdienen sie sich den Respekt und bisweilen die Liebe gut betuchter männlicher Kunden. Die Welt der Geishas wird vom Klang der *shamisen* begleitet, eines dreisaitigen Instruments aus Okinawa. Sie tanzen zu deren Klängen, wobei sie bisweilen Fächer benutzen. Geishas, die sich nicht auf Tanz spezialisieren wollen, erlernen dieses oder ein anderes Instrument.

Eine *maiko* trägt **eigenes Haar**, keine Perücke.

Weiße Haut, rote Lippen – das klassische **Schönheitsideal**.

Unterkimono

***Tabi*-Socken**

***Koppori*-Schuhe**

→ *Eine* maiko, *die zur* geiko *ausgebildet wird, in ihrer besonderen Tracht*

Expertentipp
Beste Zeit

Wer Geishas sehen will, sollte Kyoto im April besuchen. Dann treten Geishas jeden Tag auf Bühnen in Gion-kobu und Miyagawa-cho auf und führen den Kyo-Odori-Tanz vor. In den letzten zwei April-Wochen gibt es Kitano-Odori-Tanzvorstellungen von Geishas in Kamishichi-ken *(siehe S. 199)*.

↑ *Eine Geisha spielt vor ihrer Lehrerin auf einer* shamisen

13 Nanzen-ji-Tempel
南禅寺

E4 · 86 Nanzenji Fukuchicho, Sakyo · S Keage · 5 bis Nanzen-ji-Eikan-do-michi · tägl. 8:40–17 (Dez–Feb: bis 16:30) · nanzenji.or.jp

Von seinem mit Pinien bestandenen Außenbereich bis in die Winkel seiner Untertempel strahlt der typische Zentempel feierliche Ruhe aus. 1386 erhielt Nanzen-ji den Status als wichtigster der Gozan, der »fünf großen« Zentempel Kyotos.

Der Hojo (Abtgemächer) beherbergt einen kleinen Trockengarten von Kobori Enshu (1579–1647) sowie Gemälde aus der Momoyama-Zeit, darunter das Meisterwerk von Tanyu Kano: *Wasser trinkender Tiger*. In einem Raum hat man freien Blick auf den Garten und einen Wasserfall. Hier gibt es gegen eine kleine Gebühr *Matcha*-Tee und Süßes.

Das riesige San-mon des Tempels, ein zweistöckiges Tor, das 1628 als Trost für die Seelen der bei der Belagerung der Burg Osaka Getöteten errichtet wurde, soll Unterschlupf von Goemon Ishikawa, einem legendären Rebellen, gewesen sein. Er wurde in kochendem Öl hingerichtet.

Drei von zwölf Untertempeln sind ganzjährig geöffnet. Konchi-in, der imposanteste, besitzt ein Werk von Kobori Enshu, das Felsen und Pinien sowie Schildkröten und Kraniche zeigt. Tenju-an lockt mit einem eleganten Trocken- und einem üppigen Wandelgarten. Der abgeschiedene, 1703 restaurierte Nanzen-in steht an der Stelle, an der sich Kaiser Kameyamas Villa befand.

Der Aquädukt vor dem Tempel wirkt unpassend. Für japanische Urlauber gehört das »exotische« westliche Bauwerk jedoch zu den Highlights. Es wurde 1890 errichtet und war Teil eines Kanalprojekts, mit dem die Wasserversorgung gesichert und Güter aus der Präfektur Shiga in die Stadt gebracht werden sollten. Nanzen-ji steht für *yudofu*, gekochten Tofu, eine Köstlichkeit in der kalten Jahreszeit. Im Tempelbereich gibt es einige Spezialitätenrestaurants.

TOP 5 Spezialitäten in Kyoto

Yudofu
In Kyoto soll es den besten Tofu in Japan geben. *Yudofu* ist weicher Tofu und wird in Brühe gegart.

Kyo Tsukemono
In Essig und Salz eingelegte Pickles.

Sushi im Kyoto-Stil
Eingelegter Fisch mit Essigreis.

Yatsuhashi
Süße Reisköstlichkeit mit Zimt.

Yuba
Sojamilchhaut, die mit Sojasauce, Wasabi und *ponzu* (Zitronen-Dressing) serviert wird.

14 Kongo Noh Theater
金剛能楽堂

C3 · Nakadachiuri-agaru, Karasuma-dori, Kamigyo · S Imadegawa · siehe Website · kongou-net.com

Das Noh-Theater nahe dem Kaiserpalast wurde im Jahr 2003 eröffnet. Früher lag es in Shijo Muromachi. Zur Edo-Zeit (1600–1868) war das Noh-Spiel das Theater für die Kriegerkaste – und das Kongo Noh Theater blickt auf die längste Bühnengeschichte des japanischen Noh-Spiels zurück. Seine Darsteller sind für ihre agilen Aktionen und akrobatischen Fähigkeiten bekannt.

Der Theaterbau zeigt einige Reminiszenzen an früheres Design, einschließlich ei-

←
Der Aquädukt vor dem Nanzen-ji, auf dessen Gelände (Detail) *man schön spazieren gehen kann*

Malerische Lage des Tempels Ginkaku-ji, auch als Silberpavillon bekannt ↑

ner Open-Air-Bühne, Säulen und großen irdenen Töpfen. Gewöhnlich finden am letzten Sonntag im Monat Aufführungen statt. Sehenswert ist auch die Ausstellung von Noh-Masken und Noh-Kostümen in der Theaterlobby.

15

Kaiserpalast

京都御所

C3 Kyoto Gyoen Kamigyo S Imadegawa Di–So 9–16 (März, Sep: bis 16:30; Apr–Aug: bis 17) Feiertage, 28. Dez–4. Jan W sankan.kunaicho.go.jp/english

Mit stattlichen Pinien und Blick auf Higashiyama ist der Kaisergarten (Kyoto Gyoen) eine Oase im Herzen der Stadt. Auf dem Gelände stehen der Kaiserpalast (Kyoto Gosho) und der Sento-Palast (Sento Gosho) für abgedankte Kaiser, dessen Wandelgarten 1630 angelegt wurde. Das Kaiserliche Haushaltsamt (Kunaicho), in dem man Tickets für die Bauten des Parks sowie für die Shugakuin- und Katsura-Villa erhält *(siehe S. 204 und S. 203)*, befindet sich in der nordwestlichen Ecke der Anlage (bitte Ausweis mitbringen).

Am Südende liegt ein sehr schöner Teich mit einer Bogenbrücke. Von dort aus hat man freien Blick auf das majestätische Kenrei-mon-Tor in der Südmauer des Palasts, das nur der Kaiser durchschreiten darf. Die Palastanlagen wurden nach einem Brand 1854 schon ein Jahr später neu errichtet.

16

Ginkaku-ji (Silberpavillon)

銀閣寺

E3 Ginkakujicho Sakyo 5, 100, 203, 204 bis Ginkaku-ji-michi +81-75-771-5725 März–Nov: tägl. 8:30–17; Dez–Feb: tägl. 9–16:30 W shokoku-ji.jp/ginkakuji

Ginkaku-ji – der offizielle Name lautet Jisho-ji – ist auch als Silberpavillon bekannt und gilt als weltweit herausragendes Werk der Gartenkunst, wobei manche diese Einschätzung auch für übertrieben halten. Unbestritten ist seine Bedeutung für die japanische Kultur, denn hier entwickelten sich Teezeremonie, Noh, Blumenkunst und Tuschmalerei zu hoher Kunst.

Einst war der Tempel das Refugium von Shogun Yoshimasa (1436–1490), dem eine künstlerische Renaissance zu verdanken ist, die als Higashiyama-Kultur bekannt ist. Zu Ehren seines Großvaters, der den Kinkaku-ji, den Goldpavillon, vergolden ließ *(siehe S. 199)*, wollte Yoshimasa seinen Pavillon versilbern. Der desaströse Onin-Krieg machte diese Absicht allerdings zunichte. Wenn auch nicht silbern, so glänzt der ehrwürdige Pavillon doch mit der Patina des Alters.

Restaurants

Kichikichi

Genießen Sie hier Motokichi Yukimuras Variation von *omurice* (Omelett auf gebratenem Reis).

D4 185-4 Zaimokucho, Sanjo Pontocho-dori Kudaru, Nagoya W kichikichi.com

¥¥¥

Gyoza Hohei

Spezialität sind hier *gyoza*, die gebratenen gefüllten Teigtaschen.

D4 373-3 Kiyomotocho, Higashiyama W gyozahohei.com

¥¥¥

17 Shoren-in-Tempel
青蓮院

D4 69-1 Awataguchi Sanjobocho, Higashiyama S Higashiyama 5, 46, 100 bis Jingu-michi tägl. 9–17 W shorenin.com

Symbol des aristokratischen Tempels ist der 800 Jahre alte Kampferbaum, dessen Äste sich rechts und links vom Eingangstor majestätisch in die Luft recken. Das Tempelgelände ist schön gestaltet mit einem Teichgarten auf der einen Seite und einer von Kampferbäumen beschatteten Mooslandschaft auf der anderen.

Das Teehaus im Garten wurde neu errichtet – das alte wurde im April 1993 von Linksextremisten, die gegen den Besuch des Kaisers in Okinawa protestierten, in Brand gesteckt.

> **Das Tempelgelände ist schön gestaltet mit einem Moosareal mit Schatten spendenden Kampferbäumen sowie einem Teichgarten.**

18 Okazaki-Park
岡崎公園

D3 5 oder 100 bis Kyoto Kaikan Bijutsukan-mae

Im Okazaki-Park befinden sich Museen, Sportplätze, der städtische Zoo und der Heian-Jingu (1895), einer von Kyotos größten Schreinen. Er sollte die Stadt moralisch und wirtschaftlich aufrichten, nachdem Tokyo 1868 Hauptstadt geworden war. Mit roten Pfosten und grünen Fliesen orientiert er sich am Stil der chinesischen Tang-Dynastie. Der Teichgarten ist berühmt für seine Iris-Pflanzungen und eine chinesische Brücke.

Das **Nationalmuseum für Moderne Kunst** präsentiert Gemälde aus der Meiji- und Taisho-Zeit von Künstlern der Schule von Kyoto. Gegenüber liegt das **Kyoto City KYOCERA Museum of Art** mit europäischer und amerikanischer Kunst. Die **Kyoto International Exhibition Hall** (Miyako Messe) wird für Veranstaltungen genutzt. Das Museum im Untergeschoss präsentiert Kunsthandwerk aus Kyoto, darunter schönes *Kiyomizu-yaki*-Porzellan.

Besucherin vor Werken im Nationalmuseum für Moderne Kunst

Nationalmuseum für Moderne Kunst
26-1 Okazaki Enshojicho, Sakyo tägl. 10–16 (Fr bis 20) W momak.go.jp

Kyoto City KYOCERA Museum of Art
124 Okazaki Enshojicho, Sakyo Di–So 10–18 W kyotocity-kyocera.museum

Kyoto International Exhibition Hall (Miyako Messe)
9-1 Okazaki Seishojicho, Sakyo tägl. 9–17 W miyakomesse.jp

Blick vom Teehaus in den schönen Garten des Shoren-in-Tempels

Teezeremonie

Der Sinn des *chado* (Weg des Tees), bei dem ein Gastgeber geladenen Gästen gequirlten *matcha*, manchmal mit einem süßen Snack, serviert, wird durch den buddhistischen Begriff »ein Leben, ein Treffen« *(ichigo, ichie)* zusammengefasst.

Der »Weg des Tees«

Aufgrund seiner gesundheitsfördernden Wirkung wurde Tee im 8. Jahrhundert aus China eingeführt. Der Adel trank ihn zunächst bei großen Festen. Shuko Murata (1422–1502) verlieh dem Brauch eine spirituelle Komponente, die den Samurai gefiel – alles war symbolisch.

↑ *Vorbereiten der traditionellen Utensilien für eine* Chado-*Zeremonie*

Die Teezeremonie ist eine strenge Abfolge von Handlungen, die damit beginnt, dass man mit den anderen Gästen zum Teehaus geht, Waschungen vornimmt und einen nüchternen, hell erleuchteten Raum betritt, in dem der Gastgeber wartet. Man bewundert Raum und Tee-Utensilien, sieht bei der Zubereitung des Tees zu, verbeugt sich und nimmt Tee und *wagashi* (Süßigkeiten) zu sich.

In Kyoto werden bei für Besucher abgehaltenen Teezeremonien die komplexe Abfolge und die Zenideale erklärt.

↑ *Tablett mit allen Zutaten für eine Teezeremonie*

Expertentipp
Teerituale

Man kniet auf einer *Tatami*-Matte *(seiza)* und verbeugt sich vor dem Gastgeber, wenn man eine Teeschale erhält. Die Schale hält man in der rechten Hand und stellt sie auf die Fläche der linken. Sie wird 90 Grad nach rechts gedreht, mit beiden Händen erhoben und in drei Schlucken geleert.

↑ *Buddha-Statue im Butsuden des Daitoku-ji-Tempels*

19

Daitoku-ji-Tempel

大徳寺

B2 53 Murasakino Daitokujicho, Kita S Kita-Oji 1, 12, 102, 204, 205, 206 bis Daitoku-ji-mae +81-75-491-0019 tägl. 9–17 (Dez–Feb: bis 16:30)

Ein Hauch von Stille liegt über dem Daitoku-ji. Der Tempel (1325) erlebte in der zweiten Hälfte des 16. Jahrhunderts unter der Herrschaft der Kriegsherren (und Teezeremonie-Anhänger) Nobunaga Oda und Hideyoshi Toyotomi seine Blüte. Die Untertempel, von denen viele Teesalons und herrliche Gärten haben, führen die Tee- und Zentradition fort.

Der Untertempel Daisen-in hat einen Trockengarten aus der Muromachi-Zeit. Der Koto-in besitzt einen Ahornhain und einen *roji* (Teegarten). Der 1535 für einen christlichen *daimyo* errichtete Zuiho-in hat einen modernen Garten von Shigemori Mirei mit Felsenkreuz. Ryogen-in (1502) besitzt fünf Gärten.

20

Kamo-Schreine

上賀茂・下賀茂神社

D2 4, 46, 67 bis Kamigamo-jinja-mae; 4, 205 bis Shimogamo-jinja-mae

Am nördlichen Abschnitt des Flusses Kamogawa steht der **Kamigamo-Schrein** (7. Jh.). **Shimogamo**, sein Gegenstück im Süden, ist 100 Jahre älter. Beide sind dem Donnergott geweiht. Shimogamo im Wald Tadasu no Mori war lange für eine erfolgreiche Reisernte wichtig. Zum Aoi-Fest gehören ein Umzug zwischen den Schreinen sowie Pferderennen und Bogenschießen. Der Kamigamo-Schrein ist für seine Haiden-Halle (1628) bekannt. Im Umkreis liegen *shake* (Priesterquartiere), das **Nishimura-Haus** ist zu besichtigen.

Kamigamo-Schrein
339 Kamigamo Motoyama, Kita tägl. 5:30–17
kamigamojinja.jp

Shimogamo-Schrein
59 Shimogamo Izumigawacho, Sakyo
tägl. 6:30–17
shimogamo-jinja.or.jp

Nishimura-Haus
1 Kamigamo Nakaojicho, Kita +81-75-781-0666
15. März–8. Dez: tägl. 9:30–16:30

21

Kitano-Tenman-gu-Schrein

北野天満宮

B3 931 Bakurocho, Kita 50, 101, 203 bis Kitano Tenman-gu-mae
tägl. 6:30–16:30
kitanotenmangu.or.jp

Viele Studenten bitten hier um Glück bei ihren Prüfung.

Daisen-in-Garten des Daitoku-ji

Das Fatum der Menschheit, ihre Beziehung zur Natur und zum Universum sind in dem Meisterwerk eines Trockengartens dargestellt: So wird der Fluss des Lebens breiter und tiefer, wenn er vorübergehend gestaut wurde. Der Takarabune-Stein (»Schatzschiff«-Stein) gleitet feierlich dahin, die »Schildkröte« aber schwimmt vergeblich flussaufwärts.

Schon gewusst?

Als Kyoto gegründet wurde, wurden buddhistische Tempel aus der Stadt verbannt.

Der Schrein Kitano-Tenmangu ist dem Heian-Staatsmann Sugawara no Michizane gewidmet und Heimstatt von Tenjin-san, dem Gott des Lernens. Michizanes Lieblingsbaum, die Pflaume *(ume)*, ist hier überall zu finden. Auf einem Flohmarkt jeden 25. Tag im Monat kann man von blau-weißem Imari-Porzellan bis zu Nylonstrümpfen alles erwerben.

Die Straße Kamishichi-ken, die von *ochaya* (Teehäusern) und Bars gesäumt ist und vom Schrein bis zur Imadegawa-dori verläuft, ist Kyotos ältester *Geiko*-Bezirk. Am 25. Februar führen *geikos* die Teezeremonie im Pflaumenhain durch, im Frühling und Herbst tanzen sie im Theater.

22

Kinkaku-ji-Tempel (Goldpavillon)

金閣寺

B2 1 Kinkakujicho, Kita 12, 59, 101, 102, 204, 205 bis Kinkaku-ji-michi
tägl. 9–17
shokoku-ji.jp

Der Kinkaku-ji (offizieller Name Rokuon-ji) ist das schimmernde Erbe des mittelalterlichen Japan und auch als Goldpavillon bekannt. Er wurde vom dritten Ashikaga-Shogun, Yoshimitsu (1358–1408), erbaut, der im Alter von 37 Jahren seine offiziellen Pflichten (aber nicht seine Macht) aufgab und Priester wurde. Der Tempel diente ursprünglich als sein Altersruhesitz. Als glühender Anhänger des Zen-Priesters Soseki ordnete er an, dass der Komplex nach seinem Tod in einen Tempel umgewandelt werden sollte, mit Soseki als Oberhaupt.

Man nähert sich dem Tempel auf einer Allee, die in einen sonnenbeschienenen Garten führt mit Blick auf den sagenumwobenen Pavillon. Der dreistöckige Bau ist eine exakte Nachbildung des Originals, das 1950 durch Brandstiftung zerstört wurde (literarisch festgehalten in Yukio Mishimas Roman *Der Tempelbrand*). Der Nachbau ist mit Blattgold überzogen und wird von einem Bronze-Phönix gekrönt.

Der Berg Kinugasa ist im Hintergrund des Wandelgartens zu sehen. Das harmonische Zusammenspiel seiner verschiedenen Komponenten macht ihn zu einem herausragenden Beispiel für die Landschaftsgestaltung der Muromachi-Zeit. Sowohl der Pavillon als auch der Garten sind besonders schön, wenn es geschneit hat.

Fotomotiv
Auf Goldsuche

Kommen Sie frühmorgens zum Goldpavillon, und gehen Sie direkt zum Teich, um die Wasserspiegelung seiner Goldsilhouette zu fotografieren. Die Ahornbäume bilden den passenden Rahmen.

↑ *Der pittoreske und ruhige Schrein Kitano Tenman-gu in Kobe*

23

Ninna-ji-Tempel

仁和寺

A3 33 Omuro Ouchi, Ukyo Omuro-Ninnaji 10, 26, 59 bis Omuro Ninnaji tägl. 9–17 (Dez–Feb: bis 16:30) ninnaji.jp

Das riesige Fronttor von Ninna-ji erinnert daran, dass der Tempel der Shingon-Schule bis zu einem Großbrand eine Anlage mit nahezu 60 Untertempeln war. Ninna-ji wurde von Kaiser Uda im Jahr 888 vollendet. Bis zur Meiji-Restauration (1868) wurde er stets von einem kaiserlichen Prinzen geführt. Der Kondo (Haupthalle) und die Amida-Holzstatuen sind Nationalschätze. Sehenswert sind eine fünfstöckige Pagode und die Zwergkirschbäume – sie blühen als letzte der vielen *sakura* (Kirschbäume) in Kyoto.

Südwestlich liegt Omuro Gosho mit einem Garten aus der Edo-Zeit. Auf dem Berg dahinter stößt man auf die 88-Tempel-Wallfahrt von Omuro. Die 88 Tempel der Wallfahrt von Shikoku *(siehe S. 258f)* sind hier en miniature nachgebildet. Die Omuro-»Wallfahrt« kann man in ungefähr zwei Stunden vollenden.

↑ *Besucher in stiller Betrachtung des Zengartens und der Kirschbäume im Ryoan-ji-Tempel*

24

Ryoan-ji-Tempel

龍安寺

A2 13 Ryoan-ji Goryonoshitacho, Ukyo Ryoan-ji 59 bis Ryoan-ji-mae März–Nov: tägl. 8–17; Dez–Feb: tägl. 8:30–16:30 ryoanji.jp

Der weltberühmte Steingarten des 1450 gegründeten Ryoan-ji ist eine Anlage aus weißem Kies und Felsen. Das UNESCO-Welterbe gilt als höchste Manifestation des Zenbuddhismus. Sein Rätsel soll sich nur in stiller Kontemplation entschlüsseln lassen – angesichts der Schülermassen und der vom Band tönenden Erläuterungen nicht unbedingt einfach. Um dies zu vermeiden, sollte man schon zum Zeitpunkt der Toröffnung kommen.

Auch der Teichgarten lohnt einen Besuch. Er wurde angelegt, als Zen in Japan noch unbekannt war. Seine sanften Konturen stehen im Kontrast zu den harten des Steingartens.

← *Furcht einflößende Wächterfigur am Ninna-ji-Tempel*

25

Myoshin-ji-Tempel

妙心寺

A3 64 Hanazono Myoshijicho, Ukyo Myoshin-ji, Hanazono 10, 26 bis Myoshin-ji Kitamon-mae Führungen: tägl. 9:10–16:40 myoshinji.or.jp

Der auf Geheiß des Altkaisers Hanazono im Jahr 1337 erbaute, im Onin-Krieg zerstörte und in großem Stil wiedererrichtete Zentempel der Rinzai-Schule besitzt 47 Untertempel, die reich an Gemälden der Kano-Schule und anderen Kunstobjekten sind. Zu den Hauptbauten, die nach Zentradition in einer Reihe angelegt sind, gehört der Hatto (Vortragshalle) mit einem Drachenbild von Tanyu Kano an der Decke und der ältesten Glocke Japans.

Zugänglich sind die Untertempel Keishun-in mit vier Gärten und der berühmten Teelaube und Taizo-in, der einen Trockengarten von Motonobu Kano (1476–1559) und einen modernen Garten von Kinsaku Nakane (1917–1995) vorweisen kann. Im Besitz von Taizo-in befindet sich eine der berühmtesten Zen-Tuschmalereien: Josetsus *Fang eines Welses mit ei-*

nem Kürbis (1413). Eine Kopie davon ist ausgestellt.

Die Untertempel Reiun-in sowie Tenkyu-in mit Gemälden von Motonobu Kano sind nur an speziellen Tagen für Besucher geöffnet.

26

Koryu-ji-Tempel

広隆寺

A3 32 Uzumasa Hachiokacho, Ukyo Uzumasa-Koryuji 11, 63, 66, 72, 73, 76 bis Uzumasa Koryu-ji-mae +81-75-861-1461 tägl. 9–17 (Dez–Feb: bis 16:30)

Gegründet wurde der Tempel im Jahr 622 von koreanischen Einwanderern. Zu den Bildnissen im Reihoden (Schatzhalle) gehört ein Miroku Bosatsu (Zukunftsbuddha), der angeblich im 7. Jahrhundert aus Korea nach Japan gebracht wurde. Die sitzende Figur, Kyotos ältestes Bildnis, ist in ganz Japan für ihr »seliges Lächeln« bekannt. Der Kodo, der älteste Bau der Anlage, birgt eine Amida-Buddha-Statue (9. Jh.).

Schon gewusst?

Das historische Kyoto ist auch eine Stadt der Technologie – sie ist der Geburtsort von Nintendo.

27

Insho-Domoto-Museum

堂本印象美術館

B2 26-3 Kamiyanagicho, Hirano Kita 12, 15, 50, 51, 52, 55, 59 bis Ritsumeikan-Daigaku-mae +81-75-463-0007 Di–So 9:30–17 28. Dez–4. Jan insho-domoto.com

An der Straße am Fuß des Bergs Kinugasa liegt das Insho-Domoto-Museum mit eindrucksvollen Werken des *Nihonga*-Meisters Insho Domoto (1891–1975). *Nihonga* wird oft als »Malerei in japanischem Stil« übersetzt. Sie ist jedoch eine Freskentechnik, die mineralische Farbpigmente nutzt.

Shopping

Kyoto Handicraft Center

Das Kunsthandwerkszentrum nördlich des Okazaki-Parks verkauft lokales Kunsthandwerk, etwa Lackwaren, Kiyomizu-Töpferware und Origami-Papier.

D3 21 Shogoin Entomicho, Sakyo kyotohandicraftcenter.com

Ippodo

Seit mehr als 300 Jahren verkauft Ippodo japanische Tees. In der Hauptfiliale in Kyoto gibt es ein Café und Kurse zur Teezubereitung.

C4 52 Tokiwagicho, Nakagyo global.ippodo-tea.co.jp/pages/store-kyoto

↑ *Werke des Künstlers Insho Domoto im dem Meister gewidmeten Museum in Kyoto*

28

Sagano

嵯峨野

A1 JR-Bahnhof Saga-Arashiyama, Sagano-Linie 28 oder 91 bis Daikaku-ji

Saganos facettenreiche Landschaft ist ebenso idyllisch wie überwältigend. Startpunkt ist das Torii Moto. Das zinnoberrote Schreintor *(torii)* steht am Beginn eines Wegs zum heiligen Berg Atago, Heimstatt des Feuergotts. Zwei schilfgedeckte Teehäuser am *torii* bieten seit Jahrhunderten Erfrischungen für Pilger an.

Vom *torii* aus südlich geht es zum Adashino-Nenbutsu-ji. Von der Heian- bis zur Edo-Zeit war Adashino ein abgeschiedener Ort, an dem Tote begraben wurden. Als Trost für die Seelen der vergessenen Toten wurden am Tempel ihre als Buddha-Statuen behauenen Grabsteine zusammengetragen. Der Anblick ist anrührend.

Südlich davon liegt Gio-ji, ein kleines, schilfgedecktes Nonnenkloster. Die Anlage ist für ihre schöne Herbstfärbung bekannt: Auf einer Seite wuchert Bambus, auf der anderen erhebt sich schlanker Ahorn aus smaragdgrünem Moos.

Seiryo-ji, der Tempel der Jodo-Schule in Saganos Zentrum, birgt eine Statue von Shakamuni-Buddha, die 987 nach Japan gekommen sein soll. Nison-in besitzt Bildnisse von Amida und Shakamuni. Die vielen Ahornbäume sind im Herbst ein Besuchermagnet. Die reizvolle Rakushi-sha (Hütte der abgefallenen Dattelpflaumen) war das bescheidene Heim des Haiku-Dichters Mukai Kyorai (1651–1704).

Der Nichiren-Tempel Jojakko-ji steht auf dem Berg Ogura-yama. Eine steile Treppe führt nach oben, von wo aus man einen herrlichen Blick auf Kyoto und den Berg Hiei hat.

Der riesige Teich im Garten des Tenryu-ji-Tempels, Arashiyama ↑

← *Unter den hohen Bambusbäumen beim Adashino-Nenbutsu-ji, Sagano*

29

Shisen-do-Tempel

詩仙堂

E2 27 Monguchicho, Ichijo-ji, Sakyo 5 oder 8 bis Ichijo-ji Sagarimatsucho +81-75-781-2954 tägl. 9–17

Ein beim Shogunat in Ungnade gefallener Samurai mit Namen Jozan Ishikawa ließ 1641 seinen Alterssitz unterhalb der Higashiyama-Berge errichten. Die fast perfekte Einheit von Haus und Garten, heute ein Soto-Zentempel, strahlt noch heimelige Wohnatmosphäre aus. Der Garten teilt sich in zwei Ebenen: Die obere, am besten von der Veranda aus zu sehen, besteht aus Sandflächen, die von Azaleenbüschen umgeben sind. Auch im unteren Garten sorgt Sand für Helligkeit und Offenheit. Dieser Bereich bietet einen schönen Blick auf das Schilfdach der Villa mit dem Mondbeobachtungszimmer.

30

Arashiyama

嵐山

A1 Saga-Arashiyama, Hankyu Arashiyama 11, 28 oder 93 bis Arashiyama Tenryu-ji-mae

Arashiyama hat von jeher einen Platz im Herzen der Japaner. In seiner Mitte liegt die Togetsu-kyo, die elegante

Schöne Aussicht

Bambushain

Hinter dem Tenryu-ji erstreckt sich der Bambushain Arashiyama mit riesigen Halmen. Man sollte ihn während des Arashiyama Hanatoro im Dezember besuchen, wenn der Wald abends in überirdisch grünes Licht getaucht ist.

»Brücke zum Mond«. Nördlich davon reichen mit Kirschbäumen und Kiefern bestandene Berghänge bis zum Fluss hinunter, der im Sommer zum Schauplatz für *ukai* (Kormoran-Fischen) wird. Die Torokko-Schmalspurbahn bietet einen anderen Blick auf die Szenerie.

Der Tenryu-ji-Tempel der Rinzai-Schule wurde 1339 vom ersten Ashikaga-Shogun Takauji gegründet. Im Garten befindet sich ein sehenswerter Teich in Form des chinesischen Schriftzeichens *Kokoro* (»erleuchtetes Herz«).

31

Kaiservilla Katsura

桂離宮

A5 Katsuramisono Katsura 33 bis Katsura Rikyu-mae Di–So (nach Anmeldung beim Kaiserlichen Haushaltsamt) sankan.kunaicho.go.jp/english

Prinz Miya Toshihito ließ die Kaiservilla 1620 errichten. Sein Sohn Toshitada erweiterte sie. Der prächtige Wandelgarten *(siehe S. 49)* ist so angelegt, dass der Blick von Besuchern durch Wege und Trittsteine genau gelenkt wird. Jeder Ausblick ist genial geplant. Von der Shokin-tei (Kiefernzither-Teelaube) aus ist eine Nachbildung der Amanohashidate-Szenerie *(siehe S. 238f)* zu sehen. Überhaupt beziehen sich die Gartenszenen meist auf historische chinesische und japanische Orte.

Eine Führung umfasst das Shoka-tei (Blumenblick-Teehaus) im höchsten Teil des Gartens, das Shoi-ken (Sinn-für-Humor-Teehaus) und die Hauptvilla, eine Anlage von Räumen, die poetisch immer wieder mit Gänsen in Flugformation verglichen wird.

32

Takao

高雄

A1 8 bis Takao

Abgeschiedene Bergtempel und unberührte Landschaften sind Takaos Hauptattraktionen. Der Jingo-ji-Tempel aus dem 9. Jahrhundert birgt einige nationale Kulturgüter, darunter den Yakushi Nyorai (Heilender Buddha). Der in einem alten Zedernwald gelegene Kozan-ji-Tempel von 774 sieht wie ein elegantes Anwesen aus.

Kopien der Manuskriptrollen *Choju-Jinbutsu-giga* (»Possen treibende Vögel und Tiere«) sind in Kozan-jis Sekisui-in-Halle zu sehen, einem schönen Beispiel für die Kamakura-Baukunst. Nicht weit von hier wurde der erste Tee in Japan angebaut.

TOP 4 Ungewöhnliche Museen

Kyoto International Manga Museum
kyotomm.jp
Dies ist der Ort für 300 000 Mangas und Comics.

Sake-Museum Gekkeikan Okura
gekkeikan.co.jp
Das Museum skizziert die Geschichte des Sake-Brauens in Japan.

Nishijin Textile Center
nishijin.or.jp
Alles zur Textilgeschichte – man kann auch Kimonos anprobieren.

Kostümmuseum
iz2.or.jp
Lebensgroße Puppen tragen schöne traditionelle Trachten.

33

Kurama

鞍馬地区

B1 Kurama 32 vom Bahnhof Demachiyanagi

Heimstatt von Göttern, Dämonen und Helden: Kurama war einst eine abgeschiedene Siedlung von Waldbewohnern. Der heutige Vorort von Kyoto bringt seine wilde Vergangenheit einmal im Jahr eindrucksvoll zum Ausdruck – beim Feuerfest am 22. Oktober.

Kurama-dera, ein 770 errichteter buddhistischer Tempel, bietet einen Rückzugsort für Meditationen. Ein Tor markiert den Beginn des Bergwegs, der zum Hauptbau führt. Die Haupthalle gestattet einen schönen Blick über die Kitayama-Berge. Vom Reihokan (Schatzhalle) aus führt ein Weg zwischen hohen Zedern zum Dorf Kibune mit einigen Gast- und Teehäusern am Fluss.

34

Saiho-ji
西芳寺

A2 56 Matsuojingatanicho Matsuo Taisha 73 nach Kokedera, Suzumushi-dera nach Anmeldung Mitte Jan – Feb saihoji-kokedera.com

Der Tempel trägt den Spitznamen Kokedera (Moos-Tempel), weil sein Gelände mit über 100 Moosarten bewachsen ist. Das leuchtend grüne Moos wird akribisch gepflegt, und der Garten hatte großen Einfluss auf die japanische Gartengestaltung.

35

Manshu-in-Tempel
曼殊院

E2 42 Takenouchicho, Ichijo-ji, Sakyo 5 bis Ichijoji-Shimizucho +81-75-781-5010 tägl. 9 –17

Sogar im Frühling und im Herbst, wenn Kirschblüte und Ahornfärbung die Menschen in Massen anziehen, verströmt der Manshu-in Ruhe. Der Tempel der Tendai-Schule wurde 1656 vom Sohn des Prinzen restauriert, der die Katsura-Kaiservilla *(siehe S. 203)* entwarf. Seine Bauten ähneln denen der Villa. Der Garten mit den Higashiyama-Bergen im Hintergrund hat im Kies Steininseln und Pflanzungen.

36

Daigo-ji-Tempel
醍醐寺

B2 22 Daigohigashiojicho Fushimi Daigo tägl. 9 –17 (Dez – Feb: bis 16:30) daigoji.or.jp

Die Hauptattraktion dieser Tempelanlage ist der Untertempel Sanbo-in. Hideyoshi Toyotomi kümmerte sich nach einem Besuch um die Restaurierung. Der Bau enthält einige der schönsten Kunstwerke der Momoyama-Zeit. Der üppige Garten ist für die imposanten Felsen berühmt, die Toyotomi von seinem *daimyo* (Feudalherrn) als Geschenk erhielt.

Der Rest von Daigo-ji ist älter: Die anmutige fünfstöckige Pagode von 951 ist eine von nur zwei aus der Heian-Zeit.

37

Kaiservilla Shugaku-in
修学院離宮

E1 Yabuzoe, Shugaku-in Shugaku-in 5, 31, 65 bis Shugakuin-rikyu-michi Di – So (nach Anmeldung beim Kaiserlichen Haushaltsamt) sankan.kunaicho.go.jp/english

Wenn man die Katsura-Kaiservilla *(siehe S. 203)* als Yin betrachtet, könnte man die Shugaku-in-Kaiservilla als ihr Yang bezeichnen. Während der Garten von Katsura mit seinen poetischen Andeutungen Sensibilität vermittelt, wirkt der Shugaku-in-Garten auf den Besucher üppig und extrovertiert.

Der von Altkaiser Go-Mizunoo (1596 –1680) angelegte Garten ist das Ergebnis lebenslanger Liebesmühe. Die Anlage ist in drei Ebenen mit jeweils einem Teehaus unterteilt und von schlichter Einfachheit geprägt. Doch es gibt eine Überraschung: Der Zugang zum obersten Teehaus ist so gestaltet, dass der Besucher bis zur letzten Minute nichts von der Aussicht vom Gipfel des Kitayama-Gebirges ahnt, die sich wie eine Verlängerung des Gartens ausbreitet.

38

Hieizan-Enryaku-ji-Tempel
比叡山延暦寺

B1 4220 Sakamoto Honmachi, Otsu, Präfektur Shiga Yase-Hieizan-guchi oder Hieizan Sakamoto, dann Seilbahn hieizan.or.jp

Hieizan, eine einst mächtige Klosterfestung mit 3000 Untertempeln und Tausenden von *sohei* (Kriegermönchen), ist nur noch ein Schatten ihrer selbst. Doch die feierliche

Expertentipp
Auf Blütenjagd

Wer zur Zeit der Kirschblüte *(hanami)* die blühenden Bäume ohne Menschenmassen genießen will, sollte um 8 Uhr losgehen – oder nach 18 Uhr, wenn die Sightseeing-Busse die Stadt verlassen.

←
Ahornbäume in herbstlichen Rottönen um die Pagode des Daigo-ji-Tempels

→ *Üppige Gärten mit fischreichen Teichen* (Detail)*: die feierliche Szenerie im Nonnenkloster Jakko-in in Ohara*

Stimmung auf dem Berggipfel und die Erhabenheit der verbliebenen Gebäude machen die Reise dorthin lohnenswert.

Hieizan wurde im Jahr 792 von dem Mönch Saicho gegründet und entwickelte sich zum Hauptkloster der Tendai-Schule. Ursprünglich sollte es die Stadt vor bösen Mächten schützen, doch dann wurde das Gebiet selbst zum Fluch der Hauptstadt. Kaiser Go-Shirakawa (1127–1192) beklagte einst, dass es nur drei Dinge gebe, auf die er keinen Einfluss habe: die Überschwemmungen des Kamogawa, das Würfeln und die kriegerischen Mönche von Hieizan. 1571 jedoch schickte Nobunaga Oda, verärgert über den Widerstand des Tempels, seine Armee zum Angriff auf den Berg. Die Anlage wurde bis auf die Grundmauern niedergebrannt, alle Männer, Frauen und Kinder wurden massakriert.

Die Anlage ist in drei Bereiche unterteilt. Der Kokuhoden, ein Schatzmuseum, liegt im **östlichen Bezirk** (Todo). Hier befindet sich auch das berühmte Konpon Chu-do, das Allerheiligste, in dem ein heilendes Buddha-Bildnis aufbewahrt wird, das von Saicho selbst geschnitzt worden sein soll. In der nahe gelegenen Jodo-in (Halle des Reinen Landes) befindet sich das Grab von Saicho.

In der Jogyo-do-Halle im **westlichen Bezirk** (Saito) rezitieren die Mönche eine Anrufung, die *nembutsu* genannt wird, während sie in der Hokke-do-Halle über das Lotos-Sutra meditieren, einen zentralen Grundsatz des Tendai-Glaubens. Hinter den Gebäuden befindet sich das Shaka-do, die Haupthalle des westlichen Bezirks.

Zwischen den beiden Bezirken sowie zum weniger bekannten Yokawa-Bezirk im Norden verkehren Shuttlebusse.

Östlicher Bezirk
März–Nov: tägl. 8:30–16:30; Dez: tägl. 9–16; Jan, Feb: tägl. 9–16:30

Westlicher Bezirk
März–Nov: tägl. 9–16; Dez: tägl. 9:30–15:30; Jan, Feb: tägl. 9:30–16

39

Ohara

大原

B1 17 ab Bahnhof Kyoto

Ohara ist nicht nur für strohgedeckte Bauernhäuser, eingelegtes Gemüse und anderen rustikale Reize bekannt, sondern besitzt auch zwei berühmte Tempel. Die Amida-Halle des Sanzen-in aus dem Jahr 1148 befindet sich in einer unvergleichlich schönen Umgebung und birgt einen Amida-Buddha in Meditation. In der Nähe des Tempels gibt es Läden, die Produkte wie das mit Pflanzenfarbe purpur gefärbte, eingelegte Gemüse *shibazuke* verkaufen. Auf der anderen Seite des Tals steht der Jakko-in-Tempel, in dem Kenreimon-in (1155–1213) lebte. Als einzige Überlebende des Taira-Klans betete sie hier für die Seelen ihrer Verwandten, die von den Genji getötet worden waren.

Spaziergang durch Ost-Gion und Higashiyama

Länge 1,6 km **Dauer** 20 Min.
Bahnhof Gion-Shijo

Über lange Phasen der Geschichte Kyotos lag der Bezirk Higashiyama (Ostberge) außerhalb der Stadtgrenzen, was ihm ländliche Eigenständigkeit verlieh. Der Fluss Kamogawa, der ihn vom Zentrum trennte, bewahrte ihn allerdings auch vor Bränden, die Kyoto regelmäßig verwüsteten. Auf diese Weise blieb Higashiyama einer der ursprünglichsten und charmantesten Teile der Stadt. Die Gegend ist prädestiniert für einen hübschen Spaziergang.

Der **Yasaka-Schrein** *(siehe S. 192)* ist Mittelpunkt des größten Fests der Stadt, des Gion Matsuri im Juli.

Der hübsche **Ishibe-Koji-Weg** mit seinen Tee- und Gasthäusern ist ein Ausläufer des Vergnügungsviertels Gion *(siehe S. 192)*. Die edlen Holzhäuser mit ihren Gärten spiegeln die Beschaulichkeit des alten Kyoto wider.

Die elegante fünfstöckige **Yasaka-Pagode** ist der einzige Überrest eines buddhistischen Tempels.

← *Die Plattformen der Yasaka-Pagode erheben sich über den Pflastergassen von Higashiyama in den Himmel*

Kyotos beliebtester Ort für die Kirschblüte ist der dann stark überlaufene **Maruyuma-Park.**

Zur Orientierung
Siehe Karte S. 182f

Der **Ryozen Kannon** ist den im Zweiten Weltkrieg gefallenen japanischen Soldaten geweiht.

↑ *Die Berglage des Kiyomizu-dera-Tempels bietet eine schöne Aussicht*

Zwei kleine Pflasterstraßen namens **Sannen-zaka** (»drei Jahre abwärts«) und **Ninen-zaka** (»zwei Jahre abwärts«) stehen unter Denkmalschutz. Sie sind voller historischer Bauten mit Läden und Cafés und gelten als die attraktivsten Straßen Kyotos.

Kiyomizu-yaki, feines, farbenfrohes Porzellan, wird in der Straße zum Kiyomizu-dera in vielen Töpfereien angeboten.

Schon gewusst?

Ein Ausrutscher auf der Sannen-zaka oder Ninen-zaka soll zwei oder drei Jahre Unglück bringen.

Der berühmte **Kiyomizu-dera-Tempel** *(siehe S. 191)* ist über 1000 Jahre alt.

Schon gewusst?

Der Nanzen-ji ist einer der wichtigsten Tempel der zenbuddhistischen Rinzai-Schule.

Beim **Silberpavillon** *(siehe S. 195)* sind oft Besuchergruppen anzutreffen. Er liegt in einem schönen Hain mit Teichen, geharkten Kiesgärten und Pinien.

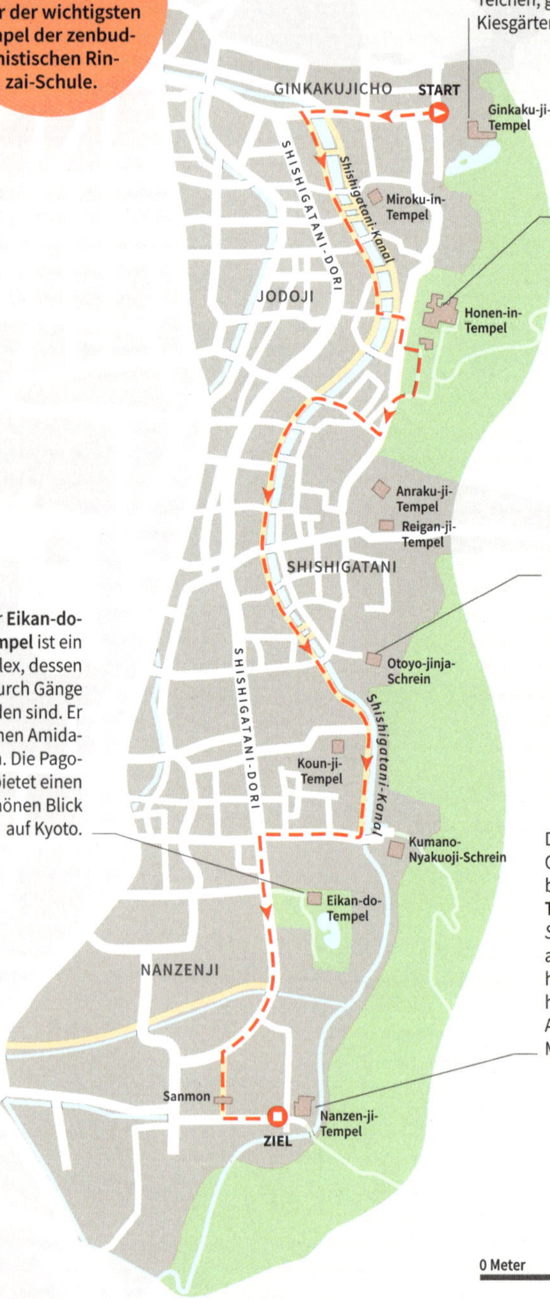

Der **Honen-in-Tempel** der Jodo-Schule mit seinem schilfgedeckten Tor und »Hügeln« aus geharktem Sand lohnt einen kleinen Umweg.

Der **Eikan-do-Tempel** ist ein Komplex, dessen Bauten durch Gänge verbunden sind. Er birgt einen Amida-Buddha. Die Pagode bietet einen schönen Blick auf Kyoto.

Östlich einer Brücke liegt **Otoyo-jinja**, einer der wenigen Shinto-Schreine zwischen den buddhistischen Tempeln der Gegend.

Der nach dem Onin-Krieg erbaute **Nanzen-ji-Tempel** *(siehe S. 194)* stammt aus dem 17. Jahrhundert, abgesehen von einem Aquädukt aus der Meiji-Zeit.

Spaziergang auf dem Philosophenweg

Länge 2 km **Dauer** 25 Min.
Bahnhof Mototanaka

Zur Orientierung
Siehe Karte S. 182f

Der Philosophenweg (Tetsugaku-no-Michi), einer der beliebtesten Spazierwege in Kyoto, verläuft an einem mit Kirschbäumen bestandenen Kanal und schlängelt sich am Fuß der malerischen Higashiyama-Berge (Ostberge) vom Ginkaku-ji-Tempel zum Kumano-Nyakuoji-Schrein, um dann in die Zufahrtsstraßen zum Nanzen-ji-Tempel zu münden.

Ihren Namen erhielt die Flaniermeile, weil Nishida Kitaro (1870–1945), ein Philosophieprofessor der Universität von Kyoto, täglich hier spazieren ging. Entlang des Wegs finden sich verstreut einige freundliche Cafés, Kunsthandwerksläden, Restaurants und Boutiquen. Während der Hochsaison werden auch Essensstände aufgebaut.

Zur Zeit der Kirschblüte im Frühjahr und während der Ahornsaison im Herbst wird der Weg zur veritablen Promenade – und ist hoffnungslos überlaufen. Paare aus der ganzen Kansai-Region kommen hierher, um das Naturwunder mit eigenen Augen zu sehen.

Expertentipp
Meditationsweg
Um die Harmonie und Naturschönheit des Wegs zu genießen, sollten Sie frühmorgens hingehen. Dann kann man sich gut vorstellen, wie Nishida Kitaro meditierend den Kanal entlangging.

↑ *Malerisch gelegener Teich in der Gartenanlage des Ginkaku-ji-Tempels*

社会イノベーションの
新世界
日本一の串かつ
横綱
酒処
新世界
日本一の串かつ
横綱
酒処
づぼらや
づぼらや
名物
てっちり
美味てっちり
通天閣
TSUTENKAKU
日本一の串かつ
横綱
串かつ
9-22
9-22
1Fカウンター席
2F座敷あります

Neonlichter-Straße zum Tsutenkaku Tower in Osaka (siehe S. 218–221)

West-Honshu

Die ersten japanischen Kaiserhöfe gab es in der Yamato-Region im heutigen West-Honshu, dem kulturellen Herz Japans. Der Name »Yamato« bezieht sich auf die Grenze zwischen Himmel und Erde und auf das Land, das Kaiser Jimmu, ein Nachfahre der japanischen Sonnengöttin, geschaffen haben soll. Der Überlieferung nach ist Yamato ein heiliger Ort, »in dessen Bäumen und Felsen, Flüssen und Bergen die Götter wohnen« – wie der mythische Kaiser Keiko vor fast 2000 Jahren gedichtet haben soll.

Die Legende wurde Wirklichkeit, als im 4. Jahrhundert ein Clan namens Yamato sich die Region einverleibte. Japans erste Kaiser, die Yamato-Kaiser, errichteten ihren Hof in der Yamato-Ebene, der heutigen Präfektur Nara, Sitz der charmanten einstigen Hauptstadt Nara mit ihren Wandelgärten, dem Duft von Räucherwerk und der Spiegelung ihrer Pagoden in grünen Teichen.

Die mythische Geschichte ist allerdings kein Grund, dass die Gegend im Gestern stecken geblieben wäre. Das nach der Atombombenkatastrophe von 1945 wiedererstandene Hiroshima, Kobe mit seinem internationalen Hafen und Osaka bilden die großen urbanen Zentren von West-Honshu.

West-Honshu

Highlights

1. Nara
2. Osaka
3. Kobe
4. Burg Himeji
5. Friedenspark Hiroshima
6. Miyajima
7. Horyu-ji-Tempel

Sehenswürdigkeiten

8. Asuka-Ebene
9. Koka Ninja Village
10. Yoshino
11. Berg Koya
12. Halbinsel Kii
13. Iga-Ueno
14. Okayama
15. Imbe
16. Kurashiki
17. Tottori-Sanddünen
18. Fukiya
19. Amanohashidate-Sandbank
20. Biwa-See
21. Uji
22. Matsue
23. Yamaguchi
24. Akiyoshi-dai-Tafelland
25. Izumo
26. Iwakuni
27. Hagi
28. Tsuwano

West-Honshu
Japanisches Meer (Ostmeer)
Pazifischer Ozean
Zentral-Honshu
Seiten 148–179
Kyoto
Seiten 180–209
Tottori-Sanddünen
Amanohashidate-Sandbank
Biwa-See
Koka Ninja Village
Uji
Iga-Ueno
Burg Himeji
Imbe
Kobe
Osaka
Nara
Horyu-ji-Tempel
Asuka-Ebene
Yoshino
Berg Koya
Halbinsel Kii
Osaka International Airport
Kansai International Airport
Tottori Airport
Takamatsu Airport
FUKUI
KYOTO
HYOGO
SHIGA
OSAKA
NARA
MIE
WAKAYAMA
TOKUSHIMA
Hyono-sen 1510 m
Hakken-zan 1915 m
Gomadan-zan 1372 m
Kyoga-misaki
Naruto-Brücke
Kap Muroto
Halbinsel Ise
Doro-Tal
Oshima
Shodo
0 Kilometer 40
N

Spielende Kinder an einem Teich im weitläufigen Nara-Park

❶

Nara

奈良

D5 · 352 400 · Präfektur Nara · Nara, Kintetsu-Nara · am früheren Bahnhof Nara · +81-742-27-2223 · Omizutori (1. Hälfte März) · visitnara.jp

Das 710 gegründete Nara hieß einst Heijo-kyo (»Friedenszitadelle«). Es wurde zu einer der prächtigsten Städte Asiens. Als Endstation der Seidenstraße übernahm Nara das Gedankengut des Festlands und wurde so zum Zentrum des Buddhismus. Mit seinen alten Gebäuden und der umliegenden Naturschönheit strahlt Nara feierliche Würde aus.

①

Nara-Park

Im 502 Hektar großen Park, dem kulturellen Herz Naras, liegen die meisten Tempel. Über 1200 zahme Hirsche, die als Götterboten betrachtet werden, streifen umher.

②

Kofuku-ji-Tempel

48 Noboriojicho · tägl. 9–17 · kohfukuji.com

Von den 175 Gebäuden des Tempelkomplexes (669) sind nur noch wenige original erhalten. Doch in Nara können auch Rekonstruktionen sehr alt sein – die fünfstöckige Pagode, die fünfmal niederbrannte, wurde zuletzt 1426 wiedererrichtet. Das Schatzhaus birgt eine der schönsten Sammlungen buddhistischer Kunst.

Fotomotiv

Zahme Hirsche

Hirschwild wandert seit Jahrhunderten im Nara-Park umher und bettelt Besucher um Futter an. Streifen Sie einfach mit Ihrer Kamera durch den Park – Ihnen gelingen bestimmt hübsche Schnappschüsse.

③

Nationalmuseum Nara

50 Noboriojicho · Di–So 9:30–17 (Feb–Mitte Dez: Sa bis 20) · narahaku.go.jp

Die meisten Exponate des Museums, darunter buddhistische Skulpturen, Gemälde und Kalligrafien, stammen aus der Nara- und Heian-Zeit. Das Museum zeigt jedes Jahr im Oktober und Anfang November eine Ausstellung mit Schätzen aus dem Shoso-in-Schatzhaus, einem Lagerhaus im Todai-ji-Tempelkomplex *(siehe S. 216f)*, das Kaiser Shomus Privatsammlung mit wertvollen Objekten von der Seidenstraße enthält.

④

Isui-en-Garten

74 Suimoncho · Mi–Mo 9:30–16:30 (Apr, Mai: bis 17) · isuien.or.jp/en

Der Garten aus der Meiji-Zeit mit vielen Teehäusern ist wegen der Kirsch-, Pflaumen- und Azaleenblüte im Frühling und für das rote Laub der Ahornbäume im Herbst berühmt.

Highlight

⑤

Kasuga-Taisha-Schrein

160 Kasuganocho
Apr – Sep: tägl. 6 –18; Okt – März: tägl. 6:30 –17
kasugataisha.or.jp

Der einstige Schutzschrein für die Fujiwaras, eine der Gründerfamilien Naras, ist eine der bekanntesten Shinto-Stätten. Der Originalbau stammte von 768. Gemäß den Shinto-Regeln von Reinheit und Erneuerung wurde er bis zum Ende der Edo-Zeit alle 20 Jahre umgebaut. Die unzähligen Laternen der Anlage leuchten bei Festen im Februar und August.

⑥

Shin-Yakushi-ji-Tempel

468 Takabatakecho
tägl. 9 –17
shinyakushiji.or.jp

Der Tempel ist ein Geschenk der Kaiserin Komyo (701–760) an die Götter, die ihren Mann von einem Augenleiden heilen sollten. Teile der Anlage wurden im 13. Jahrhundert erneuert, doch die Haupthalle, die Lehmfiguren des Heilenden Buddha und die zwölf göttlichen Heerführer sind original.

⑦

Toshodai-ji-Tempel

13-46 Gojocho tägl. 8:30 –17 toshodaiji.jp

Der 759 von dem blinden Weisen und Priester Ganjin gegründete Toshodai-ji besitzt eine 5,5 Meter hohe Statue des Senju Kannon.

⑧

Yakushi-ji-Tempel

457 Nishinokyocho
tägl. 8:30 –17
yakushiji.or.jp

Kaiser Tenmu ließ ihn bauen, damit seine Frau wieder gesund würde. Die Maßnahme war so wirksam, dass sie ihn überlebte. Die östliche Pagode von 730 scheint sechs Stockwerke zu besitzen, dabei rufen nur drei Zwischendächer zwischen den Etagen diesen Effekt hervor.

↑ *Die grandiose Goldhalle, die Haupthalle des Shin-Yakushi-ji-Tempels*

9

Todai-ji-Tempel
東大寺

406-1 Zoshicho Todaiji-Daibutsuden
Apr – Okt: tägl. 7:30 –17:30; Nov – März: tägl. 8 –17
todaiji.or.jp/en

Der Bau des Todai-ji wurde von Kaiser Shomu veranlasst, um die Große Buddha-Statue von Nara aufzunehmen und um die Stellung der Stadt als Hauptstadt und Zentrum des Buddhismus zu stärken.

Der Tempel ist Haupttempel der buddhistischen Kegon-Schule. Die UNESCO-Welterbestätte besteht heute aus der Großen Buddha-Halle (Daibutsuden), Untertempeln, Hallen, Pagoden und Toren von besonderem historischem und architektonischem Interesse. Das imposanteste Gebäude ist zweifellos die Große Buddha-Halle. Sie wurde zweimal wiedererrichtet, der aktuelle Bau von 1709 ist um ein Drittel kleiner als das Original – dennoch soll die Halle das größte Holzgebäude der Welt sein. Die Unbilden und Naturkatastrophen der Jahrhunderte konnten dem sitzenden Buddha in ihrem Inneren nichts anhaben. Die 16 Meter hohe Figur ist das weltgrößte Bronzebildnis eines Buddha. Hinter ihm steht ein dicker Holzpfosten mit einem Loch. Der Volksglaube sagt, wenn man durch das Loch passt, ist man vor Unglück geschützt.

Große Buddha-Halle des Todai-ji-Tempels mit der riesigen Bronzefigur

Die Unbilden der Jahrhunderte konnten dem sitzenden Buddha nichts anhaben. Die 16 Meter hohe Figur ist das weltgrößte Bronzebildnis eines Buddha.

Chronik

743
△ Kaiser Shomu initiiert den Bau des Tempels, und die erste Bronzefigur des Buddha wird gegossen

1692
△ Nach Bränden und Erdbeben wird der heutige Kopf der Figur gegossen – er hat bis jetzt gehalten

1709
△ Die heutige Große Buddha-Halle wird nach einem Erdbeben wieder aufgebaut

1994
△ Größen wie Bob Dylan, Jon Bon Jovi, INXS und Joni Mitchell treten bei einem Festival vier Nächte lang vor dem Tempel auf

Highlight

Besucher auf dem Weg zur Großen Buddha-Halle des Todai-ji-Tempels ↑

Expertentipp
Frühjahrsputz

Planen Sie Ihren Besuch zu Todai-ji Ominugui (»Abstauben des Großen Buddha«). Die Zeremonie findet am Morgen des 7. August statt. Gut 120 Priester in weißen Roben und Strohsandalen seilen sich am Gesicht des Buddha ab – und befreien ihn vom Staub.

2

Osaka

大阪

D5 2 752 000 Präfektur Osaka Kansai, 35 km südl.; Itami, 10 km nördl. Osaka, Shin-Osaka JR-Bahnhof Osaka, Ausgang Midosuji; +81-6-6345-2189 Tenjin Matsuri (24./25. Juli) osaka-info.jp

Hideyoshi Toyotomi ermutigte im 16. Jahrhundert Kaufleute aus ganz Japan, sich in Osaka niederzulassen. Um 1900 war die Stadt ein industrielles Kraftwerk. Heute dominieren die Skyline futuristische Wohnblocks, Galerien und postmoderne Architektur. Osaka ist zudem weithin für sein Nachtleben und die kulinarischen Köstlichkeiten berühmt.

①

Geschichtsmuseum Osaka

4-1-32 Otemae Tanimachi-yonchome +81-6-6946-5728 Mi–Mo 9:30–17 mus-his.city.osaka.jp

In dem modernen Museum wird anhand von lebensgroßen Rekonstruktionen, Miniaturmodellen und Videopräsentationen die Geschichte Osakas von der Antike bis zur Gegenwart lebendig. Die bemerkenswertesten Exponate sind Gegenstände aus dem Naniwa-Palast (7. Jh.), der einst an dieser Stelle stand. Im zehnten Stock befindet sich ein Modell des Daikokuden, des Hauptgebäudes des Palasts. Ausgrabungen im Untergeschoss und auf dem angrenzenden archäologischen Gelände offenbaren die faszinierenden Überreste von Lagerhäusern und Palastmauern.

Besonders interessant für kleine Kinder ist das Informationszentrum im achten Stock. Hier können sie ein Puzzle aus alten Töpferstücken zusammensetzen oder mit Bunraku-Puppen spielen.

②

Burg Osaka

1-1 Osakajo Osakajo-koen Tanimachi-yonchome tägl. 9–17 osakacastle.net/english

Der heutige Hauptdonjon von 1931 ist kleiner als die von Toyotomi 1586 fertiggestellte Burg, vermittelt aber immer noch einen Eindruck von der Erhabenheit des Originals. Die Geschichte von Osaka-jo, der größten Burg des Landes zum Zeitpunkt ihrer Erbauung, begann mit der Belagerung und Zerstörung durch das Tokugawa-Shogunat 1615. Die Burg wurde wieder aufgebaut, nur um einige Jahre später von einem Blitz getroffen zu werden, 1868 brannten dann die Überreste. Aus der Tokugawa-Zeit sind nur noch einige Nebengebäude erhalten, darunter der Tamon-Turm und das Ote-mon-Tor.

In den modernisierten unteren Stockwerken des Hauptturms ist eine Sammlung von Rüstungen und Erinnerungsstücken aus der Zeit von Toyotomi ausgestellt. Ein Aufzug bringt Sie in den achten Stock mit einem großartigen Blick über die Stadt.

↑ *Im Herbst ist die Burg Osaka von buntem Laub umrahmt*

3 Museum für Orientalische Keramik

1-1-26 Nakanoshima
Naniwabashi S Yodoyabashi +81-6-6223-0055 Di – So 9:30 –17
moco.or.jp

Das Museum besitzt eine der weltweit schönsten Sammlungen fernöstlicher Töpferkunst. Den Kern der Ataka-Sammlung bilden chinesische und koreanische Keramiken, aber auch Werke bedeutender japanischer Töpfer. Computergesteuerte Räume heben die Oberflächen der Stücke hervor. Einige der japanischen Stücke sind Nationalschätze.

4 Nationales Kunstmuseum

4-2-55 Nakanoshima
Watanabebashi
Di – So 10 –17 (Fr, Sa bis 20) nmao.go.jp

Der Eingang zum Museum besteht aus gebogenen Stahlteilen, die hoch über das Gebäude hinausragen. Die Struktur soll die Stärke und Flexibilität von Bambus, dem alten Baumaterial, darstellen. Die Ehrfurcht einflößende Sammlung enthält u. a. Werke von Picasso, Cézanne, Miró und Warhol, aber auch alte chinesische Schätze und moderne japanische Kunst. Auf der Website des Museums finden Sie eine Liste der kommenden Ausstellungen.

Highlight

↑ *Die Stahlfassade am Eingang zum Nationalen Kunstmuseum*

Expertentipp
Heißes Ticket

Das Stadtzentrum besitzt eine Bahnschleife, die JR-Kanjo-Linie (Osaka Loop Line). Besucher, die viele Attraktionen sehen wollen, sollten einen Ein- oder Zwei-Tages-Pass kaufen, der unbegrenzte Fahrten mit U-Bahn, Tram und Bahn gewährt.

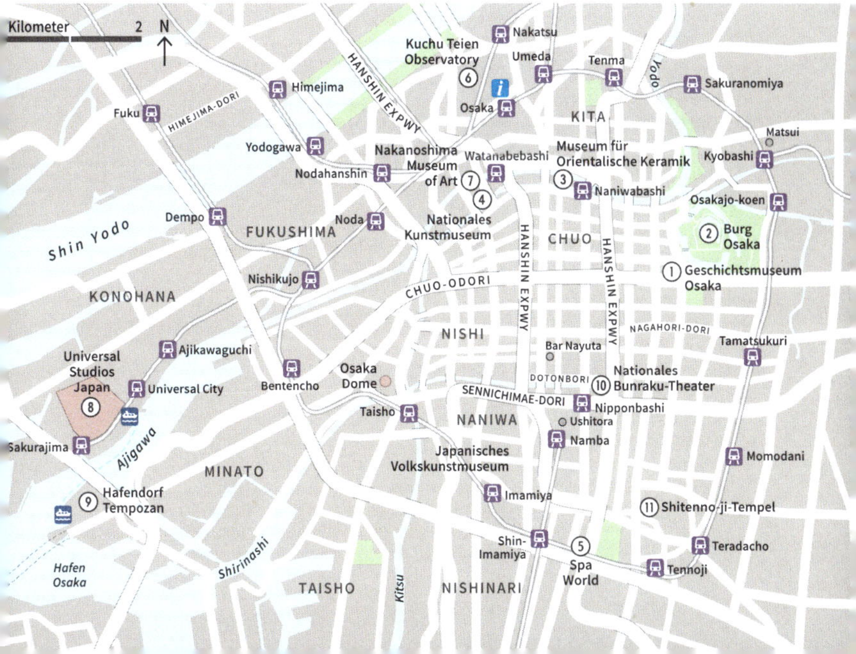

⑤

Spa World

3-4-24 Ebisuhigashi Shin-Imamiya Dobutsuenmae-Linie tägl. 24 Std.; einige Bereiche haben unterschiedliche Öffnungszeiten spaworld.co.jp/english

Die Spa World, die für bis zu 5000 Besucher ausgelegt ist, bietet ein atemberaubendes Badeerlebnis, denn das Wasser kommt aus Quellen, die fast 900 Meter unter der Erde liegen. Der Komplex ist in Zonen unterteilt, die die Badegewohnheiten verschiedener Länder auf der ganzen Welt repräsentieren, etwa China und die Türkei. Außerdem gibt es Steinsaunen, die acht Länder repräsentieren, darunter Finnland, Russland, Island und Korea.

Ein Vergnügungsbad mit einer Reihe von Wasserrutschen und einem Poolbereich für Kleinkinder sorgt für einen familienfreundlichen Aspekt.

Abseits des Wassers gibt es eine Reihe von Restaurants, die Osaka-Favoriten wie *okonomiyaki* und *kushikatsu* (frittierte Spieße) servieren.

⑥

Kuchu Teien Observatory

1-1-88 Oyodonaka Osaka Umeda +81-6-6440-3901 tägl. 9:30–22:30 skybldg.co.jp/en

Das futuristische Bauwerk, das man über eine gläserne Rolltreppe in den 39. Stock erreicht, ist nichts für Menschen, die unter Schwindel leiden oder Angst haben, in erdbebengefährdeten Regionen in der Höhe hängen zu bleiben. Das Observatorium befindet sich 173 Meter über dem Boden und überspannt die Zwillingstürme des Umeda Sky Building von Hara Hiroshi. Die Aussicht auf Osaka von oben ist unglaublich.

Die hoch aufragenden Zwillingstürme des Kuchu Teien Observatory ↑

Es gibt hier auch Hightech-Displays und ein Virtual-Reality-Spielcenter, aber beides kann nicht wirklich mit den fantastischen Panoramen mithalten.

⑦

Nakanoshima Museum of Art

4-3-1 Nakanoshima Fukushima Watanabebashi Taminobashi Di–So 10–17 nakka-art.jp/en

Das Museum für moderne Kunst und Design in Osaka ist in einem auffälligen schwarzen Gebäude untergebracht, das von Grünflächen umgeben ist. Sowohl die umfangreiche Sammlung, die mehr als 6000 Werke von 1800 bis heute umfasst, als auch die Wechselausstellungen zeigen die Werke bekannter japanischer und internationaler Künstler.

⑧

Universal Studios Japan

2-1-33 Sakurajima Universal City siehe Website usj.co.jp/web/en/us

Der Themenpark wurde in kürzester Zeit zum Anziehungspunkt Osakas. Er umfasst neun thematische Bereiche. Auf dem ganzen Areal gibt es Live-Unterhaltung. Highlights sind u. a. die Hollywood Premiere Parade, Hollywood Magic, der Bereich »New York« und ein von *Ich – Einfach unverbesserlich* inspirierter »Minions Park«. Besucher können auch durch eine Warp-Röhre in der Nähe

> ### Schon gewusst?
> **Die Instantnudeln wurden im Jahr 1958 in Osaka erfunden.**

des Eingangs springen, um sich in die Super Nintendo World™ zu teleportieren, die 2021 zum Park hinzugefügt wurde.

⑨

Hafendorf Tempozan

1-1-10 Kaigan-dori
Osaka-ko, Chuo-Linie
siehe Website) kaiyukan.com/language/eng

Das Projekt im Hafen von Osaka, das in den 1830er Jahren als Landgewinnungsprogramm begonnen wurde, ist das neue Gesicht einer Mülldeponie aus der Edo-Zeit. Das riesige Tempozan Ferris Wheel, mit 113 Metern einst das höchste der Welt, bietet den Fahrgästen einen Panoramablick über die Stadt, das Meer und die Berge. Das Riesenrad kann bis zu 480 Fahrgäste in seinen 60 Gondeln befördern. In der Nacht ist das beleuchtete Riesenrad ein beliebter Treffpunkt.

Neben dem Legoland Discovery Center beherbergt das Dorf auch den Tempozan Marketplace – ein großes Zentrum mit vielen Restaurants und Shoppingmöglichkeiten.

⑩

Nationales Bunraku-Theater

1-12-10 Nippon-bashi
Nipponbashi
ntj.jac.go.jp.co.jp

Das Nationale Bunraku-Theater ist Japans wichtigste Spielstätte für Bunraku-Puppenspiele und an den bunten Bannern zu erkennen, die draußen an der Fassade hängen.

Die Aufführungen finden im Januar, April, Juni, Juli, August und November statt. Für ausländische Besucher stehen Kopfhörer zur Verfügung.

⑪

Shitenno-ji-Tempel

1-11-18 Shitenno-ji
Shitennouji-mae Yuhigaoka +81-6-6771-0066
tägl. shitennoji.or.jp

Prinz Shotoku ordnete den Bau des ursprünglichen Tempels im Jahr 593 an, und die Anlage gilt als Geburtsstätte des japanischen Buddhismus. Der Tempel wurde mehrmals durch Feuer zerstört, und die heutigen Betongebäude stammen aus dem Jahr 1965.

Als detailgetreue Repliken der Originale sind sie allerdings für Besucher, die mehr über die frühe buddhistische Architektur erfahren möchten, sehr interessant.

Die beste Zeit für einen Besuch des Tempels ist der 21. Tag eines jeden Monats, wenn auf dem Tempelgelände ein ausgezeichneter Flohmarkt abgehalten wird.

> *Highlight*
>
> ## Bars
>
> **Matsui**
> In der Retro-Bar, die mit Postern aus der Mitte des Jahrhunderts tapeziert ist, werden Bier, *yakitori* und *kushikatsu* (frittierte oder gegrillte Spieße) serviert.
>
> **3-5-1 Higashinoda-machi Di**
> **+81-6-353-3106**
>
> **Ushitora**
> Die freundliche, nicht teure Bar ist der richtige Ort, um nach einem ermüdenden Sightseeing-Tag zu entspannen.
>
> **15-19 Nanbasen-nichimae**
> **+81-6-6632-7830**
>
> **Bar Nayuta**
> In der winzigen Bar gibt es maßgeschneiderte Cocktails – jeder einzelne eine einzigartige und leckere Kreation.
>
> **1-6-17 Nishishinsai-bashi**
> **+81-06-6210-3615**

←
Der zinnoberrote Saidaimon (Westtor) am Eingang zum Shitenno-ji-Tempel

❸

Kobe

神戸

D5 1513 000 Präfektur Hyogo Kobe, 8 km südöstl.; Kansai, 70 km südl. Shin-Kobe, Kobe
vor dem JR-Bahnhof Sannomiya feel-kobe.jp

Kobe ist seit dem 8. Jahrhundert ein Zentrum des internationalen Handels und beherbergt heute eine große ausländische Gemeinschaft, die der Stadt ein kosmopolitisches Flair verleiht. Die Stadt geriet 1995 in die Schlagzeilen, als sie von einem schweren Erdbeben heimgesucht wurde, doch heute ist von der Katastrophe kaum noch etwas zu sehen. Das Stadtzentrum ist berühmt für sein Nachtleben, und Kobe-Rindfleisch ist weltweit bekannt.

Schon gewusst?

Kobe-Rindfleisch stammt ausschließlich von den Wagyu-Rindern der Präfektur Hyogo.

①

Chinesisches Viertel

1-3-18 Sakaemachi-dori
Motomachi

Die über 14 000 chinesischen Einwohner haben Nankinmachi in einen lebendigen, bunten Stadtteil verwandelt. Der durch vier große Tore erreichbare zentrale Platz, der Nankin-Park, ist von China-Restaurants und Juwelierläden gesäumt und von Straßenverkäufern bevölkert. Seine Statuen stellen die zwölf chinesischen Tierkreiszeichen dar.

②

Stadtmuseum Kobe

24 Kyomachi Motomachi siehe Website
kobecitymuseum.jp

Das Museum zeigt die Geschichte der Stadt von ihren Anfängen bis zum Wiederaufbau nach dem Erdbeben von 1995, darunter Gegenstände aus der alten ausländischen Siedlung und ein maßstabsgetreues Modell der Gegend. Das Museum beherbergt auch die weltweit größte Sammlung von Nanban-Kunst aus dem 16. Jahrhundert. Das Wort Nanban (»südliche Barbaren«) bezog sich zunächst auf Ausländer, die aus dem Süden kamen, später wurde es auf alle Europäer angewandt.

③

Kitano-cho

12 Min. zu Fuß vom Bahnhof Sannomiya
Sannomiya

Zu Beginn der Meiji-Zeit, als Kobe sich zu Japans wichtigstem internationalem Hafen entwickelte, ließen sich Kaufleute und Diplomaten hier nieder. Von den erhaltenen Häusern, viele im gotisch-viktorianischen Stil, können mehr als 20 besichtigt werden. Die Gegend – für viele Japaner Inbegriff von Fin-de-Siècle-Eleganz – gilt als angesagtes Wohnviertel.

↑ *Skyline des kosmopolitischen Kobe bei Sonnenuntergang*

Highlight

Hanshin-Erdbeben

Am 17. Januar 1995 um 5:46 Uhr erschütterte das Erdbeben Kobe. Sein Epizentrum lag 16 Kilometer unter der Meerenge von Akashi. Das Beben mit einer Stärke von 6,9 auf der Momenten-Magnituden-Skala dauerte fast eine Minute. Unzählige Nachbeben und Brände zerstörten über 100 000 Gebäude. Mehr als 6000 Menschen kamen ums Leben.

④

Meriken-Park

12-2 Hatobacho
Motomachi

»Meriken« stand in der Meiji-Zeit für »amerikanisch«. Vom Park aus sieht man die Umrisse des Schifffahrtsmuseums Kobe, dessen Dach wie die Segel eines Schiffs gestaltet ist und das Ausstellungen über die Rolle der Stadt als Hafen beherbergt. Einen guten Überblick über die Gegend bietet der Hafenturm am Naka-Pier.

Brauerei

Hamafukutsuru-Ginjo-Brauerei
In dieser Brauerei mit angeschlossenem Laden können Besucher auf einer Führung den Fermentierungsprozess von Sake kennenlernen und auch verschiedene Sake-Sorten probieren.

5 Min. zu Fuß vom Bahnhof Hanshin-Uozaki
Di–So 10–17
hamafukutsuru.co.jp

⑤

Kiku-Masamune Shuzo Kinenkan

1-9-1 Uozakinishimachi, Higashinada **Minami Uozaki** **tägl. 9:30–16:30**
kikumasamune.co.jp

Das Erdbeben zerstörte viele Brauereien, doch der Wiederaufbau wurde vehement vorangetrieben. Heute können einige der bekanntesten wieder besichtigt werden. Das Sake-Museum Kiku-Masamune Shuzo Kinenkan bietet einen Überblick zur Sake-Herstellung. Die Lagerhäuser wurden zwar beim Erdbeben zerstört, doch die Wassermühle ist erhalten. Sie dient heute als Ausstellungsraum für eine kleine Sammlung an Brauerei-Zubehör.

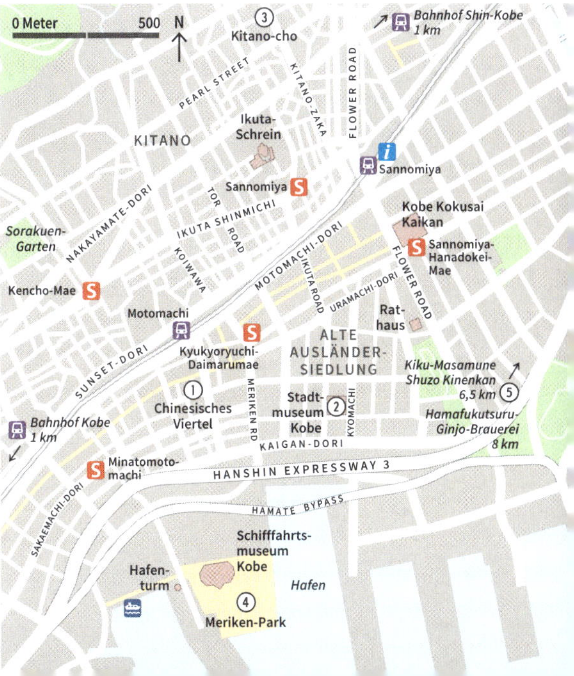

4

Burg Himeji
姫路城

D5 Präfektur Hyogo Himeji tägl. 9–18 (Mitte Juli–Aug: bis 18)
himejicastle.jp/en

Die Japaner nennen die Burg Himeji (Himeji-jo) auch Shirasagi-jo, »Burg des weißen Reihers«, weil sie mit ihren weißen Mauern, die sich zu beiden Seiten des Hauptturms erstrecken, aussieht wie ein Vogel, der sich in die Lüfte schwingt. Für viele ist der Bau mit seinem anmutigen Zierwerk die schönste Samurai-Burg überhaupt.

Der Hauptturm der Burg wurde 1609 von Terumasa Ikeda errichtet, der so aus einem einfachen Militärposten ein Symbol für die neue Macht des Tokugawa-Shogunats machte. So schön der Bau mit seinem Mansardendach und den chinesischen Bogengiebeln auch ist, er diente vor allem der Verteidigung. Viele Stellen der Mauer enthalten Schlitze, durch die Angreifer mit Steinen, kochendem Wasser oder Öl bekämpft wurden. Auf dem Dach sieht man delfinartige *Shachi-gawara*-Verzierungen, die den Hauptturm vor Bränden schützen sollten, während die Schießscharten – rund, drei- und rechteckig – den Musketieren und Bogenschützen dienten.

Das Innere, ursprünglich ein Waffenlager, ist eher karg. Heute beherbergt es Gegenstände, die das Burgleben illustrieren. Das Waffenmuseum präsentiert Samurai-Waffen und -Rüstungen, Gewehre und Schießpulverbeutel, die mit den Portugiesen im 16. Jahrhundert nach Japan gelangten. Die obersten Räumen bieten einen Panoramablick über Himeji – allerdings ist das Äußere der Burg ansprechender als das Innere.

Viele Stellen der Mauer enthalten Schlitze, durch die Angreifer mit Steinen, kochendem Wasser oder Öl bekämpft wurden.

↑ *Faszinierende Samurai-Rüstungen im Waffenmuseum*

↑ Shachi-gawara-*Figuren auf dem Dach des Hauptturms*

Chronik

1333
△ Norimura Akamatsu errichtet auf der Anhöhe bei Himeji eine Burg

1600
△ Terumasa Ikeda erhält nach der Schlacht von Sekigahara die Burg

1609
△ Vollendung des Hauptturms

1749
△ Tadazumi Sakai und Nachkommen leben hier bis zur Meiji-Restauration 1867

Schon gewusst?

Der Hauptturm scheint fünf Stockwerke zu besitzen – dabei sind es de facto sechs.

Der Hauptturm von Burg Himeji auf einer Anhöhe oberhalb der Stadt ↑

Anlage der Burg

Himeji-jo ist die grandioseste der zwölf verbliebenen Feudalburgen Japans. Sie thront auf einer Steilklippe über Himeji und ist seit 1993 UNESCO-Welterbe. 1985 diente sie Akira Kurosawa für seinen Film *Ran*, die japanische Version von Shakespeares *König Lear*, als Kulisse. Doch nicht nur der faszinierende Hauptturm, sondern auch die wellenförmigen Mauern, Gräben und Burghöfe der Anlage sind sehenswert. Heute scheinen das Gelände und die anmutigen Bauten Welten von der feudalen Vergangenheit, aber auch der Hektik der modernen Stadt entfernt. Diente das Areal einst der Verteidigung, ist es nun der perfekte Ort für Spaziergänge, um die Kirschblüte zu genießen oder Tai Chi zu praktizieren.

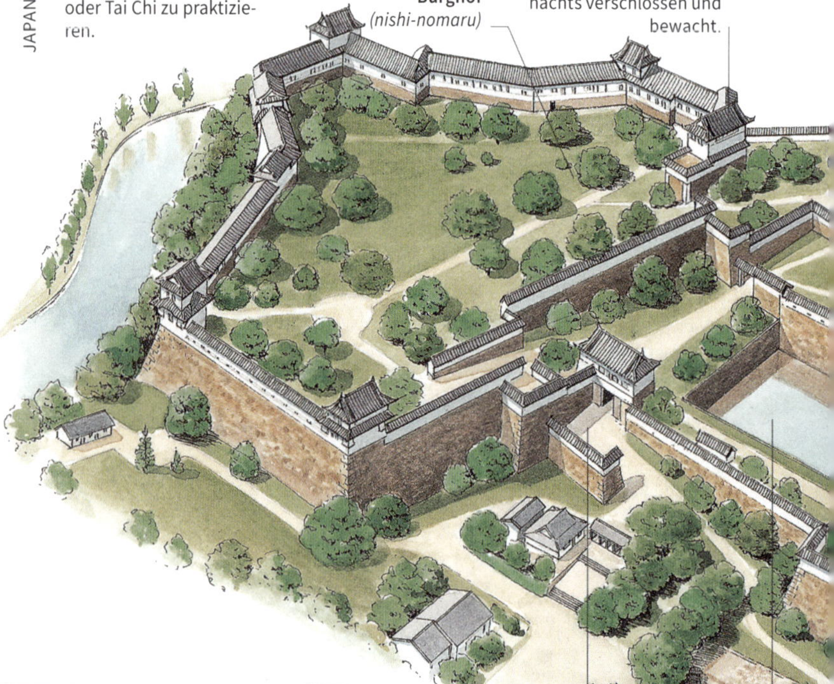

↑ *Tai-Chi-Übende in einem Stadtpark mit der Burg Himeji im Hintergrund*

Highlight

↑ *Zeit der Kirschblüte – dann wird die Burg von rosaroten Blüten umrahmt*

Expertentipp
Lichterburg

Während des Burgfestivals von Himeji im Mai wird der Hauptturm mit einer Lichtshow beleuchtet. Dann scheinen in dem Komplex die alte und die neue Welt in einem wahren Farbenrausch aufeinanderzuprallen.

↑ *Der weitläufige Komplex von Burg Himeji mit Mauern und Gräben*

5

Friedenspark Hiroshima

広島平和記念公園

B5 Präfektur Hiroshima Hiroshima, 40 km östl. Hiroshima, dann Bus bis Genbaku-Domu-mae Genbaku-Domu-mae Friedensmuseum: siehe Website Gedächtniszeremonie (6. Aug) dive-hiroshima.com/en

Hiroshima bedarf eigentlich keiner Erläuterung. Millionen Besucher strömen jährlich in die Stadt, über die ein einziger apokalyptischer Augenblick einst unsägliches Leid brachte. Der in den 1950er Jahren entstandene Friedenspark in der Stadtmitte erinnert an das entsetzliche Ereignis und ist zugleich ein Mahnmal für den Frieden.

Der Atombomben-Dom, die Ruine der Industrie- und Handelskammer, stand nahe dem Punkt null, über dem die Bombe explodierte. Am Nordeingang des Parks befinden sich die Friedensglocke und der Gedächtnishügel mit der Asche Zehntausender Opfer. Das Kinder-Friedensdenkmal zeigt ein Mädchen und einen Kranich. Das Mädchen Sasaki Sadako, ein Bombenopfer, glaubte, durch das Basteln von 1000 Papierkranichen gesund zu werden. Es starb, doch viele neue Origami-Kraniche von japanischen Schulkindern schmücken das Denkmal. Auf der anderen Straßenseite brennt die Friedensflamme, die erst erlöschen soll, wenn alle Atomwaffen von der Erde verschwunden sind. Daran schließt sich Kenzo Tanges Kenotaph mit den Namen aller Opfer an. Die Inschrift lautet: »Ruhet in Frieden. Das Böse darf sich nie wiederholen.« Mittelpunkt des Parks ist das Friedensmuseum. Unter den bestürzenden Exponaten finden sich eine halb geschmolzene Buddha-Bronze, ein demoliertes Dreirad und die Granitstufen der Sumitomo-Bank mit einem dunklen Fleck – dem Überrest eines Menschen.

Bombardement Hiroshimas

Nach der deutschen Kapitulation 1945 dauerte der Zweite Weltkrieg im Pazifik an. Die USA beschlossen, Japan mithilfe einer neuen Waffe zur Kapitulation zu zwingen. Am 6. August warf ein B-29-Bomber die erste Atombombe über Hiroshima ab. Um 8:15 Uhr detonierte sie 580 Meter über dem Stadtzentrum. Zehntausende Menschen kamen sofort um, in den folgenden Jahren starben weitere 300 000 an den Folgen des Fallouts. Drei Tage später traf die zweite Bombe Nagasaki *(siehe S. 266 – 269)*.

Gedenken an die Opfer vor dem geschwungenen Kenotaph ↑

→ *Schnüre mit Papierkranichen am Kinder-Friedensdenkmal*

Highlight

303195

Namen von Atombombenopfern sind auf einer Liste in Kenzo Tanges Kenotaph verzeichnet.

↑ *Blühender Kirschbaum vor der Ruine des Atombomben-Doms, Mahnmal und UNESCO-Welterbe*

6

Miyajima

宮島

B5 Präfektur Hiroshima von Hiroshima nach Miyajima-guchi, dann Fähre vom Hafen Hiroshima oder vom Bahnhof Miyajima-guchi am Fährhafen der Insel; +81-829-44-2011 miyajima.or.jp/english

Miyajima, wie dieser heilige Ort genannt wird, bedeutet Schrein-Insel. Ihr Itsukushima-Schrein, ein UNESCO-Welterbe, zählt zu den bedeutendsten Shinto-Schreinen Japans. Seit Jahrhunderten verzaubert das rote *torii* (Shinto-Tor) im Meer, das bei Flut von Wasser umgeben ist und bei Ebbe trocken liegt, die Besucher.

An dem heiligen Ort ist es verboten, Bäume zu fällen, deshalb existiert auf der Insel noch Urwald mit einer vielfältigen Flora und Fauna. Zahmes Wild läuft frei umher. Naturpfade führen zum Momijidani-Park hinauf, der sich hinter dem Schrein erstreckt. Das *torii* des Itsukushima-Schreins scheint über dem Wasser zu schweben, seine Ansicht zählt zu den »Nihon Sankei«, den »drei schönsten Landschaften Japans«. Um die Insel rein zu halten, dürfen Pilger keinen Fuß auf sie setzen. Der Zugang zum Schrein, dessen Pier ins Wasser reicht, ist nur per Boot durch das *torii* möglich. Taira no Kiyomori, Erbauer des Schreins im 12. Jahrhundert, ließ das erste *torii* errichten. Das heutige, 16 Meter hohe Tor stammt von 1875.

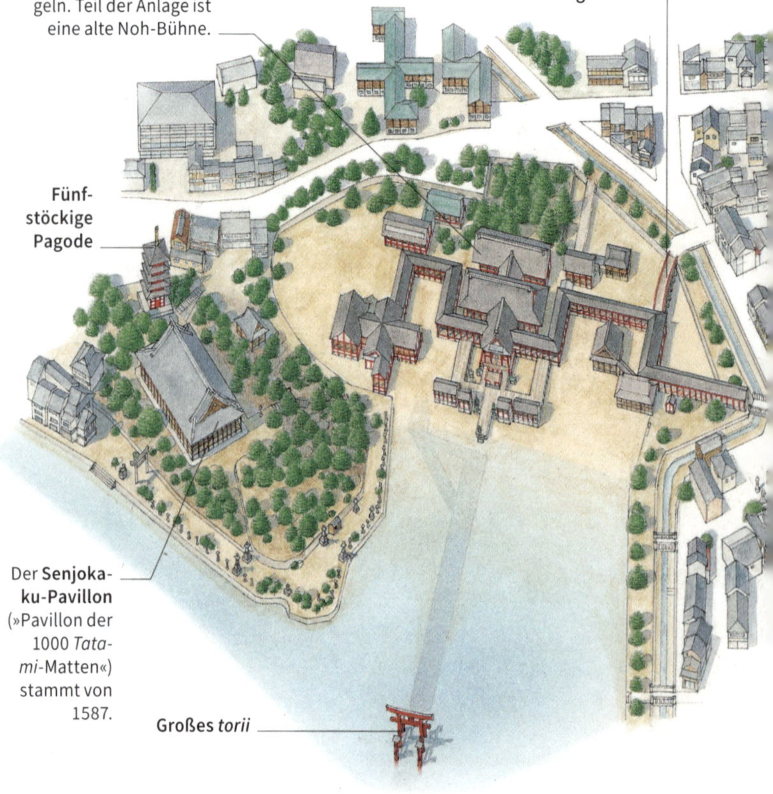

Highlight

1

2

3

1 *Die vier Streben* (yotsuashi) *des* torii *sorgen für seine Stabilität.*

2 *Auf einer Anhöhe über dem Schrein thront Goju-no-to, eine fünfstöckige Pagode von 1407.*

3 Komainu *(»Löwenhunde«) bewachen oft den Honden von Shinto-Schreinen.*

Schon gewusst?

Wegen der Heiligkeit der Insel dürfen hier keine Geburten oder Beerdigungen stattfinden.

Der **Daisho-in-Tempel** ist ein schöner Komplex mit einem Mix buddhistischer Bildhauerkunst. Er liegt im Gegensatz zum Itsukushima-Schrein sehr ruhig.

Das **Schatzhaus** beherbergt eine wertvolle Sammlung von Geschenken, die der Schrein über die Jahrhunderte vom Taira-Clan und anderen Gönnern erhielt.

Zweistöckige Tahoto-Pagode

In einer schönen **Villa** (19. Jh.) zeigt das Volkskunstmuseum Kunsthandwerk, Haushaltsgegenstände und Möbel.

← *Das Areal um den Itsukushima-Schrein mit dem berühmten »schwebenden«* torii

Fotomotiv
Gezeiten

Fotos vom berühmten *torii* von Miyajima macht man am besten bei Flut, wenn es im Wasser »schwebt«. Bei Ebbe kann man zu Fuß durch das Tor gehen, das die Grenze zwischen dem weltlichen Bereich und der spirituellen Welt symbolisiert.

7

Horyu-ji-Tempel

法隆寺

D5 Präfektur Nara Horyu-ji von Kintetsu Nara oder Kintetsu Tsutsui bis Horyu-ji-mae 22. Feb – 3. Nov: tägl. 8 –17; 4. Nov – 21. Feb: tägl. 8 –16:30 Uhr horyuji.or.jp/en

Der Horyu-ji-Tempel gilt als Wiege des japanischen Buddhismus und soll einige der ältesten Holzbauten (frühes 7. Jh.) der Welt enthalten.

Den Tempel ließ Prinz Shotoku (573 – 621) errichten. Es war der Versuch, den Buddhismus neben dem Shintoismus als zweite Säule des Glaubens in Japan zu etablieren. Zu den Sehenswürdigkeiten der Anlage gehören einige außergewöhnliche Kunstwerke, darunter alte Buddha-Statuen. Highlight ist die 32 Meter hohe fünfstöckige Pagode, die älteste ihrer Art in Japan. Sie ist im chinesischen Stil erbaut, der sich wiederum von den buddhistischen Stupas aus dem alten Indien ableitet. Über die Symbolik solcher Bauten wird gestritten. Eine fünfstöckige Pagode soll für die fünf Elemente stehen *(siehe rechts)*. Die Gegenmeinung besagt, die ungerade Anzahl bringt laut der chinesischen Nummerologie Glück.

↑ *An der Seite des Buddha sitzt ein goldener* bodhisattva

SEHENSWÜRDIGKEITEN

Entdeckertipp
Tempelschätze

Viele Schätze des Horyu-ji befinden sich heute im Nationalmuseum Tokyo *(siehe S. 128–131)*, doch die Galerie des Tempels besitzt u. a. noch den Kudara Kannon, einen schlanken Buddha.

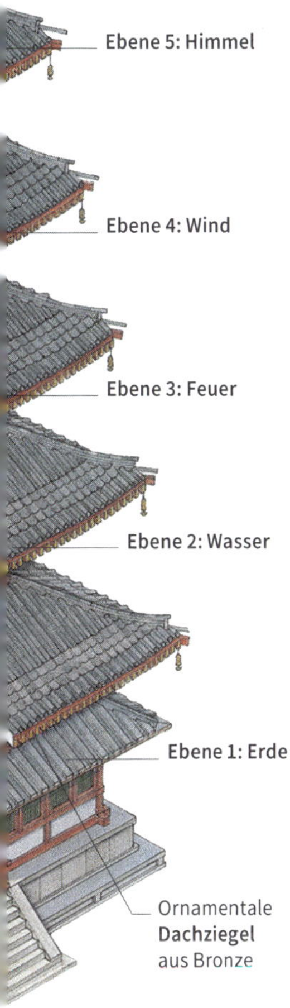

↑ *Die fünfstöckige Pagode des Horyu-ji mit ihren symbolischen Ebenen*

8

Asuka-Ebene

飛鳥地方

D5 Präfektur Nara
Asuka
english.asukamura.com

Die Asuka-Ebene ist mit Ausgrabungen der Ur-Hauptstadt Asukakyo übersät, die im 5. bis 7. Jahrhundert ihre Blüte hatte. Zu Gräbern und Tempeln fährt man am besten mit dem Rad.

Takamatsuzuka Kofun, eine der bekanntesten Stätten, enthält Bilder mit Sternen und mythischen Tieren. Sehenswert sind Sakabune Ishi, ein konzentrischer Stein, der wohl zur Sake-Herstellung diente, Kame und Saru Ishi, Statuen von Schildkröten und Affen, und Nimen Seki, ein Stein mit zwei Gesichtern.

Asuka-dera war der erste Buddha-Tempel des Landes. Die Asuka-Daibutsu-Statuen zeigen Einflüsse der ostasiatischen Kultur.

9

Koka Ninja Village

甲賀の里忍術村

D5 394 Kokacho Oki, Koka, Präfektur Shiga
Koka, dann kostenloser Shuttlebus vom Nordeingang Di–Fr 10–16, Sa, So 9–17 koka.ninpou.jp

In der Präfektur Shiga wirkte einst Japans Geheimsekte: die Ninja *(siehe S. 235)*. Heute präsentiert das Ninja-Museumsdorf alles zur Kunst der Spionage, Sabotage, Infiltration und den Ninja-Techniken. Es gibt ein Haus voller Fallen und Geheimtüren, einen Dojo für *shuriken* (Wurfsterne) sowie einen Mizugomo Water Spider Pond, wo Besucher versuchen können, Wasser mit zwei Ringen und einem Seil zu überqueren. Man kann auch an einem Ninja-Training teilnehmen und sich als Ninja kleiden, um die gedungenen Mörder besser zu verstehen.

↑ *Hübsche Deckenmalereien des Asuka-dera-Tempels in Asuka*

10 Yoshino
吉野

D5 Präfektur Nara Yoshino; +81-746-32-3081 Setsubun-e (3. Feb)

Das attraktive Bergdorf, dessen mehrstöckige Häuser terrassenartig am Hang liegen, ist während der Kirschblüte ein beliebtes Ausflugsziel. In der Gegend wachsen rund 100 000 Kirschbäume in verschiedenen Höhenlagen. Jedes Level hat seine Blütezeit, sodass hier fast drei Wochen lang Kirschblüte gefeiert werden kann.

Umgebung: Die Yoshinoyama-Region erstreckt sich vom südlichen Ufer des Kii bis zu den nördlichen Ausläufern der Omine-Bergkette. Das Areal ist UNESCO-Welterbe und mit Tempelanlagen übersät, darunter die Schreine Yoshino Mikumari, Yoshimizu und Kinpu sowie der Kinpusen-ji-Tempel. Durch die Berge führt ein Pilgerpfad. Der Chikurin-in-Tempel ist berühmt für den Wandelgarten des Teemeisters Sen no Rikyu. Neben der Kirschblüte sind die heißen Quellen eine weitere Attraktion der Gegend.

11 Berg Koya
高野山

D5 Präfektur Wakayama Nankai-Linie von Osaka, dann Standseilbahn vom Bahnhof Gokurakubashi nahe der Senjuin-bashi-Bushaltestelle eng.shukubo.net

Bewachsen von Zedern und auf rund 900 Meter Höhe liegt das Koya-Berggebiet (Koya-san) im Herzen der Halbinsel Kii. Der Berg Koya ist die heiligste Stätte der Shingon-Schule. Der heilige Kukai (774 – 835) gründete hier 816 ein Eremitenkloster. Zur Edo-Zeit existierten um die 1000 Tempel auf dem Bergareal. Taifune und Brände ließen 117 übrig.

Im Westen des Koya-san liegen die schönsten und heiligsten Tempel. Der Haupttempel Kongobu-ji wurde 1593 von Hideyoshi Toyotomi errichtet. Sehenswert sind u. a. die Schiebetüren, die Künstler der Kano-Schule im 16. Jahrhundert bemalten.

Der nahe Danjogaran-Komplex enthält die Fudo-do (Fudo-Halle) von 1197 und die zweistöckige rot-weiße Pagode Konpon Dai-to. Sie wurde 1937 erneuert und gilt als Symbol des Koya-san.

Der treffend Reihokan (Schatzhaus) genannte Bau gegenüber der Anlage birgt eine Sammlung von über 5000 Gemälden, Statuen und Mandalas in zwei Gebäuden. Das Dai-mon (Großes Tor), der alte Hauptzugang zum

Herbergen

Eko-in-Tempel

In der Tempelherberge am Berg Koya kann man vegetarisch essen und in heißen Quellen baden.

D5 497 Koyasan, Koyacho ekoin.jp/en

¥¥¥

Shojoshin-in-Tempel

Der 824 gegründete Tempel bietet einfache Zimmer und etwas luxuriösere Quartiere.

D5 566 Koyasan, Koyacho shojoshinin.jp

¥¥¥

↑ *Pagode vor dem Nachi-no-taki-Wasserfall auf der Halbinsel Kii*

Koya-san, liegt etwas weiter westlich am Rand des Plateaus. Von hier aus blickt man über Berge und Täler.

Im Osten von Koya-san liegt ein riesiger Friedhof mit dem Okuno-in (inneren Heiligtum), dem Mausoleum von Kukai. Der Weg zum Okuno-in wird von Statuen, Monumenten und Gräbern der einflussreichsten Familien Japans gesäumt. Vor Kukais Mausoleum liegt die Laternenhalle Toro-do. 11 000 Laternen brennen hier Tag und Nacht, zwei davon angeblich seit dem 11. Jahrhundert.

⓬

Halbinsel Kii

紀伊半島

D6 Präfekturen Wakayama, Mie und Nara
Nanki-Shirahama
JR-Kinokuni-Linie
the-kansai-guide.com/en/exciting/04

Die dicht bewaldeten Berge und schroffen Landspitzen sowie die mit Pinien bewachsenen Inseln und Buchten von Kii bilden einen starken Kontrast zur hoch industrialisierten Pazifikküste.

Von Shingu an der Ostküste fährt ein Bus nach Shiko, von wo aus man per Boot auf dem Fluss Kumano ins Doro-Tal gelangt. Im Mai und Juni blühen hier Rhododendren und Azaleen am Ufer.

Nach einer 40-minütigen Zugfahrt von Shingu nach Nachi und einer 20-minütigen Busfahrt ins Landesinnere erreicht man Nachi-no-taki, den höchsten Wasserfall Japans. Ein Weg parallel zum Wasserfall führt zum Nachi-Taisha-Schrein. Zusammen mit dem Hongu-Taisha-Schrein und dem Hayatama-Taisha-Schrein ist er einer der drei »großen« Schreine in der Region, die Kumano Sanzan genannt werden und durch die Kumano-Kodo-Pilgerwege verbunden sind. Der nächste Hafen südlich von Shingu ist Katsuura, eine mit Kiefern bewachsene Bucht mit malerischen Inselchen.

Der weiter südlich gelegene Ferienort Kushimoto ist bekannt für Hashigui-iwa, eine Kette von 40 Felsen, die scheinbar ins Meer hinausragen und die Stadt mit der Insel Oshima verbinden. Südlichster Punkt ist Shio-no-misaki, eine Landzunge mit Leuchtturm von 1873. Eine der drei ältesten heißen Quellen Japans, Shirahama Onsen an der Westküste, bietet den schönsten Strand der Region.

⓭

Iga-Ueno

伊賀上野

D5 Präfektur Mie
Ueno-shi Haito-Pia Building vor dem Bahnhof Ueno-shi iga-travel.jp

Das Burgstädtchen ist der Geburtsort von Japans verehrtem Haiku-Dichter Matsuo Basho sowie die Heimstatt der Ninja, der gefürchteten Spione der Feudalzeit.

Highlight ist das **Ninja-Museum von Igaryu** in einem Bauernhaus, das einst als geheimes Hauptquartier der professionellen Spione und Killer diente. Das schön restaurierte Gebäude hat geheime Fluchtwege und Falltüren, die nächtliche Angriffe von feindlichen Kriegsherren und rivalisierenden Ninja-Gruppen aufhalten sollten. Führer in Ninja-Kleidung zeigen die Methoden der Ninja.

Ninja-Museum von Igaryu
117 Ueno Marunochi
tägl. 10–16 (Sa, So bis 16:30)
iganinja.jp

Ninja

Ninjutsu, die »Kunst der Heimlichkeit«, entstand während der blutigen Clan-Kriege der feudalen Ära Japans. Die Ninja erhoben das Spionieren und Morden zu einer hoch entwickelten Disziplin, indem sie asketisch lebten und sich mit Astronomie, Kräuterkunde, Medizin und Ernährung beschäftigten. Die Kämpfer entwickelten ausgefeilte Hilfsmittel, um Gegner zu überlisten, etwa Schlossöffner, Klappboote, Kleidung, unter der man Schwerter und Messer verstecken konnte, und über 30 verschiedene *shuriken*, tödliche Wurfsterne aus Metall.

← *Kirschbäume mit verschiedenen Blütezeiten in den Bergen um Yoshino*

Schon gewusst?

Die Seto-Ohashi-Brücke war 1988 die längste Brücke der Welt.

14 Okayama
岡山

C5 · 720 000 · Präfektur Okayama · Okayama · vor dem JR-Bahnhof · okayama-kanko.net/sightseeing

Okayama – heute eine moderne Stadt – war einst Zentrum eines Gebiets, das vom Ikeda-Clan regiert wurde. Japaner kommen hierher, um die über 13 Kilometer lange Seto-Ohashi-Brücke zwischen Okayama und Shikoku zu bestaunen.

Der **Koraku-en-Garten**, einer der »drei berühmten« Gärten Japans, wurde von Ikeda in Auftrag gegeben. Der Wandelgarten von 1700 war die erste Anlage mit großen Rasenflächen. In drei Bereichen findet man Bambushaine, Pinien, Pflaumen- und Kirschbäume sowie Teesträucher.

Burg Okayama (16. Jh.) heißt wegen ihrer schwarzen Fassade auch »Krähenburg«. Die im Zweiten Weltkrieg zerstörte Festung wurde 1966 rekonstruiert. Ihr Inneres beherbergt u. a. Samurai-Helme und -Schwerter. Weitere Objekte des Ikeda-Clans präsentiert das **Hayashibara-Kunstmuseum**. Nordöstlich zeigt das **Orient-Museum** den Weg westasiatischer Kunst über die Seidenstraße nach Japan. Das **Okayama-Präfekturmuseum für Kunst** zeigt neuere japanische Gemälde und einige Werke früherer Künstler.

Koraku-en-Garten
Korakuen-guchi
Apr – Sep: tägl. 7:30 –18; Okt – März: tägl. 8 –17
okayama-korakuen.jp

Burg Okayama
2-3-1 Marunouchi
tägl. 9 –17:30

Hayashibara-Kunstmuseum
2-7-15 Marunouchi
+81-86-223-1733
Di – So 10 –17

Orient-Museum
9-31 Tenjincho
+81-86-232-3636
Di – So 9 –17

Okayama-Präfekturmuseum für Kunst
8-48 Tenjincho
Di – So 9 –17
okayama-kenbi.info

15 Imbe
伊部

C5 · 38 000 · Präfektur Okayama · Imbe · JR-Bahnhof Imbe · touyuukai.jp

Imbe ist die Heimat der Bizen-Keramik. Die Stadt bietet eine Vielzahl an Töpfereien, Läden und Galerien. Die Keramik aus der Kamakura-Zeit ist unglasiert und wird von Fans der Teezeremonie geschätzt.

Das **Bizen-Keramikmuseum** zeigt moderne Stücke sowie Beispiele aus der Muromachi-, Momoyama- und Edo-Zeit.

Bizen-Keramikmuseum
1659-6 Imbe · Di – So 9 –17 · touyuukai.jp/en-index/en-museum.html

→

Bootsfahrt auf einem der gut erhaltenen Kanäle aus der Edo-Zeit in Kurashiki

16

Kurashiki

倉敷

C5 475 000 Präfektur Okayama Kurashiki
Kurashikikan Building
kurashiki-tabi.jp/for/en

Die Kaufmannsstadt aus der Edo-Zeit ist wunderbar erhalten. Kurashiki bedeutet »Speicherhaus-Dorf«, was sich auf Dutzende von Getreidespeicher *(kura)* mit gefliesten Fassaden bezieht.

Im Herzen der Altstadt, südlich des Bahnhofs, liegt der historische Bezirk Bikan. Einen ruhigen Kanal mit Weiden säumen 200 Jahre alte *kura*. Viele wurden in Galerien, Restaurants, Gasthäuser und geschmackvolle Läden umgewandelt.

Als bestes Museum des Viertels gilt das **Ohara-Kunstmuseum**. Die Sammlung wurde 1930 von dem Industriellen Ohara Magosaburo angelegt. Er meinte, große Kunst müsse für alle zugänglich sein, sogar in einem so abgelegenen Ort wie Kurashiki. Unter den Exponaten finden sich u. a. Arbeiten von Matisse, Renoir, Picasso, Degas und Gauguin sowie Meisterwerke wie El Grecos *Verkündigung*. Der Anbau beherbergt eine exquisite Sammlung der Volkskunstbewegung *mingei*.

Das **Kurashiki-Archäologiemuseum** liegt in einem alten *Kura*-Bau am Kanal und enthält Ausgrabungsfunde aus der Region. Im damit verbundenen *kura* zeigt das **Kurashiki-Volkskunstmuseum** Handwerk. Das **Spielzeugmuseum** präsentiert altes Spielzeug aus Japan und anderen Teilen der Welt.

←

Spaziergänger am großen Teich im Koraku-en-Garten in Okayama

Ohara-Kunstmuseum
1-1-15 Chuo Di–So 9–15 **ohara.or.jp**

Kurashiki-Archäologiemuseum
1-3-13 Chuo Mi–So 9–17 **kurashikikoukokan.com**

Kurashiki-Volkskunstmuseum
1-4-11 Chuo Di–So 9–17 **kurashiki-mingeikan.com**

Spielzeugmuseum
1-4-16 Chuo
tägl. 9–17
english.gangukan.jp

Restaurants

Katsudon Nomura

Hier sollten Sie die lokale Spezialität *demi-katsu-don* (Reis mit Kohl und gebratenen Schweinekoteletts) probieren.

C5
1-10 Heiwacho, Kita, Okayama
+81-86-222-2234

¥¥¥

Azuma Sushi Sansute

Das Sushi-Restaurant serviert ein Gericht aus der Edo-Zeit, *barazushi* mit Meeresfrüchten und Gemüse.

C5 2F Sansute Okayama, 1-1 Ekimotomachi, Kita, Okayama
+81-86-227-7337

¥¥¥

Café Moni

Das Café ist für seine Chiffon Cakes bekannt.

C5 10-22 Honmachi, Kita, Okayama
+81-86-231-5455

¥¥¥

→ *Die wüstenartige Landschaft der Tottori-Sanddünen an der San-in-Küste*

17 Tottori-Sanddünen

鳥取砂丘

C4 Präfektur Tottori Tottori vom Bahnhof Bahnhof Tottori tottori-tour.jp/en

Wie eine Wüstenlandschaft erstrecken sich die Wogen der Tottori-Dünen über 16 Kilometer entlang der San-in-Küste. Für die Japaner sind die bis zu 90 Meter hohen Sandberge, ihre wechselnden Konturen und Schatten veritable Sinnbilder für das menschliche Dasein. Kobo Abes Roman *Die Frau in den Dünen* (1962), in Japan auch ein Kino-Klassiker, spielt hier. Doch die Kommerzialisierung hat auch hier zugeschlagen.

18 Fukiya

吹屋

C5 Präfektur Okayama von Bitchu Takahashi fukiya-japan.red/en

Im 19. Jahrhundert war Fukiya eine florierende Stadt inmitten von Kupferminen und Ockersteinbrüchen. Heute ist es ein Weiler inmitten einer Berglandschaft. Minenbesitzer und Kaufleute bauten hier großartige Häuser. Mit weiß verputzten Wänden und ockerfarbenen Gitterfenstern und -türen sind diese Meisterwerke der Tischlerkunst die größte Attraktion des Orts. Einige Bauten sind zu besichtigen, darunter die ehemalige **Katayama-Residenz**, in der sich auch das Fukiya-Volksmuseum und ein Schulhaus befinden.

Vor dem Ort kann man eine Kupfer- und Ockermine besichtigen. Rund vier Kilometer außerhalb des Dorfs steht **Hirokane-tei**, ein Haus aus der Edo-Zeit, das einer Burg ähnelt.

Katayama-Residenz
699 Fukiya tägl. 10–16 (Fukiya-Volksmuseum: nur Sa–Mo, Feiertage)

Hirokane-tei
2710 Nakano tägl. 10–17 (Dez–März: bis 16)

19 Amanohashidate-Sandbank

天橋立

D4 Präfektur Kyoto Amanohashidate Bahnhof Amanohashidate amanohashidate.jp

Ein Highlight der Miyazu-Bucht an der San-in-Küste ist die »Himmelsbrücke« Amanohashidate. Die vier Kilometer lange Sandbank trennt die Bucht von der Asokai-Lagune. Der Mythologie nach schufen hier die Götter den Japanischen Archipel. Besucher besteigen am besten am Pier ein Boot, das über die Lagune fährt. Am Fuß des Kasamatsu-Parks

→ *Kirschbäume rahmen Burg Hikone, deren Bergfried* (Detail) *Blicke auf den Biwa-See bietet*

Schöne Aussicht
Kopfüber

Wie Amanohashidate zu seinem himmlischen Namen kam, lässt sich leicht nachvollziehen, wenn man sich bückt und die Sandbank vom Gipfel des Kasamatsu aus auf den Kopf stellt – dann scheint die Sandbank aus dem Meer in den Himmel zu ragen.

nimmt man den Sessellift zum Gipfel mit Blick auf die Sandbank.

20

Biwa-See

琵琶湖

D5 **Präfektur Shiga**
Otsu, Hikone
vor dem Bahnhof Otsu
en.biwako-visitors.jp

Mit einer Ausdehnung von 674 Quadratkilometern ist der Biwa-ko der größte See Japans. Das Gewässer ist nach der *biwa* benannt, der japanischen Laute, deren Form es gleichen soll. Im 15. Jahrhundert kürten Künstler die acht Schönheiten der Landschaft *(Omi hakkei)*: etwa »der Zug der Wildgänse über Katata«. Zwar haben die Jahre einige radikal verändert, dennoch ist der Biwa-See mit seinen Schreinen und Tempeln immer noch eines der schönsten Reiseziele in West-Honshu. Das **Biwa-See-Museum** erläutert seine Geschichte.

Otsu (341 000 Einwohner) am Südwestufer ist die größte Stadt am See. Sehenswert ist hier die Onjo-ji-Tempelanlage mit ihren großen Toren und der Ishiyama-dera-Tempel mit Gebäuden aus dem 8. Jahrhundert. Murasaki Shikibu soll in einer der Kammern der Haupthalle ihr Meisterwerk, die *Geschichte vom Prinzen Genji*, geschaffen haben.

Burg Hikone (17. Jh.) am Ostufer ist fast vollständig erhalten. Von ihr hat man einen tollen Blick auf den See.

Biwa-See-Museum
1091 Oroshimocho, Kusatsu **Di–So 9:30–17**
biwahaku.jp

Burg Hikone
1-1 Konkicho, Hikone
tägl. 8:30–17

Bars und Kneipen

Kagoya
Neben schottischen und japanischen Whiskys gibt es hier auch saisonale Fruchtcocktails und wärmende Wintergetränke.
C5 **2-4 Higashi Honmachi, Matsue**
+81-852-61-8456

Oideyasu Okiniya
Das exzellente *izakaya* hat eine große Auswahl an Bier und Sake. Die Snacks sind herzhaft, probieren Sie *maitake* (Pilz-Tempura).
C5 **13 Suetsugu Honmachi, Matsue**
+81-852-24-8839

Bar E.A.D.
Der angesagte Hangout am Fluss ist ideal für einen Drink mit Blick auf die Stadt bei Sonnenuntergang. Im Sommer wird das Dach geöffnet, und Bands spielen bis spätnachts.
C5 **36 Suetsugu Honmachi, Matsue**
+81-852-28-3130

21

Uji
宇治

D5 184 700 Präfektur Kyoto Uji, Keihan-Uji
kyoto-uji-kankou.or.jp

In der Stadt gibt es neben einigen der besten Grünteeplantagen den **Byodo-in-Tempel**, der auf der 10-Yen-Münze abgebildet ist. Seine Phönix-Halle und ihre Statue von Amida Nyorai sind Überbleibsel aus der großen Zeit Japans. Der **Manpuku-ji-Tempel** wurde 1661 vom Priester Ingen, der nach dem Fall der Ming-Dynastie aus China geflohen war, errichtet. Er führte die Zeremonie mit dem Blatttee *sencha* ein.

Das **Miho-Museum** in Shigaraki, 35 Kilometer östlich, zeigt einige Schätze, darunter Buddha-Statuen und Rollbilder.

Byodo-in-Tempel
116 Uji Renge
tägl. 8:30–17:30

Manpuku-ji-Tempel
34 Gokasho Sanbanwari tägl. 9–17

Miho-Museum
300 Tashiro Momodani, Shigaraki, Shiga
siehe Website
miho.or.jp

Lafcadio Hearn

Lafcadio Hearn (1850–1904) kam 1890 nach Japan. Er veröffentlichte diverse Bücher, etwa *In Ghostly Japan* oder *Glimpses of Unfamiliar Japan*, die den Japanern erlaubten, ihre Kultur erstmals durch die Augen eines Fremden zu betrachten. Hearns erster japanischer Wohnort war Matsue. Er heiratete die Tochter einer einheimischen Samurai-Familie, nahm die japanische Staatsbürgerschaft an und nannte sich Koizumi Yakumo.

22

Matsue
松江

C5 204 000 Präfektur Shimane Yonago und Izumo Matsue
JR-Bahnhof Matsue
visit-matsue.com

Matsue liegt am Schnittpunkt von Shinji-See, Miho-Bucht und Nakaumi-Lagune und wird auch als »Wasserstadt« bezeichnet.

Der Journalist Lafcadio Hearn befasste sich in seinem Buch *Glimpses of Unfamiliar Japan* (1894) ausführlich mit Matsue, nachdem er 15 Monate hier gelebt hatte. **Burg Matsue** beschrieb er als »wahrhaft architektonischen Drachen aus prachtvollen Missbildungen«. Die Burg wurde 1611 erbaut und 31 Jahre später teils neu errichtet. Ihr fünfstöckiger Hauptturm ist der höchste des Landes.

Nicht weit entfernt sind zwei architektonische Juwele. Das Anwesen **Buke Yashiki** wurde 1730 von der Familie Shiomi, den Haushofmeistern der Burg, errichtet. Das **Meimei-an-Teehaus** (1779) ist eines der ältesten Japans. Es folgt das **Tanabe-Kunstmuseum** mit einer Sammlung rund um den Tee.

Nördlich liegt die **Lafcadio Hearn Residence**. Das **Lafcadio Hearn Memorial Museum** zeigt Hearns Schreibtisch und Manuskripte.

↑ *Das von I. M. Pei entworfene Miho-Museum in Uji ist von traditionellen Tempeln inspiriert*

Östlich von Matsue liegt die Eshima-Ohashi-Brücke, auch als »Achterbahnbrücke« bekannt. Südlich der Stadt befindet sich das **Adachi Museum of Art** mit einer Sammlung moderner Kunst. Seine Gärten werden oft zu den besten in Japan gewählt.

Burg Matsue
1-5 Tonomachi
Kencho-mae tägl. 8:30–18 (Okt–März: bis 17)
matsue-castle.jp

Buke Yashiki
305 Kitahoricho
siehe Website matsue-bukeyashiki.jp/en

Meimei-an-Teehaus
278 Kitahoricho
Di–So 9–17 (Okt–März: bis 17) meimeian.jp

Tanabe-Kunstmuseum
310-5 Kitahoricho
Di–So 9–17
tanabe-museum.or.jp

Lafcadio Hearn Residence
315 Kitahoricho
siehe Website
matsue-castle.jp/kyukyo

Lafcadio Hearn Memorial Museum
322 Okudanicho
siehe Website hearn-museum-matsue.jp

Adachi Museum of Art
320 Furukawacho
siehe Website
adachi-museum.or.jp

23

Yamaguchi

山口

B5 194 100 Präfektur Yamaguchi Yamaguchi Bahnhof Yamaguchi (1. Stock) visit-jy.com/en

Im 14. Jahrhundert wurde Yamaguchi nach dem Vorbild Kyotos angelegt. Die 1952 errichtete Xavier-Gedächtniskapelle erinnert an den Aufenthalt des Jesuiten Francis Xavier. Sesshu (1420–1506)

↑ *Felsformation in der Akiyoshido-Höhle, Akiyoshi-dai-Tafelland*

schuf den Garten des Joei-ji-Tempels. Der Ruriko-ji-Tempel hat eine fünfstöckige Pagode. In der Nähe liegen Gräber des Mori-Clans.

24

Akiyoshi-dai-Tafelland

秋吉台

B5 Präfektur Yamaguchi von Yamaguchi am Busbahnhof en.karusuto.com

Akiyoshi-dai ist ein verkarstetes Kalksteinplateau, an dem Sightseeing-Busse auf dem Weg zur **Akiyoshido-Höhle**, einer der größten Tropfsteinhöhlen Asiens, vorbeikommen. Ein Teil der zehn Kilometer langen Höhle ist für Besucher zugänglich. Die Pfade sind gut beleuchtet. Man erhält eine Karte.

Akiyoshido-Höhle
siehe Website
en.karusuto.com

25

Izumo

出雲

C5 173 000 Präfektur Shimane Izumo beim Bahnhof Taisha-mae izumo-kankou.gr.jp/en

Das bis ins 3. Jahrhundert »achtfach getürmte Donnerlandspitze« genannte Izumo mit seinen Mythen und Sagen blickt auf ein bezauberndes Erbe. In ganz Japan ist die Stadt berühmt für den **Izumo-Taisha-Schrein**, einen der ältesten Shinto-Schreine des Landes. Geweiht ist er Oku-ninushi-no-Mikoto, einer Gottheit für Ackerbau und Heilkunde, aber auch für die Ehe – was erklärt, warum hier so häufig Hochzeitszeremonien abgehalten werden.

Der Zugang durch elf *torii* (Tore) ist imposant. Der ungewöhnlich große Honden (Haupthalle) kann nicht besichtigt werden, dafür ist das Schatzhaus zugänglich. Die Umgebung des Schreins ist heilig und deshalb unberührte Natur. Turmhohe japanische Zedern umgeben das Hauptgelände. Östlich des Schreins stehen alte Häuser, in denen die Priester wohnen. Achten Sie auf die traditionellen Lehm-Stein-Wände der Häuser.

Am Schrein vorbei erhebt sich an der Route 431 nach Okuni ein Monument für eine Nonne, die am Kamogawa-Ufer in Kyoto getanzt haben soll, um Geld für den Schrein aufzutreiben. Aus ihrem Tanz entwickelte sich die Theaterform des Kabuki *(siehe S. 115)*.

Izumo-Taisha-Schrein
195 Taishacho Kizukihigashi tägl. 24 Std.
izumooyashiro.or.jp

26 Iwakuni
岩国

B5 137 000 Präfektur Yamaguchi Iwakuni, Shin-Iwakuni Busbahnhof beim Bahnhof Iwakuni kankou.iwakuni-city.net/itn

Die elegante »Brokatschärpen-Brücke« Kintai-kyo, deren fünf Bogen aussehen wie gekräuselter Brokatstoff, ist die Attraktion Iwakunis. Der Bau von 1673 wurde 1950 bei einem Taifun zerstört. Die Rekonstruktion verwendet keinen Nagel, sie wird von Stahlbeton gestützt.

Im Kikko-Park stehen Samurai-Häuser wie das **Mekata-Haus**. Das **Kashiwabara-Kunstmuseum** zeigt Waffen und Rüstungen. Mit der Seilbahn gelangt man zur Burg, einem Nachbau (1962) des Hauptturms von 1608.

Mekata-Haus
2-6 Yokoyama
Di–So 9–16:30

Kashiwabara-Kunstmuseum
2-10-27 Yokoyama tägl. 9–17 (Dez–Feb: bis 16) kashiwabara-museum.jp

27 Hagi
萩

B5 44 000 Präfektur Yamaguchi Hagi 3537-3 Tsubaki hagishi.com/en

Hagi war ein Fischerdorf, das Terumoto Mori 1604 befestigen ließ. Mori-Samurai lösten Mitte des 19. Jahrhunderts den Aufstand gegen Tokugawa aus. Viele Gründerväter der Meiji-Zeit stammen von hier. Heute ist Hagi vor allem für seine Töpfertradition berühmt, für Teehäuser, Friedhöfe und die Purpurblüten des Buschklees *(hagi)*. Der Teramachi-Bezirk birgt Tempel und Schreine: Jonen-ji ist für seine Schnitzereien am Tor berühmt, Hofuku-ji für seine Jizo-Statuen, Kyotoku-ji für seinen Garten und Choju-ji für den Friedhof. Kamelien und *natsu mikan* (Sommerorangen), die an Lehmwänden herabhängen, sind typisch für die Samurai-Viertel im Westen Teramachis. Hier liegen mehrere Residenzen, etwa das **Kikuya-Haus**, eine Kaufmannsvilla mit einem Museum. Wohlhabende Kaufleute besaßen einst die Sammlung im nördlich gelegenen **Kumaya-Kunstmuseum** mit Utensilien für die Teezeremonie, Gemälden und Paravents. Außerhalb der Stadt liegt das **Yoshika Taibi Memorial Museum** mit *Hagi-yaki*-Töpferwaren.

Keramikkunst aus Hagi

Hagis erste Brennöfen stammen aus der Heian-Zeit, doch der Ruf der Stadt als Töpferzentrum basiert auf dem Können der koreanischen Töpferlehrlinge, die im 16. Jahrhundert hierherkamen. Charakteristisches Merkmal der *Hagi-yaki* (Hagi-Keramik) ist die transparente Glasur. *Hagi-yaki* wird mit dem Alter schöner, wenn das Tannin durch die poröse Glasur dringt und die Pastelltöne in Beige und Umbra verwandelt.

Die eleganten Bogen der Kintai-kyo-Brücke über den Fluss Nishiki in Iwakuni

Shopping

Yoshinaga
Der alte Laden ist für seine Koi-Karpfen bekannt, die in einem Teich auf der Rückseite schwimmen. Zudem erhält man hier den besten Reis.
B5 296 Ushiroda, Tsuwano
+81-0856-72-0011

Karato-Markt
Wenn der Geschäftshandel um 7 Uhr beendet ist, haben die Händler Zeit und erklären Besuchern gern die Fischarten und Meeresprodukte.
B5 5-50 Karato-cho, Shimonoseki
karatoichiba.com

Kikuya-Haus
1-1 Gofukumachi
tägl. 8:30–17:15

Kumaya-Kunstmuseum
47 Imauono, Tanamachi Di, Sa 9–16

Yoshika Taibi Memorial Museum
426-1 Chinto
tägl. 10–16

28

Tsuwano
津和野

B5 6700 Präfektur Shimane Tsuwano
beim Bahnhof Tsuwano
tsuwano-kanko.net/en

In einem Flusstal mitten in den Bergen liegt die 700 Jahre alte Burgstadt mit vielen gut erhaltenen Samurai-Häusern. Tausende Karpfen bevölkern ihre Gewässer – angeblich sind es zehn pro Einwohner.

Auf einem Hügel liegt der Taikodani-Inari-Schrein, einer der wichtigsten Inari-Schreine Japans. Man betritt ihn durch einen Gang aus 1174 roten *torii*. Ein Sessellift führt auf der anderen Seite des Hangs hinauf zu den spärlichen Überresten der Burg Tsuwano. Von oben hat man eine atemberaubende Aussicht.

Nishi Amane (1829–1897), ein Politiker und Philosoph der Meiji-Zeit, wurde hier geboren. Das **Nishi-Haus**, sein Geburtshaus und heute ein Museum, steht im Süden. Gegenüber liegt das **Mori-Ougai-Haus** von Ougai Mori (1862–1922), einem Sohn der Stadt, der Romane wie *Vita Sexualis* schrieb.

Nishi-Haus
64-6 Ushiroda +81-856-72-1771 tägl. 9–17

Mori-Ougai-Haus
238 Machida
+81-856-72-3210
tägl. 9–17

Zeremonie im Taikodani-Inari-Schrein in Tsuwano, einem wichtigen Inari-Schrein

Schon gewusst?

Die »verheirateten Felsen« stellen Izanami und Izanagi, die Göttergötter Japans, dar.

Die durch ein Seil verbundenen Meoto Iwa (»verheiratete Felsen«) am Futamigaura-Strand ↑

Tour auf der Halbinsel Ise

Länge 10 km **Rasten** Goza-shirahama-Strand, Futamigaura-Strand, Kashikojima **Schwierigkeit** exzellente Bus- und Zugverbindungen

Auf dieser Tour lernen Sie die Hauptattraktionen der Halbinsel kennen, darunter die Stadt Ise mit dem Großen Schrein, dem heiligsten in Japan, den Ise-Shima-Nationalpark sowie noch einige Perlen abseits der Pfade: von der zerklüfteten Küste, einem Zentrum der Perlenzucht, bis zur immergrünen Hügellandschaft im Inneren, wo Affen, Wildschweine und Flughörnchen leben.

Zur Orientierung
Siehe Regionalkarte S. 212f

Die beiden Felsen Meoto Iwa (»verheiratete Felsen«) am **Futamigaura-Strand** sind durch ein heiliges Seil verbunden.

Frauen tauchen vor der **Perleninsel Mikimoto** in der Nähe von Toba nach Tang und Seeigeln.

Den Shinto-Prinzipien von Reinheit und Erneuerung gemäß wird der **Ise-Schrein** alle 20 Jahre neu errichtet. Er besteht aus zwei Bereichen: dem äußeren Ge-ku und dem inneren Nai-ku.

An klaren Tagen ist dies die schönste Strecke für die Rückfahrt. Sie führt über den **Berg Asama** mit schöner Aussicht über die Halbinsel.

Expertentipp
Anreise
Sie brauchen nicht unbedingt ein Auto für die Tour, sondern können die Strecken auch mit Zug oder Bus zurücklegen. Beide fahren fast jeden Ort der Halbinsel an. Es gibt auch Züge von Fukuoka aus – diese benötigen mehr Zeit.

Der beliebte **Goza-shirahama-Strand** ist über Land oder mit dem Boot von Kashikojima aus erreichbar.

Kashikojima gehört zu den besten Erholungsgebieten. Eine Bootstour führt an idyllischen Inseln und Austernflößen vorbei.

特別名勝
栗林公園
280-4384

Ein Teich im Ritsurin-Garten von Takamatsu (siehe S. 253)

Shikoku

Stätten aus der späten Altsteinzeit und *kofun* (Grabhügel) aus dem 3. Jahrhundert n. Chr. zeugen von der frühen Besiedlung der Insel Shikoku. Das Dogo Onsen Honkan in Matsuyama wird im *Kojiki*, Japans ältester Chronik von 712, erwähnt. Dennoch war Shikoku nie mehr als ein Randschauplatz japanischer Geschichte. Der berühmteste Sohn der Insel ist Kukai, der im Jahr 774 in eine verarmte Adelsfamilie geboren wurde. Der buddhistische Priester, der als Vater der japanischen Kultur gilt, besuchte 88 Tempel der Insel. Schon seit mehr als 1000 Jahren folgen Gläubige seinem Beispiel mit einer Wallfahrt (Shikoku Henro).

Im Jahr 1183, so steht es in der *Geschichte der Heike* geschrieben, dehnte sich der Machtkampf zwischen den Clans der Taira und Minamoto auch auf die Seto-Inlandsee sowie auf Shikoku aus. Einige der besiegten Taira zogen sich ins Innere der Insel zurück. Noch immer leben viele ihrer Nachkommen in diesem Gebiet.

Berge und Ackerland prägen die Landschaft der Insel, wenngleich die Landwirtschaft nur drei Prozent der vier Millionen Insulaner mit Arbeitsplätzen versorgt. Fahrzeugmontage und Elektronikproduktion, vor allem an der Küste der Seto-Inlandsee, sind die wichtigsten Industriezweige. Darüber hinaus lebt die Insel von Obstanbau (vor allem Satsumas), der Verarbeitung von Lebensmitteln und der Chemieproduktion.

Shikoku

Highlight

1. Benesse Art Site Naoshima

Sehenswürdigkeiten

2. Seto-Inlandsee
3. Kotohira
4. Takamatsu
5. Naruto-Strudel
6. Kochi
7. Tokushima
8. Matsuyama
9. Ozu
10. Uchiko
11. Uwajima

OKAYAMA
HYOGO
Katsuyama
Tsuyama
Yamazaki
Niimi
Tatsuno
Ono
Fukiya
Himeji
Okayama Airport
Miki
Bizen
Ako
Kakogawa
Soja
Imbe
Okayama
Akashi
Kobe
Osaka
West-Honshu
Seiten 210–245
Tonosho
Shodo
1 Benesse Art Site Naoshima
Awaji
HYOGO
Seto-Ohashi-Brücke
Sumoto
Sakaide
4 Takamatsu
Sanuki
Awaji
Marugame
KAGAWA
Naruto-Brücke
Nandan
Hiketa
Takamatsu Airport
Mitoyo
5 Naruto-Strudel
Wakayama
3 Kotohira
Naruto
Kan-onji
Waki
Awa
Arida
Yoshino-gawa
7 Tokushima
Kii-Kanal
Higashimiyoshi
Yoshinogawa
Yuasa
Komatsushima
Miyoshi
Kamiyama
Tsurugi-Berge
Katsuura
Ochiai
Anan
Gobo
Tsurugi-san 1955 m
TOKUSHIMA
Naka
Otono
Otoyo
Tosa
Monobecho
Befu
Minami
KOCHI
Umaji
Mugi
Kainan
Nankoku
6
Kochi Airport
Aki
Kitagawa
Toyo
Yasuda
Nahari
Muroto
Kap Muroto
Pazifischer Ozean
Shikoku

Benesse Art Site Naoshima

ベネッセアートサイト直島

C5 Präfektur Kagawa Takamatsu oder Uno unterschiedl. Öffnungszeiten der einzelnen Museen (siehe Website) +81-87-892-3223 (Benesse House) benesse-artsite.jp/en

Naoshima, eine der etwa 3000 Inseln der Seto-Inlandsee *(siehe S. 252)*, war ein desolater entvölkerter Außenposten der japanischen Schwerindustrie. Nun bringt die Benesse Art Site Naoshima hier Natur, zeitgenössische Kunst und Architektur zusammen.

Naoshimas Verwandlung in eine Museumsinsel und Destination für internationale Kunst begann 1987, als der Verleger und Milliardär Soichiro Fukutake, Vorsitzender der Benesse Holding, die verwahrloste Südhälfte der Insel erwarb. Benesse machte zusammen mit dem japanischen Architekten Tadao Ando, einem Spezialisten für bahnbrechende Betonbauten und Schöpfer der berühmten Kirche des Lichts in der Präfektur Osaka, aus Naoshima eine Kunststätte von Weltklasse.

1992 öffnete Andos erster Bau, das Benesse House, seine Türen. Heute besteht es aus vier Gebäuden. Es umfasst sowohl Gastunterkünfte als auch ein Museum mit zeitgenössischer Kunst, etwa von Hiroshi Sugimoto.

Das nächste Museum, das Chichu Art Museum, wurde 2004 eröffnet. Es will Besucher dazu anregen, über das Verhältnis von Mensch und Natur nachzudenken. Im Inneren sind fünf Gemälde von Monets *Seerosen*-Serie bei natürlichem Licht zu sehen. Auf der gan-

→

George Rickeys Three Squares Vertical Diagonal *(2007), Benesse House*

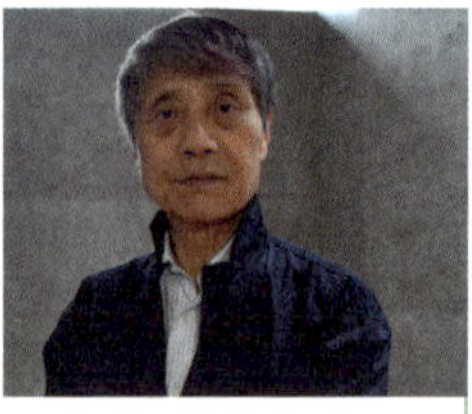

Tadao Ando

Andos (* 1941) Entwürfe sind für ihre zenartige Schlichtheit bekannt, sie werden oft mit Haikus verglichen. Auf Naoshima gestaltete er das Benesse House, das Chichu Art Museum und das Lee Ufan Museum aus Sichtbeton. Für seine Arbeiten erhielt der einstige Profiboxer 1995 den renommierten Pritzker-Preis.

Highlight

← *Eine von Yayoi Kusamas Kürbis-Skulpturen an einem Pier*

zen Insel herrscht ein harmonisches Miteinander von Kunst und Natur, was sich etwa bei den Kürbis-Skulpturen zeigt, die Yayoi Kusama an den Piers verteilt hat.

Alle drei Jahre dienen einige Museen, die zur Benesse Art Site Naoshima gehören, als Veranstaltungsorte für das Kunstfestival Setouchi Triennale, das fast eine Million zusätzliche Besucher auf die Insel lockt. Das Festival findet auch auf anderen Inseln in der Umgebung statt, etwa auf Shodoshima und Ogijima.

↑ *Das luftige Restaurant des Benesse House am Strand*

Expertentipp
Gastprivilegien

Gäste des Benesse House haben außerhalb der Öffnungszeiten (bis 23 Uhr) Zutritt zu den Museen. Das Hotel verteilt sich auf vier Bauten: Museum, Oval, Beach und Park.

2

Seto-Inlandsee

瀬戸内海

A C5 i Setonaikai-kisen (Inlandsee-Kreuzfahrten) W setonaikaikisen.co.jp

Japans schönstes Gewässer liegt nicht, wie der Name vermuten lässt, im Landesinneren, wirkt aber so – hierfür sorgen das ruhige Wasser und seine mehr als 3000 mit Pinien bewachsenen Inseln. In seinem Reisebericht *The Inland Sea* (1971) beschreibt Donald Richie den flachen Wasserabschnitt zwischen Shikoku und Kyushu als »ein Tal zwischen diesen bergigen Inseln«.

Von Onomichi auf Honshu führt ein Radweg nach Imabari auf Shikoku – man kann also eine Art Inselhüpfen über die Seto-Inlandsee machen, während man der strahlend weißen Shimanami-Kaido-Route folgt. Brücken, Fähren und Kreuzfahrtschiffe bieten Zugang zu den rund 750 bewohnten Inseln. Die Fischerdörfer scheinen aus einer anderen Zeit zu stammen. Die meistbesuchten Inseln sind Awaji, die größte Insel, Omishima und die grüne Insel Shodoshima mit Oliven- und Orangenhainen. Unser Highlight ist Naoshima, die Museumsinsel mit bahnbrechender Kunst *(siehe S. 250f)*.

3

Kotohira

琴平

A C5 8500 Präfektur Kagawa Kotohira und Kotoden Kotohira W town.kotohira.kagawa.jp

Kotohira birgt die berühmte Anlage Kotohira-gu, auch liebevoll **Konpira-san** (»spiritueller Schutz für die Seefahrer«) genannt. Der Schrein, der Seeleuten und Fischern Glück bringen soll, ist seit Jahrhunderten ein Pilgerziel und zieht heute pro Jahr vier Millionen Besucher an.

Über 785 Stufen (oder in einer Sänfte) gelangen Besucher zu dem herrlich gelegenen Schrein. Der zur Anlage gehörende Asahi-Schrein ist aus Zelkova gebaut, einem Hartholz (Ulmenart), das sich gut für Schnitzreliefs eignet. Omote Shoin und Oku Shoin ganz in der Nähe beherbergen berühmte Stellschirme von Okyo Maruyama. Der eine zeigt stämmige Tiger, die vor Zenkraft nur so strotzen, zum anderen gehört ein Wasserfall, der durch eine Ecke des Raums rauscht.

Nicht zuletzt besitzt die Stadt Japans ältestes hölzernes Kabuki-Theater, das Kanamaru-za.

Konpira-san-Schrein
892-1 Kotohira tägl. Sonnenauf- bis -untergang W konpira.or.jp

Fotomotiv
Am Strand

Instagram-tauglich ist der Chichi-buga-Strand, 20 Kilometer westlich von Kotohira. Posen Sie am Strand bei Sonnenuntergang und bitten Sie jemand, Ihre Silhouette vor dem reflektierenden Wasser zu fotografieren.

Eine Holzbrücke über einen Teich im Ritsurin-Garten von Takamatsu ↑

4 Takamatsu

高松

C5 420 800 Präfektur Kagawa Takamatsu am JR-Bahnhof art-takamatsu.com

Takamatsu ist Verwaltungssitz der Präfektur Kagawa und Drehscheibe zwischen Shikoku und dem Rest Japans. Dennoch hat es mit seinen alten Läden und historischen Bauten noch viel Lokalkolorit.

Die Stadt expandierte, nachdem Ikoma Chikamasa 1588 die Burg Takamatsu bauen ließ. Ihre Überreste sind zu besichtigen. Die Burg besitzt einen Salzwassergraben. Statt Koi-Karpfen sieht man hier Seebrassen, Flundern und Kugelfische. Als die Tokugawa-Shogune 1600 die Macht übernahmen, übergaben sie Stadt, Burg und Lehen dem Matsudaira-Clan.

←

Akashi-Kaikyo-Brücke zwischen Kobe und der Insel Awaji in der Seto-Inlandsee

Ein Jahrhundert lang war die Familie mit der Anlage des **Ritsurin-Gartens** beschäftigt, heute das Wahrzeichen der Stadt.

Takamatsus Standort als Tor nach Shikoku machte die Stadt zum Schauplatz einiger Schlachten wie der zwischen den Clans der Minamoto und der Taira 1185. Die Höhepunkte der Geschichte sind Gegenstand des klassischen Noh-Stücks *Yashima*, benannt nach dem Vulkanplateau. Heute ist Yashimas wichtigste Sehenswürdigkeit **Shikoku Mura**, ein Dorf, in dem Häuser und Objekte des Landlebens von Shikokus Handwerkskunst zeugen.

Umgebung: Weiter östlich liegt die Steinmetzstadt Mure, die Verbindungen zum Bildhauer Isamu Noguchi hat. Besuchen Sie das **Isamu Noguchi Garden Museum**, um sein Atelier und die mit Skulpturen übersäten Gärten zu besichtigen.

Ritsurin-Garten
1-20-16 Ritsurincho siehe Website my-kagawa.jp/en/ritsurin

Shikoku Mura
91 Yashima Nakamachi Kotoden Yashima tägl. 8:30–18 (Nov–März: bis 17:30) shikokumura.or.jp/en

Isamu Noguchi Garden Museum
3519 Murecho Führungen: Di, Do, Sa 10, 13, 15 isamunoguchi.or.jp

Restaurant

Kompira Udon

Das gemütliche Restaurant neben Konpira-san ist ein großartiger Ort, um Shikokus berühmte *sanuki udon*, zähe Weizennudeln in einer leichten Brühe, zu probieren.

C5 810-3 Kotohiracho konpira.co.jp

¥¥¥

5

Naruto-Strudel

鳴門の渦潮

D5 Präfektur Tokushima Naruto, dann Bus bis Naruto-Park Uzushio-Fähre uzusio.com/en

Wo Shikoku beinahe Awaji berührt, entstehen durch die unterschiedlichen Gezeiten der Gewässer von Seto-Inlandsee und Pazifik starke Strömungen und Strudel. Die riskante Passage der 1,6 Kilometer langen Untiefe ist seit mehr als einem Jahrtausend ein Teil der Geschichte(n) von Shikoku – es gibt sogar einen Manga, der nach dem Strudel benannt ist.

Heute wagen sich Ausflugsschiffe ins aufgewühlte Wasser und bieten so herrliche Blicke auf die Onaruto-Hängebrücke, die Teil eines Brückensystems ist, das Shikoku und Honshu über die Insel Awaji verbindet. Bei der Vollendung des nördlichen Abschnitts (1998) wurde festgestellt, dass er sich infolge des Kobe-Bebens um einen Meter ausgedehnt hatte.

↑ *Kleiner Schrein an der Küste im Katsurahama-Park von Kochi*

Am Awaji-Ende der Brücke erläutert die **Uzunooka-Onarutokyo-Gedenkhalle** die Phänomene des Strudels. Von der Terrasse sieht man hervorragend auf die Onaruto-Hängebrücke und den Strudel.

Uzunooka-Onarutokyo-Gedenkhalle

936-3 Fukura Hei, Minamiawaji Mi–Mo 9–17 kinen.uzunokuni.com

6

Kochi

高知

C6 327 000 Präfektur Kochi Kochi am JR-Bahnhof Yosakoi Matsuri (9.–12. Aug) visitkochijapan.com/en

Kochi ist eine Mischung aus Sandstränden, Bergpanoramen und historischen Stätten. Die Region, die einst

Tosa hieß, ist für das hier hergestellte Besteck bekannt. An der Straße zur **Burg Kochi** (1603) werden Messer aller Art angeboten. Die Burg wurde 1729–53 nach einem Brand wiederaufgebaut. In der Anlage ist neben anderen Waffen ein riesiges, 1,50 Meter langes Schwert zu besichtigen. Die Aussicht von der Burg ist atemberaubend.

In Katsurahama, einem Strandbereich im Süden der Stadt, steht das **Sakamoto-Ryoma-Gedächtnismuseum**, das dem sogenannten Tosa-Patrioten gewidmet ist: Er wird für seine Rolle beim Sturz des Shogunats und der Wiedereinsetzung des Kaisers um 1860 verehrt. 1867 wurde er ermordet. Für japanische Besucher gehört es zum guten Ton, der Bronzeskulptur dieses Mannes die Ehre zu erweisen.

Schon gewusst?

Die Anime-Figur Naruto Uzumaki, ein Ninja, ist nach dem Naruto-Strudel benannt.

Awa-Odori-Tanz

Das O-Bon-Fest Tokushimas, die Feier für die Toten (12.–15. Aug), ist das ausgelassenste des Landes. Awa-Odori genannte Tänze sollen die Geister der Vorfahren zu ihrem jährlichen Besuch bei den Lebenden willkommen heißen. Sie sollen einst getanzt worden sein, wenn die Bewohner Tokushimas aus Anlass eines Burg-Richtfests Reiswein bekamen, und heißen auch »Narrentänze«, denn der Refrain lautet: »Du bist ein Narr, ob du tanzt oder nicht, also tanze!«

Umgebung: Für einen Tagesausflug bieten sich Kap Muroto an der Südostspitze Shikokus und Kap Ashizuri im Südwesten an. Von beiden blickt man auf den Pazifik und Felsformationen.

Burg Kochi
1-2-1 Marunouchi tägl. 9–17 kochipark.jp/kochijyo

Sakamoto-Ryoma-Gedächtnismuseum
830 Urado-shiroyama +81-88-841-0001 tägl. 9–17 ryoma-kinenkan.jp/country/en

7

Tokushima

徳島

D5 252 400 Präfektur Tokushima Tokushima vor dem Bahnhof discovertokushima.net/en

← *Das aufgewühlte Wasser des Naruto-Strudels unter der Onaruto-Hängebrücke*

Tokushima ist von der Kansai-Region auf Honshu aus das Tor nach Shikoku und traditioneller Ausgangspunkt der Wallfahrt von Kukai *(siehe S. 258f)*. Awa, der alte Name der Provinz, war Pate für das Awa-Odori-Fest im August, das landesweit im Fernsehen übertragen wird.

Umgebung: Südlich von Tokushima schließt sich die Anan-Küste mit ihren malerischen Fischerdörfern und Stränden an. Meeresschildkröten legen von Juni bis August ihre Eier am Strand ab.

Entdeckertipp
Chiiori-Haus

Das Haus mit Gaststätte (1720) in der Provinz Tokushima ist ein typischer *Lya*-Bau mit Strohdach, Holzböden und *irori* (im Boden eingelassene Feuerstelle). Die Balken und Dachsparren sind vom Rauch der Jahrhunderte schwarz gefärbt (www.chiiori-stay.jp).

8

Matsuyama

松山

C6 511 600 Präfektur Ehime Matsuyama beim JR-Bahnhof en.matsuyama-sightseeing.com

In Matsuyama, dem Verwaltungssitz der Präfektur Ehime, gibt es seit 1603 eine Burg. Das Thermalbad **Dogo Onsen Honkan** ist seit über 1000 Jahren in Betrieb. Sehenswert ist das Badehaus (19. Jh.), hinter dem das Spa-Resort Okudogo Onsen Honkan in den Bergen liegt.

Soseki Natsume, der Autor, dessen Konterfei einst die 1000-Yen-Note zierte, zog 1895 nach Matsuyama. Er schrieb später seinen autobiografischen Roman *Botchan* (1906) über die Stadt.

Das **Shiki-Gedächtnismuseum** ist Sosekis Freund Shiki (1867–1902) gewidmet. Den Künstler aus Matsuyama halten viele für den besten modernen Haiku-Dichter, zudem war er ein exzellenter Maler. Die Ausstellung zeigt Manuskripte, Gemälde und Fotos von Soseki und Shiki.

Burg Matsuyama ist eine weitläufige Anlage auf einer Anhöhe oberhalb der Stadt und der Inlandsee. Tafeln erläutern die strategischen Merkmale der Festung.

Dogo Onsen Honkan
5-6 Dogoyunomachi Dogo Onsen tägl. 6–23 dogo.jp/onsen/

Schöne Aussicht
Erklimmen Sie die Burg

Die Höhenlage von Burg Matsuyama diente einst der Verteidigung, heute bietet sie eine grandiose Aussicht auf die Seto-Inlandsee – am schönsten im Frühling, wenn die vielen Kirschbäume blühen.

Shiki-Gedächtnismuseum
1-30 Dogo-koen (3 Min. vom Dogo Onsen Honkan) Mi–Mo 9–18 (Nov–Apr: bis 17) shiki-museum.com

Burg Matsuyama
1 Marunouchi Kencho-mae (dann steiler Aufstieg) oder Okaido (dann Seilbahn oder Lift) siehe Website matsuyamajo.jp

9

Ozu

大洲

B6 40 600 Präfektur Ehime Ozu beim Rathaus (20 Min. vom JR-Bahnhof) oozukankou.jp

Das Burgstädtchen Ozu liegt im Hiji-Tal. Der Fluss schlängelt sich in einer S-Kurve an malerischen Anhöhen vorbei. Ozu gilt als das »kleine Kyoto« der Präfektur Ehime. Man könnte es so sagen: Kyoto bietet gut erhaltene Relikte der Vergangenheit, in Ozu aber wird die Vergangenheit noch gelebt. An der Uferseite reihen sich in engen Gassen ziegelgedeckte Bars und Lokale mit hölzernen Schiebeläden aneinander. Die Villa **Garyu Sanso** von 1907 ist eines der auffälligsten Gebäude am Ufer. Die rekonstruierte Burg Ozu auf einem Hügel bietet einen herrlichen Blick über die Stadt. Auf dem Fluss sind nach wie vor die Kormoran-Fischer in flachen Booten unterwegs. Rohseide, Milchprodukte und Gemüse bilden die wirtschaftliche Grundlage des Städtchens. Die Restaurants servieren fangfrischen Fisch aus dem Fluss, darunter auch Aal.

Das bewaldete Bergland um Ozu bietet über die Jahreszeiten wunderschön wechselnde Ansichten.

Garyu Sanso
411-2 Ozu tägl. 9–17 garyusanso.jp

→ *Terrassierte Felder in den Hängen oberhalb des Hafens von Uwajima*

10 Uchiko
内子

C6 · 15 300 · Präfektur Ehime · Uchiko
uchikogenic.com/en

In einem kleinen Tal, wo sich der Fluss Oda in drei Arme teilt, liegt Uchiko. Berühmt sind ihr altes Kabuki-Theater **Uchiko-za** sowie die steilen Straßen und zweistöckigen Holzhäuser mit ihren weiß getünchten Mauern, Ziegeldächern und breiten Fassaden. 1982 zog die Stadtverwaltung um, damit diese Anlagen aus der Mitte des 19. Jahrhunderts erhalten werden konnten. Einige sind zu besichtigen, andere sind nun Kunsthandwerksläden oder Lokale. Die Gegend dient oft als Kulisse für historische Kino- oder TV-Filme.

Uchiko-za
2102 Uchiko
+81-89-344-2840
tägl. 9–16:30

←
Dogo Onsen Honkan – eine Inspiration für Chihiros Reise ins Zauberland

11 Uwajima
宇和島

B6 · 69 700 · Präfektur Ehime · Uwajima
5 Min. zu Fuß vom Bahnhof · uwajima-tourism.org/en

Uwajima ist eine Hafenstadt mit einer Burg, einem alten Tempelviertel und einer malerischen Bergkulisse. Zwei kuriose Orte locken Besucher an. Der **Taga-jinja-Schrein** beherbergt sexuell eindeutige Statuen und andere Objekte, die mit Fruchtbarkeit in Verbindung gebracht werden. Nebenan verfügt das **Taga-jinja-Sexmuseum** über ähnlich provokante Statuen.

In den Bergen nordwestlich von Uwajima ist die **Nametoko-Schlucht** für ihren Wasserfall und die schöne Aussicht bekannt.

Taga-jinja-Schrein
1340 Fujie · tägl. 24 Std.

Taga-jinja-Sexmuseum
tägl. 8–17

Nametoko-Schlucht
Matsumaru, dann Taxi bis Nametoko

Restaurants

Bakushukan
Dies ist der perfekte Ort für ein kühles Bier und einen Snack.
C6 · 20-13 Dogoyunomachi, Matsuyama
dogo beer.jp/en/bakusyukan-restaurant
¥

Nikitatsuan
Das Lokal verarbeitet nur frische Produkte.
C6 · 3-18 Dogokitamachi, Matsuyama
dogobeer.jp/en/nikitatsu-restaurant
¥¥

Kappo Kotobuki
In dem Sushi-Lokal sind Abalone ein Muss.
C6 · 1-3-12 Nibancho, Matsuyama
kappou-kotobuki.net
¥¥¥

Shikoku-Pilgerweg: 88-Tempel-Wallfahrt

Länge 1200 km **Dauer** 6–8 Wochen
Schwierigkeit teilweise tückisches Gelände, die Ausschilderung ist meist auf Japanisch

Wallfahrer, die auf Kukais Spuren zu den 88 kleineren Tempeln der Insel pilgern, ehren damit den Gründer des Shingon-Buddhismus, eine nationale Ikone. Wer einen schweren Fehler wieder gutmachen will, absolviert den Pfad in umgekehrter Reihenfolge. Beim Gehen oder im Traum soll den Reuigen der Heilige erscheinen. Jährlich machen rund 100 000 Pilger die komplette Wallfahrt, viele andere bewältigen zumindest einen Teil der Strecke. Pilger können sich den Besuch der Tempel, von denen viele Kost und Logis bieten, per Stempel bestätigen lassen. Wem die Wallfahrt zu lang ist, der kann Teile der Strecke begehen. Es gibt auch Bustouren, die ungefähr eine Woche dauern.

Bei Pilgergruppen ist **Tempel Nr. 51 (Ishite-ji)** beliebt. Er ist mit der Geschichte des reichen Mannes verbunden, der Kukais Bettelschale zerbrach.

Schon gewusst?

Auf dieser Pilgerroute gibt es insgesamt 108 Tempel.

↑ *Die Statue eines Jizo-bodhisattva im Kannon-ji-Tempel (Nr. 16)*

Kukais Geburtsort wird von **Tempel Nr. 75** markiert: **Zentsu-ji** liegt eine Station von Kotohira entfernt.

Gokuraku-ji, Tempel Nr. 2, bezieht sich auf das »Reine Land«, das Westliche Paradies des Amida-Buddha im Shingon-Buddhismus.

Ryozen-ji, Tempel Nr. 1 bei Naruto, ist Start- und Zielpunkt der Shikoku-Pilgerreise, wobei sehr fromme Pilger Anfang und Ende auf den Berg Koya *(siehe S. 234f)* in Honshu ausdehnen, das Zentrum der Shingon-Schule. Hier tragen sich Pilger ins Buch der Teilnehmer ein.

Zwischen Tempel Nr. 11 und 12 liegt eine als »**Pilgerbrecher**« bekannte Bergstrecke.

Tempel Nr. 31 (Chikurin-ji) wurde 724 auf Geheiß von Kaiser Shomu errichtet. Kukai erhielt seine Unterweisung in diesem Tempel.

Die Haupthalle des **Shinsho-ji-Tempels (Nr. 25)** beherbergt Tausende kleiner Jizo-*bodhisattva*, die ein Schiffssteuerrad halten. Jizo soll Seeleuten in Stürmen beistehen.

→ *Ein golden überkuppelter Untertempel des Ishite-ji, Tempel Nr. 51 der Wallfahrt*

Dampf aus den heißen Quellen von Beppu (siehe S. 271)

Kyushu

Siedlungen gab es in Kyushu bereits in der Jomon-Periode (14 500 – 300 v. Chr.). Jimmu, der mythische erste Kaiser von Japan, soll im 6. Jahrhundert v. Chr. von hier aus den Feldzug angetreten haben, mit dem er das Land einte. In Kyushu verbreitete sich ab dem 4. Jahrhundert die chinesische und koreanische Kultur mitsamt Buddhismus und chinesischem Schriftsystem. Jedoch war nicht alles Fremde willkommen. So wehrten die Insulaner mehrere Mongoleneinfälle ab. Der letzte und brutalste im Jahr 1274 fand nur durch die Unterstützung des fürchterlichen *kamikaze*, des Götterwinds, ein »gutes« Ende. Der Sturm versenkte die Flotte der mongolischen Eindringlinge.

Im 16. Jahrhundert brachten Kaufleute und Gesandte aus Portugal, Spanien und Holland das Christentum, Feuerwaffen und Medizin in die Hafenstädte Nagasaki und Kumamoto. In den folgenden zwei Jahrhunderten selbst gewählter Isolation war das Eiland Dejima vor der Küste von Nagasaki das einzige Tor des Landes zum Westen. Dank dieses Kontakts mit dem Rest der Welt blühte die Stadt, doch vier Jahrhunderte später versank sie in Schutt und Asche, als die Amerikaner 1945 hier die zweite Atombombe zündeten.

Die Landschaft der Insel steht im Zeichen der Vulkane. Kagoshima liegt im Schatten des Sakurajima, der ohne Unterbrechung Asche spuckt. Der Berg Aso besitzt eine der größten Calderen der Welt. Dampfende und rauchende Erdspalten finden sich in Beppu, Unzen und anderen Thermalbädern.

Kyushu

Highlights

1. Fukuoka
2. Nagasaki

Sehenswürdigkeiten

3. Yufuin
4. Kitakyushu
5. Usa
6. Beppu
7. Stein-Buddhas von Usuki
8. Kurume
9. Onta
10. Dazaifu
11. Kumamoto
12. Yanagawa
13. Halbinsel Shimabara
14. Ausgrabungsstätte Yoshinogari
15. Berg Aso
16. Takachiho
17. Nichinan-Küste
18. Nationalpark Kirishima-Kinkowan
19. Kagoshima
20. Chiran
21. Yakushima
22. Amami-Oshima

West-Honshu
Seiten 210–245
Hofu
0 Kilometer 30
N
Kitakyushu 4
akama
Kitakyushu Airport
Suo-nada
Matsuyama
Nogata
Yukuhashi
Iizuka
Tagawa
Buzen
Nakatsu
FUKUOKA
ojo
Halbinsel Kunisaki
Kunisaki
Usa 5
0 Dazaifu
Oita Airport
Ozu
Yawatahama
Hiko-san 1200 m
Amagi
Hiji
Kitsuki
Misaki
Uwa
Ogori
9 Onta
6 Beppu
Kurume
Hita
Kusu
Oita
Kurogi
Yufuin 3
Uwajima
Yame
OITA
Inukai
7
Shikoku
Seiten 246–259
Tsukumi
Minamioguni
Kuju-san 1791 m
Stein-Buddhas von Usuki
Yamaga
Daikanbo 940 m
Saiki
Kikuchi
Bungo-ono
Taketa
Tamana
Koshi
15 Berg Aso
Kumamoto Airport
Sobo-san 1757 m
Sukomo
Takamori
Kamae
11 Kumamoto
Uto
Takachiho 16
Hinokage
Uki
Misato
Gokase-gawa
Nobeoka
KUMAMOTO
Kunimi-dake 1739 m
Yatsushiro
Kadogawa
Misato
Pazifischer Ozean
Kyushu-sanchi
Hyuga
Itsuki
hikita
Ichifusa-yama 1727 m
Yunomae
Kuma
Nishimera
Tsuno
Hitoyoshi
Taragi
Takanabe
Saito
Isa
Ebino
MIYAZAKI
Kobayashi
18
Miyazaki
Nationalpark Kirishima-Kinkowan
Miyazaki Airport
agoshima Airport
Aoshima
Kirishima
Kajiki
Nichinan-Küste
Miyakonojo
Kagoshima
17
Soo
Obi
Vulkan Sakurajima
Nichinan
Tarumizu
Shibushi
Kushima
KAGOSHIMA
Shibushi-wan
Kagoshima-wan
Kanoya
Ibusuki
Uchinoura
Yamagawa
Osumi-hanto
Inseln der Präfektur Kagoshima
Ibusuki
Nishinoomote
Tanega
Kamiyaku
21
Yakushima
Ostchinesisches Meer
Pazifischer Ozean
Naze
22 Amami-Oshima
Setouchi
Tokuno
Tokunoshima
Wadomari
0 km 60
N

Fukuokas Neonlichter spiegeln sich nachts im Fluss Naka ↑

❶

Fukuoka

福岡

A6 · 1 613 400 · Präfektur Fukuoka · Fukuoka · Hakata · Bahnhof Hakata; Lion Plaza, Tenjin · yokanavi.com/en

Das moderne Fukuoka sieht sich als »Tor nach Südjapan«. Die Stadt liegt dem asiatischen Festland am nächsten und ist seit über 1000 Jahren wichtigstes Eintrittstor für den Kulturimport aus China und Korea. Das internationale Flair spürt man sowohl kulturell als auch kulinarisch.

①

Stadtmuseum Fukuoka

3-1-1 Momochihama · Nishijin · Di – So 9:30 – 17:30 · museum.city.fukuoka.jp/en

Das Museum erläutert die Verbindungen Fukuokas zu seinen Nachbarn von der Eiszeit bis zu den modernen Hafenanlagen. Vier Generationen einer fiktiven Familie erwecken die Geschichte zum Leben. Highlight ist ein chinesisches Goldsiegel (3. Jh.), das 1784 auf der Insel Shika in der Bucht entdeckt wurde. Es war möglicherweise ein Geschenk des chinesischen Kaisers Guangwu für Gesandte eines frühen japanischen Königreichs.

②

Fukuoka Tower

2-3-26 Momochihama · Nishijin · tägl. 9:30 – 22 (Okt – März: bis 21) · fukuokatower.co.jp

Der höchste Bau der Stadt (234 m) dominiert den Uferbereich des Viertels Momochi. Der Turm ähnelt einem reflektierenden Segel. Er besitzt die höchste Aussichtsplattform am Meer in Japan – mit Blick auf die Bucht und die Stadt – sowie Läden und Restaurants.

Auch von unten ist der Fukuoka Tower spektakulär – abends wird er jede Stunde von einer jahreszeitlichen Light Show illuminiert.

③

Ohori-Park

1 Ohori-koen · Ohori-koen · Kunstmuseum Fukuoka: Di – So 9:30 –17:30 (Juli – Okt: Fr, Sa bis 20) · fukuoka-art-museum.jp

Der Ohori-Park im Westen der Stadt ist ein beliebter grüner Rückzugsort mit Wegen, einem See, Pavillons und über traditionelle Brücken verbundene Inselchen.

Im Park befindet sich das Kunstmuseum mit einer imposanten Sammlung moderner Werke von Künstlern aus aller Welt.

Expertentipp

Nudelstände

Fukuoka ist bekannt für seine *yatai*. Die bunt beleuchteten Stände, wo man sich auch hinsetzen kann, servieren dampfende Schüsseln mit Ramen und Eintöpfen. Auf der Insel Nakasu liegen die meisten.

④

Museum für Asiatische Kunst

3-1 Shimokawabata-machi S Nakasu-Kawabata So–Di, Do 9:30–19:30, Fr, Sa 9:30–20 W faam.city.fukuoka.lg.jp

Hier findet man eine große Sammlung zeitgenössischer asiatischer Kunst. Das Museum repräsentiert unterschiedlichste kulturelle Werke aus 23 Ländern – von Pakistan bis zu den Philippinen. Volkskunst und traditionelle Kunst werden dabei zusammen mit modernen Werken ausgestellt, um den gegenseitigen Einfluss zu unterstreichen.

⑤

Shofuku-ji-Tempel

6-1 Gokushomachi S Gion, Gofukumachi

Bei aller Modernität besitzt Fukuoka auch alte Stätten. Der Shofuku-ji, nordwestlich vom Bahnhof Hakata, gilt als ältester zenbuddhistischer Tempel Japans. Ende des 12. Jahrhunderts gründete ihn der Priester Yosai, der Zen und Tee in Japan einführte. Der Kushida-Schrein im Westen stammt aus dem 8. Jahrhundert.

⑥

Hakata-Machiya-Volkskunstmuseum

6-10 Reisenmachi S Gion siehe Website W hakatamachiya.com

Die Exponate und Dioramen drehen sich um das örtliche Brauchtum. Hier kann man auch Kunsthandwerkern bei ihrer Arbeit zusehen, etwa beim Weben von Seide.

← *Frau an einem Webstuhl im Hakata-Machiya-Volkskunstmuseum*

Restaurants

Hakata Issou

Die hier servierte reichhaltige *Tonkotsu*-Brühe stammt von Schweinen aus der Region. Sie trägt den Spitznamen »Schweineknochen-Cappuccino« und wird von Ramen-Fans geschätzt.

A6 3-1-6 Hakataekihigashi W hakata-issou.com

¥¥¥

Ganso Hakata Mentaiju

Mentaiko (gewürzter Pollackrogen), eine Spezialität der Stadt, wird hier sowohl mit Reis als auch mit *tsukemen* (Ramen und Brühe in separaten Schüsseln) serviert. Tauchen Sie die Nudeln in den *mentaiko* – der Geschmack ist himmlisch.

A6 6-15 Nishinakasu W mentaiju.com

¥¥¥

Die historische Meganebashi-Brücke, auch bekannt als Brillenbrücke ↑

2

Nagasaki

長崎

A6 · 409 300 · Präfektur Nagasaki · Nagasaki
im JR-Bahnhof Nagasaki · Kunchi Matsuri (7.–9. Okt)
discover-nagasaki.com/en

Nagasaki ist seit Langem ein kosmopolitisches Zentrum, teilweise aufgrund des Kontakts mit Europa – auch nachdem ausländische Mächte im 17. Jahrhundert aus Japan vertrieben wurden. Nachdem die Stadt 1945 Opfer der zweiten Atombombe wurde, war ihr Wiederaufleben ein Wunder. Heute ist Nagasaki eine der vielseitigsten Städte Japans.

①

Schrein der 26 Märtyrer

7-8 Nishizakamachi · Nagasaki · Museum: tägl. 9–17

Das Christentum wurde 1597 unter Hideyoshi Toyotomi offiziell verboten. Er fürchtete, Übertritte würden zu politischen Intrigen und der Unterminierung des Staats durch ausländische Kräfte führen. Als Exempel wurden im selben Jahr 26 renitente Christen auf dem Nishizaka-Hügel gekreuzigt – die erste von über 600 dokumentierten Märtyrer-Hinrichtungen allein in Nagasaki. Ein Steinrelief, eine Kapelle und ein Museum ehren die Märtyrer, die 1862 vom Papst heiliggesprochen wurden. Erstaunlich ist, dass das Christentum ohne Priester oder Kirche im Verborgenen die 200-jährige Phase der Isolationspolitik überlebte.

②

Brillenbrücke

8 Uonomachi · Meganebashi-Brücke

Zu den meistfotografierten Highlights gehört die kuriose Brillenbrücke (Meganebashi), ein chinesisches Vermächtnis. Die 1634 vom Zenpriester Mozi errichtete Brücke ist die älteste Steinbrücke Japans. Die Bogen, die sich im Nakashima spiegeln, erinnern an Brillengläser.

③

Dejima

6-1 Dejimamachi · Dejima · tägl. 8–21 · nagasakidejima.jp

Als die Portugiesen 1638 aus Japan vertrieben worden waren, durften die Holländer als einzige Ausländer auf der winzigen Insel Dejima verbleiben. Dejima war einst von Lehmmauern umgeben. Zugang hatten nur Händler,

Das einfache Steinrelief zu Ehren der 26 christlichen Märtyrer von Nagasaki →

Prostituierte und um Almosen bittende Mönche. Das Dejima-Museum, das in Japans erstem protestantischem Priesterseminar untergebracht ist, und die Dejima Dutch Factory Historic Site nebenan zeigen historische Artefakte von den Ausgrabungen vor Ort.

④

Suwa-Schrein

18-15 Kaminishiyamadori Suwa Jinja

Am Ende einer 277-stufigen Treppe bietet der Suwa-Schrein auf einem bewaldeten Hügel einen schönen Ausblick. Die Originalgebäude brannten 1857 ab, wurden jedoch später wundervoll rekonstruiert. Mit dem Bau des beliebten Schreins sollten der Shintoismus gefördert und die letzten Reste des Christentums endgültig ausgemerzt werden. Er enthält das Pantheon der Shinto-Götter von Nagasaki. Das Herbstfest, Kunchi Matsuri, wird hier mit feurigen Festwagen und Drachentänzen gefeiert.

Restaurant

Kagetsu

Shippoku ryori spiegelt den historischen Austausch Nagasakis mit anderen Ländern wider. Die verschiedenen Gerichte aus saisonalen Produkten weisen sowohl japanische Aromen als auch chinesische und europäische Einflüsse auf. Kagetsu gehört zu den historischen Restaurants im Zentrum, die diese Spezialität servieren.

2-1 Maruyamamachi
ryoutei-kagetsu.co.jp
¥¥¥

⑤

Sofuku-ji-Tempel

7-5 Kajiyamachi
Sofukuji tägl. 8–17

Auf die chinesische Herkunft des Tempels verweist das Eingangstor, das dem legendären Tor zum Unterwasserparadies der Chinesen nachgebildet ist. Das berühmtere Tor des Tempels, das Erste-Spitze-Tor, stammt aus der späten Ming-Zeit.

Sofuku-ji ist eine der drei größten chinesischen Kultstätten in Nagasaki. Mithilfe chinesischer Einwohner wurde der Tempel 1629 von einem Mönch gegründet. Der gigantische Kochtopf, der auf dem Gelände steht, diente 1682 während einer der schlimmsten Hungersnöte der Stadt für die Zubereitung von Haferschleimsuppe für täglich über 3000 Menschen.

⑥

Kofuku-ji-Tempel

4-32 Teramachi Shimenkaikan tägl. 8–17
kofukuji.com

Der Kofuku-ji im Herzen von Teramachi war der erste Obaku-Zen-Buddha-Tempel. Der 1623 von einem chinesischen Priester gegründete Sakralbau ist auch als Nanking-Tempel bekannt. Die Hauptgebäude, auch die Buddha-Halle, sind alle im chinesischen Stil errichtet.

⑦

Katholische Kirche Oura

5-3 Minamiyamatemachi
Oura Tenshudo tägl. 8–18 (Nov–Feb: bis 17:30

Die weiße Kirche entstand 1864 unter der Aufsicht von Bernard Petitjean. Der französische Priester wurde erster Bischof von Nagasaki.

Das Gotteshaus wurde für die ausländische Gemeinde errichtet, die sich nach dem Handelsabkommen in Nagasaki ansiedelte. Kurze Zeit später wurde der Pater bereits von japanischen Christen angesprochen, die ihren Glauben über 200 Jahre lang heimlich praktiziert hatten.

Oura ist als eine der ältesten Kirchen und frühester gotischer Holzbau Japans nationales Kulturgut. Ein Haus neben der Kirche zeigt eine Ausstellung zur Christenverfolgung in Nagasaki.

⑧

Atombomben-Museum

7-8 Hiranomachi
Atombomben-Museum
tägl. 8:30–17:30 (Mai–Aug: bis 18:30)
W nabmuseum.jp

Das Atombomben-Museum ist für jeden Besucher ein Muss. Detailliert werden die Chronik des Bombenabwurfs, die Geschichte der Atomwaffen und die Entwicklung der internationalen Friedensbewegung beschrieben. Objekte, Videos und Dioramen illustrieren die Katastrophe mit Darstellungen von Nagasaki vor und nach der Explosion. Eine im Moment der Explosion stehen gebliebene Uhr ist eines der beklemmenden Objekte.

↑ *Bedrückende Fotografien und Exponate im Atombomben-Museum*

⑨

Friedenspark

9 Matsuyamamachi
Heiwa-koen tägl. 24 Std. W nagasakipeace.jp

Eine schwarze Steinsäule markiert den Punkt, wo am 9. August 1945 um 11:02 Uhr, drei Tage nach Hiroshima, die zweite Atombombe detonierte. Ziel waren die nahen Werften. 75 000 Menschen starben bei der Explosion sofort, weitere 75 000 an den Folgen. Dies machte Nagasakis Einwohner zu vehementen Kämpfern für den Weltfrieden. Im Park wurden mehrere Monumente aufgestellt, etwa die neun Meter hohe Friedensstatue. Die katholische Urakami-Kirche, die im Epizentrum gestanden hatte, wurde 1959 in der Nähe wiedererrichtet.

← *Seibo Kitamuras Friedensstatue im ergreifenden Friedenspark von Nagasaki*

⑩

Konfuzius-Schrein

10-36 Ouramachi
Oura Tenshudo siehe Website W nagasaki-koushibyou.com

Leuchtend gelbe Dachziegel und zinnoberrote Wände weisen den Bau als Schrein des Gelehrten Konfuzius aus. Er wurde 1893 von der chinesischen Gemeinde der Stadt errichtet und 1945 von der Bombe zerstört. Der Tempel wurde wieder aufgebaut, 1982 kam das Nationalmuseum für Chinesische Geschichte dazu. Die ausgestellten Antiquitäten sind Leihgaben des Chinesischen Nationalmuseums und des prestigeträchtigen Palastmuseums in Peking.

Highlight

⑪

Glover-Garten

8-1 Minamiyamatemachi
Oura Tenshudo
tägl. 8–18
glover-garden.jp

Mit der erneuten Öffnung nach Westen Mitte des 19. Jahrhunderts erblühte Nagasaki zur wohlhabenden Stadt mit internationalem Flair. Für den plötzlichen Zuzug von Fremden wurde Wohnraum benötigt. Viele der komfortablen Stein- und Schindelhäuser von damals stehen noch heute im Glover-Garten. Das am besten erhaltene Gebäude im westlichen Stil ist das 1863 errichtete Glover-Haus. Thomas Glover, der die erste Dampflok nach Japan brachte, war ein britischer Geschäftsmann, zu dessen Unternehmen Kohleminen, ein Teehandel, eine Schiffswerft sowie eine Brauerei, Vorläufer der heutigen Kirin-Bierbrauerei, gehörten.

Ebenfalls sehenswerte Parkgebäude sind das Ringer-Haus, dessen Steine für das Fundament aus Wladiwostok herangeschafft wurden, und das Walker-Haus, das die farbenfrohen Festwagen zeigt, die jedes Jahr beim Kunchi-Fest zum Einsatz kommen. Das Old Hong Kong and Shanghai Bank Building steht für die intensiven Kontakte zum Westen.

Ausländer in Nagasaki

Portugiesen und Holländer nutzten als Erste den 1571 für den internationalen Handel geöffneten Hafen. Später folgten chinesische Kaufleute und gründeten eine Gemeinde. Die Portugiesen brachten den katholischen Glauben mit – und bescherten Kyushu damit eine leidvolle Geschichte voller Rebellion und Verfolgung. Als sich Japan ab 1934 isolierte, durften nur noch die Holländer Handel treiben. Nach der erneuten Öffnung 1853 kamen Briten, Amerikaner, Franzosen und Preußen in die Stadt. Der intensive Kontakt mit Fremden spiegelt sich heute in Festen und in der Küche wider: Die *castella* (Pfannkuchen) stammen aus Portugal.

⑫

Holländer-Hang

2 Higashiyamatemachi
Medical Center

Die von den Holländern angelegte hübsche Kopfsteinpflasterstraße war einst Herz der Ausländergemeinde. Eine Zeit lang wurden alle Westler, ungeachtet ihrer Herkunft, von den Japanern »Holländer« genannt. Einige der Holzhäuser sind zu besichtigen. Das Junibankan (1868) war einst das Gebäude der preußischen Gesandtschaft.

⑬

Huis Ten Bosch

1-1 Huistenboschmachi, Sasebo Huis Ten Bosch
siehe Website
huistenbosch.co.jp

Die 1992 fertiggestellte Nachbildung eines holländischen Dorfs mit Kirchen, Häusern, Läden, Windmühlen, einem Bauernhaus und Grachten ist einer der größten Themenparks Japans. Zu den Highlights gehören Repliken des royalen Schlosses und des höchsten Kirchturms der Niederlande. Wenn man mit Pferdekutsche, altmodischem Taxi oder in einem der Kanalboote durch den Park fährt, glaubt man fast, man sei in den Niederlanden.

Rekonstruktion einer holländischen Windmühle in Huis Ten Bosch

SEHENSWÜRDIGKEITEN

3

Yufuin

湯布院

B6 11 300 Präfektur Oita Yufuin am JR-Bahnhof yufu-tic.com

Die Stadt am Fuß des Yufudake versteht sich als nobles Heilbad mit Landgasthäusern, Boutiquen, Sommerkonzerten sowie Museen, darunter das **Comico-Kunstmuseum** und das **Trick 3D Art Yufuin Museum**.

Der 1990 gebaute Bahnhof mit rußiger Fassade, die an den Kessel einer Lokomotive erinnert, besitzt eine Kunstausstellungshalle. Die Fußbodenheizung wird aus einer Thermalquelle gespeist.

Am Kinrin-See verläuft ein Rad- und Wanderweg. Hier liegt Shitan-yu, ein altes Freibad mit Strohdach. Das Bad ist gemischt.

Comico-Kunstmuseum
2995-1 Kawakami
tägl. 9:30–17:30
camy.oita.jp

Trick 3D Art Yufuin Museum
3001-8 Kawakami
tägl. 9:30–17:30 (März–Sep: bis 18)

4

Kitakyushu

北九州

B5 935 000 Präfektur Fukuoka Kokura im JR-Bahnhof Kokura gururich-kitaq.com/en/

Kitakyushu, das Tor nach Nord-Kyushu, ist eine moderne Stadt. Das zeigt sich in den Entwürfen von Arata Isozaki, vor allem in der **Chuo Toshokan Kitakyushu** (Zentralbibliothek, 1974), die oft als Filmkulisse diente. Stadt und Umgebung – mit dem Schlachtfeld Dan no Ura, auf dem die Taira besiegt wurden, und der Straße von Shimonoseki – bilden die Kulisse, die sich von der Burg aus bietet. Der **Japanische Garten der Burg Kokura** umgibt ein Samurai-Haus.

Chuo Toshokan Kitakyushu
4-1 Jonai Di–So

Japanischer Garten der Burg Kokura
1-2 Jonai tägl. 9–20 (Nov–März: bis 19; Juli, Aug: Fr, Sa bis 21)
kokura-castle.jp

5

Usa

宇佐

B6 52 800 Präfektur Oita Usa Empfehlung: Sightseeing-Bustour

Die Region um Usa und die Halbinsel Kunisaki gelten als Nukleus aller Tendai-Heiligtümer und dem Kriegsgott Hachiman geweihten Schreine. Von diesen sakralen Stätten aus verbreitete sich der Buddhismus koreanischer Herkunft. Die berühmteste Stätte, der Usa-Jingu-Schrein, der den alten japanischen Gottheiten gewidmet ist, wird auch mit der einflussreichen Figur des Hachiman identifiziert.

Östlich von Usa gibt es Steingräber, Statuen aus der Heian-Zeit und bei Kumano Magaibutsu die größten Felsenreliefs in Japan.

Die besondere, urtümliche Atmosphäre der Halbinsel ist am besten auf dem Gipfel des Futago zu spüren, wo steinerne Wächter den Zugang zum Futago-ji-Tempel

Schon gewusst?

Der Kriegsgott Hachiman galt als Wächtergott der Samurai.

→ *Ein traditionelles* torii *markiert den Eingang zum berühmten Usa Jingu*

↑ *Haupteinkaufsstraße im Thermalbad Yufuin, mit Blick auf die umliegenden Berge*

markieren. Die Tempelhalle mit Berggöttern ist in einen Steilhang gebaut. Das älteste religiöse Gebäude auf Kyushu, die hölzerne Haupthalle des Fuki-ji-Tempels aus der Heian-Zeit, besitzt Fresken mit Darstellungen vom Paradies der Buddhisten.

6

Beppu

別府

B6 122 000 Präfektur Oita Oita Beppu von Tokyo, Osaka, Kobe und Hiroshima Bahnhof Beppu city.beppu.oita.jp

Beppu, ein glitzernder Badeort mit Neonbeleuchtung, bietet Thermalbäder und viele Unterhaltungsmöglichkeiten. Aus der porösen Erdkruste Beppus dampft es an unzähligen Stellen. Das kochend heiße Wasser tritt nicht allein aus den rund 3750 Thermalquellen und 168 öffentlichen Bädern zutage, es wird auch in Privathäusern zum Heizen genutzt.

Beppu bietet viele Spa-Anwendungen: Man kann in unterschiedlich temperiertem Wasser entspannen, in Sprudelbäder springen, sich in schwarzem Sand eingraben lassen oder bis zum Hals in Schlamm eintauchen.

Berühmt sind die **Brodelnden Höllen** (Jigoku) – Becken mit mineralisch gefärbtem Wasser und blubberndem Schlamm. Die acht Becken liegen in den Bezirken Kannawa und Shibaseki in Beppu in Gehweite voneinander entfernt. Sie unterscheiden sich in Funktion, Farbe und Mineralgehalt. Die »Meereshölle« (Umi Jigoku) besitzt die Farbe eines Tropenmeers, die »Blutbecken-Hölle« (Chi-no-Ike Jigoku) ist lehmig rot.

Viele Bäder gehören zu Hotels, sind aber öffentlich zugänglich. Spaß macht das beliebte **Suginoi Hotel**. Das Hotel am Westrand Beppus ist ein thermales Wunderland. Das **Takegawara-Badehaus** wurde 1879 oberhalb der Bucht errichtet. Es ist eines der ältesten Bäder, wo Besucher in schwarzen Sand eingebuddelt werden, bevor sie in warme Becken eintauchen. Nördlich von Kannawa in den Bergen liegt die **Myoban-Thermalquelle**, ein ruhiger Ort, den die Japaner seit über 1000 Jahren als Heilbad nutzen. Einen hervorragenden Blick auf Beppu hat man vom 125 Meter hohen Global Tower zwischen Bahnhof und Suginoi Hotel.

Expertentipp
Fußbalsam

Überall in und um Beppu gibt es *ashiyu* – Spas für die Füße. Man findet sie meist an öffentlichen Plätzen. Die kleinen Heißwasserpools sind ideal, um müde Füße zu verwöhnen. Oft sind sie kostenlos.

Hotels

KAI Beppu
Ein von Kengo Kuma entworfenes Hot-Spring-*ryokan* mit Meerblick von allen Zimmern und *Kaiseki*-Gerichten aus lokalen Produkten.
B6
2-14-29 Kitahama
hoshinoresorts.com/en/hotels/kaibeppu
¥¥¥

Yufunogou Saigakukan
Das ländliche *ryokan* bietet malerische *onsen*, Blicke auf die Zwillingsgipfel des Yufudake und mehrgängige Mahlzeiten.
B6
2378-1 Yufuin-cho
saigakukan.co.jp
¥¥¥

Brodelnde Höllen
559-1 Kannawa
tägl. 8–17
beppu-jigoku.com

Suginoi Hotel
1 Kankaiji tägl. 9–23 suginoi.orixhotelsandresorts.com

Takegawara-Badehaus
16-23 Motomachi
+81-977-23-1585
tägl. 6:30–22:30

Myoban-Thermalquelle
Myoban tägl. 10–21 jigoku-prin.com

←

Die Ursprünge der Buddha-Figuren von Usuki liegen im Dunkeln

7 Stein-Buddhas von Usuki
臼杵石仏

B6 Präfektur Oita Usuki, dann JR-Bus bis Usuki-Sekibutsu tägl. 9–17 sekibutsu.com

Obwohl die Seki-Butsu-Statuen (Stein-Buddhas) bekannt sind, ist die Stätte bislang von Besucherströmen verschont geblieben. Es wird angenommen, dass die Statuen in der späten Heian-Periode begonnen und in der frühen Kamakura-Zeit vollendet wurden. Ihre Ursprünge liegen allerdings im Dunkeln. So weiß man nicht, wer sie in Auftrag gab, wer sie schuf und warum sie in einer so abgelegenen Gegend aufgestellt wurden.

Dieses Rätsel trägt zum Charme der Stätte bei. Besonders stimmungsvoll ist der Spätnachmittag, wenn das Sonnenlicht auf die Gesichter und Torsos der geheimnisvollen und friedlich anmutenden Figuren fällt.

Shopping

In Arita in der Präfektur Saga kann man alte Töpferwerkstätten besuchen, in denen Porzellan hergestellt wird.

Koransha
A6
1-3-8 Kobira, Arita
koransha.co.jp

Fukagawa Seiji
A6
1-1-8 Kobira, Arita
fukagawa-seiji.co.jp

Arita Porcelain Park
A6 340-28 Toya, Arita
arita-touki.com

8 Kurume
久留米

A6 303 500 Präfektur Fukuoka Kurume im JR-Bahnhof welcome-kurume.com/en

Im Zentrum der *Kasuri*-Textilindustrie wird mit einer Ikat-Webtechnik gearbeitet, bei der die Fäden – anders als bei den Ikat-Formen Südostasiens – vor dem Weben zur Gänze gefärbt werden. Das **Industrie- und Handelszentrum** verkauft *Kasuri*-Stoffe.

Bei der Korbflechttechnik *Rantai-shikki* werden Lackschichten auf Bambus aufgetragen, wodurch stabile Körbe entstehen. Gegenüber der Bushaltestelle Honmachi-yonchome bei Inoue Rantai-Shikki sind sie erhältlich. Das **Ishibashi-Bunka-Zentrum** besteht aus einem Kunstmuseum und einem japanischen Garten.

Umgebung: Viele der Kunsthandwerker arbeiten in Hirokawa und Yame (40 Min. Busfahrt ab Bahnhof Kurume). In Hirokawa liegt die **Werkstatt Moriyama Kasuri**. Hier wird wie im 16. Jahrhundert Papier aus Maulbeerfasern hergestellt.

Industrie- und Handelszentrum
2F Jibasan Kurume Center, 5-8-5 Higashi Aikawa
+81-942-44-3700
tägl. 10–17

Ishibashi-Bunka-Zentrum
1015 Nonakamachi
Di–So 9–17
ishibashi-bunka.jp

Werkstatt Moriyama Kasuri
109 Niishiro, Hirokawamachi +81-942-32-0023 (Reservierung erforderlich)
Mo–Sa 9–16

Schon gewusst?

Studenten besuchen den Dazaifu-Tenman-gu-Schrein, um für Erfolg bei Prüfungen zu beten.

9 Onta

小鹿田

B6 60 Präfektur Oita Hita, dann Bus bis Sarayama Bahnhof Hita; +81-973-22-2036

Seit koreanische Töpfer 1705 in dem Bergdorf ihre Brennöfen bauten, wird Steingut hergestellt. Führende Vertreter der Volkskunstbewegung *mingei*, etwa Bernard Leach und Soetsu Yanagi, schätzten die Keramik aus Onta wegen ihrer Bodenständigkeit. Die wasserbetriebenen, in die Felsen gehauenen Brennöfen werden noch immer benutzt. Typisch für die Gefäße ist die Tropfglasur in Erdfarben. Das Onta-Töpferfest findet am zweiten Wochenende im Oktober statt.

10 Dazaifu

大宰府

A6 73 000 Präfektur Fukuoka Dazaifu Bahnhof Dazaifu; +81-92-925-1880

Dazaifu war unter der Yamato-Regierung *(siehe S. 211)* militärisch wichtig. In der Nara-Zeit übernahm es administrative Aufgaben. Heute zieht der **Dazaifu-Tenman-gu-Schrein** Besucher an. Er ist dem Kalligrafen und Dichter Sugawara Michizane gewidmet. Der 903 verstorbene Schutzpatron der Lernenden ist unter seinem Götternamen Tenjin bekannt. Zu besichtigen ist das Schatzhaus. Die Halle dahinter beherbergt Hakata-Lehmpuppen, die Szenen aus dem Leben Michizanes nachstellen.

Das 2005 eröffnete **Kyushu-Nationalmuseum** konzentriert sich auf die Beziehungen Japans zu asiatischen Ländern. Zu sehen sind u. a. 75 *Um-sum*-Karten.

Die **Dazaifu Government Ruins** sind ein Park mit mittelalterlichen Ruinen.

Fotomotiv
Zeitreise

Hinter dem Tor des Dazaifu-Tenman-gu kommen Sie zum Teich in Form des japanischen Zeichens für »Herz«. Fotografieren Sie die drei Brücken über die drei Inseln – sie symbolisieren Vergangenheit, Gegenwart und Zukunft.

Dazaifu-Tenman-gu-Schrein
4-7-1 Saifu Schatzhaus: Di – So 9 –16:30
dazaifutenmangu.or.jp

Kyushu-Nationalmuseum
4-7-2 Ishizaka
Di – So 9:30 –17 (Fr, Sa bis 20) kyuhaku.jp

Dazaifu Government Ruins
4-6-1 Kanzeonji Ausstellungshalle: Di – So 9 – 16:30 kotodazaifu.net

Der verzierte Dazaifu-Tenman-gu-Schrein

11

Kumamoto

熊本

A6 738 800 Präfektur Kumamoto Aso Kumamoto Kumamoto kumamoto-guide.jp/en

Kumamoto war zur Zeit des Tokugawa-Shogunats (1603–1868) ein wichtiges Machtzentrum. Das Highlight, eine der größten Burgen Japans, stammt aus dieser Zeit. Die Hauptsehenswürdigkeiten liegen südlich der Burg.

Die hohe Lebenserwartung der Stadtbewohner wird ihrer Lebenslust und gesunder Ernährung zugeschrieben. Zu Letzterer gehören *karashi renkon* (frittierte Lotoswurzeln mit Senf-Miso-Füllung). Der Sake wird mit Wasser hergestellt, das angeblich durch den Vulkanboden gereinigt wurde.

Entdeckertipp
Miniatur-Welt

Kumamotos Suizen-ji-Joju-en-Garten (8-1 Suizenji-koen), ein Wandelgarten, zeigt en miniature die 53 Etappen der alten Tokaido-Poststraße, die während der Edo-Zeit Kyoto mit Edo (Tokyo) verband – darunter den Fuji und den Biwa-See.

Die **Burg Kumamoto**, die das Stadtzentrum von einem imposanten Hügel aus beherrscht, wurde auf Befehl von Kato Kiyomasa errichtet, einem Krieger, der 1600 an der Seite von Ieyasu Tokugawa in der Schlacht von Sekigahara kämpfte. Er wurde für seine Loyalität mit Ländereien belohnt, die den größten Teil des heutigen Kumamoto umfassten. Die Burg wurde 1607 fertiggestellt. Im Gegensatz zu dekorativeren Burgen wie Himeji *(siehe S. 224–227)* hat die Zitadelle von Kumamoto ein martialisches Aussehen mit steilen, fast uneinnehmbaren Mauern. Das ursprüngliche Bauwerk verfügte über 49 Türme und 29 Tore, wurde aber während des Satsuma-Aufstands im Jahr 1877 fast vollständig zerstört. Der heutige Hauptturm, der 1960 in Stahlbeton detailgetreu nachgebaut wurde, zeigt noch die Respekt einflößende Pracht des Originals. Beim Erdbeben von 2016 erlitt die Burg Schäden, Teile sind immer noch geschlossen, darunter der Honmaru-Goten-Palast. Der Hauptfried ist geöffnet.

Nordwestlich der Burg steht das **Gyobu-tei** (18. Jh.), einst das Wohnhaus des Hosokawa-Clans. Es bietet einen Einblick in das Leben der Adelselite der Edo-Zeit. Aufgrund des Erdbebens 2016 ist es noch geschlossen.

Die Besitztümer der mächtigen Clans Kato und Hosokawa können im **Kumamoto-Präfekturmuseum für Kunst** besichtigt werden. In dem modernen Bau mit hübschem Teeraum befinden sich auch Repliken alter Hügelgräber und archäologische Funde aus der Region.

Kumamoto ist für sein Kunsthandwerk bekannt. Dazu gehören Damaszener-Einlegearbeiten, Amakusa-Perlen und Yamaga-Laternen. Letztere sind Lampions aus Goldpapier. Sie werden beim Feuerfest im August eingesetzt. Das **Kumamoto-Handwerkszentrum** bietet eine große Auswahl an lokalem Kunsthandwerk.

Burg Kumamoto
1-1 Hommaru
tägl. 9–17 castle.kumamoto-guide.jp/en

Gyobu-tei
3-1 Furugyocho
+81-96-352-6522
wegen Renovierung

Kumamoto-Präfekturmuseum
2-1 Ninomaru
+81-96-352-2111
Di–So 9:30–17:15

Kumamoto-Handwerkszentrum
3-35 Chibajomachi
Di–So 9:30–17:30 kumamoto-kougeikan.jp

← *Sightseeing-Bootsfahrt auf einem der Kanäle in Yanagawa*

12 Yanagawa

柳川

A6 64 000 Präfektur Fukuoka Nishitetsu Yanagawa yanagawa-net.com/en

Früher waren die Kais von Yanagawa belebter, doch die Kanäle und Gräben, die sich durch die ehemalige Burgstadt ziehen, sind wichtig für den Stadtsäckel. Zudem werden dort Aale, die Spezialität der Stadt, gefangen. Besucher können *donkobune* (Gondeln) für eine *kawakudari* (Flusskreuzfahrt) buchen. Bei der Fahrt auf den Kanälen gleitet man an alten Samurai-Villen und Lagerhäusern vorbei.

Sehenswert ist der Suiten-gu-Schrein, der zur selben Schule gehört wie der in Kurume. Zudem locken der Kyu Toshimake Jyutaku, ein Teegarten aus der Edo-Zeit, sowie **Hakushu Kinenkan**, das Geburtshaus von Hakushu Kitahara (1885–1942), einem erfolgreichen Schriftsteller, der vor allem mit Kindergedichten bekannt wurde.

Hakushu Kinenkan

55-1 Okinohatamachi tägl. 9–17 hakushu.or.jp/index02.php

← *Massiv und wehrhaft: Burg Kumamoto vom Anfang des 17. Jahrhunderts*

13 Halbinsel Shimabara

島原半島

A6 Präfektur Nagasaki Shimabara von Kumamoto Shimabara Peninsula Tourism Association, +81-957-62-0655; Unzen Onsen unzen.org

Die bis 1616 vom christlichen Herrscher Arima regierte Halbinsel erlebte brutale Christen-Pogrome, als das Tokugawa-Shogunat zur Herrschaft gelangte. In den 1880er Jahren wurde der Thermalort Unzen Urlaubsziel für westliche Ausländer. Inmitten von Pinienwäldern auf 700 Meter Höhe bot er Erholung von der Sommerhitze. Im Frühling blühen auf der Halbinsel Tausende von Azaleen. Im Herbst färbt sich das Ahornlaub leuchtend rot. 1934 wurde der Unzen-Amakusa-Nationalpark als erstes japanisches Schutzgebiet gegründet.

Die meisten Hotels in Unzen haben Thermalquellen. Düster muten die berühmten »Höllen« (Jigoku) an, brodelnde, schwefelhaltige Wasserlöcher, in denen nach dem Verbot des Christentums 30 Christen getötet wurden. Ältere Damen versenken Eier in Körben in die Becken, die sie dann – hart gekocht – Besuchern anbieten.

Der Unzen galt als schlafender Vulkan – bis zum Ausbruch von 1990. Vom Nita-Pass aus kann man den Krater besteigen oder teils per Seilbahn erreichen.

14 Ausgrabungsstätte Yoshinogari

吉野ケ里遺跡

A6 Präfektur Saga Yoshinogari-koen oder Kanzaki, dann 15 Min. zu Fuß oder mit Taxi tägl. 9–17 (Juni Aug: bis 18) yoshinogari.jp/en

Höhlenwohnungen und viele Urnen, die in Yoshinogari gefunden wurden, deuten auf eine hoch entwickelte Gesellschaft in der Yayoi-Zeit (300 v. Chr.–300 n. Chr.) hin.

Damals entstand mit den ersten Bewässerungssystemen und dem Reisanbau die Basis für die japanische Gesellschaft. Aus dieser Region soll auch die legendäre Kaiserin Himiko stammen, die in chinesischen Annalen (3. Jh.) erwähnt wird. Zu besichtigen sind rekonstruierte Wachtürme und Wohnungen der Yayoi-Zeit.

Shochu

Kuma Shochu Museum

Shochu aus Süßkartoffeln, Reis oder Gerste wird mit Eiswürfeln oder mit Wasser bzw. Saft vermischt getrunken. In dem Museum erfährt man alles zur Herstellung und erhält Kostproben.

A6 461-7 Gonoharumachi, Hitoyoshi, Kumamoto denshogura.jp

↑ *Dampf aus einem Krater des Aso, Japans größtem aktiven Vulkan*

15

Berg Aso

阿蘇山

B6 Präfektur Kumamoto Aso, dann Bus Kyushu-Odan-Sightseeing-Bustour ab Beppu oder Kumamoto asocity-kanko.jp/en

Der aus fünf Kratern bestehende Aso ist mit einem Durchmesser von 130 Kilometern eine der größten Calderen der Welt. Höchster Gipfel ist mit etwa 1590 Metern der Takadake. Der aktive Nakadake spuckt Schwefeldämpfe und heiße Gase, was Kumamoto den Beinamen *hi-no-kuni* (»Feuerland«) eingebracht hat.

Unterhalb des Gipfels liegen Orte zwischen Wäldern, Weideland, Bambushainen und Thermalquellen. Der Sightseeing-Bus fährt an einem kuriosen begrünten Berg vorbei, der wie eine umgekehrte Reisschale aussieht und passenderweise Komezuka (Reishügel) heißt. Er hält oft an der schönen Kusasenri-Wiese.

Ein Bus fährt zum Gipfel des Nakadake, von dem aus man an klaren Tagen einen atemberaubenden Blick in die Tiefen des Kraters und seinen übel riechenden grünen See hat. Ein Pfad führt direkt auf den Gipfel. Oben an der Steilwand beginnt ein beliebter Wanderweg um den Kraterrand zum Gipfel Takadake und dann hinunter in die Sensui-Schlucht. Der Zugang zum Krater ist abhängig von der Vulkanaktivität, erkundigen Sie sich vorab auf der Website.

Das **Aso-Vulkanmuseum** am Fuß des Nakadake vermittelt ein lebendiges Bild vom Berg, wenn der Krater aufgrund verstärkter Schwefelausdünstung gesperrt ist: Zwei am Krater installierte Kameras liefern ständig eindrucksvolle Bilder von der vulkanischen Aktivität.

Expertentipp
***Onsen*-Hopping**

Kurokawa, die Stadt am Fuß des Aso, gilt als eine der besten *Onsen*-Locations in Japan. Mit einem Bäderpass hat man verbilligten Zugang zu verschiedenen Thermalquellen (www.kurokawaonsen.or.jp).

Aso-Vulkanmuseum
1930-1 Akamizu
+81-967-34-2111
tägl. 9–17

16

Takachiho

高千穂

B6 Präfektur Miyazaki von Kumamoto und Miyazaki takachiho-kanko.info/en

Die Takachiho-Bergregion – Heimstatt der unzähligen Götter aus Japans Pantheon – ist ein Ort uralter Sagen und mit Japans reicher Mythologie verbunden. Kagura, ein Pantomimetanz, welchen die Sonnengöttin Amaterasu Omikami einst getanzt haben soll, soll hier seinen Ursprung haben. Vor der Höhle, in die Amaterasu verschwand und damit die Welt so lange in Dunkelheit hüllte, bis sie wieder herausgelockt werden konnte, steht der Ama-no-Iwato-Schrein, ein pavillonartiger Bau, der für

↑ *Ruderboote bei einem Wasserfall in der Takachiho-Schlucht*

↑ *Rot leuchtender Zugang zum Udo-Jingu-Schrein in einer Höhle an der Nichinan-Küste*

seinen heiligen Baum berühmt ist. Unweit liegt Ama no Yasugawara, die Grotte, in welcher der Legende nach die Götter beratschlagten, wie die Sonnengöttin aus ihrem Versteck gelockt werden könnte. Der Höhleneingang liegt neben einem Fluss mit Kieselbett. Besucher schütten kleine Steinhaufen auf, damit durch den Kontakt etwas von der Weisheit und Kraft der Götter auf sie übergehen möge.

Wichtigster Schrein der Region ist Takachiho Jinja. Bekannt ist er wegen seiner alten japanischen Zedern, den für japanische Schrein- und Tempelanlagen charakteristischen Bäumen. Er wurde vor etwa 1900 Jahren durch Japans elften Kaiser errichtet. Abends finden hier einstündige Kagura-Aufführungen (heilige Tänze) statt – ein besonderer Genuss vor der stimmungsvollen Kulisse. Empfehlenswert ist auch eine Bootsfahrt durch die Takachiho-Schlucht mit ihren pittoresken Felsformationen und Wasserfällen.

Nördlich von Udo Jingu liegt Sun-Messe Nichinan, wo perfekte Reproduktionen der Statuen von den Osterinseln verkauft werden.

⑰

Nichinan-Küste

日南海岸

🅐 B7 🏠 Präfektur Miyazaki 🚆 Nichinan-Linie von Miyazaki 🅦 kankou-nichinan.jp/english

Die Nichinan-Küste wird auch Onino Sentakuita (»Waschbrett des Teufels«) genannt – ein beredter Ausdruck für die erodierten zerklüfteten Felsenriffe.

Das Tor zu diesem Küstenstreifen ist Aoshima, eine Insel mit kaum 1,5 Kilometer Durchmesser, die über einen Steg mit dem Hauptland verbunden ist. Mitten auf dem bewaldeten Eiland steht ein zinnoberroter Schrein, der im Sommer oft recht überlaufen ist. Miyazaki ist für seine Blumenpracht, den Schrein, den Wasserpark und seinen Peace Tower zu Ehren des mythischen Kaisers Jimmu bekannt.

Udo Jingu, ein ebenfalls zinnoberroter Schrein 32 Kilometer weiter südlich, schmiegt sich in eine Höhle am Meer. Er ist Kaiser Jimmus Vater gewidmet und gilt als förderlich für Ehe und Kindersegen. Das Wasser, das von den wie Brüste geformten Felsen tropft, wird als Muttermilch gesehen.

Nördlich von Udo Jingu liegt Sun-Messe Nichinan, wo perfekte Reproduktionen der Statuen von den Osterinseln verkauft werden. Eine Station weiter an der Nichinan-Linie befindet sich die alte befestigte Stadt Obi, wo man eine Burgruine und Samurai-Häuser besichtigen kann. Weiter südlich liegt der Ishinami-Strand mit weißem, feinen Sand.

Restaurant

Iroha

Dies ist eines der besten Restaurants in Kumamoto *(siehe S. 274)*, um lokale Gerichte zu probieren, darunter *basashi*, ein Sashimi aus Pferdefleisch.

🅐 A6 🏠 4-21 Suizenji-koen, Chuo, Kumamoto

¥¥¥

18

Nationalpark Kirishima-Kinkowan

霧島錦江湾国立公園

A7 Präfekturen Miyazaki und Kagoshima Kobayashi (JR-Kitto-Linie), dann Miyazaki-Kotsu-Bus bis zum Ebino-Plateau

Um diese Region ranken sich die Mythen und Sagen über die Gründung Japans. Das Plateau Ebino-Kogen (Krabbenwiese) ist von Vulkanen, Kraterseen und Thermalquellen umgeben. Der Ebino-Kogen-Naturlehrpfad, einer der schönsten Wanderwege, führt an drei Seen vorbei, zwei davon sind kobaltblau. Im Sommer kann man den Karakunidake besteigen. Es gibt viele Dampf ausstoßende Thermalquellen in der Region, darunter die *onsen* Iodani, Arayu, Hayashida und Sakura.

Achtung: Da die Gegend vulkanisch aktiv ist, können Teile des Parks jederzeit gesperrt werden. Straßen und Wanderwege sind dann nicht mehr zugänglich.

Schon gewusst?

Wenn es regnet, bildet sich im Krater des Karakunidake ein azurblauer See.

19

Kagoshima

鹿児島

A7 Präfektur Kagoshima Kagoshima von Tokyo, Nagoya, Osaka und Nagasaki am Bahnhof Kagoshima-Chuo kagoshima-kankou.com

Hinter Kagoshimas weitläufiger Bucht erhebt sich der Sakurajima, ein aktiver Vulkan, der bisweilen eine Schicht aus Vulkanasche über die Stadt legt. Sakurajima war eine Insel, bis ein Ausbruch 1914 drei Milliarden Tonnen Lava in der schmalen Meerenge zwischen der Insel und der Halbinsel ablagerte. Seitdem ist Sakurajima mit dem Festland verbunden.

Kagoshima genoss stets ein hohes Maß an Unabhängigkeit. Als Zentrum des Feudalreichs Satsuma herrschte der Shimazu-Clan acht Jahrhunderte lang über Okinawa und absorbierte einen Großteil der chinesischen und südostasiatischen Kultur, die über die Inseln übertragen wurde. Das Erbe dieses Kontakts zeigt sich heute in einer Küche, die eher auf Süßkartoffeln als auf Reis setzt, und in der Vorliebe für Schweinefleischgerichte.

Shochu, der Schnaps von Kagoshima, der hauptsächlich aus Süßkartoffeln hergestellt wird, soll aus China oder Korea nach Okinawa gelangt sein. Allein in Kagoshima gibt es über 120 Des-

Entdeckertipp
Sandbäder

Bei einem Sandbad in Ibusuki, 28 Kilometer südöstlich von Chiran, wird man in von heißem Dampf aufgewärmten Sand eingegraben. Nach 20 Minuten im Sand wäscht man sich ab und entspannt in einer Thermalquelle.

Kagoshima in Küstenlage mit dem Vulkan Sakurajima im Hintergrund ↑

tillerien. Die Handwerkstraditionen, vor allem Keramik und feine Seidenbrokate, spiegeln eine Ästhetik asiatischer Herkunft wider.

Kagoshimas schwüles Klima wird im **Sengan-en-Garten** deutlich, wo subtropische Pflanzen neben Pflaumenbäumen und Bambus wachsen. Mittelpunkt ist ein Teich mit kleinem Wasserfall.

Eine der besten Attraktionen ist das **Städtische Kunstmuseum**, das Satsuma-Keramiken zeigt.

Ein bekannter Sohn der Stadt ist Saigo Takamori (1827–1877), Anführer der glücklosen Satsuma-Rebellion. Japaner ehren ihn in einer Höhle im Shiroyama-Hügel, wo er rituellen Selbstmord beging.

Sengan-en-Garten
9700-1 Yoshinocho tägl. 9–17
senganen.jp/en

Städtisches Kunstmuseum
4-36 Shiroyamacho
Di–So 9:30–18
city.kagoshima.lg.jp/artmuseum

Kristallklares Wasser und mit Felsen bedeckter Strand von Amami-Oshima

20
Chiran
知覧

A7 Präfektur Kagoshima von Kagoshima
chiran-bukeyashiki.com

Chiran liegt inmitten von Teeplantagen und bewaldeten Hügeln. Es war eine von 113 Burgstädten, die dem Schutz der Feudalherren von Satsuma dienten. Sieben Samurai-Häuser mit Gärten können in der Samurai-Gasse besichtigt werden. Sata umfasst einen Trockengarten, weißen, geharkten Sand und Berge als »geborgte Kulisse«. Auf dem Hügel oberhalb des Dorfs übten im Zweiten Weltkrieg Kamikaze-Piloten. Kirschbäume sind den 1026 Männern gewidmet, die von Chiran aus ihre tödlichen Einsätze flogen.

21
Yakushima
屋久島

D2 Präfektur Kagoshima von Osaka, Fukuoka, Kagoshima
von KagoshimaTourist
yakushimatourism.com

Yakushima ist eine der ersten UNESCO-Weltnaturerbestätten Japans und beherbergt einige der ältesten Bäume des Landes. Wandern Sie in die dichten Urwälder des Inselinneren, um die stimmungsvolle moosbewachsene Schlucht Shiratani Unsuikyo zu sehen, die Studio Ghiblis Film *Prinzessin Mononoke* inspirierte, und den Jomonsugi, eine Zeder, die 7000 Jahre alt sein könnte.

22
Amami-Oshima
奄美大島

D2 Präfektur Kagoshima von Tokyo, Osaka, Fukuoka, Kagoshima, Naha
von Kagoshima bis Naze
amami-tourism.org/en

Das subtropische Amami beherbergt eine reiche Flora und Fauna – deshalb hat es die UNESCO 2021 zusammen mit Tokunoshima und einigen Teilen von Okinawa zum Weltnaturerbe erklärt. Die Korallenriffe und vorgelagerten Inseln von Setouchi im Süden sind Teil eines Meeresparks, der Tauch- und Schnorchelmöglichkeiten sowie Bootsfahrten bietet.

Oshima Tsumugi Mura ist ein Kunsthandwerkerdorf, in dem *tsumugi* hergestellt wird, ein handgewebter Seidenstoff, aus dem Kimonos gefertigt werden.

Keramik und Porzellan in Hülle und Fülle auf dem Markt von Arita ↑

Tour durch die Keramikstädte in Saga

Länge 80 km **Rasten** Arita, Imari, Karatsu
Schwierigkeit leicht, guter Straßenzustand

In der Präfektur Saga entsteht seit über 500 Jahren hochwertige Keramik. Diese Tour führt Sie zu den wichtigen Keramikstädten Arita, Imari und Karatsu, sie liegen relativ nah beieinander. In diesen Städten können Sie die Kunst der Töpfer bewundern und Keramik erwerben.

Zur Orientierung
Siehe Regionalkarte S. 262f

Auf dem täglichen Markt in **Yobuko** erhält man hochwertiges Steingut zu vernünftigen Preisen.

Karatsu-Ware wird oft für Teezeremonien genutzt. Der Nakazato-Taroemon-Brennofen wird von Nachkommen der ersten Koreaner betrieben, die sich hier als Töpfer niederließen.

Yoshinogari mit seinen 2500 Jahre alten Keramiken ist ein guter Startpunkt für die Tour.

Das kleine **Arita** hat einen Schrein für Töpfer und Dutzende Brennöfen. Das Kyushu-Keramikmuseum gibt einen Überblick über die Keramik der Region.

Imari-Porzellan gelangte im 17. Jahrhundert über die niederländische Ostindien-Gesellschaft nach Europa, wo es hohe Preise erzielte. Heute wird Imari im Nachbarort Okawachiyama hergestellt.

Saga, die Hauptstadt der Präfektur, hat 236 000 Einwohner. Jeden November findet ein Heißluftballon-Wettbewerb statt.

Schon gewusst?

Die koreanischen Töpfer Kyushus durften im 16. Jahrhundert Brennöfen in Eigenregie führen.

Eine Straße schlängelt sich entlang der Küste Okinawas

Okinawa

Eine Korallenbank zwischen dem Pazifischen Ozean und dem Ostchinesischen Meer bildet den Okinawa-Archipel, der ab dem 14. Jahrhundert zu China gehörte. Seine Herrscher nannten ihn Liu-chiu (japanisch: Ryukyu). Unter den Chinesen und später als souveräner Teil des Satsuma-Reichs war Okinawa vielen Einflüssen ausgesetzt, die eine eigenständige Kultur hervorbrachten.

Okinawa, die größte der 160 bewohnbaren Inseln, gab der 1879 eingerichteten Präfektur ihren Namen. In der Endphase des Zweiten Weltkriegs im Pazifik war sie Schauplatz heftiger Kämpfe. Die Schlacht von Okinawa zog den Massenselbstmord Tausender Zivilisten nach sich. Die Hauptstadt Naha wurde in der Schlacht zerstört, hat sich aber seither zur Kulturstadt mit Neonglitter entwickelt. Hier stehen Kunstgalerien und Teehäuser neben Restaurants im amerikanischen Stil, Surfhütten und Kneipen. Abseits des städtischen Trubels steht die atemberaubende Naturkulisse Okinawas im Mittelpunkt. Sonnenhungrige strömen an die verführerischen Strände, während Naturliebhaber den Reichtum an seltenen Wildtieren entdecken.

Okinawa

Sehenswürdigkeiten

1. Naha
2. Schlachtfelder von Okinawa
3. Gyokusendo-Höhle
4. Burgruine Nakagusuku
5. Nakamura-Haus
6. Ie
7. Ocean Expo Park
8. Ehemaliges unterirdisches Hauptquartier der japanischen Marine
9. Kume
10. Kijoka
11. Burgruine Nakijin
12. Kap Hedo
13. Miyako-Inseln
14. Yaeyama-Inseln

Kap Hedo 12
Uzahama
Nishime-dake
420 m
70
58
2
Kunigami
Kijoka 10
Kauri
Yonaha-dake
503 m
Ogimi
Yagajishima
Fukugami-
See
70
58
331
Higashi
Taira-Bucht
14
Arume-Bucht
331
Oura-
Bucht
Okinawa

Kume
Yaeyama-
Inseln
Okinawa
Miyako-
Inseln

9 Kume
242
Kume
Kumejima
Airport
Ou
Nakadomari
89
Nakazato
0 km 5
N
Naha

13 Miyako-Inseln
Ikema
0 km 6
N
Irabu
83
Shimoji
Hirara
Miyako
Miyako
Airport
78
Shimoji
Kurima
390
Higashi
Henna

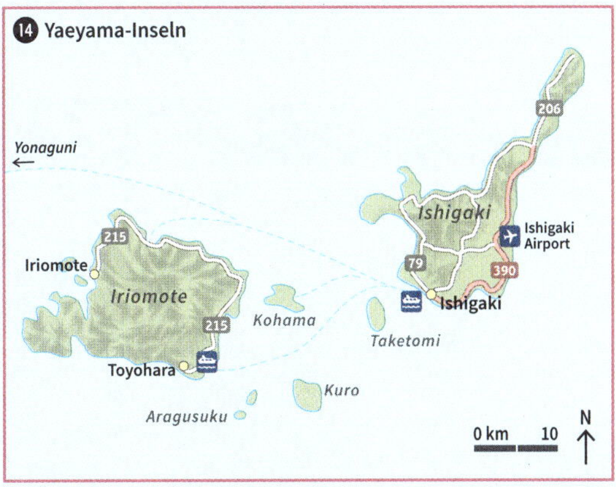
14 Yaeyama-Inseln
206
Yonaguni
Ishigaki
215
Ishigaki
Airport
Iriomote
79
390
Iriomote
Ishigaki
215
Kohama
Taketomi
Toyohara
Kuro
Aragusuku
0 km 10
N

SEHENSWÜRDIGKEITEN

Bars und Kneipen

Bar Spade
Die Taucherbar zieht Menschen jeden Alters an. Drinks kosten 600 Yen, das Popcorn ist kostenlos. Billardtische.

F7 Yonaha Building 2F, 3-23-10 Kumoji, Naha barspade.com

Ukishima Brewing
Die Bar ist ein Muss für jeden Bierliebhaber, denn sie serviert ihre eigenen, vor Ort gebrauten Biere.

F7 3-3-1 Makishi, Naha ukishima brewing.com/tap-room.html

The Smuggler's Irish Pub
In dem Pub kann man Guinness trinken und Fußball sehen. Das Personal ist aufmerksam, die Gäste sind freundlich.

F7
1-9-1 Matsuo, Naha
+81-98-862-0124

1

Naha
那覇市

F7 318 000 Okinawa
Naha Airport 1F
Naha Matsuri (um den 10. Okt) otic.okinawa

Shuri, der geschichtsträchtigste Ort auf Okinawa, war Hauptstadt, bis die Inseln 1879 zu Japan kamen und Naha zur Hauptstadt erklärt wurde. Inzwischen sind beide Städte verschmolzen. Naha hat seine Blüte dem Seehandel zu verdanken. Die Stadt erhob sich aus den Ruinen des Zweiten Weltkriegs als lebendige Metropole mit Restaurants, Nachtleben und Shopping. Die Kokusai-dori (Internationale Straße) ist die Einkaufs- und Vergnügungsmeile Nahas. Dort gibt es Boutiquen und Kunsthandwerksläden. Die Marktstraße Heiwa-dori zeigt ein älteres Antlitz der Stadt. Sie wurde nach der Schlacht von Okinawa von Kriegswitwen dominiert, die Waren verkauften. Der Markt ist voller dicht gedrängter Stände, an denen man u. a. Okinawa-Kunsthandwerk bekommt.

Östlich liegt das Töpferviertel Tsuboya an der Himeyuri-dori (spätes 17. Jh.). Mehr als 20 Werkstätten stellen Weinflaschen, Teeschalen und *shisa* her – Statuen des legendären Okinawa-Löwen, der überall auf den Dächern zu finden ist. Keramik präsentiert auch das **Tsuboya-Keramikmuseum**.

Sehenswert sind die Sogen-ji-Ishi-mon-Tore. Der Tempel wurde zum Gedenken an die Ryukyu-Könige gebaut und im Krieg zerstört. Drei Tore wurden restauriert.

Das imposante Shureimon (Detail) *führt zur Burg Shuri mit dem reich verzierten Seiden (Haupthalle)* ↓

Fotografien von Opfern der Schlacht von Okinawa im Friedensmuseum Himeyuri

Das Commodore Perry Memorial am Tomari-Hafen markiert die Stelle, an der der Kommandeur der US-amerikanischen Flotte am 6. Juni 1853 anlegte.

Die ehemalige Hauptstadt Shuri (16. Jh.) sechs Kilometer östlich vom Zentrum Nahas besitzt viele Schreine, Tempel, Zeremonialtore und Festungen – Zeugen der Kultur des Ryukyu-Reichs. Stoffe in *Ryusen-* und *Bingata*-Technik *(siehe S. 290)* werden im **Shuri Ryusen** produziert, gefärbt und verkauft. Mit über 4000 Exponaten bietet das **Okinawa-Präfektur- und Kunstmuseum** einen Einblick in Kunst und Kultur der Region. Zu sehen sind u. a. die Glocken der Burg Shuri und des Engaku-ji-Tempels.

Burg Shuri war Hauptquartier des japanischen Oberkommandos und wurde zerstört. Das Tor Shurei-mon wurde 1958 nachgebaut.

Kriege und Naturkatastrophen zerstörten den Benzaiten-do-Tempel (1502) mehrmals – er wurde jedoch jedes Mal wieder neu errichtet.

Tsuboya-Keramikmuseum
1-9-32 Tsuboya
+81-98-862-3761
Di – So 10 –18

Shuri Ryusen
1-54 Shuri Yamagawacho
tägl. 9 –18
shuriryusen.com

Okinawa-Präfektur- und Kunstmuseum
3-1-1 Omoromachi
+81-98-941-8200
Di – So 9 –18 (Fr, Sa bis 20)

2 Schlachtfelder von Okinawa

沖縄戦跡国定公園

F7 **15 km südl. von Naha** **Empfehlung: Bustour von Naha**

Am Südende von Okinawa liegen zahlreiche Kampfstätten sowie Mahnmale für Kriegsopfer und jene, die sich lieber selbst töteten, als sich den Amerikanern zu ergeben. Kap Kyan war Schauplatz einer der schlimmsten Schlachten. Viele stürzten sich von den Klippen in den Tod. Das Himeyuri-no-To-Monument und das **Friedensmuseum Himeyuri** im Nordosten erinnern an junge Frauen, die beim freiwilligen Dienst als Krankenschwestern in der Schlacht von Okinawa umkamen. 136 Menschen starben beim Versuch, vor dem Massaker zu fliehen, in einer Höhle – die meisten durch eine Gasbombe, andere durch Selbstmord. In Konpaku no To, zwei Kilometer südlich, liegen 35 000 unbekannte Soldaten und Zivilisten begraben.

Schwere Verluste gab es auch auf dem Mabuni-Hügel. Heute ist er Gedenkpark. Das nahe Friedensmuseum zeigt eine umfassende Ausstellung mit Fotografien, Memorabilien und Zeitzeugenberichten zur Schlacht von Okinawa.

Friedensmuseum Himeyuri
614-1 Ihara, Itoman
tägl. 8:30 –18 (Aug: bis 19; Dez – Feb: bis 17)
hpmmuseum.jp

Schlacht von Okinawa

Die Schlacht von Okinawa zählt zu den brutalsten Kämpfen der jüngeren Geschichte. Sie begann, als am 1. April 1945 fünf US-Divisionen auf der Insel landeten. Die Japaner waren zwar logistisch unterlegen, kämpften aber hart: Flammenwerfer, Granaten, Bajonette und Kamikaze-Piloten vollbrachten ihr tödliches Werk. In dem 82 Tage dauernden Inferno ließen 13 000 US-Soldaten sowie 250 000 japanische Soldaten und Zivilisten ihr Leben.

↑ *Steg zwischen den Felsformationen der riesigen Gyokusendo-Höhle*

3

Gyokusendo-Höhle

玉泉洞

F7 30 km südöstl. von Naha

Rutschige Wege und Holzstege führen durch das komplexe Höhlensystem mit mehr als 460 000 Stalaktiten. Die wunderschönen Kalkformationen in der Gyokusendo-Höhle wurden mit Bambuspflanzen, Weingläsern, Orgelpfeifen und sogar mit Skulpturen von Rodin verglichen.

Die Höhle kann man besichtigen, wenn man die beliebte **Okinawa World** besucht, einen Themenpark mit einem traditionellen Dorf und einem Museum. Dort gibt es eine große Schlangensammlung, darunter auch eine *habu*, Okinawas giftigste Viper.

Entdeckertipp
Strandbesuch

Der Mibaru-Strand östlich von Gyokusendo ist ein unberührter, zwei Kilometer langer Sandstrand. Mit seinem flachen Wasser ist er ideal zum Paddeln. Vor der Küste befindet sich ein Riff, das man mit Booten besichtigen kann.

Okinawa World
1336 Tamagusuku Maekawa, Nanjo
tägl. 9–17:30
gyokusendo.co.jp/okinawaworld/en

4

Burgruine Nakagusuku

中城城跡

F7 913 km nordöstl. von Naha, 10 Min. zu Fuß vom Nakamura-Haus
tägl. 8:30–17 (Mai–Sep: bis 18)
nakagusuku-jo.jp/en

Mitte des 15. Jahrhunderts ließ der Feudalherr Gosamaru in Nakagusuku eine der ersten Steinburgen Japans errichten. Die Aussicht auf die Ostküste im Zentrum von Okinawa ist beeindruckend.

Die Unbilden der Zeit sowie die Amawari-Rebellion 1458 haben nur die Wallmauern der Burg überstanden. Nach dem Zweiten Weltkrieg wurde die Ruine restauriert und zählt heute zu den besser erhaltenen Burgruinen Japans. Die drei Hauptbereiche sind durch Wege miteinander verbunden.

→ *Perfekte Rekonstruktion eines japanischen Hauses im Traditional Okinawan Village*

5

Nakamura-Haus

中村家

F7 13 km nordöstl. von Naha Fr–Di 9–17
nakamurahouse.jp

Ein Besuch in diesem Bauernhaus aus dem 18. Jahrhundert, heute ein Museum mit Ausstellungen über das tägliche Leben in Okinawa, bietet seltene Einblicke in einen raffinierteren Stil ländlicher Architektur. Es besteht aus fünf kunstvollen Holzgebäuden mit roten Ziegeldächern, die um einen Innenhof angeordnet sind. Vor dem Eingang befindet

> **Die Stalaktiten in der Gyokusendo-Höhle wurden mit Bambuspflanzen, Weingläsern, Orgelpfeifen und sogar Rodin-Skulpturen verglichen.**

sich eine Steinmauer mit einer Barriere zur Abwehr böser Geister – typisch für Okinawa.

6

Ie

伊江島

F6 vom Hafen Motobu

Die malerische kleine Insel ist ideal zum Radfahren. Räder kann man mieten. Ie oder Ie-jima lässt sich so in etwa acht Stunden erkunden. Steile Klippen prägen den Norden. Landeinwärts beherrschen Zuckerrohr-, Tabak- und Ananasfelder sowie Häuschen mit Bauerngärten das Bild. Der Gusukuyama, der einzige Hügel, bietet eine lohnenswerte Rundsicht.

Die Höhle Niya Thiya im Südwesten diente im Zweiten Weltkrieg als Versteck für Einheimische. Das Ernie Pyle Monument ist dem amerikanischen Kriegsberichterstatter gewidmet, der wenige Wochen vor Kriegsende in seinem Jeep getötet wurde.

7

Ocean Expo Park

海洋博記念公園

F6 20 km nordwestl. von Nago Kinenkoen-mae tägl. 8–19 (Sommer: bis 20:30); einige Attraktionen schließen früher oki-park.jp/kaiyohaku

Im Jahr 1975 fand hier die International Ocean Exposition statt. Seither wurden in dem Küstenpark weitere Attraktionen errichtet. Ein Highlight ist das Oceanic Culture Museum mit Exponaten aus Schifffahrt und Fischerei, die zeigen, wie eng die Entwicklung Okinawas mit derjenigen von Ozeanien verbunden war.

Das Traditional Okinawan Village ist die Rekonstruktion einer Siedlung aus dem 17. und 18. Jahrhundert. Hier gibt es heilige Quellen, Wälder, Schreine, Lagerhäuser und ein Arboretum. Das Tropical Dream Center in Küstennähe hat Hightech-Gewächshäuser und botanische Gärten.

Umgebung: An der Nago-Bucht, 30 Kilometer südlich, gibt es schöne Strände. Zwischen Kap Busena und dem Inbu-Strand liegt im **Busena Marine Park** ein schönes Unterwasserobservatorium.

Busena Marine Park
1744-1 Kise, Nago tägl. 9–18 (Nov–März: bis 17:30) busena-marinepark.com

8

Ehemaliges unterirdisches Hauptquartier der japanischen Marine

旧日本海軍司令部壕

F7 5 km südl. von Naha vom Busbahnhof Naha bis Tomigusuku Koen-mae oder Uebaru danchi-mae tägl. 8:30–17 kaigungou.ocvb.or.jp

Teile der unterirdischen Räume und Tunnel, in denen das japanische Marinekommando gegen Ende des Zweiten Weltkriegs operierte, sind zugänglich. Über 4000 Männer brachten sich hier am 13. Juni 1945 um. Viele Offiziere begingen *seppuku*, andere benutzten Handgranaten – Brandflecken an den Wänden zeugen davon.

Tatami-ishi – das Felsenmosaik auf der Insel Ou bei Kume ähnelt einem Schildkrötenpanzer

9

Kume

久米島

D2 8200 90 km westl. von Okinawa von Naha vom Hafen Naha-Tomari +81-98-985-5288

Das vulkanische Kume ist für seine Zuckerrohr- und Ananasplantagen sowie für Kumejima-*tsumugi*, feine Pongé-Seide, bekannt. Die Attraktionen der Insel werden von Bussen angefahren. Das Dorf Nakadomari im Südwesten besitzt eines der ältesten Häuser Okinawas. Uezu-ke wurde im 17. Jahrhundert im Samurai-Stil Okinawas errichtet. Der erstaunliche fünfstämmige Baum Goedano Matsu steht in der Nähe des Hauses. Reisanbaurituale und Gebete um Regen werden nördlich von Nakadomari am bekanntesten Schrein der Insel, dem Chinbei-donchi, vollzogen. Die heilige Höhle Yajiya-gama wurde vor 2000 Jahren als Grabstätte genutzt.

Die 200 Meter hohe Hiyajo-Banta-Klippe im Norden bietet eine traumhafte Sicht auf die Inseln Aguni und Tonaki und das Korallenriff.

Das Dorf Nakazato im Osten der Insel ist eine traditionelle Siedlung mit gut erhaltenen Häusern. Hier können Besucher Frauen beim Weben und Färben von Kumejima-*tsumugi* zusehen. Eef Beach ist das größte Ferienresort von Kume.

Die Insel Ou lohnt den Weg über die Brücke vom Hafen Nakazato-Tomari aus. Im Südwesten gibt es ein Mosaik aus 1000 Steinen *(tatami-ishi)*, das wie ein platter Schildkrötenpanzer aussieht.

Okinawas Kunsthandwerk

Okinawas Künstler und Kunsthandwerker werden als Meister, einige sogar als »lebende nationale Kulturgüter« verehrt. Die Stoffe der Insel gehören zu den schönsten Japans, vor allem die gefärbten *bingata* und *ryusen* sowie *bashofu* oder *kasuri*. Letzterer ist ein hochwertiger Stoff aus Naturfasern. Seit 500 Jahren werden aus dem Holz des einheimischen *Deigo*-Baums die schwarzen Okinawa-Lackwaren hergestellt. Seit Kriegsende wurden neue Fertigkeiten entwickelt, etwa die Glasherstellung, die leuchtenden Farben ähneln Meereskorallen.

Schön verziertes Lackbehältnis

10

Kijoka

喜如嘉村

G6 25 km nordöstl. von Nago bis Daiichi Kijoka

Hauptgrund für einen Besuch von Kijoka in Ogimi ist die Produktion von *bashofu*, einem seltenen leichten Stoff aus Pflanzenfasern, der zur

Herstellung der Okinawa-Kimonos dient. In der Werkstatt **Bashofu Hall** können Besucher bei der Herstellung des zunehmend seltener werdenden Stoffs zusehen.

Bashofu Hall
454 Kijoka So–Di 10–17:30 (Nov–März: bis 17) Obon, 29. Dez–3. Jan bashofu.jp

11

Burgruine Nakijin

今帰仁城跡

G6 18 km nordwestl. von Nago 65 oder 66 von Nago oder Express von Naha Airport bis Nakijin-jo Ato Iriguchi tägl. 8–18 (Mai–Aug: bis 19) nakijinjoseki-osi.jp

Die Grundfesten, das Tor und die rund 1500 Meter langen Reste der Mauer geben Hinweise auf die ursprüngliche Größe der Burg Nakijin, ein UNESCO-Welterbe. Sie wurde im 14. Jahrhundert von den Königen des Hokuzan (Nordreich) – zur Zeit der »drei Königreiche« – erbaut.

Erhalten ist der Eingang mit flacher Steindecke. Da die Burg gegenüber der heiligen Insel Iheya steht, wurden drei Holzschreine errichtet, in denen Priesterinnen ihre Rituale vollziehen konnten – keiner davon ist erhalten. Wunderbar ist die Sicht über das Ostchinesische Meer und einige vorgelagerte Inseln wie die Amami- und Yoron-Inseln.

12

Kap Hedo

辺戸岬

G6 50 km nordöstl. von Nago 67 von Nago bis Hentona

Der abgelegene, nördlichste Punkt der Insel Okinawa ist eine raue und glücklicherweise von Ausflugsbussen wenig heimgesuchte Gegend mit einer außergewöhnlich schönen Natur. Ein mit Gras bewachsenes Plateau endet abrupt an einer 100 Meter abfallenden Klippe, an deren Fuß sich Korallenriffe ausbreiten. Der Blick auf die Inseln Yoron, Iheya und Izena ist überwältigend.

Die Straße zum Kap führt durch eine Reihe traditioneller Dörfer, etwa durch Ogimi, das für seinen einzigartigen hellgelben *Bashofu*-Stoff bekannt ist.

Ein Stückchen südlich von Hedo befindet sich die Stätte Uzahama-iseki mit den Überresten einer prähistorischen Siedlung.

Hotels

Spice Motel Okinawa
Das von Hollywood inspirierte Motel versucht, den amerikanischen Stil der 1950er Jahre zum Leben zu erwecken.

F7 1066 Kishaba, Kitanakagusuku Nakagami spicemotel.com

¥¥¥

Villabu Resort
Die luxuriöse Ferienanlage erreicht man von der Insel Miyako aus per Boot in 15 Minuten. Sie ist der perfekte Rückzugsort.

D2 817 Irabu, Azairabu, Miyakojima villabu.jp

¥¥¥

→

Die steinernen Überreste der Burg Nakijin bei Nago aus dem 14. Jahrhundert

13 Miyako-Inseln

宮古諸島

D2 330 km südwestl. von Okinawa von Tokyo, Osaka, Naha und Ishigaki am Flughafen en.miyako-guide.net

Die Miyako-Inseln umfassen acht flache Inseln inmitten von Korallenriffen und smaragdgrünem Wasser. Durch die Bräuche und einen eigenen Dialekt unterscheidet sich die Inselgruppe vom Okinawa-Hauptland. Die einstöckigen Häuser in traditioneller Bauweise blieben von den Zerstörungen des Zweiten Weltkriegs verschont. Ihre Korallenmauern sollen sie gegen Taifune schützen.

Die alte Stadt Hirara wurde mit anderen Orten zum Hauptort Miyakojima zusammengeschlossen. Nördlich vom Hafen liegt der Schrein Harimizu Utaki für die Götter, die das Eiland geschaffen haben sollen. Das Mausoleum (15. Jh.) für Clanchef Toimiya Nakasone kombiniert lokale Stile mit dem aufwendigeren Okinawa-Stil. Der **Botanische Garten Miyakojima** mit mehr als 40 000 Baum- und 2000 Pflanzenarten liegt nordöstlich von Hirara.

Schon gewusst?

Jeder Einwohner über 140 Zentimeter muss – laut Nintozeiseki-Stein – Steuern zahlen.

In den Gassen von Hirara sieht man Frauen, die Stoffstreifen aus Miyako-*jofu* trocknen. Der 1,4 Meter hohe Nintozeiseki-Stein nördlich von Hirara wurde zur Steuerbemessung benutzt, als die Inseln im 17. Jahrhundert an das Satsuma-Reich fielen.

An der Spitze des Kaps Higashi Henna an der Ostküste blickt man links auf den Pazifik, rechts auf das Ostchinesische Meer. Gegenüber der Insel Kurima an der Südwestküste liegt Yonaha Maehama, ein langer weißer Sandstrand (4 km) zum Angeln, Schwimmen und Tauchen.

Wegen seiner Zuckerrohrplantagen wird Kurima meist außer Acht gelassen – mit Ausnahme von Vogelkundlern: Seefalken rasten hier auf ihrem Weg zu den Philippinen. Hauptattraktion von Ikema, gegenüber dem Nordende von Miyako, ist das Yaebishi-Riff. Im Frühling taucht es bei Ebbe auf. Beide Inseln sind per Boot oder über eine Brücke zugänglich.

Vor der Westküste liegt das übers Meer von Miyako aus erreichbare Irabu, von dem sechs Brücken nach Shimoji führen. Dort gibt es zwei Seen, die Tori-ike, die durch unterirdische Tunnel mit dem Meer verbunden sind.

Botanischer Garten Miyakojima

1166-286 Higashinakaso-nezoe, Hirara tägl. 8:30–18 miyakojima.ed.jp/shokubutsuen

14 Yaeyama-Inseln

八重山諸島

D2 430 km südwestl. von Okinawa visit okinawajapan.com/destinations/yaeyama-islands

Die Yaeyamas sind die südlichsten Inseln Japans. Hier liegen einige der schönsten Tauchplätze Asiens.

Ishigakis Hafen und Flughafen bedienen die abgelegenen Inseln. Im **Yaeyama-Museum** am Hafen gewinnt man Eindrücke der einzigartigen Yaeyama-Kultur. Es zeigt *Jofu*-Textilien und Ka-

Der Leuchtturm am Kap Higashi Henna, wo der Pazifik auf das Ostchinesische Meer trifft ↑

↑ *Glasbodenboote in der Kabira-Bucht und Taucher* (Detail) *in den Gewässern vor Ishigaki, einer der Yaeyama-Inseln*

nus in polynesischer Machart. Nahebei liegt **Miyara Dunchi**, das Haus eines Feudalherrn (19. Jh.). Das Shiraho-Riff vor der Südostspitze ist das größte Blaukorallenriff der Welt. In der Kabira-Bucht am Nordufer gibt es eine Schwarzperlen-Zucht.

Der Name der Insel **Taketomi** bedeutet »gedeihender Bambus«. Dass sie so »sauber« ist, rührt von einem alten Brauch her, nach dem jeder vor seiner eigenen Tür zu kehren hat. Erkunden lässt sich die Insel zu Fuß oder per Rad. Kondoi, der schönste Strand, und Kaiji, ein Strand mit sternenförmigem Sand, liegen im Westen. Bei diesem »Sternensand« handelt es sich um fossile Skelette winziger Meerestiere. Die Gewässer hier beherbergen tropisches Meeresleben, am Strand tummeln sich Schmetterlinge.

Gut 90 Prozent von **Iriomote** bestehen aus Wald und Dschungel und sind seit 2021 Teil des UNESCO-Weltnaturerbes. Bei Bootstouren auf den Flüssen Nakama und Urauchi sind Austernbänke und Mangroven zu sehen. Auf der Insel lebt die endemische Iriomote-Katze.

Yonaguni ist als Fanggrund für Schwertfisch und Bonito ideal. Die Insel ist darüber hinaus für Japans stärksten Schnaps – *hanazake* – bekannt.

Ishigaki
von Tokyo, Osaka, Nagoya, Naha und Miyako
+81-980-87-0971

Yaeyama-Museum
4-1 Tonoshiro, Ishigaki **+81-980-82-4712**
Di – So 9 – 17

Miyara Dunchi
178 Okawa, Ishigaki
+81-980-83-5498
Mi – Mo 9 – 17

Taketomi
von Ishigaki
+81-980-85-2488

Iriomote
von Ishigaki
+81-980-84-7320

Yonaguni
von Ishigaki
von Naha und Ishigaki
+81-980-87-2402

Restaurant

Goya

Der Name des Lokals leitet sich von dem grünen bitteren Kürbis her. Auf der Speisekarte steht *goya* in verschiedenen Varianten: gebraten, eingelegt und sogar als Bestandteil von Eis.

D2 **570-2 Hirara Nishizato, Miyakojima**
zumi-goya.com

¥¥¥

Die zinnoberrote Shinkyo-Brücke über den Daiya (siehe S. 298) *in Nikko*

Nord-Honshu

Als der Haiku-Dichter Matsuo Basho 1689 eine fünfmonatige Reise nach Nordjapan unternahm, wähnte er sich am Ende der Welt. Doch seine reiche Geschichte straft das Hinterwäldler-Image von Nord-Honshu Lügen. Schon vor langer Zeit lebten hier Menschen, möglicherweise Ainu. Im 12. Jahrhundert wetteiferte Hiraizumi, die Hauptstadt des Fujiwara-Clans, mit Kyotos Pracht. Zu Feudalzeiten waren Morioka, Tsuruoka, Hirosaki und Aizu-Wakamatsu florierende Burgstädte. Führend war allerdings Sendai, heute größte Stadt der Region. Sie wurde vom mächtigsten Clan des Nordens regiert. Heute sorgen *Shinkansen*-Linien und Autobahnen für eine gute Anbindung des Nordens, der ebenso im Informationszeitalter angekommen ist wie das übrige Japan.

Am 11. März 2011 wurde dieser nördliche Teil des Landes von einem Erdbeben der Stärke 9 und einem anschließenden Tsunami erschüttert. Mehr als 18 000 Menschen verloren ihr Leben, und ein Großteil des Gebiets wurde verwüstet, einige Küstengebiete wurden sogar vollständig zerstört. Auch das Kernkraftwerk Fukushima Daiichi wurde durch den Tsunami schwer beschädigt. Ein Großteil des nördlichen Honshu wurde inzwischen wieder aufgebaut, wobei der Schwerpunkt der Arbeiten auf Nachhaltigkeit und der Anerkennung der Kraft der Natur lag.

Hokkaido
Seiten 314–32
Nord-
Honshu
Minmaya
Goshogawara
Aomori Airport
Fukaura
Iwaki-san
1625 m
21
Hirosaki
Hachimori
Odate
Takanosu
Noshiro
AKITA
Halbinsel
Oga
18
Gojome
Oga
Moriyoshi-yama
Akita
Kakunodate
13
Akita Airport
Omagari
Honjo
Yokote
Kisakata
Tobi-shima
Chokai-san
2237 m
Ogachi
Japanisches Meer
(Ostmeer)
Sakata
Kaneyama
Tsuruoka
9
Dewa
Sanzan
11
Atsumi
Obanazawa
Sanpoku
Gassan
1984 m
Awa-shima
Tendo
YAMAGATA
Yamadera
14
Asahi-dake
1870 m
Hajiki-zaki
Murakami
Yamagata
Arakawa
Aikawa
Ryotsu
Oguni
Nanyo
Sado
10
Shibata
Niigata Airport
Yonezawa
Niigata
Iide-san
2105 m
Ogi
Fukushima
Shirone
Kitakata
4
Sanjo
5
Nationalpark
Bandai-Asahi
Aizu-
Wakamatsu
6
Nagaoka
Suzu
Kashiwazaki
NIIGATA
Koriyama
Noto
FUKUSHIMA
Ojiya
Sukagawa
Koide
Tajima
Joetsu
Itoigawa
Muika
National-
park
Nikko
Shirakawa
Arai
Kurobe
Zentral-Honshu
Seiten 148–179
Hiuchiga-take
2346 m
Kuroiso
2
Takaoka
Yaita
Toyama
Nikko
1
Daigo
TOYAMA
TOCHIGI
Nagano
GUNMA
Shibukawa
Hitach
Utsunomiya
Mashiko
Omachi
3
Kamioka
Tochigi
Katsuta
Takasaki
Ueda
Oyama
Kasama
Furukawa
Isesaki
Mito

Nord-Honshu

Highlight

1. Nikko

Sehenswürdigkeiten

2. Nationalpark Nikko
3. Mashiko
4. Kitakata
5. Nationalpark Bandai-Asahi
6. Aizu-Wakamatsu
7. Matsushima
8. Hiraizumi
9. Tsuruoka
10. Sado
11. Dewa Sanzan
12. Sendai
13. Kakunodate
14. Yamadera
15. Tono
16. Morioka
17. Nationalpark Towada-Hachimantai
18. Halbinsel Oga
19. Halbinsel Shimokita
20. Aomori
21. Hirosaki

↑ *Blick über den Chuzenji-See vom zweiten Futura-san-Schrein aus*

❶

Nikko
日光

F4 · 80 200 · Präfektur Tochigi · Nikko, Tobu Nikko · Nikko, Tobu Nikko · am Bahnhof Tobu Nikko · Tosho-gu-Feste (17. Mai und 17. Okt) · visitnikko.jp/en

Nikko, das »Sonnenlicht«, ist ein Synonym für Pracht. 766 gründete der buddhistische Priester Shodo Shonin hier den Rinno-ji-Tempel. In der Folge wurde Nikko ein berühmtes Zentrum für Buddhisten und Shintoisten.

①

Takino-o-Schrein

2310-1 Sannai · Taiyuin Futarasanjinja-mae · +81-288-54-0535 · tägl. 24 Std.

Der Schrein soll einer Göttin geweiht sein. Hierher kommen alle, die nach Liebe suchen. Werfen Sie einen Stein oben durch das Tor auf das Gelände – dann geht Ihr Wunsch in Erfüllung.

②

Shinkyo-Brücke

Shinkyo

Die rot lackierte Holzbrücke gleich links von der Straßenbrücke überspannt den Fluss Daiya dort, wo Shodo Shonin den Fluss auf den Rücken zweier großer Schlangen überquert haben soll. Die Originalbrücke – 1636 nur für die Nutzung durch den Shogun und kaiserliche Boten gebaut – wurde durch eine Überschwemmung zerstört. Die heutige stammt von 1904.

③

Futara-san-Schrein

2307 Sannai · Taiyuin Futarasanjinja-mae · tägl. 8–17 (Nov–März: bis 16) · futarasan.jp

Der 782 von Shodo Shonin gegründete Schrein ist den Göttern der Berge gewidmet: Nantai (männlich), Nyotai (weiblich) und Taro, ihrem Kind. Er ist der Hauptschrein einer Dreiergruppe. Die beiden anderen liegen am Chuzenji-See bzw. auf dem Berg Nantai. Das *torii* (Tor) aus Bronze hat den Status »wichtiges Kulturgut«. Interessant ist die große Bronzelaterne, auch Geisterlaterne genannt, die nachts wie ein Monster aussehen soll. Die Kerben in der Laterne stammen vom Schwert eines erschrockenen Samurai, der diese angriff, als ihr Licht auf besondere Weise zu flackern begann. Auf dem Gelände gibt es auch ein *torii* wie das von Takino-o, durch das man einen Glücksstein wirft, sowie andere Glücks- und Geschicklichkeitsspiele.

④

Rinno-ji-Tempel

2300 Sannai · tägl. 8–17

Der Rinno-ji (ursprünglich Shihonryu-ji) war der erste Tempel in Nikko, der 766 von Shodo Shonin gegründet wurde. Seine Sanbutsu-do (Drei-Buddha-Halle) ist die größte Halle in Nikko. Die vergoldeten Statuen von Amida-Buddha, Senju Kannon (1000-armig) und Bato

Kannon (pferdeköpfig) in der Halle entsprechen den drei Berggottheiten im Futarasan-Schrein. Hinter der Halle befindet sich die neunkernige Bronzesäule Sorinto, die 1000 Bände Sutras enthält und ein Symbol des Weltfriedens ist.

Die wunderschöne Schatzhalle (Homotsuden) birgt eine große Anzahl faszinierender Tempelschätze, die hauptsächlich aus der Edo-Zeit stammen. Dahinter liegt der Shoyoen, ein sorgsam angelegter Wandelgarten im Stil der Edo-Zeit (19. Jh.), der so gestaltet ist, dass er zu allen Jahreszeiten die besten Anblicke bietet. Der bezaubernde Weg durch den Wandelgarten schlängelt sich um einen großen Teich, über Steinbrücken und an bemoosten Steinlaternen vorbei.

← *Die imposante Statue des Priesters Shodo Shonin beim Rinno-ji-Tempel*

⑤

Kanman-ga-Fuchi-Becken

Yasukawa-cho

Die Lavaströme von einem Ausbruch des Nantai und das klare Wasser des Flusses Daiya bilden diese malerischen Becken. Man begreift bei ihrem Anblick sofort, warum sie den Buddhisten heilig sind. Rund 70 Statuen von Jizo, dem *bodhisattva* der (ungeborenen) Kinder, säumen den Weg am Fluss entlang. Sie werden auch Geisterstatuen genannt, weil ihre Anzahl ständig zu schwanken scheint.

⑥

Botanischer Garten

1842 Hanaishicho
Nikko Shokubutsuen
Di–So 9–16:30 1. Dez–14. Apr bg.s.utokyo.ac.jp/nikko/eng

Ungefähr 2200 Pflanzenarten aus Japan und dem Rest der Welt birgt dieser botanische Garten, der zum Koishikawa-Garten der Universität von Tokyo gehört. Auch Flora aus dem Nationalpark Nikko *(siehe S. 304)* ist zu sehen. Die Monate von April bis Juli, wenn Aronstab und Schwertlilien blühen, sind die beste Zeit für einen Besuch.

Restaurants

Nikko Yuba Zen

Das Restaurant mit nur zehn Plätzen bietet eine moderne Variante der berühmten *yuba* (Tofuhäute). Reservieren!

1007 Kamihatsuishi-machi, Nikko, Tochigi
Di
nikko-zen.co.jp

¥¥¥

Hippari Dako

Ausgefallenes *izakaya*, das *yakitori* (Fleischspieße), gebratene Nudeln und andere Spezialitäten serviert.

1011 Kamihatsuishi-machi, Nikko, Tochigi
So
+81-288-53-2933

¥¥¥

Gyoshintei

In dem von einem Wald umgebenen Gasthaus werden raffinierte *shojin-ryori* (vegetarische) Gerichte kredenzt.

2339-1 Sannai, Nikko, Tochigi meiji-yakata.com/en/gyoshin

¥¥¥

7

Tosho-gu-Schrein
東照宮

2301 Sannai · Omotesando · tägl. 9–17 (Nov–März: bis 16) · toshogu.jp/english

Iemitsu Tokugawa wollte mit diesem Schrein-Mausoleum für seinen Großvater Ieyasu Tokugawa vor allem eins: protzen. Zwei Jahre lang waren gut 15 000 Handwerker aus ganz Japan mit Bauen, Schnitzen, Vergolden, Malen und Lackieren beschäftigt, um den grandiosen Komplex im Momoyama-Stil zu erschaffen.

Obwohl der Bau in der Meiji-Zeit zum Schrein erklärt wurde, enthält er viele buddhistische Elemente, darunter die Sutra-Bibliothek, die die Geschichte der Anlage verzeichnet, das Nio-mon-Tor und eine fünfstöckige Pagode. Die berühmte *sugi-namiki* (Japanzedern-Allee) zum Schrein wurde im 17. Jahrhundert von einem Feudalherrn angepflanzt. Nicht versäumen: die Tokugawa-Rüstung in der Schatzhallle und die bemalten Türen im Kunstmuseum. Aufgrund laufender Sanierungsarbeiten sind Teile der Anlage zeitweise für Besucher nicht zugänglich.

→ *Die schön verzierten Bauten auf dem Gelände des Tosho-gu-Schreins*

Ieyasu Tokugawa

Ieyasu Tokugawa (1543–1616) war ein gewiefter Stratege, brillanter Politiker und Gründer einer Dynastie, die Japan mehr als 250 Jahre beherrschen sollte. Der Sohn eines einfachen Adligen verbrachte sein Leben damit, Macht anzuhäufen. 1603 wurde er Shogun. Zur Hauptstadt machte er das Sumpfdorf Edo (Tokyo). Mit Ieyasu erblühte die Edo-Kultur. Nach seinem Tod wurde er zum Gott erhoben. Sein posthumer Name war Tosho-Daigongen (»die große Inkarnation, die den Osten erleuchtet«).

Highlight

← *Statue eines kaiserlichen Ministers in einer Nische des Yomei-mon-Tors*

↑ *Das reich verzierte Yomei-mon-Tor führt zum inneren Schrein*

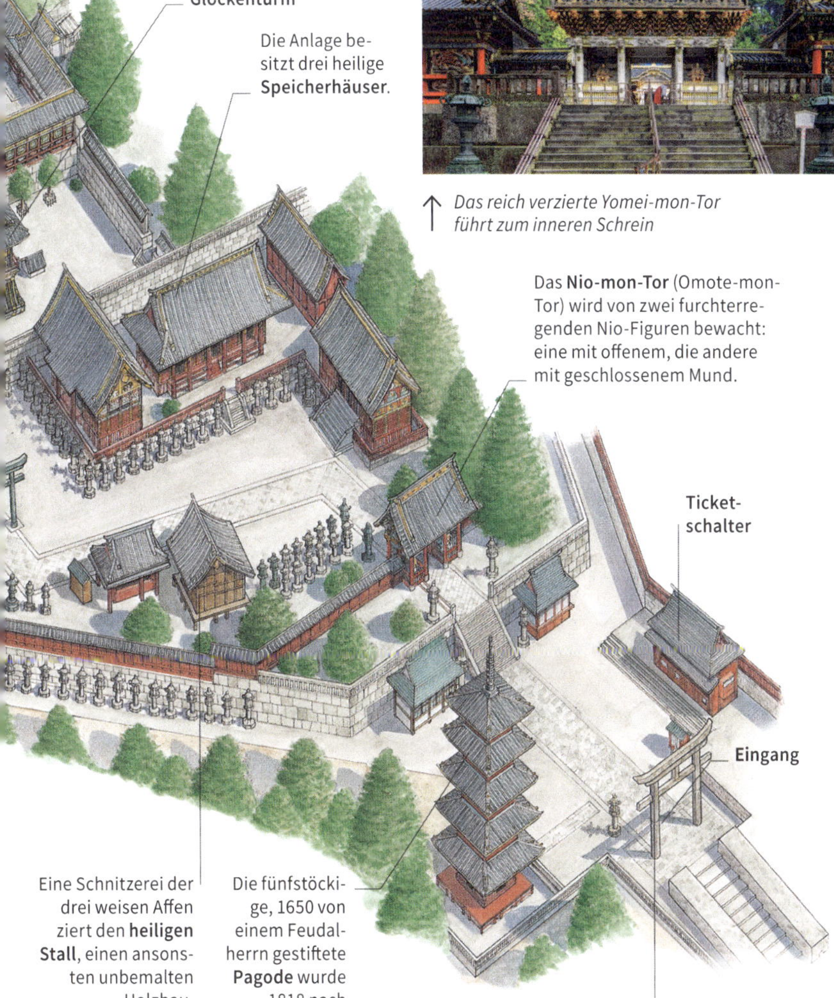

8

Taiyu-in-Schrein

大猷院廟

2300 Sannai Taiyuin Futarasanjinja-mae
+81-288-53-1567 tägl. 8–17 (Nov–März: bis 16)

Wenn Tosho-gu für Pracht steht, repräsentiert Taiyu-in Eleganz. Der Schrein sollte den Tosho-gu nicht übertrumpfen – aus Respekt vor Ieyasu Tokugawa. Trotz dieser Zurückhaltung zeigt das Mausoleum die Macht des Shogunats.

Der 1653 fertiggestellte Taiyu-in-Schrein ist das Mausoleum von Iemitsu Tokugawa (1604–1651), Enkel von Ieyasu Tokugawa, der Japan über 200 Jahre lang für den Außenhandel abschloss und es von der Welt isolierte. Taiyu-in ist sein posthumer buddhistischer Name. Wie Tosho-gu hat auch der Taiyu-in viele buddhistische Elemente, obwohl er in der Meiji-Zeit erneut als Shinto-Schrein geweiht wurde. Er liegt in einem Zedernhain und hat eine Reihe verzierter Tore, die zu Haiden (Andachtshalle) und Honden (Haupthalle) führen. Sehenswert ist das Innere des Haiden, das über Kassettendecken und Schnitzereien verfügt, der Honden ist normalerweise für die Öffentlichkeit geschlossen. Die Asche des Shoguns ist hinter dem sechsten und letzten Tor beigesetzt.

Schon gewusst?

Iemitsu hinderte seinen Bruder Tadanaga an der Machtergreifung. Er zwang ihn zum *seppuku*.

1

2

3

1 *Trommel- und Glockenturm sind nicht mehr in Gebrauch. Die Trommel symbolisiert Leben und Geburt, die Glocke den Tod.*

2 *Das Yasha-mon-Tor besitzt Pfingstrosen-Intarsien und ist mit vier Yaksha-Figuren geschmückt, die das Tor beschützen.*

3 *Mächtige rotgesichtige Nio-Wächterfiguren stehen zu beiden Seiten des Nio-mon-Tors, um böse Geister zu erschrecken.*

Ai No Ma ist eine reich verzierte Verbindungskammer.

Das **Kara-mon-Tor** besitzt schöne Schnitzereien, etwa ein Kranichpaar.

Der **Glockenturm** bildet mit dem Trommelturm ein Paar.

←

Anlage auf mehreren Ebenen: der Taiyu-in-Schrein

Das **Yasha-mon-Tor** wird wegen seiner skulpturalen floralen Verzierung auch Botan-mon-Tor (Pfingstrosen-Tor) genannt.

In den Nischen des **Niten-mon-Tors** stehen vier Wächterfiguren.

Die Decke über dem **Brunnenbecken** ziert ein Drachengemälde von Yasunobu Kano.

Die **Steinlaternen** wurden im Lauf der Zeit von *daimyo* (Feudalherren) gestiftet.

Nio-mon-Tor

Entdeckertipp
»Stairway to Heaven«

Obwohl es nicht zugänglich ist, sollte man zum Koka-mon-Tor mit Tokugawas Asche gehen. Die Treppe hinter dem Tor im chinesischen Stil führt hinauf zu hohen Zedern.

SEHENSWÜRDIGKEITEN

2 Nationalpark Nikko
日光国立公園

F3–4 Präfekturen Tochigi, Fukushima und Gunma von Nikko und Tobu-Nikko 2549-27 Yumoto, Nikko visitnikko.jp/en

Der Nationalpark, in dem auch der Tosho-gu-Schrein steht, ist ein vulkanisches Hochplateau mit Seen, Wasserfällen und Thermalquellen. Einen Eindruck von Oku-Nikko, dem bergigen Inneren, erhalten Sie, wenn Sie den Bus zum Chuzenji-See nehmen. Die Haarnadelkurven von Irohazaka, am alten Aufstieg zum Berg Nantai entlang, beginnen in Umagaeshi, wo Pilger ihre Pferde zurücklassen und zu Fuß weitergehen mussten. Am Ostende des Sees stürzen die Kegon-Fälle 96 Meter tief in den Fluss Daiya. Ein Aufzug fährt an den Klippen entlang zu einer Aussichtsplattform an den Fällen.

3 Mashiko
益子

F4 22 000 Präfektur Tochigi Mashiko von Tobu-Utsunomiya beim Bahnhof Mashiko mashiko-kankou.org

Der Geburtsort des berühmten Töpfers Shoji Hamada (1894–1978), Mitgründer der Volkskunstbewegung *mingei*, ist voller Keramikwerkstätten. Das **Mashiko-Sankokan-Museum** birgt Hamadas Werkstatt sowie seine Keramiksammlung. Die Indigo-Bottiche der alten **Higeta-Aizome-Färberei** sind in den Boden versenkt.

Mashiko-Sankokan-Museum
3388 Mashiko
+81-285-72-5300
Di–So 9:30–17

Higeta-Aizome-Färberei
1 Jonaizaka +81-285-72-3162 Di–So 8:30–17

Fotomotiv
Flammenbrücke

Die 1636 erbaute Shinkyo-Brücke in Nikko gehört zu den schönsten Japans. Ihr feuerroter Bogen ist ein Wahrzeichen – und ein schönes Fotomotiv vor der Bergszenerie und dem üppigen Grün.

4 Kitakata
喜多方

F3 44 800 Präfektur Fukushima Kitakata am JR-Bahnhof kitakata-kanko.jp

Kura-(Lehm-)Lagerhäuser wurden benutzt, um Sake, Miso, Reis o. Ä. vor Brand, Diebstahl und Ungeziefer zu schützen. Kitakata besitzt über 2600 davon, darunter einen Tempel im *Kura*-Stil. In der Fureai-Straße und im

← *Kegon-Wasserfälle inmitten des bunten Herbstlaubs der Bäume, Nationalpark Nikko*

Besucher an der Grabstätte der Byakkotai-Samurai auf dem Berg Iimoriyama nahe Aizu-Wakamatsu

Bezirk Otazuki Kura sieht man einige der markanten Kura-Gebäude. Das **Yamatogawa-Sake-Brauereimuseum** bietet Verkostungen. Kitakata ist auch für *Oki-agari*-Puppen bekannt.

Yamatogawa-Sake-Brauereimuseum
4761 Teramachi tägl. 9–16:30 (Reservierung)
yauemon.co.jp

5 Nationalpark Bandai-Asahi

磐梯朝日国立公園

F3 Präfekturen Yamagata, Niigata und Fukushima bis Fukushima, Tsuruoka, oder Inawashiro, dann Bus Bahnhöfe Yamagata und Aizu-Wakamatsu japan.travel/national-parks

Am 15. Juli 1888 brach der Vulkan Bandai aus und tötete 477 Menschen. Aufgestaute Bäche bildeten Hunderte von Seen und Sümpfen – Mineralvorkommen verliehen ihnen leuchtende Farben – und schufen so die üppige Schönheit des Nationalparks. Der Park ist von fünf gebührenpflichtigen Panoramastraßen durchzogen, etwa der malerischen Bandai-Azuma Skyline (22. Apr – 5. Nov). Überall gibt es heiße Quellen und Campingplätze. Touren unternimmt man am besten mit Mietauto oder Bus.

Goshikinuma ist eine vier Kilometer lange Tour (Start: Bushaltestelle Bandai-kogen oder Goshikinuma).

6 Aizu-Wakamatsu

会津若松

F3 117 400 Präfektur Fukushima Aizu-Wakamatsu in der Burg samurai-city.jp/en

Die Stadt, Sitz des mächtigsten Clans im Norden, ist stolz auf ihre Samurai-Vergangenheit. Gemeinsam mit den Tokugawa widersetzte sich der Matsudaira-Clan im 19. Jahrhundert allen Versuchen, den Kaiser wiedereinzusetzen. Im Boshin-Krieg 1868 dachten die Byakkotai (Weiße Tiger) – jugendliche Samurai, die gegen die kaiserlichen Truppen kämpften – irrtümlich, die Burg sei gefallen, und begingen kollektiv Selbstmord auf dem Iimoriyama (östlich des Bahnhofs), wo sie begraben sind.

Da die Attraktionen der Stadt weit auseinanderliegen, sollten Sie am Busbahnhof einen Tagespass erwerben. **Burg Tsuruga**, 600 Jahre lang das Herz der Stadt, wurde 1965 ein Museum. Östlich liegt das **Samurai-Haus** (Buke-yashiki), die Rekonstruktion eines Baus mit 38 Zimmern. Im **Oyakuen** (Heilkräutergarten) einer nahen Villa (17. Jh.) wachsen Kräuter. In der Nanukamachi-dori gibt es viele alte Läden.

Burg Tsuruga
1-1 Otemachi
Tsurugajo Iriguchi
tägl. 8:30–17
tsurugajo.com

Samurai-Haus
1 Higashiyamamachi Ishiyama Aizu Bukeyashiki-mae Apr–Nov: tägl. 8:30–17; Dez–März: tägl. 9–16:30
bukeyashiki.com

Oyakuen
8-1 Hanaharumachi
Oyakuen-mae
tägl. 8:30–17
tsurugajo.com/oyakuen

Hotels

Turtle Inn Nikko
Der freundliche Gasthof liegt hübsch am Flussufer. Das Geschirr des Hauses besteht komplett aus traditioneller *Mashiko-yaki*-Keramik.
F4 2-1-6 Tochigi, Nikko
turtle-nikko.com
¥¥¥

Nikko Kanaya Hotel
Vom entspannten, gleichwohl luxuriösen Hotel am Fuß des Bergs Daikokusan geht man nur ein paar Minuten zum Rinno-ji-Tempel.
F4 1300 Tochigi, Nikko
kanayahotel.co.jp
¥¥¥

↑ *Frische Austern auf dem Shiogama-Fischgroßmarkt in Matsushima*

7

Matsushima

松島

G3 13 300 Präfektur Miyagi Matsushima-Kaigan beim Pier für die Matsushima-Sightseeing-Boote matsushima-kanko.com

Besucher sollten am besten Basho nacheifern, der 1689 seinen Matsushima-Besuch in Shiogama begann. Auf dem bis 13 Uhr geöffneten Shiogama-Fischgroßmarkt finden Thunfisch-Auktionen statt. Testen Sie eines der Sushi-Restaurants von Shiogama, bevor Sie die Fähre nach Matsushima besteigen.

Obwohl der Tsunami vom März 2011 an Japans Nordostküste große Zerstörungen anrichtete, kam Matsushima aufgrund der vielen Inseln in der Bucht glimpflich davon. Wegen dieser pinienbestandenen Inseln wurde Matsushima zu einer von Japans »drei berühmten Ansichten«. Am besten erkundet man die Bucht bei einer Fahrt mit einem der Ausflugsboote. In Gehweite des Hafens befinden sich weitere Highlights, darunter der Zuigan-ji-Tempel, der für den Kriegsherrn Masamune Date erbaut wurde, und viele kleine Lokale, die Meeresfrüchte wie Matsushimas Austern servieren.

Entdeckertipp

An der Quelle

Niigata, das gegenüber der Insel Sado liegt, ist eine der bekanntesten Regionen für Sake. Die 1767 gegründete Brauerei Imayotsukasa bietet kostenlose Touren zur Geschichte des Sake – und am Ende natürlich eine Verkostung (www.imayotsukasa.co.jp/en).

8

Hiraizumi

平泉

G2 7200 Präfektur Iwate Hiraizumi beim JR-Bahnhof town.hiraizumi.iwate.jp/heritage/en

Vor 900 Jahren machte der Fujiwara-Clan den Ort zum zweitgrößten kulturellen und wirtschaftlichen Zentrum nach Kyoto. Drei Generationen später lag Hiraizumi in Ruinen. Yoshitsune, Japans tragischer Held, suchte hier Schutz vor Yoritomo, seinem eifersüchtigen Bruder und Japans erstem Shogun, wurde aber von Yasuhira, dem letzten Fujiwara-Führer, getötet. Yoritomo wandte sich daraufhin gegen Yasuhira und löschte den Clan aus.

In seiner Blütezeit hatte Hiraizumi 100 000 Einwohner. Kiyohira wollte ein buddhistisches Paradies errichten und ließ die Tempel Chuson-ji und Motsu-ji (9. Jh.) ausbauen. Von Chuson-ji (fünf Minuten Fahrt vom Bahnhof) sind nur zwei Originalbauten erhalten: die mit Blattgold, Lack und Perlmutt geschmückte Goldene Halle, in der die ersten drei Fujiwara-Führer begraben liegen, und die Sutra-Halle. Die Schatzhalle birgt wertvolle Stücke aus den Fujiwara-Gräbern und aus dem Tempel.

Vom Motsu-ji (zehn Minuten zu Fuß vom Bahnhof) sind nur Fundamente und ein Paradiesgarten aus der Heian-Zeit erhalten.

9

Tsuruoka

鶴岡

F2 129 700 Präfektur Yamagata Tsuruoka vor dem JR-Bahnhof tsuruokacity.com

Tsuruoka war Hauptsitz des Sakai-Clans. Westlich des ehemaligen Burggeländes

steht die größte Attraktion des einladenden Orts: Das **Chido-Museum** besitzt ein *Kabuto-zukuri*-Bauernhaus (»Helmstil«) und fabelhafte Volkskunst wie Sake-Lackkästchen, Bambusangeln und schöne *bandori* (Rucksäcke) aus Stroh. Südöstlich der Burg steht **Chidokan** (1806), eine Schule für junge Samurai.

Chido-Museum
10-18 Kachushin-machi März–Nov: tägl. 9–17; Dez–Feb: Di–Do 9–16:30 chido.jp

Chidokan
11-45 Babacho Do–Di 9–16:30 chido.jp

Kodo – die Trommler von Sado

Kodo, eine der berühmtesten Taiko-Trommlergruppen, die 1981 entstand, wird für ihre Shows mit Trommeln, Flöten, Gesang und Tanz gefeiert. Kodo bedeutet »Kinder der Trommel« und »Herzschlag«. Das pulsierende Herz von Kodo ist die *o-daiko*, eine konvexe Holztrommel, die bei japanischen Festen zum Einsatz kommt. Die Kodo-Trommler sind fast immer auf Tournee. Einmal im Jahr laden sie internationale Musiker nach Sado ein.

10 Sado
佐渡島

E3 51 500 Präfektur Niigata Fähre oder Tragflügelboot von Niigata bis Ryotsu 2F Hafen Ryotsu visitsado.com/en

Obwohl jährlich über eine Million Besucher kommen, wirkt die Insel Sado noch immer verschlafen. Jahrhundertelang war das Eiland, 60 Kilometer vor der Nordwestküste Honshus, Zufluchtsort für politisch Verfolgte, darunter Kaiser Juntoku (1221), der Priester Nichiren (1271) sowie der Noh-Darsteller und -Autor Zeami (1433). Von den einst 88 Noh-Theatern existieren noch 35. Im Jahr 1601, nach der Entdeckung von Gold in Aikawa, mussten Gefangene in den hiesigen Minen schuften.

Busse fahren zwischen den kleinen Inselstädten, Ausflugsbusse halten an den Attraktionen. Im Hafen Ryotsu im Osten finden auf der Honma-Bühne Noh-Aufführungen statt. In Aikawa an der Westküste stellen in der **Sado-Kinzan-Goldmine** mechanische Puppen die harten und unmenschlichen Arbeitsbedingungen der »Sklaven« nach.

Durch die **Kodo**-Trommler aus Ogi ist Sado weltweit bekannt.

Sado-Kinzan-Goldmine
1305 Shimoaikawa bis Aikawa Eigayosho Apr–Okt: tägl. 8–17:30; Nov–März: tägl. 8:30–17 sado-kinzan.com

Kodo
148-1 Kaneta Shinden kodo.or.jp

↑ *Zerklüftete Felsen an der Küste und wilde Natur – die landschaftliche Schönheit von Sado*

↑ *Fünfstöckige buddhistische Pagode auf dem Haguro, Dewa Sanzan*

⑪
Dewa Sanzan
出羽三山

F2 Präfektur Yamagata vom Busbahnhof S Mall, nahe JR-Bahnhof Tsuruoka vor dem Bahnhof Tsuruoka yamagatakanko.com

Dewa ist der alte Name für diese Region, Sanzan steht für die drei Berge Haguro-san (Schwarzer Flügel), Gassan (Mond) und Yudono-san (Bad), die vor 1400 Jahren vom Prinzen Hachiko, der zum Wanderpriester wurde, für religiöse Zwecke entdeckt wurden. Den *yamabushi*, Bergasketen der Shugendo-Schule, sind sie heilig.

Der Aufstieg zum **Haguro** führt über 2446 von Japanzedern gesäumte Stufen. Nehmen Sie für die Klettertour den Bus bis Haguro-Zentrum. An der zweiten Etappe wartet ein Teehaus mit Blick über das Mogami-Tal. Ein Seitenpfad führt zu Tempelruinen, wo sich Matsuo Basho aufhielt. Auf dem Gipfel liegen der Dewa-Sanzan-Schrein mit Japans größtem Schilfdach und das Grab Prinz Hachikos. Nach der Meiji-Restauration (1868) wurden alle Shugendo-Tempel zu Shinto-Schreinen umgewandelt. Der einzige erhaltene buddhistische Bau ist die fünfstöckige Pagode am Fuß der Stufen.

Der **Gassan** mit seinem Schrein bietet alpine Flora und ein Sommerskigebiet. Die Wanderung von der Bushaltestelle Hachigome zum Gipfel dauert zwei Stunden. Zum Schrein auf dem **Yudono** (2,5 km von der Haltestelle Yudonosan Hotel) gehört eine heilige Thermalquelle. Auf dem Weg kann man in den Tempeln Dainichi-bo und Churen-ji *Sokushin jobutsu* (lebende Buddhas) – mumifizierte Priester – sehen.

Haguro
Apr – Nov: tägl. 8:30 – 16:30; Dez – März: tägl. 9:30 –16

Gassan
Juli – Okt

Yudono
Mai – Anf. Nov

⑫
Sendai
仙台

G3 1097200 Präfektur Miyagi Sendai JR-Bahnhof Sendai sendai-travel.jp

Die größte Stadt des Nordens wurde um 1600 von Masamune Date geradlinig angelegt. Der Osaki-Hachiman-Schrein ist ein architektonisches Juwel aus schwarzem Lack im Nordwesten der Stadt. Über den Ruinen der Burg Aoba von 1602 (mit dem Bus vom Bahnhof aus erreichbar) thront eine Statue des Kriegers Masamune, auch »Einäugiger Drache« genannt. Die imposanten Date-Mausoleen beim Zuihoden sind Beispiele des Momoyama-Stils.

Das ruhige Akiu-Onsen-Gebiet am westlichen Stadtrand beherbergt traditionelle *Ryokan*-Gasthäuser und natürliche heiße Thermalbäder und ist der ideale Ausgangspunkt für die Erkundung der Umgebung.

Bashos Haikus

Matsuo Basho (1644 – 1694) perfektionierte eine Versform, die später als Haiku bezeichnet wurde. Ein klassisches Haiku besteht aus 17 Silben (fünf, sieben und fünf Silben) und bezieht sich auf eine Jahreszeit und ein Abbild der Gegenwart. Der Poet verbrachte sein Leben mit Reisen und Dichten. Sein berühmtes Reisebuch aus dem Jahr 1689 heißt *Auf schmalem Pfad durchs Hinterland*. Damit inspirierte er viele zu einer eigenen Reise.

Buddhistische Schulen

Im Lauf von rund 1500 Jahren, seit Priester den Buddhismus vom asiatischen Festland nach Japan brachten und den Shintoismus verdrängten, haben sich im Land Hunderte buddhistischer Glaubensrichtungen mit Untergruppierungen ausgebildet.

Adel, Samurai und einfaches Volk fühlten sich von unterschiedlichen Schulen angesprochen, die jeweils eigene Riten entwickelten. Besuchern erscheint heute der einst von den Samurai bevorzugte Zenbuddhismus als wichtigste Form – dabei ist er nur eine von vielen Schulen aus China und selbst in mehrere Untergruppen geteilt. Andere große Richtungen, die seit dem Ende des Zweiten Weltkriegs in Japan zulegten, sind die Tendai- und die Shingon-Schule (beides esoterische Buddhismusformen), die Millionen von Anhängern haben.

↑ *Entspannung im Garten eines buddhistischen Tempels*

Glaubensrichtungen

Zenbuddhismus

Er entstand in der Kamakura-Zeit (1185 – 1333) und hat drei große Richtungen: Soto, Rinzai und Obaku. Alle pflegen *zazen* (Sitzmeditation) und Askese.

Shingon

Die im 9. Jahrhundert vom Mönch Kukai gegründete Schule besitzt Hindu-Elemente wie Mudras (Handhaltungen) und Mantra-Singen.

Tendai

Tendai wurde im 9. Jahrhundert von Saicho importiert. Ziel ist die selbstlose Hingabe. Vom Berg Hiei aus entstanden daraus die Jodo-, Jodo-Shin- und Nichiren-Schule.

Shugendo

Der Shingon-Zweig verbindet Buddhismus und Shintoismus mit japanischer Volksreligion und fördert asketische Praktiken in Exerzitien in den Bergen.

↑ *Die kontemplative Bronzefigur des Großen Buddha in Kamakura*

↑ *Hängende Trauerkirschen säumen die Ufer des Flusses Hinokinaigawa in Kakunodate*

Restaurants

Pairon
Das Lokal ist der Geburtsort der *Jajamen*-Nudeln, die mit gebratenem *niku-miso* (Miso mit Minze) serviert werden. Nachdem man die Nudeln gegessen hat, rührt man ein frisches Ei in die Brühe – und schlürft sie aus.

G2 5-15 Uchimaru, Morioka
pairon.iwate.jp
¥¥¥

Azumaya
Morioka ist Heimat der Nudel-Esstradition des *wanko-soba*. Im Azumaya essen die Gäste so viele Schalen wie möglich. Der lokale Rekord liegt bei 570 Schüsseln.

G2 17-40 Uchimaru, Morioka
wankosoba.jp
¥¥¥

13 Kakunodate
角館

G2 25 500 Präfektur Akita Kakunodate am JR-Bahnhof; +81-187-54-2700

Obwohl Kakunodate nicht mehr viele Samurai-Häuser hat, wirkt es doch wunderbar nostalgisch. Von den Kirschbäumen im Viertel Uchima-chi, die vor ungefähr 300 Jahren aus Kyoto hierher gebracht wurden, gehören heute über 150 zu den »Nationalen Naturschätzen«. Die Samurai-Häuser des Viertels können besichtigt werden. Das große **Aoyagi-ke** besitzt Decken, die zum Schutz vor Feuer mit Wellen bemalt sind. Das klassische **Ishiguro-ke** ist für seine Gärten bekannt, die Quersprossen zwischen den Räumen werfen bei Kerzenlicht Schatten. Das **Denshokan-Museum** zeigt historische Exponate und einheimisches Kunsthandwerk, z. B. *kabazaiku* (Objekte aus polierter Kirschrinde) und *itayazaiku* (Flechtkörbe aus Ahornfasern).

Aoyagi-ke
3 Omotemachi-Shimocho tägl. 9–17
samuraiworld.com/english

Ishiguro-ke
1 Omotemachi-Shimocho siehe Website
hana.or.jp/~bukeishi

Denshokan-Museum
10-1 Omotemachi-Shimocho +81-187-54-1700 tägl. 9–17

14 Yamadera
山寺

G2 Präfektur Yamagata Yamadera
www.issyakuji.jp

Als Haiku-Meister Matsuo Basho *(siehe S. 308)* im Jahr 1689 den Tempel von Yamadera besuchte, dichtete er: *Stille / versinkt in den Felsen / das schrille Zirpen der Zikaden.*

Am Fuß des Yamadera-Tempels (wörtlich Bergtempel, offiziell Risshaku-ji) befinden sich die Tempelgebäude, eine Statue von

Basho und ein Stein mit der Inschrift seines Yamadera-Haiku. Die Haupthalle erreicht man über 1000 Stufen den Berg hinauf, vorbei an moosbedeckten Steinstatuen und kleinen Schreinen. Es ist ein stimmungsvoller Aufstieg, der mit einer Aussicht auf das Tal gekrönt wird.

Während Basho Monate brauchte, um das nördliche Honshu zu umwandern, ist Yamadera für heutige Reisende ein Tagesausflug von Sendai oder Yamagata aus.

Japanische Puppen

Vor über 1000 Jahren wurden *sarukko*, Stoffpuppen, zum Schutz gegen das Böse an die Kleidung von Babys geheftet. Auch viele Fundstücke – Tonpuppen aus der Jomon-Zeit – sollen symbolische Funktion gehabt haben. Sie erinnern an *Oshirasama*-Puppen (meist ein Mädchen und ein Pferd), die noch in Teilen Nordjapans gefunden und verehrt werden. Weitere Beispiele sind die gliederlosen *Kokeshi*-Puppen aus den *Onsen*-Städten Nordjapans, *ohinasama*, die kunstvollen Seidenpuppen, die am Tag der Mädchen (3. März) herausgeholt werden, und *anesan ningyo* (Große-Schwester-Puppen), einfache Figuren aus Papier.

Kokeshi-Puppe

15 Tono

遠野

G2 · 26 000 · Präfektur Iwate · Tono · beim JR-Bahnhof; +81-198-62-1333

In Tono leben die Menschen noch im Einklang mit der Natur. Vieles ist anders geworden, seit der Volkskundler Kunio Yanagita 1910 die *Sagen aus Tono* herausgab. Von den *magariya* (L-förmige Häuser für Menschen und Pferde) sind nur wenige erhalten. Imposant sind die Berge um das Tono-Becken.

Tonos Sehenswürdigkeiten sind am besten mit dem Rad zu erreichen (Vermietung am Bahnhof). Das exzellente **Stadtmuseum** erläutert die lokale Kultur und Folklore der Gegend. Im Denshoen zeigen Experten lokales Handwerk. Einen kurzen Spaziergang entfernt sollen *kappa* (Wassergeister) am Kappabuchi und im Joken-ji-Tempel leben. Tono Furusato Village nordwestlich des Bahnhofs beherbergt sechs *magariya* und zeigt traditionelles Handwerk. Der Hayachine-Schrein ist für *kagura* (heilige Tänze) berühmt. Der Berg Hayachine ist bei Kletterern beliebt.

Stadtmuseum
3-9 Higashidatecho · +81-198-62-2340 · tägl. 9–17 (Nov–März: Di–So) · Feiertage; letzter Tag im Monat; 24.–30. Nov

16 Morioka

盛岡

G2 · 290 000 · Präfektur Iwate · Morioka · JR-Bahnhof, 1. Stock · morioka-hachimantai.jp

Morioka, einst das Zentrum des Nanbu-Reichs, ist Hauptstadt von Iwate und Verkehrsknotenpunkt für den Norden. Sie ist für ihre Nanbu-*tetsubin* (eiserne Teekannen) und den Vulkan Iwate bekannt. Im Oktober schwimmen Lachse den Nakatsu hinauf.

Bei den Ruinen der Burg Morioka wächst ein über 350 Jahre alter Kirschbaum aus einer Felsspalte heraus. Die **Suzuki-Morihisa-Eisenwerkstatt** oberhalb des Nakatsu bietet schöne Objekte. Kunsthandwerk, etwa *Kokeshi*-Puppen, gibt es in der Konya-cho (Färberstraße) im Norden und in der Zaimoku-cho (Krimskramsstraße) links nach der Asahi-Brücke.

Suzuki-Morihisa-Eisenwerkstatt
1-6-7 Minamio-dori · Mo–Fr 9–17, Sa 10–16 · suzukimorihisa.com

→ *Leuchtend rotes Herbstlaub umrahmt die Ruinen der Burg Morioka*

17

Nationalpark Towada-Hachimantai

十和田八幡平国立公園

G1 Präfekturen Akita, Aomori und Iwate Morioka, Aomori von den Bahnhöfen bis Towada-See oder Hachimantai am Towada-See; +81-176-75-1015

Der Nationalpark besteht aus der Sektion Towada und der bergigen Sektion Hachimantai, 60 Kilometer südlich davon. Das Gebiet erkundet man am besten per Auto. Es gibt nur wenige Züge, im Winter fahren keine Busse.

Hachimantai bietet Wander- und Skiwanderwege, erstarrte Lavaströme, alpine Flora und Bergpanorama. Japanische Feriengäste schätzen die mautpflichtigen Panoramastraßen, die Thermal- und Skiorte und die vielfältigen Urlauberattraktionen. Einen Halt lohnen Goshogake Onsen und das Skigebiet Hachimantai Resort.

Highlight der Towada-Sektion ist der Towada-See, ein schöner Kratersee. Sein Symbol, die Statue zweier Mägde (1953) von Kotaro Takamura, steht am Südufer. Imposanter ist die neun Kilometer lange Oirase-Schlucht im Osten des Sees. Nördlich des Sees liegen einige stimmungsvolle Bäder wie das ausgezeichnete Tsuta Onsen.

18

Halbinsel Oga

男鹿半島

F2 Präfektur Akita Oga nahe JR-Bahnhof oga-ogata-geo.jp/en

Die 20 Kilometer ins Japanische Meer ragende Halbinsel bietet eine Felsküste, Fischerdörfer, mit Akita-Zedern bewachsene Hügel und Seafood. Vom Berg Kanpu hat man einen Panoramablick über Berge, Meer und Reisfelder. Berühmt ist das Namahage-Fest von Oga an Silvester. Männer mit gehörnten Masken und Strohmänteln gehen von Haus zu Haus, um Kinder zu erschrecken, damit diese brav sind, und Faulpelze, damit sie arbeiten. Eine touristische Version des Spektakels, das Namahage Sedo Matsuri, wird im Februar am Shinzan-Schrein in Oga abgehalten.

19

Halbinsel Shimokita

下北半島

G1 Präfektur Aomori Ominato bei JR-Bahnhof Shimokita japan.travel/de/spot/2141

Die Form der Halbinsel erinnert an ein Beil. Im Inneren liegt der Osorezan (Berg der Angst), einer der drei Berge Japans, die den Geistern der Toten geweiht sind, mit Kratersee und Schwefelquellen (Mai–Okt). *Itako*, blinde Medien, kommunizieren hier vom 20. bis 24. Juli mit Geistern. Von Sai aus geht eine Fähre zu den Klippen der Hotoke-gaura (Buddha-Küste). Im Südwesten liegt Wakinosawa, wo Schneeaffen leben. Von hier legt eine Fähre nach Aomori ab.

20

Aomori

青森

G1 275 400 Präfektur Aomori Shin-Aomori, Aomori JR-Busbahnhof aomori-tourism.com/en

Aomori bietet zwei Highlights: Das Nebuta Matsuri (Attrappenfest; Anf. Aug) und **Sannai-Maruyama**, eine Ausgrabungsstätte mit Funden aus der Jomon-Zeit (14 500–300 v. Chr.). Seit 1993 wurden hier Artefakte und Ruinen von vor 4000 bis 5500 Jahren gefunden, darunter rote Lackarbeiten und Lehmfiguren. Imposant sind die rekonstruierten Grubenhäuser und ein Säulenbau.

Sannai-Maruyama

5 km südwestlich von Shin-Aomori und Aomori bis Sannai-Maruyama Iseki-mae tägl. 9–18 (Okt–Mai: bis 17) letzter Mo im Monat sannai maruyama.pref.aomori.jp

21

Hirosaki

弘前

F1 177 500 Präfektur Aomori Hirosaki Bahnhof Hirosaki hirosaki-kanko.or.jp/en

Hirosaki, das Kultur- und Bildungszentrum von Aomori,

←

Malerischer Wasserfall im Wald des Nationalparks Towada-Hachimantai

Der Graben um Burg Hirosaki, das einstige Heim der Tsugaru-Familie

ist sehenswert. Die meisten Straßen führen zum Hirosaki-Park, dem Burgareal der Tsugaru-Herrscher. Die Burg selbst wurde von einem Blitz zerstört. Ihr malerischer Turm (1810), einige kleinere Türme, Tore und drei Burggräben sind erhalten. Kamenoko-mon, das Haupttor, steht im Norden, wo noch einige historische Samurai-Häuser zu sehen sind. In der Nähe befindet sich **Tsugaruhan Neputa Mura** mit den Neputa-Wagen, die beim Neputa Matsuri zum Einsatz kommen. Der bewaldete Burgpark ist wegen seiner Kirschblüte berühmt. Das **Stadtmuseum** im Park informiert über die Regionalgeschichte. 22 Tempel säumen die Zufahrt zum **Chosho-ji**, dem Familientempel der Tsugaru, mit Blick auf die Hirosaki-Ebene und den Berg Iwaki. Das zweistöckige Tor hat zwei tiefe Dachgesimse wegen der Schneemassen der Gegend. Eine Seitenhalle enthält Statuen der 500 Jünger Buddhas. Die Haupthalle birgt den natürlich mumifizierten Leichnam des zwölften Tsugaru-Herrschers.

Die Straßen um die Burg wurden angelegt, um Feinde zu verwirren. Südlich befindet sich das Kankokan (Infozentrum). Es stellt Kunsthandwerk aus. Solches gibt es auch bei Tanakaya an der Ecke zur Ichiban-cho – in Form von traditioneller und moderner Tsugaru-Lackkunst. Miyamoto Kogei (in der Minami Sakura-cho) führt Körbe aus *akebi* (wildem Wein aus den Bergen).

Entdeckertipp
Kunst mit Reis

Das Dorf Inakadate bei Hirosaki ist bekannt für seine Kunst auf den Reisfeldern. Die perspektivischen bunten Riesenbilder sieht man am besten von einer 22 Meter hohen Aussichtsplattform.

Tsugaruhan Neputa Mura
61 Kamenokomachi
tägl. 9–17 **neputamura.com/en**

Stadtmuseum
1-6 Shimoshiroganecho **+81-172-35-0700**
tägl. 9:30–16:30

Chosho-ji-Tempel
1-23-8 Nishi-Shigemori **+81-172-32-0813**
Apr–Nov: tägl. 9–16 (Dez–März: Voranmeldung)

Bars und Kneipen

Ichinosuke
Das *izakaya* (Kneipe) ist auf traditionelle Aomori-Gerichte und *jizake*, den hiesigen Sake, spezialisiert.
G1 **1-5-19 Yasukata, Aomori**
+81-50-3462-034

Tsugaru Joppari Isariya Sakaba
In dem *izakaya* im Stil eines Bauernhauses hört man *Shamisen*-Musik live.
G1 **2-5-14 Honcho, Aomori**
marutomisuisan.jpn.com/isariya-tugaru

A-Factory
An diesem hippen Ort, der Fabrik und Bar vereint, wird Cidre hergestellt.
G1 **1-4-2 Yanakawa, Aomori**
jre-abc.com/wp/afactory

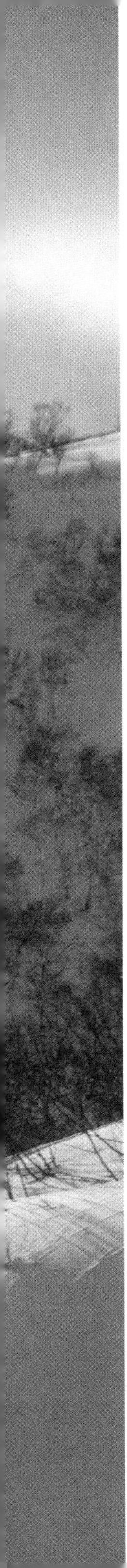

Skilanglauf in den Bergen Hokkaidos

Hokkaido

Die nach Honshu zweitgrößte japanische Insel wurde vor rund 20 000 Jahren besiedelt. Ab dem 12. Jahrhundert diente sie als Zuflucht der Ainu. Schon früh drangen die Japaner bis Yezo, wie die Insel früher hieß, vor – das Land war ihnen allerdings zu weit abgelegen, zu unwirtlich und zu kalt. Über Jahrhunderte hinweg wagten sich nur wenige außer geflüchteten Kriegern und verbannten Kriminellen nach Norden auf diese riesige Insel. In den späten 1860er Jahren beschloss die neue Meiji-Regierung jedoch offiziell, die Insel zu erschließen und die Ainu-Bevölkerung zwangsweise zu assimilieren. Danach wurde sie als Hokkaido oder »Nördlicher Seeweg« bekannt.

Seither ist die Inselbevölkerung auf knapp sechs Millionen angewachsen. Heute leben noch ungefähr 25 000 Ainu auf Hokkaido. Fischfang, Landwirtschaft und Bergbau sind die Haupteinkommensquellen. Der Fremdenverkehr zieht jährlich einige Millionen Besucher in den Norden. Die Hauptstadt Sapporo ist für ihre spektakulären Festivals bekannt. Die vielen Nationalparks der Insel bieten unzählige Möglichkeiten für Outdoor-Fans, etwa Camping, Klettern und Entspannung in heißen Quellen, sowie einige der besten Tiefschnee-Skigebiete der Welt.

Hokkaido

Sehenswürdigkeiten

1. Hakodate
2. Niseko-Skigebiet
3. Nationalpark Onuma-Quasi
4. Nationalpark Shikotsu-Toya
5. Sapporo
6. Upopoy – Ainu-Nationalmuseum
7. Nationalpark Daisetsu-zan
8. Nationalpark Rishiri-Rebun-Sarobetsu
9. Akan-Nationalpark
10. Nationalpark Kushiro-Shitsugen
11. Halbinsel Nemuro
12. Furen-See
13. Akkeshi-Bucht
14. Shiretoko-Nationalpark

0 Kilometer 40
N
Ochotskisches Meer
Esashi
Omu
Okoppe
Monbetsu
Setouchi
Yubetsu
Takinoue
Engaru
Tokoro
Abashiri
Shiretoko-Nationalpark
14
Rausu-dake 1660 m
Utoro
Rausu
Shari
RUSSLAND
Aibetsu
Shirataki
Kitami
Bihoro
Rubeshibe
Sounkyo
Tokoro-gawa
Tsubetsu
Kussharo-See
Mashu-See
Shibetsu
Nakashibetsu
Asahi-dake 2290 m
7
Nationalpark Daisetsu-zan
Tokachi-dake 2077 m
Akan-Nationalpark
9
Teshikaga
Akan-See
O-Akan-dake 1370 m
Rikubetsu
Bekkai
Halbinsel Nemuro
11
Nemuro
Furen-See
12
Shibecha
Kamishihoro
Ashoro
Nationalpark Kushiro-Shitsugen
10
HOKKAIDO
Honbetsu
Akan
Hamanaka
Akkeshi
Shintoku
Kushiro Airport
13
Akkeshi-Bucht
Shimizu
Obihiro
Ikeda
Shiranuka
Kushiro
Makubetsu
Onbetsu
Urahoro
Nakasatsunai
Tokachi-Obihiro Airport
Horoshiri-dake 2052 m
Pazifischer Ozean
Taiki
Hidaka-Gebirge
Hiroo
Mitsuishi
Samani
Erimo
Hokkaido

SEHENSWÜRDIGKEITEN

1 Hakodate

函館

A3 251 300 Präfektur Hokkaido Hakodate JR-Bahnhof Hakodate-Hafenfest (1.–5. Aug) hakodate.travel/en

Das fächerförmig angelegte Hakodate war einst eine Insel und liegt nun auf einer Sandbank, die sie mit dem Festland verbindet. 1854 wurde die Stadt einer der ersten Vertragshäfen Japans. 15 Jahre später fand hier die letzte Schlacht in Japan vor dem Zweiten Weltkrieg statt.

Den Berg Hakodate ganz in der Nähe kann man per Seilbahn, Auto oder zu Fuß erklimmen. Von oben sieht man auf Meer, Berge und die Stadt.

Das Viertel Motomachi unterhalb des Bergs im Süden der Stadt ist ihr schönster Teil. Hier stehen Gebäude im westlichen Stil (ein Vermächtnis des Status als Vertragshafen), etwa das alte Gemeindehaus mit stattlicher blau-gelber Verschalung, die russisch-orthodoxe Kirche mit Zwiebel- und Spitztürmen sowie das alte Britische Konsulat.

Im Norden bietet sich der Goryokaku-Park für einen geruhsamen Spaziergang an. Seine 1500 Kirschbäume sorgen im Frühling für ein Blütenmeer. Das fünfeckige Fort Goryokaku wurde 1865 zum Schutz gegen die Russen erbaut, fiel aber 1869 an kaiserliche Truppen.

Umgebung: Etwas für die Liebhaber von Thermalquellen ist der *Onsen*-Ort Yunokawa, eine Viertelstunde vom Zentrum entfernt. Etwa eine Autostunde östlich der Stadt rumort der aktive Vulkan Esan, in dessen Nähe Azaleengärten und bewaldete Hänge zu Spaziergängen einladen.

Schöne Aussicht
Nachtpanorama

Der grandiose Blick vom Berg Hakodate auf die funkelnden Lichter der unterhalb liegenden Stadt zwischen den zwei dunklen Meeresarmen gilt als eine der schönsten nächtlichen Ansichten Japans.

↓ *Das sternenförmige Fort Goryokaku in Hakodate sowie das frühere Verwaltungsgebäude* (Detail)

2 Niseko-Skigebiet

ニセコスキーリゾート

A3 Präfektur Hokkaido Niseko niseko.ne.jp/en/niseko

Einige der besten Skigebiete Japans sind in den Niseko-Bergen zu finden. Skifahrer wie Snowboarder lieben das Gebiet wegen der langen, kalten Wintersaison, der zahlreichen Pisten und des Pulverschnees abseits der Pisten. Im Sommer bietet es Abenteuerurlaub. Vier große Skigebiete treffen auf dem Gipfel desselben Bergs zusammen, Shuttlebusse verbinden sie an der Talstation. Ein einziger Pass kann für alle Skigebiete verwendet werden.

Die Stadt Hirafu ist bei Besuchern sehr beliebt und hat während der Skisaison den Charakter eines lebendigen Bergdorfs.

3 Nationalpark Onuma-Quasi

大沼国定公園

A3 Präfektur Hokkaido Onuma-koen beim Bahnhof onumakouen.com/en

Drei große Seen – Onuma, Konuma und Junsainuma – bilden den Onuma-Quasi-Nationalpark. In den Wäldern leben Füchse und Rotwild. Die Seen ernähren viele Wasservogelarten, vor allem im Frühling und Herbst. Im Sommer wachsen Wildblumen in Hülle und Fülle. Unter den seltenen Vogelarten, die jetzt nach Onuma kommen, sind Eisvögel, Seeadler und auch Riesenseeadler.

Die anmutige Gestalt des Bergs Komagatake bildet im Norden die Kulisse für die drei Seen. Der Weg von der Nordseite des Onuma-Sees aus in Richtung Berg bietet eine wunderschöne Aussicht auf Südwest-Hokkaido.

↑ *Ski alpin im Pulverschnee an den Hängen des Niseko-Skigebiets*

4 Nationalpark Shikotsu-Toya

支笏洞爺国立公園

A3 Präfektur Hokkaido Toya Toyako Onsen 142-5 Toyako Onsen, Toyako toyako-vc.jp/en

Der nicht zusammenhängende Shikotsu-Toya-Nationalpark ist quasi ein Freilichtmuseum für Vulkanologie. Hier finden sich der 1898 Meter hohe Yotei (aufgrund seiner Kegelform auch Ezo-Fuji genannt), zwei Kraterseen sowie die Kurstädte Jozankei im Norden und Noboribetsu im Süden.

Beim Shikotsu-See liegen der Badeort Shikotsu Kohan (mit Thermalquellen) und die moosbewachsene Kokenodomon-Schlucht. Der See wird vom zerklüfteten Eniwa-Gipfel im Norden und den »aneinandergelehnten« Bergen Fuppushi und Tarumae (mit Aschekegel) im Süden beherrscht.

Im Toya-See, 40 Kilometer südwestlich, liegt der malerische Archipel Nakajima mit der großen Insel Oshima und drei kleineren. Nahebei erhebt sich Japans jüngster Vulkan, der kahle Showa Shinzan (entstanden zwischen 1943 und 1945), neben dem aktiven Usu.

Hier kann man ideal wandern. Die Wege sind gut ausgeschildert und die Ausblicke grandios.

Restaurants

Hakodate-Morgenmarkt

Der berühmte Markt ist voller Stände mit Fisch, Lachsrogen, Seeigeln, Krabben und allerlei Seafood. Suchen Sie sich etwas aus und legen Sie es dann auf einen der Kohlengrills, die die Straße säumen.

A3 9-19 Wakamatsucho, Hakodate tägl. 5–17 (Jan–Apr: ab 6) hakodate-asaichi.com

¥¥¥

Umizora No Haru

Das Lokal in einem traditionellen Ainu-Haus hat mit Stroh ausgekleidete Wände und schöne Textilien (Leihgaben aus Shiraois Ainu-Museum). Auf der Speisekarte: Graved Lachs, Wildgerichte und Knödel mit Lachseiern. Dazu gibt es Sake aus Hirse.

A2 5-8 Minami 4-jo Nishi, Chuo, Sapporo umizoranoharu-susukino.owst.jp

¥¥¥

↑ *Sapporos Odori-Park, Ort des jährlichen Schneefestivals Yuki Matsuri*

5

Sapporo

札幌

A2 1 975 000 Präfektur Hokkaido Shin-Chitose, Okadama Sapporo International Communication Plaza, gegenüber dem Uhrturm sapporo.travel

Hokkaidos Hauptstadt liegt in der Ishikari-Ebene auf beiden Seiten des Flusses Toyohira. Vier U-Bahn-Linien, Trams und ein gitterförmiges Straßennetz machen die Erkundung einfach. Im Herzen Sapporos liegt der Odori-Park, der am Ostende vom Fernsehturm und im Westen von den Bergen dominiert wird. Einen Block nördlich, gegenüber dem hölzernen Uhrturm Tokei-dai, befindet sich die Sapporo International Communication Plaza, wo Sie Reiseinfos für ganz Hokkaido bekommen.

Die Stadt gibt dem berühmten lokalen Bier den Namen, dessen Herstellung im **Sapporo-Biergarten und -Biermuseum** nordöstlich des Bahnhofs gezeigt wird.

Das Nachtleben konzentriert sich auf das Susukino-Viertel mit Tausenden von Lokalen und Bars. Zu den kulinarischen Spezialitäten zählt das mongolische »Genghis Khan« (gegrillter Hammel mit Gemüse).

Viele Ainu-Artefakte sind im Exhibition Room of Northern Peoples im **Botanischen Garten** mit repräsentativer Hokkaido-Flora ausgestellt. Die großen Skulpturen im **Sapporo-Kunstpark** sind ebenfalls interessant.

Umgebung: 14 Kilometer östlich von Sapporo erinnert das **Historische Dorf Hokkaido** an die Besiedlung der Insel um 1860. Die restaurierten Gebäude (spätes 19. und frühes 20. Jh.) stammen von ganz Hokkaido. Einige beherbergen Ausstellungen über das traditionelle Leben.

Sapporos Schneefestival

Das jährliche Schneefestival Anfang Februar verwandelt Sapporos Odori-Park und Makomanai-Park in ein Märchenland aus Eisskulpturen. Bei der Entstehung der Figuren (ab einer Woche vor dem Festival) zuzusehen kann faszinierend sein. Bei der »Weißen Illumination« (Mitte Nov – Mitte März) beleuchten weiße Lichter nachts Odori-Park und Ekimae-dori – traumhaft bei Nacht.

Sapporo-Biergarten und -Biermuseum
9-1-1 Kita 7-Jo Higashi
tägl. 11–21 sapporobeer.jp/english

Botanischer Garten
Kita 3 Higashi 8
Di – So 9 –18
hokudai.ac.jp

Sapporo-Kunstpark
2-75 Geijutsunomori
tägl. 9:45 –17 (Juni – Aug: bis 17:30) Nov – Apr: Mo
artpark.or.jp/en

Schon gewusst?

Sapporo wurde 1857 von nur sieben Menschen gegründet. Es ist Japans jüngste Stadt.

Historisches Dorf Hokkaido
50-1 Konopporo, Atsubetsu Mai – Sep: tägl. 9 –17; Okt – Apr: Di – So 9 –16:30 kaitaku.or.jp

6 Upopoy - Ainu-Nationalmuseum

ウポポイ民族共生象徴空間

B3 2-3 Wakakusa-cho, Shiraoi New Chitose Shiraoi siehe Website ainu-upopoy.jp/en

Das Museum am Ufer des Poroto-Sees ist ein großartiger Ort, um mehr über das indigene Volk im Norden Japans zu erfahren. Der Name Upopoy bedeutet in der Ainu-Sprache »gemeinsam singen« und spiegelt das Ziel des Freilichtmuseums wider, einen Raum für Gemeinschaft zu schaffen. Hier erfährt man nicht nur etwas über die Geschichte und die traditionellen Lebensweisen der Ainu, sondern kann auch an praktischen Kursen in Küche, Handwerk und Musik teilnehmen und sehen, wie die Ainu ihre Kultur nicht nur bewahren, sondern auch weiterentwickeln.

7 Nationalpark Daisetsu-zan

大雪山国立公園

B2 Präfektur Hokkaido Tokachi-Obihiro, Asahikawa Obihiro, Asahikawa Sounkyo, Kamikawa-cho daisetsuzan.or.jp/english

Der 1934 eingerichtete und mit 2310 Quadratkilometern größte Nationalpark Japans ist ein von Gipfeln gesäumtes Hochplateau in der Mitte Hokkaidos. Asahikawa im Nordwesten oder Obihiro im Süden sind die besten Ausgangspunkte. Mit dem Auto fährt man auf den Routen 39 und 273. Busse verbinden die großen *Onsen*-Orte Sounkyo, Asahi-dake und Tenninkyo. Die Sounkyo-Schlucht mit den Wasserfällen Ryusei und Ginga erkundet man am besten per Rad oder zu Fuß. Die Seilbahnen bei Sounkyo und Asahi-dake sind oft überfüllt, aber der kürzeste Weg nach oben. Abseits der Gipfelstationen nimmt der Ansturm ab – die Aussicht wird dafür umso schöner.

Die Ainu glauben, dass die Gipfel der Daisetsu-Berge die Wohnsitze mächtiger, aber gütiger Göttergeister sind, die – in Menschengestalt – bei Not helfen. Das Wegenetz bietet alles – von Tageswanderungen bis zu längeren Touren. Es ist wegen der Aussicht lohnend, sich zu Fuß oder per Seilbahn von den Wegen weg in die höheren Lagen zu begeben.

Der Dampf ausstoßende Gipfel des Asahi (Asahi-dake), mit 2290 Metern Hokkaidos höchster Berg, bietet einen grandiosen Rundblick über das Hochplateau. Im Juni und Juli blühen Wildblumen. Die Herbstfarben sind Ende August und im September am schönsten. Unterwegs sehen Sie vielleicht Bären, Pikas (Pfeifhasen) sowie Rotkehlchen und Tannenhäher.

Eine Route für geübte Wanderer (ca. sieben Stunden) beginnt bei der Sounkyo-Seilbahn. Oben angekommen, wandern Sie südwestlich über den Kurodake und auf gut markierten Wegen zum Asahi. Vom Gipfel führt die Seilbahn zum Asahi-dake Onsen.

50 Kilometer westlich des Parks beim Städtchen Biei lockt der Blaue Teich mit seiner strahlenden Farbe.

↑ *Wanderer in den Bergen von Japans größtem Nationalpark Daisetsu-zan*

Bar

Bar Yamazaki
Die kultige Bar in Sapporo wurde mehr als 50 Jahre lang von dem legendären Barkeeper Ichiro Yamazaki geführt. Seine Lehrlinge servieren immer noch Cocktails in seinem Stil.

A2 3-3 Minami 3-jo Nishi, Chuo, Sapporo Mo – Sa 18 – 0:30 bar-yamazaki.com

8

Nationalpark Rishiri-Rebun-Sarobetsu

利尻礼文サロベツ国立公園

A1 Präfektur Hokkaido Wakkanai von Wakkanai zu beiden Inseln

Der Park mit der Sarobetsu-Küste sowie den beiden Inseln Rishiri und Rebun befindet sich in Sichtweite der russischen Insel Sachalin. Er ist abgelegen, mit Flugzeug oder Zug aber gut erreichbar. Die Wiesen im Sarobetsu-Gebiet und die Ufer der seichten Lagunen der Küstenebene sind im Sommer mit Blumen (darunter gelbe Lilien, weißes Wollgras, weiße Rhododendren und violette Schwertlilien) übersät.

Der 1720 Meter hohe kegelförmige Gipfel des Rishiri-Fuji auf der Insel Rishiri, etwa 20 Kilometer vor der Küste, scheint sich direkt aus dem Meer zu erheben. Eine Küstenstraße verbindet die Orte Oshidomari, den Haupthafen, und Kutsugata, den zweiten Hafen an der Westseite. Sie eignet sich gut zum Radfahren. Wege zum Gipfel führen durch Unmengen alpiner Sommerblumen. Wenn Sie nicht wandern wollen, können Sie angeln oder einfach nur frischen Fisch in den Restaurants genießen.

Rebun, Rishiris Schwesterinsel und Japans nördlichstes Eiland, ist bescheidener. Rebun ist auch als »Blumeninsel« bekannt. Kafuka ist ihr Haupthafen. Auf der anderen Seite, am nördlichen Ende der Insel, befindet sich das Fischerdorf Funadomari. Vor allem an der Westküste Rebuns kann man herrliche Wandertouren unternehmen. Die Jugendherberge der Insel organisiert geführte Wanderungen.

↑ *Pause auf dem Gipfel des Rishiri, Nationalpark Rishiri-Rebun-Sarobetsu*

9

Akan-Nationalpark

阿寒国立公園

C2 Präfektur Hokkaido Memanbetsu (Abashiri), Kushiro Minami-Teshikaga, Kawayu Onsen ab Kushiro Akanko Onsen en.kushiro-lakeakan.com

Der riesige Nationalpark im östlichen Zentral-Hokkaido ist wohl der schönste Park Japans. In dem Areal kann man sich allerdings nur eingeschränkt bewegen. Es gibt Bustouren, doch Fahrrad oder Mietwagen sind bessere Optionen.

Der westliche Teil um den Akan-See wird von zwei Vulkangipfeln beherrscht: dem 1370 Meter hohen O-Akan im Südosten und dem 1500 Meter hohen, aktiven Me-Akan im Südwesten. Die Tageswanderung vom Thermalbad Akan Kohan auf den Me-Akan und auf der anderen Seite auf einem ausgetretenen Pfad hinab zum Onneto-See bietet fantastische Ansichten, vor allem im Herbst.

Östlich von Akan liegt der Kussharo-See in einem Vulkankrater mit 57 Kilometer Durchmesser. Der See ist fast

← *Wintersonne über dem großen Vulkansee Kussharo im Akan-Nationalpark*

Schon gewusst?

Der Druck im Eis des Kussharo-Sees bringt Töne hervor, als ob der See singen würde.

den ganzen Winter zugefroren. Kleine Stellen bleiben durch Thermalwasserströmungen eisfrei. Hier überwintern Singschwäne.

Weiter östlich liegt der Mashu-See. Die Wände erheben sich 200 Meter hoch, das Wasser ist erstaunlich klar – der See hat weder Zu- noch Abflüsse. Der Blick vom Kraterrand schweift über den Berg Shari im Norden, die Halbinsel Shiretoko im Nordosten, den Kussharo-See und die Akan-Vulkane im Westen.

In den Wäldern des Parks sind Spechte beheimatet, ebenso andere Waldvögel, Füchse, Sikawild sowie Wald- und Sibirische Eichhörnchen.

In Akan Kohan an der Südseite des Akan-Sees und in Wakoto am Südufer des Kussharo-Sees gibt es Thermalquellen.

⑩ Nationalpark Kushiro-Shitsugen

釧路湿原

C2 Präfektur Hokkaido
Kushiro
JR-Bahnhof Kushiro
en.kushiro-lakeakan.com

Wenn ein Tier Japan repräsentiert, dann ist es der ästhetische *tancho*, der Mandschurenkranich. Das riesige Torfmoor des Nationalparks mit breiten, welligen, von Wasserläufen durchzogenen Schilfbeständen beherbergt eine der größten Populationen der etwa 1,40 Meter großen, anmutigen Vögel.

Anfang des 20. Jahrhunderts waren in Japan die Kraniche durch Jagd und Verlust der Brutplätze fast ausgerottet worden. Doch nun hilft man durch Schutzgebiete und Nahrung während der Wintermonate. Mittlerweile gibt es wieder etwa 1250 Exemplare.

Von Dezember bis März ziehen sich die Kraniche in die Nähe von Flüssen und Marschgebieten zurück. Während des Tages fliegen sie zu einem der Futterplätze nördlich von Kushiro: Zwei davon gibt es im Dorf Tsurui und einen in Akan. Hier kann man das ganze Jahr über Kraniche beobachten. An Spätwintertagen stellen sich die Vögel rufend und im Schnee tanzend zur Schau, um sich auf die Brutzeit vorzubereiten.

Von Mai bis September besetzen die Kraniche große Nistplätze, wo sie in der Regel ein bis zwei Küken großziehen.

TOP 5 Hokkaido-Gerichte

Kaisen don
Die Reisschüssel wird mit Lachsrogen und Seeigeln garniert.

Wollhandkrabbe
Die ursprünglich chinesische Krabbe ist wegen des zarten Fleisches und des cremigen Rogens beliebt.

Suppen-Curry im Sapporo-Stil
Zur Suppe mit Curry-Aromen gibt es Hühnchen und Wok-Gemüse.

Miso-Ramen
Hokkaidos Nudeln basieren auf Miso und Zuckermais.

Yubari-Melonen
Yubari-Melonen kosten bis zu 20 000 Yen.

→ *Elegante Mandschurenkraniche im Schnee des Nationalparks Kushiro-Shitsugen*

> Fotomotiv
> **Neujahr-Sonne**
> Das Kap Nosappu auf der Halbinsel Nemuro ist der perfekte Ort für *hatsuhinode* – den ersten Sonnenaufgang im Jahr. Hier werden kostenlose heiße Drinks serviert, eine Folkloreveranstaltung leitet über ins neue Jahr.

11

Halbinsel Nemuro

根室半島

C2 Präfektur Hokkaido Nemuro-Nakashibetsu Nemuro vor dem Bahnhof Nemuro; +81-153-24-3104

Das ebene Küstenplateau, in das Ströme steile Schluchten geschnitten haben, ist bei Naturfreunden beliebt. Am besten erkundet man das Gebiet mit dem Mietwagen.

Hier ist der Rotfuchs beheimatet. In den Wäldern des Onneto-Gebiets gibt es auch viele Sikahirsche. Im Sommer blühen Lilien, Kaiserkronen und andere Wildblumen. Im Winter sieht man Seeadler und Riesenseeadler. Vor der Küste und in den Buchten gibt es Schwärme von Enten, darunter Trauerenten und Kragenenten, sowie viele Meeresvögel.

12

Furen-See

風蓮湖

C2 Präfektur Hokkaido Kushiro Nemuro

Der See an Hokkaidos Ostküste ist saisonale Heimat vieler Zugvögel: Wasservögel im Frühling und Herbst, Schwäne im Spätherbst, Seeadler im Winter und brütende Mandschurenkraniche im Sommer.

Die fast 20 Kilometer lange und bis zu vier Kilometer breite Lagune ist nur bis zu zwei Meter tief. Sie wird von Kiefern- und Fichtenwäldern sowie von Erlen- und Birkengestrüpp gesäumt. Einige leichte Waldwanderwege mit Wildblumen, die am südlichen Ende des Sees in Hakuchodai und Shunkunitai beginnen, bieten Möglichkeiten zur Vogelbeobachtung. Im Winter eignen sich die zugefrorene Lagune und die Umgebung für Skilanglauf.

13

Akkeshi-Bucht

厚岸湾

C2 Präfektur Hokkaido Kushiro Akkeshi 1. Stock, Akkeshi Gourmet Park, 2-2 Suminoe, Akkeshi-cho, Akkeshi; +81-153-52-4139

Akkeshis geschützte Gezeitenlagune ist bekannt für ihre guten Austern. In der extensiv bewirtschafteten Bucht gibt es auf einem Felsinselchen einen Austern-Schrein. Im Winter und vor allem während der Züge im Frühjahr und Herbst sammeln sich Singschwäne in der inneren Bucht, im Sommer brüten Mandschurenkraniche flussaufwärts und im nahen Kiritappu-Sumpfland. Eine Fahrt auf der Küstenstraße von Akkeshi nach Kiritappu lohnt sich nicht allein wegen der großartigen Szenerie, sondern auch wegen des Einblicks in den traditionellen Lebensstil der Fischer und Seetang-Ernter. Wanderungen am Kap bei Kiritappu sind wunderschön, allerdings beeinträchtigt an Sommermorgen manchmal Nebel die Aussicht.

> **Der Furen-See ist saisonale Heimat vieler Zugvögel: Wasservögel im Frühling und Herbst, Schwäne im Spätherbst, Seeadler im Winter und Mandschurenkraniche im Sommer.**

← *Boot in den eisbedeckten Gewässern der Nemuro-Straße, Halbinsel Nemuro*

↑ *Laufsteg durch das Fünf-Seen-Gebiet im Shiretoko-Nationalpark*

14

Shiretoko-Nationalpark

知床国立公園

C2 **Präfektur Hokkaido**
Memanbetsu (Abashiri) oder Nakashibetsu
Shiretoko-Shari
Shiretoko Shizen Center; +81-152-24-2114

Der zerklüftete Landfinger wurde von den Ainu *shiretoko* (»Ende der Erde«) getauft. Der Park, der zum UNESCO-Welterbe gehört, ist 386 Quadratkilometer groß. Er besteht aus vulkanischen Gipfeln, die vom 1660 Meter hohen Rausu dominiert werden. Die Halbinsel hat eine von Hokkaidos gesündesten Braunbär-Populationen. Die Tiere sieht man nur selten. Gute Chancen hat man auf einer sommerlichen Bootsfahrt von Utoro aus zum Kap – an der Küste suchen sie bisweilen nach Futter.

Im Sommer kann man auch Minkwale, Schweinswale und Delfine sichten – neben Vögeln wie Trottellummen und Japanischen Kormoranen. Auf der Halbinsel nisten auch Seeadler. Im Winter wächst ihre Zahl durch Zugvögel aus Russland auf Hunderte an. In den Schatten gestellt werden sie durch die Ankunft des weltweit größten Adlers: des Riesenseeadlers. Beide Arten kann man im Winter nördlich des Rausu an der Südostküste sehen. Eine seltenere Sichtung ist der scheue Riesenfischuhu, die größte Eulenart.

Nördlich von Utoro liegen die fünf hübschen Shiretoko-Seen, in denen sich der Rausu spiegelt. Von Mai bis Oktober ist der Pass von Utoro zum Rausu (Route 334) geöffnet. Der Blick zur Insel Kunashiri ist sehr eindrucksvoll. Nahe beim Pass führt ein Wanderweg nach Süden zum Rausu-See und zum Berg Onnebetsu, ein anderer nach Norden zu den Bergen Rausu, Io und Shiretoko sowie zum Kap dahinter. Den Rausu kann man an einem Tag besteigen. Der Ausflug zum Kap dauert allerdings einige Tage und muss entsprechend geplant werden. Wanderungen sind nur zwischen Juni und September möglich.

Hotels

Akan Tsuruga Besso Hinanoza

Das elegante Gästehaus am See bietet Bio-Essen, eine Bar um einen Baumstumpf sowie Thermalquellen.

C2 **2-8-1 Akanko Onsen, Akan, Kushiro**
hinanoza.com/en

¥¥¥

Kushiro Prince Hotel

Das Hotel mit Blick auf den Kussharo-See ist ideal, um den Akan-Nationalpark zu erkunden.

C2 **7-1 Saiwaicho, Kushiro**
princehotels.co.jp/kushiro

¥¥¥

Hotel Nemuro Kaiyoutei

Die geräumigen Zimmer des Hotels auf der Halbinsel Nemuro sind modern ausgestattet.

C2 **2-24 Tokiwacho, Nemuro**
n-kaiyoutei.co.jp

¥¥¥

REISE-INFOS

Shinkansen vor dem Fuji

JAPAN REISEPLANUNG

Mit den folgenden Informationen zu Planung, Einreise und Aufenthalt sind Sie optimal auf Ihre Japan-Reise vorbereitet.

Auf einen Blick

Währung
Yen (¥)

Ausgaben pro Tag

Sparsam	Preisbewusst	Luxus
10 000 ¥	20 000 ¥	40 000 ¥

Mineralwasser	Kaffee	Bier	Menü (2 Pers.)
120 ¥	320 ¥	400 ¥	5000 ¥

Japanische Ausdrücke

Hallo	Konnichiwa
Auf Wiedersehen	Sayonara
Bitte	Onegai shimasu
Vielen Dank	Arigato gozaimasu
Sprechen Sie Englisch?	Eigo o hanasemasu ka?
Ich verstehe nicht …	Wakarimasen

Strom
Die Spannung beträgt 100 Volt, allerdings bei 50 Hertz (Ostjapan) und 60 Hertz (Westjapan). Für Elektrogeräte benötigt man einen Adapter.

Einreise
Bürger der EU und der Schweiz, die als Besucher nach Japan einreisen, können für begrenzte Zeit (bis zu 180 Tage) mit einem gültigen Reisepass und ohne Visum einreisen. Kinder jeden Alters benötigen ein eigenes Ausweisdokument. Man darf zunächst bis zu 90 Tage bleiben, dann kann man den Aufenthalt um weitere 90 Tage verlängern – dies muss mindestens zehn Tage vor dem Ausreisetermin beim Einwohnermeldeamt des Aufenthaltsorts passieren.

Im Flugzeug erhalten Sie eine »Landing Permission«: Der erste Teil muss vor der Einreise ausgefüllt werden, der zweite vor der Ausreise. Japan erfasst von Ausländern biometrische Daten (Gesichtsfotos und Fingerabdrücke) bei der Einreise. Ausgenommen sind Personen unter 16 Jahren.

Sicherheitshinweise
Aufgrund unvorhersehbarer Entwicklungen kann es zu Änderungen und Einschränkungen kommen. Aktuelle Hinweise zur Einreise sowie Sicherheitshinweise finden Sie beim Auswärtigen Amt (www.auswaertiges-amt.de), beim österreichischen Bundesministerium für europäische und internationale Angelegenheiten (www.bmeia.gv.at) oder beim Eidgenössischen Departement für auswärtige Angelegenheiten (www.eda.admin.ch).

In Japan ereignen sich jedes Jahr über 1000 Erdbeben. Die Regierung hat ein nützliches Handbuch für die Katastrophenvorsorge mit Sicherheitsrichtlinien für den Fall starker Beben herausgegeben (www.metro.tokyo.jp/english/guide/bosai/index.html).

Für Japan besteht eine Teilreisewarnung des Auswärtigen Amts für die drei Sperrzonen um das Kernkraftwerk Fukushima in Nord-Honshu (www.meti.go.jp).

Zoll
Auf der Website des japanischen Zollamts finden Sie Informationen darüber, was Sie ein- und ausführen dürfen. Einige Medikamente, darunter Mittel gegen Allergien und ADHS, müssen bei Einfuhr deklariert werden.

Zollamt
customs.go.jp/english/index.htm

Versicherungen

Wir empfehlen, eine umfassende Versicherung abzuschließen, die Diebstahl, Verlust von Eigentum, medizinische Versorgung, Stornierungen und Verspätungen abdeckt.

Impfungen

Für die Einreise gibt es keine Impfvorschriften. Die WHO empfiehlt bei längeren Aufenthalten und Reisen in ländliche Regionen eine Impfung gegen Japanische Enzephalitis.

Hotels

Neben Hotels im westlichen Stil bietet Japan das traditionelle *ryokan*. Diese Gästehäuser haben meist *onsen* und servieren Frühstück und Abendessen. Eine weitere Option sind preiswerte Kapselhotels, die man in Vergnügungsvierteln und entlang der Autobahnen findet. Hilfe bei der Hotelbuchung erhalten Sie bei der **Japan National Tourism Organization**, **Rakuten Travel** oder **Japanican**.

Japan National Tourism Organization
jnto.go.jp
Rakuten Travel
travel.rakuten.com
Japanican
japanican.com/en

Bezahlen

Obwohl Geldautomaten weitverbreitet sind, akzeptieren einige von ihnen keine ausländischen Kredit- oder Debitkarten. Die meisten Postämter und 7-Elevens verfügen über Automaten, die ausländische Karten akzeptieren. Viele Lawsons, Family Marts und Einkaufszentren haben ebenfalls internationale Geldautomaten. An großen Bahnhöfen kann man mit der Karte auch Zugtickets kaufen, einige Taxis akzeptieren auch Kartenzahlung. Trotzdem sollte man immer etwas Bargeld dabeihaben.

Die Telefonnummer des Sperr-Notrufs bei Verlust einer Kredit- oder Debitkarte lautet: +49 116 116.

Es gibt in Japan keine Trinkgeld-Tradition. Versuche, Trinkgeld zu geben, führen eher zu Missverständnissen. Für stolze Japaner kann es sogar eine Beleidigung sein.

Reisende mit besonderen Bedürfnissen

Für Sehbehinderte ist in Japan gesorgt, doch Rollstuhlfahrer haben bisweilen Probleme an kleineren Bahnhöfen und Fußgängerübergängen und -unterführungen – obwohl ein Gesetz von 2008 Barrierefreiheit garantiert. **Accessible Japan** bietet Infos über behindertengerechte Zugänge und Einrichtungen in der Hauptstadt und in Yokohama.

Accessible Japan
accessible-japan.com

Sprache

Trotz der lateinischen Schreibweise von (Verkehrs-)Schildern können Besucher außerhalb touristischer Gegenden Sprachprobleme bekommen. Japaner, die Englisch sprechen, artikulieren oft alle Silben gleich oder fügen noch einen Laut ein. Taxi wird so zu *takushi* und Hotel zu *hoteru*.

Öffnungszeiten

Montag Museen und Attraktionen sind meist geschlossen. Wenn der Montag ein Feiertag ist, fällt die Schließung auf Dienstag.
Wochenende Banken, Postämter und Büros sind geschlossen. Kaufhäuser können am Sonntag verkürzte Öffnungszeiten haben.
Feiertage Neben Banken, Postämtern und Büros sind auch viele Attraktionen geschlossen.

Feiertage

1. Jan	Neujahr *(Ganjitsu)*
2. Mo im Jan	Tag der Mündigkeit
11. Feb	Tag der Staatsgründung
23. Feb	Geburtstag des Kaisers
20./21. März	Frühlingsanfang
29. Apr	Showa-Tag
3. Mai	Verfassungstag
4. Mai	Tag der Umwelt
5. Mai	Tag des Kindes
3. Mo im Juli	Tag des Meeres
11. Aug	Tag des Berges
3. Mo im Sep	Tag der Ehrung der Alten
22./23. Sep	Herbstanfang
2. Mo im Okt	Tag des Sports
3. Nov	Tag der Kultur
23. Nov	Tag des Danks der Arbeit

IN JAPAN UNTERWEGS

Ob Sie eine Stadt besuchen oder im Land umherreisen wollen – Japan besitzt eine sehr gute Verkehrsinfrastruktur und exzellente öffentliche Verkehrsmittel.

Auf einen Blick

ÖPNV-Ticketpreise

Tokyo

600 ¥

Tagespass U-Bahn

Osaka

700 ¥

Tagespass U-Bahn und Bus

Kyoto

800 ¥

Tagespass U-Bahn

Expertentipp

Eine aufladbare Suica- oder Pasmo-Karte für Bahn und Bus spart Zeit und Geld.

Tempolimits

Autobahn

100 km/h

Landstraße

60 km/h

Innerhalb von Ortschaften

40 km/h

Anreise mit dem Flugzeug

Haupttor nach Japan ist der **Narita International Airport**, 60 Kilometer von Tokyo. Der kleinere **Haneda Airport** liegt näher am Zentrum. Osakas **Kansai International Airport** befindet sich auf einer Insel. Weitere Airports mit internationalen Flügen (meist aus Asien) sind Naha (Okinawa), Fukuoka und Nagasaki (Kyushu), Hiroshima, Nagoya, Niigata und Sendai (Honshu) sowie Sapporo (Hokkaido).

Narita International Airport
W narita-airport.jp/en
Haneda Airport
W tokyo-haneda.com
Kansai International Airport
W kansai-airport.or.jp/en

Zugreisen

Japans Züge gehören zu den besten der Welt, was Sicherheit, Effektivität und Komfort anbelangt. Japan Railways Group (JR) ist der Hauptbetreiber des Schienennetzes von über 20 000 Kilometern und des *shinkansen*. Bisweilen führen mehrere Linien zu den gleichen Orten. Neben den *shinkansen* fahren Tokkyu (»limited express«, am schnellsten), Kyuko (»express«), Kaisoku (irreführend »rapid« genannt) und Futsu (Regionalzug).

Für größere Reisen ist der **Japan Rail Pass** empfehlenswert. Es gibt aber auch viele regionale Pässe wie den **JR East Rail Pass**, der den Nordwesten von Honshu abdeckt. Beim **JR West Rail Pass** gibt es zwei Varianten: Der Sanyo-San'in Area Pass eignet sich für Osaka, Okayama, Hiroshima und Hakata, während der Kansai Area Pass Osaka, Kobe, Kyoto, Himeji und Nara einschließt.

In den JR-Bahnhöfen, aber auch in autorisierten Reisebüros kann man Tickets und Platzreservierungen buchen. Platzreservierungen kosten extra, sind aber für Fernverbindungen empfehlenswert.

Japan Rail Pass
W japanrailpass.net
JR East Rail Pass
W jreast.co.jp
JR West Rail Pass
W westjr.co.jp

Vom Flughafen in die Stadt

Flughafen	Bus	Taxi	Zug	Express
Tokyo (Narita)	1300 ¥ (70 Min.)	25 000 ¥ (70 Min.)	1340 ¥ (90 Min.)	3000 ¥ (60 Min.)
				2500 ¥ (40 Min.)
Tokyo (Haneda)	950 ¥ (55 Min.)	9000 ¥ (30 Min.)	550 ¥ (30 Min.)	keiner
Osaka (Kansai)	1600 ¥ (60 Min.)	15 000 ¥ (50 Min.)	1100 ¥ (70 Min.)	2900 ¥ (50 Min.)

Routenplaner

Die auf der Karte eingetragenen Fernverbindungen zeigen Ihnen, wie Sie mit Zügen zwischen den Orten und Großstädten Japans reisen können. Zudem sind die Fahrzeiten – sie beziehen sich meist auf den *shinkansen* – aufgelistet.

Tokyo – Niigata	**2,5 Std.**
Tokyo – Nagoya	**1,5 Std.**
Tokyo – Osaka	**2,5 Std.**
Tokyo – Kyoto	**2 Std.**
Tokyo – Kanazawa	**2,5 Std.**
Kyoto – Matsue	**4 Std.**
Tokyo – Sapporo	**8 Std.**
Tokyo – Sendai	**1,5 Std.**
Sendai – Hakodate	**3 Std.**
Hakodate – Sapporo	**3,5 Std.**
Hakodate – Kushiro	**7,5 Std.**
Osaka – Hiroshima	**1,5 Std.**
Hiroshima – Fukuoka	**1 Std.**
Fukuoka – Nagasaki	**2 Std.**
Fukuoka – Kumamoto	**1 Std.**
Fukuoka – Beppu	**2 Std.**
Kumamoto – Kagoshima	**1 Std.**

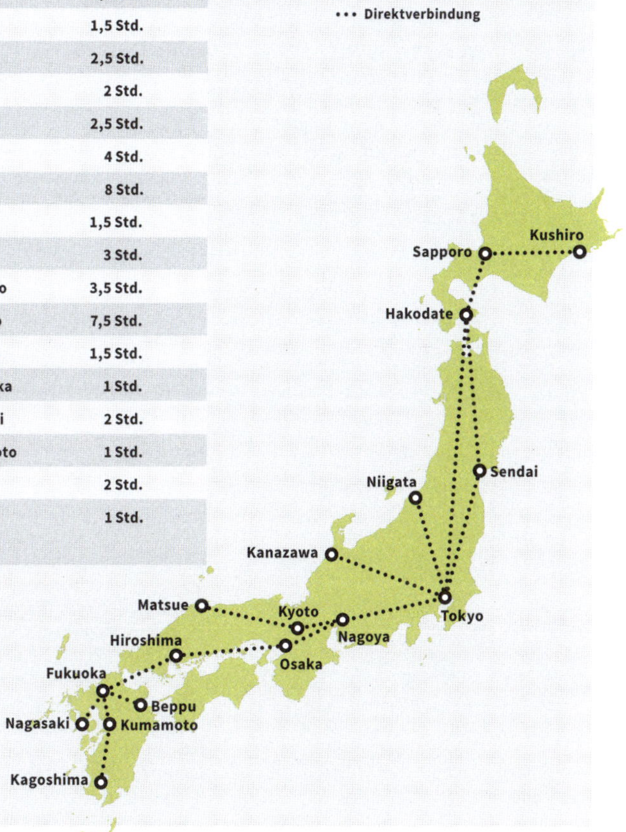

Fernreisebusse

Wegen der guten Eisenbahnverbindungen fahren Besucher kaum mit Langstreckenbussen. Dabei ist Japans Busnetz für Reisende ohne Japan Rail Pass eine preiswerte Alternative. Bustypen und Service variieren, doch alle Busse sind komfortabel. Viele haben Toiletten. Fahrpläne sind bei den Informationsbüros der Betreiber erhältlich. Auf der Website von **JR Bus Kanto** findet man einen Überblick der wichtigsten Verbindungen.

JR Bus Kanto
W jrbuskanto.co.jp.e.wn.hp.transer.com

Boote und Fähren

Von einigen Orten in Asien kommt man per Fähre nach Japan, etwa von Pusan in Südkorea und Shanghai in China. Boote und Fähren sind eine ausgefallene Art, die Insel(n) zu erkunden. Tickets für Fähren erhält man am Tag der Abfahrt an der Anlegestelle. Man muss ein Formular ausfüllen, damit die Fährgesellschaft eine Passagierliste erstellen kann. Die Broschüre der **Japan National Tourism Organization (JNTO)** bietet Infos zu den Hauptverbindungen.

Japan National Tourism Organization
W japan.travel/en

Öffentliche Verkehrsmittel

Fast alle Städte betreiben mehrere Verkehrsdienste – U-Bahn-Systeme, Straßenbahnen und Busse. Sicherheits- und Hygienemaßnahmen, Fahrpläne, Ticketinformationen, Verkehrspläne und vieles mehr erhalten Sie bei den Touristeninformationen, an den Bahnhöfen und auf den Websites der Städte.

Tickets

Einfache Tickets kauft man am besten an den Automaten in Bahnhöfen. In größeren Bahnhöfen sind sie mit englischer Menüführung ausgestattet und akzeptieren auch Kartenzahlung. Die meisten Automaten nehmen 1000- und 5000-Yen-Scheine, einige auch 10000-Yen-Noten. Alle geben Wechselgeld heraus. Viele Bahnhöfe haben Pläne auf Englisch, die die Preise für Entfernungen anzeigen. Im Zweifelsfall nehmen Sie das billigste Ticket und zahlen an Ihrem Bestimmungsort nach. Dafür gibt es eine Maschine nahe dem Ausgang. Sie stellt Ihnen dann ein neues Ticket aus. Falls es keine solche Maschine gibt, hilft Ihnen das Personal weiter. Bedenken Sie, dass Sie eine Strafe zahlen müssen, wenn Sie das falsche Ticket haben.

Viele Städte bieten spezielle Tickets, die jeweiligen Touristeninformationen versorgen Sie mit Infos. In Tokyo hat man diverse Wahlmöglichkeiten, darunter »Free Kippu«, das für 24 Stunden unbegrenzte Fahrten mit U-Bahn, Bus und Tram im Stadtzentrum erlaubt. Wer nicht viele Fahrten pro Tag machen will, ist mit einer Suica- oder Pasmo-Card besser bedient. Diese Smartcards erhält man an Automaten in vielen Bahnhöfen oder auf der Website des Japan Rail Pass *(siehe S. 330)*. Man kann sie mit Bargeld an Automaten oder in Bussen aufladen. Sie gelten für die meisten öffentlichen Verkehrsmittel und können sogar zum Bezahlen in vielen Läden und an Verkaufsautomaten verwendet werden – man hält sie einfach an das Lesegerät.

U-Bahnen

Tokyos ausgedehntes U-Bahn-Netz ist auf Plänen mit den Farben der Linien abgebildet. Auch in anderen Städten, etwa in Osaka, Nagoya, Kobe, Sendai, Yokohama, Fukuoka, Kyoto und Sapporo, gibt es U-Bahnen.

Der Japan Rail Pass kann nur auf ausgewählten U-Bahnlinien wie der JR-Yamanote-Linie in Tokyo genutzt werden. Hat man keinen U-Bahn-Pass oder eine Smartcard, kauft man einen Einzelfahrschein. Im Zweifelsfall lösen Sie einfach das billigste Ticket und zahlen dann am Zielort nach.

Die Namen der Stationen sind auf den Bahnsteigen meist in japanischer Schrift und lateinischer Transkription angegeben. Bei allen Massenverkehrsmitteln ruht von etwa Mitternacht bis 5 Uhr morgens der Betrieb.

Trams

In einigen Städten fahren moderne und auch altmodische Trams, etwa in Hiroshima, Nagasaki, Kumamoto und Sapporo. Tokyo besitzt zwei Tramlinien. Die Enoden Railway in Kamakura, südlich von Tokyo, gilt ebenfalls als Straßenbahn. Preise und Bezahlsysteme variieren. Manchmal gilt ein Einheitspreis, oder es fallen unterschiedliche Tarife für unterschiedliche Strecken an. Teilweise bezahlen Sie noch bei einem Schaffner. Orientieren Sie sich an den Mitfahrern, ob sie beim Schaffner zahlen oder Geld in einen Automaten werfen.

Busse

Busbahnhöfe *(basu noriba)* liegen oft in der Nähe der Bahnhöfe. Die Bezahlung variiert. In einigen Bussen steigt man vorn zu, das Fahrgeld – oft ein Einheitspreis – wirft man in den Schlitz neben dem Fahrer, aber die meisten Busse haben auch Kartenleser. In der Busmitte steigt man aus.

Bei anderen steigt man in der Mitte oder hinten zu, wo einem eine Maschine eine Nummer zuweist. Die Nummer mit Fahrpreis erscheint im Vorderteil des Busses auf einem Bildschirm. Bevor Sie aussteigen, werfen Sie den angezeigten Betrag sowie Ihre Nummer in ein Behältnis beim Fahrer.

Taxis

Taxis gibt es in verschiedenen Farben, man erkennt sie am Taxi-Schild auf dem Dach. Ein rotes Licht in der linken Ecke der Windschutzscheibe zeigt an, dass das Taxi frei ist. Sie können ein Taxi heranwinken oder zu einem Stand gehen, Letztere findet man an Bahnhöfen. Die Preise sind recht hoch und beginnen bei 600 bis 700 Yen für die ersten zwei Kilometer (dann 80 Yen je weitere 300 Meter). Nachts und an den Wochenenden wird es teurer. Die Türen werden vom Fahrer elektrisch bedient. Sie sollten sie nicht selbst öffnen oder schließen. Hilfreich ist eine Karte mit der Zieladresse und Telefonnummer in japanischer Schrift, falls der Fahrer kein Englisch spricht.

Autofahren in Japan

In Japan kann man in der Regel angenehm und sicher Auto fahren. Die Straßen sind in der Regel gut, und die Mietwagen sehr gut gewartet. Hauptproblem für ausländische Fahrer ist die Navigation. Es kann schwierig sein, sich in den japanischen Städten zurechtzufinden, die oft ein komplexes Netz von Einbahnstraßen haben. Nur die Hauptverkehrsstraßen haben Namen, und die Navigationssysteme der Autos helfen oft nicht weiter, da sie meist auf Japanisch sind.

Deutsche und Schweizer müssen den nationalen oder internationalen Führerschein ins Japanische übersetzen lassen. Mit dieser bei den Botschaften in Tokyo *(siehe S. 334)* oder bei der **Japan Automobile Federation** erhältlichen Übersetzung und dem Originalführerschein dürfen sie in Japan Auto fahren. Österreicher müssen den internationalen Führerschein vorlegen und einen dreimonatigen Aufenthalt in Österreich nach Erwerb des Führerscheins nachweisen. Alle Fahrer müssen einen gültigen Reisepass mitführen.

Japan Automobile Federation
W english.jaf.or.jp

Mietwagen

Mietwagen gibt es an Bahnhöfen und Flughäfen sowie bei lokalen Anbietern. Autovermietungen sind es im Allgemeinen nicht gewohnt, mit Kunden auf Englisch zu verhandeln. Zwei Firmen mit meist englischsprachigem Personal sind **Toyota Rent a Car** und **Nippon Rent-A-Car**. Auch bei internationalen Autovermietungen wie **Avis**, **Budget** und **Hertz** findet man englischsprachiges Personal.

Toyota Rent a Car
W rent.toyota.co.jp/eng
Nippon Rent-A-Car
W nrgroup-global.com/en
Avis
W avisrentacar.jp/en
Budget
W budgetrentacar.co.jp/en
Hertz
W hertz.com

Parken

Öffentliche Parkplätze sind zwar vorhanden, jedoch nicht billig. Generell gilt: je näher am Stadtzentrum, desto höher die Parkgebühren. Preiswertere Parkmöglichkeiten gibt es meist am Stadtrand, doch diese sind für Auswärtige schwer zu finden. Es ist verboten, auf der Straße zu parken. Parkuhren sind eine Seltenheit. Angesichts des Platzmangels hat man in Japan verschiedene innovative Parklösungen ersonnen, darunter Aufzug- und Paternostersysteme.

Verkehrsregeln

In Japan herrscht Linksverkehr. Es gilt die Null-Promille-Grenze. Im Allgemeinen fahren die Japaner umsichtig, doch sie haben die schlechte Angewohnheit, dicht aufzufahren und im letzten Moment noch bei Rot über Kreuzungen zu preschen – ahmen Sie das keinesfalls nach. Vielmehr sollte man an Ampeln die Fahrzeuge vor sowie hinter einem stets im Auge behalten.

Details zu den Verkehrsregeln gibt es in den Regionalbüros der Japan Automobile Federation, die auf deren Website aufgelistet sind. Die Broschüre ist in fünf Sprachen erhältlich und kostet 1430 Yen.

Fahrrad

Die großen Fahrrad-Abstellbereiche außerhalb von Bahnhöfen und die vielen Räder auf den Straßen zeigen, dass Radfahren in Japan sehr populär ist. In touristischen Gegenden gibt es oft Radverleihe. Ein gute Wahl in der Hauptstadt ist **Hello Cycling**.

Bürgersteige werden häufig von Radfahrern benutzt, obwohl das eigentlich verboten ist, auch wenn das Gesetz nicht streng durchgesetzt wird. Einige Städte bevorzugen es sogar, wenn Radfahrer die Bürgersteige und nicht die Straßen nutzen.

Hello Cycling
W hellocycling.jp

Zu Fuß unterwegs

Von epischen Pilgerreisen bis hin zu Stadtspaziergängen – in Japan lohnt es sich, zu Fuß unterwegs zu sein. Die Wege sind gepflegt und gut ausgeschildert. In den Städten sind viele Sehenswürdigkeiten zu Fuß erreichbar. Bei der Erkundung auf zwei Beinen können Sie das Straßenleben in sich aufnehmen, architektonische Details bewundern und einen Blick in jedes Café, jeden Laden oder jede Bar werfen, die Ihr Interesse wecken.

PRAKTISCHE HINWEISE

Ein paar wenige Kenntnisse der lokalen Gegebenheiten genügen – hier finden Sie die wichtigsten Hinweise und Tipps für Ihren Japan-Aufenthalt.

Auf einen Blick

Notfälle

Notruf	Küstenwache
119	**118**

Feuerwehr / Notarzt	Polizei
119	**110**

Zeit

Es gilt die Japan Standard Time. Sie liegt sieben Stunden vor der MEZ.

Leitungswasser

Falls nicht anders vermerkt, kann man Wasser aus dem Hahn in Japan bedenkenlos trinken.

Apps

Yomiwa

Machen Sie einfach ein Foto eines beliebigen japanischen Texts, und diese App übersetzt ihn, ohne dass eine Internetverbindung erforderlich ist. Sie können Japanisch auch über Google Translate herunterladen, um einige Offline-Übersetzungsfunktionen zu nutzen.

Japan Travel by Navitime

Eine App für die Reiseplanung, die aktuelle Informationen über das japanische Eisenbahnnetz liefert.

Persönliche Sicherheit

Japan ist ein relativ sicheres Reiseland. Diebstähle und Raubüberfälle kommen selten vor, in belebten Gegenden kommt es jedoch zu Taschendiebstahl. Im Allgemeinen ist es sicher, nachts herumzulaufen, aber seien Sie in den Vergnügungsvierteln Roppongi und Kabukicho in Tokyo vorsichtig.

Wenn Ihnen etwas gestohlen wurde, melden Sie die Straftat innerhalb von 24 Stunden bei der nächsten Polizeidienststelle und nehmen Sie einen Ausweis mit. Wenden Sie sich an Ihre **Botschaft**, wenn Ihr Reisepass gestohlen wurde oder ein schweres Verbrechen oder ein Unfall vorliegt.

In der Regel sind Japaner allen Menschen gegenüber sehr tolerant, unabhängig von Herkunft, Geschlecht oder Sexualität, aber selbst die Städte sind nicht besonders multikulturell und Starren ist an der Tagesordnung. Homosexualität wurde 1872 unter Strafe gestellt, das Gesetz wurde jedoch sieben Jahre später aufgehoben. Trotz der historischen Akzeptanz werden gleichgeschlechtliche Ehen auf nationaler Ebene immer noch nicht gesetzlich anerkannt. LGBTQ+ Reisende werden in Japan wahrscheinlich keine Probleme haben. Öffentliche Liebesbekundungen zwischen heterosexuellen und gleichgeschlechtlichen Paaren werden von einigen Japanern missbilligt, in Tokyo jedoch weniger. **Utopia Asia** bietet einen umfassenden Leitfaden zur japanischen LGBTQ+ Szene.

Deutsche Botschaft
südl. von D9 4-5-10 Minami-Azabu, Minato, Tokyo 106-0047
+81-3-5791-7700 japan.diplo.de

Österreichische Botschaft
E9 1-1-20 Moto-Azabu, Minato, Tokyo 106-0046 +81-3-3451-8281
bmeia.gv.at/oeb-tokio

Schweizer Botschaft
südl. von D9 5-9-12 Minami-Azabu, Minato, Tokyo 106-8589
+81-3-5449-8400 eda.admin.ch

Utopia Asia
utopia-asia.com

Gesundheit

Die medizinische Versorgung in Japan ist erstklassig, allerdings müssen die teuren Behandlungen oft direkt bezahlt werden. Eine Auslandsreise-Krankenversicherung ist daher sehr empfehlenswert. Wer ernsthaft krank ist, sollte eine Klinik aufsuchen, bei kleineren Problemen kann auch eine Apotheke helfen. Für medizinische Dienstleistungen in Tokyo wenden Sie sich an den medizinischen Informationsservice **Himawari**, der von der Stadtverwaltung betrieben wird.

Himawari

W himawari.metro.tokyo.jp

Rauchen, Drogen und Alkohol

Drogendelikte werden in Japan mit hohen Haftstrafen geahndet, ebenso das Fahren unter Alkoholeinfluss. Es gilt die Null-Promille-Grenze (genauer: 0,03 %).

In einigen Vierteln in Tokyo darf man auf der Straße nicht rauchen, außer in gekennzeichneten Arealen. Auch in Bahnhöfen, Bussen und Zügen ist Rauchen untersagt (außer in den Raucherwagen des *shinkansen*). In Bars und Restaurants ist es dagegen oft noch gestattet.

Ausweispflicht

Ausländer müssen sich jederzeit mit ihren Reisepass ausweisen können. Eine Fotokopie der Seite mit dem Passfoto sollte jedoch ausreichen.

Etikette

Die traditionelle japanische Begrüßung ist eine Verbeugung, deren Grad vom Status der Beteiligten abhängt. Ausländer müssen sich selten verneigen, obwohl ein kurzes Kopfneigen respektvoll ist. Bevor man ein Haus oder ein traditionelles Lokal betritt, muss man die Schuhe ausziehen. Wenn keine Hausschuhe angeboten werden, geht man in Socken. Auf *Tatami*-Matten trägt man nie Schuhe.

In einigen *onsen* sind Menschen mit Tätowierungen nicht zugelassen, man sollte sich vorab also immer informieren.

Bei Tisch ist es tabu, etwas in einem gemeinsamen Gericht mit den Stäbchen zu berühren und es dann liegen zu lassen oder das Essen direkt aus einer Schüssel in den Mund zu schieben. Mit den Stäbchen zu gestikulieren und auf etwas zu zeigen, gilt als schlechtes Benehmen. Naseputzen in der Öffentlichkeit ist ebenfalls verpönt.

Die Atmosphäre in Tempeln und Schreinen ist locker. Besucher sollten sich aber diskret verhalten und keinen Lärm machen. Wer einen Tempel oder Schrein betritt, muss die Schuhe ausziehen.

Mobiltelefone und WLAN

Ausländische Handys funktionieren in Japan möglicherweise nicht. Erkundigen Sie sich vor Ihrer Reise bei Ihrem Mobilfunkanbieter. Wenn Sie nicht versichert sind, können Sie bei Unternehmen wie **Softbank Global Rental** ein Mobiltelefon, eine SIM-Karte oder einen WLAN-Router mieten. Einige Cafés bieten kostenloses oder günstiges WLAN an.

Softbank Global Rental

W softbank-rental.jp

Post

Postämter *(yubin-kyoku)* und Briefkästen sind an einem »T«-ähnlichen Logo (mit zusätzlichem horizontalem Balken) zu erkennen. Hauptpostämter sind meist wochentags von 7 bis 23 Uhr geöffnet, am Wochenende kürzer. Größere Postfilialen haben 24 Stunden lang geöffnet. Kleinere Postfilialen sind samstags oft zu. Briefmarken gibt es auch in einigen Läden und in größeren Hotels. Schreiben Sie Adressen korrekt und leserlich, vor allem die Postleitzahl. Postkarten nach Europa kosten 70 Yen, Briefe 190 Yen.

Mehrwertsteuer-Rückerstattung

Die Mehrwertsteuer beträgt zehn Prozent. Eine Steuerrückerstattung ist einfach. Vor allem Shoppingcenter und Kaufhäuser haben oft einen eigenen Schalter, an dem man nach einem Einkauf die Steuer sofort zurückerhält.

Besucherpässe

Viele Städte und Regionen bieten sogenannte Welcome Cards für Besucher. Damit erhält man in Unterkünften, beim Einkaufen, in Restaurants, Museen, bei Transportmitteln etc. Preisnachlässe. Die meisten Welcome Cards sind mit einem kleinen Heftchen erhältlich, das auf die touristischen Highlights in der jeweiligen Region hinweist.

REGISTER

Register

Fett gedruckte Seiten-zahlen beziehen sich auf Haupteinträge.

E

F

G

H

I

J

K

L

M

N

T

U

V

W

Y

Z

SPRACHFÜHRER

Die japanische Sprache ist mit dem Okinawa-Dialekt verwandt und ähnelt altaischen Sprachen wie dem Mongolischen und Türkischen. Das geschriebene Japanisch ist eine Kombination aus drei Schriften: chinesischen Ideogrammen *(kanji)* und zwei Silbensystemen *(hiragana* und *katakana)*. Letztere sind sich ähnlich, wobei in *katakana* vor allem adaptierte fremdsprachige Wörter geschrieben werden. Traditionell wird Japanisch in vertikalen Zeilen von rechts oben nach links unten geschrieben, doch das westliche System findet immer mehr Verwendung. Es gibt verschiedene Transkriptionssysteme. Dieser Reiseführer verwendet eine einfache Version des Hepburn-Systems, verzichtet aber auf Querstriche über den Vokalen. Die japanische Aussprache ist recht einfach. Bei vielen Wörtern handelt es sich um »japanisierte« westliche Wörter. In diesem Sprachführer steht links der deutsche Begriff, in der Mitte die japanische Schreibweise und rechts die Transkription.

Aussprache

Alle Silben werden gleich stark betont. Wenn Sie ein Wort wie im Deutschen aussprechen und eine Silbe stärker betonen, kann dies ein japanisches Wort unverständlich machen.

Aussprache von Vokalen wie im Deutschen:

a	wie in »Kappe«
e	wie in »er«
i	wie in »Lied«
o	wie in »Gott«
u	wie in »du«

Wenn zwei Vokale nacheinander stehen, sprechen Sie jeden separat aus:

ai	etwa wie in »Aida«
ae	als sei es »ah-eh« geschrieben
ei	etwa wie in »Pompeji«

Konsonanten werden meist wie im Deutschen ausgesprochen. Der Buchstabe *G* wird hart gesprochen (wie in »Gott«), *J* weich (wie etwa in »Dschungel«).
R klingt wie eine Mischung zwischen *R* und *L*.
F klingt manchmal wie *H*. *»Si«* wird immer zu *»Schi«*, aber manche Leute sprechen *»Shi«* wie *»Hi«* aus.
Das *V* in westlichen Wörtern (z. B. in »Video«) wird zu *B*. Vor Konsonanten kann *N* wie *N* oder aber wie *M* ausgesprochen werden, obwohl es einige Ausnahmen von dieser Regel gibt.

Alle Konsonanten außer *N* werden gedoppelt – es sei denn, es folgt ihnen ein Vokal. *I* und *U* werden jedoch manchmal kaum hörbar ausgesprochen.

Dialekte

Standard-Japanisch wird in ganz Japan von allen Bevölkerungsschichten gebraucht und verstanden. Doch in der Umgangssprache gibt es große Unterschiede in Aussprache und Vokabular, etwa zwischen Tokyo und der Region Osaka–Kyoto. Auf dem Land gibt es sehr starke Dialekte.

Höflichkeitsformen

Im Japanischen gibt es mehrere Höflichkeitsstufen, je nach Status, Alter und Situation. Im alltäglichen Gebrauch werden Höflichkeitsstufen durch die Länge der Verbalendung ausgedrückt (je länger, desto höflicher), doch in formeller Konversation werden völlig verschiedene Wörter *(keigo)* verwendet. Als Besucher werden Sie meist formell angesprochen, aber Sie müssen es nicht nachahmen. Der hier vorgestellte Stil ist neutral, aber höflich.

Im Notfall

Hilfe!	助けて！	Tasukete!
Stopp!	止めて！	Tomete!
Rufen Sie einen Arzt!	医者を 呼んでください！	Isha o yonde kudasai!
Rufen Sie die Ambulanz!	救急車を 呼んでください！	Kyukyusha o yonde kudasai!
Rufen Sie die Polizei!	警察を 呼んでください！	Keisatsu o yonde kudasai!
Feuer!	火事！	Kaji!
Wo ist ein Krankenhaus?	病院はどこに ありますか？	Byoin wa doko ni arimasu ka?
Polizeihäuschen	交番	koban

Grundwortschatz

Ja/nein.	はい／いいえ。	Hai/iie.
… nicht …	・・・ない／・・・ません	… nai/… masen
Ich weiß nicht.	知りません。	Shirimasen.
Danke schön.	ありがとう。	Arigato.
Vielen Dank.	ありがとう ございます。	Arigato gozaimasu.
Vielen herzlichen Dank.	どうもありがとう ございます。	Domo arigato gozaimasu.
Danke (formlos).	どうも。	Domo.
Nein danke.	結構です。	Kekko desu.
Bitte (anbietend).	どうぞ。	Dozo.
Bitte (fragend).	お願いします。	Onegai shimasu.
Bitte (geben/machen Sie).	・・・ください。	… kudasai.
Ich verstehe nicht.	わかりません。	Wakarimasen.
Sprechen Sie Englisch?	英語を 話せますか？	Eigo o hanesemasu ka?
Ich spreche kein Japanisch.	日本語は 話せません。	Nihongo wa hanasemasen.
Bitte sprechen Sie langsamer.	もう少しゆっくり 話してください。	Mo sukoshi yukkuri hanashite kudasai.
Entschuldigung!	すみません。	Sumimasen!
Können Sie mir helfen? (nicht im Notfall)	ちょっと手伝って いただけませんか？	Chotto tetsudatte itadakemasen ka?

Nützliche Redewendungen

Ich heiße …	私の 名前は・・・です。	Watashi no namae wa … desu.
Wie geht es Ihnen, schön, Sie zu treffen.	はじめまして、 どうぞよろしく。	Hajimemashite, dozo yoroshiku.
Wie geht's?	お元気ですか？	Ogenki desu ka?
Guten Morgen.	おはようございます。	Ohayo gozaimasu.
Hallo/Guten Tag (nachmittags).	こんにちは。	Konnichiwa.
Guten Abend.	こんばんは。	Konbanwa.
Gute Nacht.	おやすみなさい。	Oyasumi nasai.
Auf Wiedersehen.	さよなら。	Sayonara.
Machen Sie's gut.	気をつけて。	Ki o tsukete.
Mach's gut (formlos).	お元気で。	Ogenki de.
Ebenso.	そちらも。	Sochira mo.
Was ist (das)?	（これは）何 ですか？	(Kore wa) nan desu ka?
Wie verwendet man das?	これをどうやって 使いますか？	Kore o doyatte tsukaimasu ka?
Könnte ich bitte haben …? (sehr höflich)	・・・をいただけますか？	… o itadakemasu ka?
Gibt es hier …?	ここに・・・が ありますか？	Koko ni … ga arimasu ka?
Wo bekomme ich …?	・・・はどこに ありますか？	… wa doko ni arimasu ka?
Was kostet das?	いくらですか？	Ikura desu ka?
Wann ist …?	・・・何時ですか？	… nanji desu ka?
Prost!	乾杯！	Kampai!
Wo ist der Waschraum/die Toilette?	お手洗い／おトイレは どこですか？	Otearai/otoire wa doko desu ka?
Hier ist meine Visitenkarte.	名刺をどうぞ。	Meishi o dozo.

Nützliche Wörter

Ich	私	watashi
Frau	女性	josei
Mann	男性	dansei
Ehefrau	奥さん	okusan
Ehemann	主人	shujin
Tochter	娘	musume
Sohn	息子	musuko
Kind	子供	kodomo
Kinder	子供たち	kodomotachi

Geschäftsmann/ -frau	ビジネスマン／ ウーマン	bijinessuman/ wuman
Student	学生	gakusei
Herr/Frau …	･･･さん	…-san
groß/klein	大きい／小さい	okii/chiisai
heiß/kalt	暑い／寒い	atsui/samui
kalt (sich kalt anfühlen)	冷たい	tsumetai
warm	温かい	atatakai
gut/ nicht gut/ schlecht	いい／ よくない／悪い	ii/ yokunai/warui
genug	じゅうぶん／結構	jubun/kekko
kostenlos	ただ／無料	tada/muryo
hier	ここ	koko
dort	あそこ	asoko
dies	これ	kore
dies (nahe)	それ	sore
jenes (weiter weg)	あれ	are
was?	何？	nani?
wann?	いつ？	itsu?
warum?	なぜ／どうして？	naze?/doshite?
wo?	どこ？	doko?
wer?	誰？	dare?
wohin?	どちら？	dochira?

Schilder

geöffnet	営業中	eigyo-chu
geschlossen	休日	kyujitsu
Eingang	入口	iriguchi
Ausgang	出口	deguchi
Gefahr	危険	kiken
Notausgang	非常口	hijo-guchi
Information	案内	annai
Waschraum, Toilette	お手洗い／手洗い／ おトイレ／トイレ	otearai/tearai/ otoire/toire
frei (nicht besetzt)	空き	aki
Männer	男	otoko
Frauen	女	onna

Geld

Würden Sie das bitte in Yen tauschen?	これを円に 替えてください?	Kore o en ni kaete kudasai?
Ich möchte diese Reiseschecks eintauschen.	この トラベラーズチェック を 現金にしたいです。	Kono toraberazu chekku o genkin ni shitai desu.
Akzeptieren Sie Kreditkarten/ Reiseschecks?	クレジットカード／ トラベラーズチェックで 払えますか？	Kurejitto-kado/ toraberazu-chekku de haraemasu ka?
Bank	銀行	ginko
Bargeld	現金	genkin
Kreditkarte	クレジットカード	kurejitto-kado
Wechselstube	両替所	ryogaejo
Dollar	ドル	doru
Britisches Pfund	ポンド	pondo
Yen	円	en

Telefonieren/Post

Wo ist ein Telefon?	電話はどこに ありますか？	Denwa wa doko ni arimasu ka?
Darf ich Ihr Telefon benutzen?	電話を使っても いいですか？	Denwa o tsukatte mo ii desu ka?
Hallo, hier ist …	もしもし、･･･です。	Moshi-moshi, … desu.
Ich möchte ein Auslandsgespräch führen.	国際電話、 お願いします。	Kokusai denwa, onegaishimasu.
Luftpost	航空便	kokubin
E-Mail	イーメール	i-meru
Fax	ファックス	fakkusu
Postkarte	ハガキ	hagaki
Postamt	郵便局	yubin-kyoku
Briefmarke	切手	kitte
Telefonzelle	公衆電話	koshu denwa
Telefonkarte	テレフォンカード	terefon-kado

Shopping

Wo kann ich … kaufen?	･･･はどこで 買えますか？	… wa doko de kaemasu ka?
Wie viel kostet das?	いくらですか？	Ikura desu ka?
Ich sehe mich nur um.	見ているだけです。	Mite iru dake desu.
Haben Sie …?	･･･ありますか？	… arimasu ka?
Kann ich das anprobieren?	着てみても いいですか？	Kite mite mo ii desu ka?
Bitte zeigen Sie mir das.	それを 見せてください。	Sore o misete kudasai.
Gibt es das in anderen Farben?	他の色も ありますか？	Hoka no iro mo arimasu ka?
schwarz	黒	kuro
blau	青	ao
grün	緑	midori
rot	赤	aka
weiß	白	shiro
gelb	黄色	kiiro
billig/teuer	安い／高い	yasui/takai
Audiotechnik	オーディオ製品	odio seihin
Buchladen	本屋	honya-ya
Boutique	ブティック	butikku
Kleidung	洋服	yofuku
Kaufhaus	デパート	depato
Elektrogeschäft	電気屋	denki-ya
Fischmarkt	魚屋	sakana-ya
Handwerk	民芸品	mingei-hin
Damenmode	婦人服	fujin fuku
Regionale Spezialität	名物	meubutsu
Markt	市場	ichiba
Herrenmode	紳士服	shinshi fuku
Zeitungskiosk	新聞屋	shimbun-ya
Apotheke	薬屋	kusuri-ya
Postkarte	絵葉書	e-hagaki
Ausverkauf	セール	seru
Souvenirladen	お土産屋	omiyage-ya
Supermarkt	スーパー	supa
Reisebüro	旅行会社	ryoko-gaisha

Sightseeing

Wo ist …?	･･･はどこですか？	… wa doko desu ka?
Wie komme ich nach …?	･･･へは、どうやって いったらいいですか？	… wa doyatte ittara ii desu ka?
Ist es weit?	遠いですか？	Toi desu ka?
Kunstgalerie	美術館	bijitsukan
Reservierungs- schalter	予約窓口	yoyaku-madoguchi
Brücke	橋	hash/bashi
Burg	城	shiro/jo
Stadt	市	shi
Stadtzentrum	町の中心	machi no chushin
Garten	庭園／庭	teien/niwa
Thermalquelle	温泉	onsen
Informations- büro	案内所	annaijo
Insel	島	shima/jima
Kloster	修道院	shudo-in
Berg	山	yama/san
Museum	博物館	hakubutsukan
Palast	宮殿	kyuden
Park	公園	koen
Hafen	港	minato/ko
Präfektur	県	ken
Fluss	川	kawa/gawa
Ruinen	遺跡	iseki
Einkaufsviertel	ショッピング街	shoppingu-gai
Schrein	神社／神宮／宮	jinja/jingu/gu
Straße	通り	tori/dori
Tempel	お寺／寺	otera/tera/dera/ji
Tour, Reise	旅行	ryoko
Ort	町	machi/cho
Dorf	村	mura
Stadtbezirk, Stadtviertel	区	ku
Zoo	動物園	dobutsu-en
Norden	北	kita/hoku
Süden	南	minami/nan
Osten	東	higashi/to
Westen	西	nishi/sei
links/rechts	左／右	hidari/migi
geradeaus	真っ直ぐ	massugu
zwischen	間に	aida ni
nah/fern	近い／遠い	chikai/toi
oben/unten (oberhalb/ unterhalb)	上／下	ue/shita
neu	新しい／新	atarashii/shin
alt/früher	古い／元	furui/moto
höher/tiefer	上／下	kami/shimo
Mitte/innen	中	naka
in	に／中に	ni/naka ni
vor (örtlich)	前	mae

Reisen

Fahrrad	自転車	jidensha
Bus	バス	basu
Auto	車	kuruma
Fähre	フェリー	feri
Gepäckaufbewahrung	手荷物 一時預かり所	tenimotsu ichiji azukarijo
Motorrad	オートバイ	otobai
Einfachticket	片道切符	katamachi kippu
Rückfahrticket	往復切符	ofuku kippu
Taxi	タクシー	takushi
Fahrkarte	切符	kippu
Ticketbüro	切符売場	kippu uriba

Züge

Was kostet die Fahrt nach …?	…まで いくらですか？	… made ikura desu ka?
Wann fährt der Zug nach …?	…行きの電車は、何時にでますか？	… yuki no densha wa nanji ni desu ka?
Wie lange fährt man nach …?	…までの時間は どのくらい かかりますか？	… made jikan wa dono gurai kakarimasu ka?
Ein Ticket nach …, bitte.	…行きの切符を ください。	… yuki no kippu o kudasai.
Muss ich umsteigen?	乗り換えが 必要ですか？	Norikae ga hitsuyo desu ka?
Ich würde gern einen Sitz reservieren.	席を 予約したいです。	Seki o yoyaku shitai desu.
An welchem Bahnsteig hält der Zug nach …?	…行きの電車は、何番ホームですか？	… yuki no densha wa nanban homu desu ka?
Welcher Bahnhof ist das?	ここは、どの駅ですか？	Koko wa dono eki desu ka?
Ist das der Zug nach …?	…へは、この電車で いいですか？	… e wa kono densha de ii desu ka?
Shinkansen	新幹線	shinkansen
Schnellzüge:		
»limited express« (schnellster)	特急	tokkyu
»express« (zweitschnellster)	急行	kyuko
»rapid«	快速	kaisoku
Erste Klasse	グリーン車／一等	gurinsha/itto
Linie	線	sen
Regionalzug	普通／各駅電車	futsu / kaku-ekidensha
Bahnsteig	ホーム	homu
Bahnhof	駅	eki
reservierter Sitzplatz	指定席	shitei-seki
Zweite Klasse	二等	nito
U-Bahn	地下鉄	chikatetsu
Zug	電車	densha
nicht reservierter Sitzplatz	自由席	jiyu-seki

Hotels

Haben Sie Zimmer frei?	部屋がありますか？	Heya ga arimasu ka?
Ich habe eine Reservierung.	予約を してあります。	Yoyaku o shite arimasu.
Ich hätte gern ein Zimmer mit Bad.	お風呂付の部屋 お願いします。	Ofuro-tsuki no heya, onegaishimasu.
Was kostet das Zimmer pro Nacht?	一泊 いくらですか？	Ippaku ikura desu ka?
Ist die Steuer im Preis enthalten?	税込みですか？	Zeikomi desu ka?
Kann ich mein Gepäck hier eine Weile abstellen?	荷物をここに ちょっと預けても いいですか？	Nimotsu o koko ni chotto azuketemo ii desu ka?
Klimaanlage	冷房／エアコン	reibo / eakon
Bad	お風呂	ofuro
Auschecken	チェックアウト	chekku-auto
Föhn	ドライヤー	doraiya
heißes (gekochtes) Wasser	お湯	oyu
Gästehaus im japanischen Stil	旅館	ryokan
Zimmer im japanischen Stil	和室	washitsu
Schlüssel	鍵	kagi
Rezeption	フロント	furonto
Einzel-/ Doppelzimmer	シングル／ ツイン	shisnguru / tsuin
Dusche	シャワー	shawa
Hotel im westlichen Stil	ホテル	hoteru
Zimmer im westlichen Stil	洋室	yoshitsu

Im Restaurant

Einen Tisch für ein / zwei / drei Personen, bitte.	一人／二人 三人、 お願いします。	Hitori/futari/ sannin, onegaishimasu.
Bitte die Speisekarte.	メニュー、 お願いします	Menyu, onegaishimasu.
Gibt es ein Menü?	定食が。 ありますか？	Teishoku ga arimasu ka?
Ich möchte …	私は・・・が いいです。	Watashi wa … ga ii desu.
Kann ich davon eins haben?	それをひとつ、 お願いします？	Sore o hitotsu, onegaishimasu?
Ich bin Vegetarier.	私は ベジタリアンです。	Watashi wa bejitarian desu.
Ober / Bedienung!	ちょっと すみません!	Chotto sumimasen!
Was können Sie empfehlen?	おすすめは 何ですか？	Osusume wa nan desu ka?
Wie isst man das?	これは、どうやって 食べますか？	Kore wa, doyatte tabemasu ka?
Können wir bitte die Rechnung haben?	お勘定、 お願いします。	Okanjo, onegaishimasu?
Können wir von … mehr haben?	もっと・・・、 お願いします。	Motto …, onegaishimasu?
Das Essen war sehr gut, danke.	ごちそうさまでした、 おいしかったです。	Gochiso-sama deshita, oishikatta desu.
Auswahl	盛り合わせ	moriawase
Bento-Box	弁当	bento
Frühstück	朝食	choshoku
Büfett	バイキング	baikingu
köstlich	おいしい	oishii
Abendessen	夕食	yushoku
trinken	飲む	nomu
Getränk	飲み物	nomimono
essen	食べる	taberu
Speise	食べ物／ ごはん	tabemono / gohan
satt	おなかがいっぱい	onaka ga ippai
heiß / kalt	熱い／冷たい	atsui / tsumetai
hungrig	おなかがすいた	onaka ga suita
japanisches Essen	和食	washoku
Mittagessen	昼食	chushoku
Menü zum Festpreis	セット/ 定食	setto / teishoku
würzig, scharf	辛い	karai
süß, mild	甘い	amai
westliches Essen	洋食	yoshoku

Restaurants, Cafés, Bars

Cafeteria / Kantine	食堂	shokudo
Chinesisches Restaurant	中華料理屋	chuka-ryori-ya
Coffeeshop / Café	喫茶店／ カフェ	kissaten / kafe
Bar, Kneipe	飲み屋／ 居酒屋	nomi-ya/ izakaya
Nudelstand	ラーメン屋	ramen-ya
Restaurant	レストラン／ 料理屋	resutoran/ ryori-ya
Sushi-Bar (Drehrestaurant)	回転寿司	kaiten-zushi
Nobel-Restaurant	料亭	ryotei
gehobenes vegetarisches Restaurant	精進料理屋	shojin-ryori-ya

Speisen

Apfel	りんご	ringo
Bambus-sprossen	たけのこ	takenoko
Bohnenpaste (Tofu)	豆腐	tofu
Bohnensprossen	もやし	moyashi
Bohnen	豆	mame
Rindfleisch	ビーフ／ 牛肉/	bifu gyuniku
Frikadelle (Burger)	ハンバーグ	hanbagu

Kugelfisch	ふぐ	fugu
Thunfisch	かつお／ツナ	katsuo / tsuna
Brot	パン	pan
Butter	バター	bata
Kuchen	ケーキ	keki
Huhn	とり／鶏肉	tori / toriniku
Konfekt	お菓子	okashi
Krebs	かに	kani
Ente	カモ	kamo
Aal	うなぎ	unagi
Ei	卵	tamago
Aubergine (Eierfrucht)	なす	nasu
fermentierte Sojabohnenpaste	みそ	miso
fermentierte Sojabohnen	納豆	natto
Fisch (roh)	刺身	sashimi
gebratener Tofu	油揚げ	abura-age
Obst	くだもの	kudamono
Ingwer	しょうが	shoga
Hamburger	ハンバーガー	hambaga
Haute Cuisine	会席	kaiseki
Hering	ニシン	nishin
Vorspeisen	オードブル	odoburu
Eiscreme	アイスクリーム	aisu-kurimu
Schinken	ジャム	jamu
japanische Pilze	まつたけ／しいたけ／しめじ	mats'take / shiitake / shimeji
Nashi-Birne	梨	nashi
Schmerle	どじょう	dojo
Hummer	伊勢海老	ise-ebi
Makrele	さば	saba
Makrelenhecht	さんま	samma
Mandarin-Orange	みかん	mikan
Fleisch	肉	niku
Melone	メロン	meron
Wild-gemüse	山菜	sansai
Nudeln:		
Buchweizen	そば	soba
chinesische	ラーメン	ramen
Weißmehl	うどん／そうめん	udon (dick) / somen (dünn)
Oktopus	たこ	tako
Omelett	オムレツ	omuretsu
Auster	カキ	kaki
Pfirsich	桃	momo
Pfeffer	こしょう	kosho
Kakifrucht	柿	kaki
Eingelegtes	漬物	tsukemono
Schweinefleisch	豚肉	butaniku
Kartoffel	ジャガイモ	jagaimo
Reis:		
gekocht	ごはん	gohan
roh	米	kome
Reiscracker	おせんべい	osembei
Roastbeef	ローストビーフ	rosutobifu
Salat	サラダ	sarada
Lachs	鮭	sake
Salz	塩	shio
Sandwich	サンドイッチ	sandoichi
Wurst	ソーセージ	soseji
Leckerbissen	おつまみ	otsumami
Seetang:		
Rotalge	のり	nori
Braunalge	こんぶ	kombu
Garnele	海老	ebi
Suppe	汁／スープ	shiru / supu
Sojasauce	しょうゆ	shoyu
Spaghetti	スパゲティ	supageti
Spinat	ほうれん草	horenso
Tintenfisch	いか	ika
Steak	ステーキ	suteki
Zucker	砂糖	sato
Sushi (gemischt)	五目寿司	gomoku-zushi
Süßwasserfisch / Stint	鮎	ayu
Taro (stärkehaltiges Gemüse)	里芋	sato imo
Toast	トースト	tosuto
Forelle	鱒	masu
Seeigel	ウニ	uni
Gemüse	野菜	yasai
Wassermelone	すいか	suika
Wildschwein	ぼたん／いのしし	botan / inoshishi

Getränke

Bier	ビール	biru
Kaffee (heiß)	ホットコーヒー	hotto-kohi
Colagetränk	コーラ	kora
Grüner Tee	お茶	ocha
kalter Kaffee:		
schwarz	アイスコーヒー	aisu-kohi
mit Milch	アイスオーレ	kafe-o-re
Zitronentee	レモンティー	remon ti
Milch	ミルク／牛乳	miruku / gyunyu
Mineralwasser	ミネラルウォーター	mineraru uota
Orangensaft	オレンジジュース	orenji jusu
Reiswein (alkoholfrei)	酒（甘酒）	sake (ama-zake)
Tee (im westlichen Stil)	紅茶	kocha
Tee mit Milch	ミルクティー	miruku ti
Wasser	水	mizu
Whisky	ウイスキー	uisuki
Wein	ワイン／ぶどう酒	wain / budoshu

Gesundheit

Mir geht es nicht gut.	気分がよくないです。	Kibun ga yokunai desu.
Mir tut … weh.	・・・が痛いです。	… ga itai desu.
Ich bin allergisch auf …	・・・アレルギーです。	… arerugi desu.
Asthma	喘息	zensoku
Husten	咳	seki
Zahnarzt	歯医者	haisha
Diabetes	糖尿病	tonyo-byo
Durchfall	下痢	geri
Arzt	医者	isha
Fieber	熱	netsu
Kopfweh	頭痛	zutsuu
Krankenhaus	病院	byoin
Medizin	薬	kusuri
traditionelle Medizin	漢方薬	kampo yaku
Apotheke	薬局	yakkyoku
Rezept	処方箋	shohosen
Bauchschmerzen	腹痛	fukutsu
Zahnschmerzen	歯が痛い	ha ga itai

Zahlen

0	ゼロ	zero
1	一	ichi
2	二	ni
3	三	san
4	四	yon/shi
5	五	go
6	六	roku
7	七	nana/shichi
8	八	hachi
9	九	kyu
10	十	ju
11	十一	ju-ichi
12	十二	ju-ni
20	二十	ni-ju
21	二十一	ni-ju-ichi
22	二十二	ni-ju-ni
30	三十	san-ju
40	四十	yon-ju
100	百	hyaku
101	百一	hyaku-ichi
200	二百	ni-hyaku
300	三百	san-byaku
400	四百	yon-hyaku
500	五百	go-hyaku
600	六百	roppyaku
700	七百	nana-hyaku
800	八百	happyaku
900	九百	kyu-hyaku
1000	千	sen
1001	千一	sen-ichi
2000	二千	ni-sen
10 000	一万	ichi-man
20 000	二万	ni-man
100 000	十万	ju-man
1 000 000	百万	hyaku-man
123 456	十二万三千四百五十六	ju-ni-man-san-zen-yon-hyaku-go-ju-roku

Zeit

Montag	月曜日	getsuyobi
Dienstag	火曜日	kayobi
Mittwoch	水曜日	suiyobi
Donnerstag	木曜日	mokuyobi
Freitag	金曜日	kinyobi
Samstag	土曜日	doyobi
Sonntag	日曜日	nichiyobi
Januar	一月	ichi-gatsu
Februar	二月	ni-gatsu
März	三月	san-gatsu
April	四月	shi-gatsu
Mai	五月	go-gatsu
Juni	六月	roku-gatsu
Juli	七月	shichi-gatsu
August	八月	hachi-gatsu
September	九月	ku-gatsu
Oktober	十月	ju-gatsu
November	十一月	ju-ichi-gatsu
Dezember	十二月	ju-ni-gatsu
Frühling	春	haru
Sommer	夏	natsu
Herbst	秋	aki
Winter	冬	fuyu
Mittag	正午	shogo
Mitternacht	真夜中	mayonaka
heute	今日	kyo
gestern	昨日	kino
morgen	明日	ashita
heute Morgen	今朝	kesa
heute Nachmittag	今日の午後	kyo no gogo
heute Abend	今晩	konban
jeden Tag	毎日	mainichi
Monat	月	getsu / tsuki
Stunde	時	ji
Zeit / Stunde (Dauer)	時間	jikan
Minute	分	pun / fun
dieses Jahr	今年	kotoshi
letztes Jahr	去年	kyonen
nächstes Jahr	来年	rainen
ein Jahr	一年	ichi-nen
spät	遅い	osoi
früh	早い	hayai
bald	すぐ	sugu

DANKSAGUNG

Dorling Kindersley dankt folgenden Personen für ihre Beiträge zur letzten Ausgabe: Masumi Kamozaki, Helen Peters, Simon Scott, Matthew Wilcox.

BILDNACHWEIS

Dorling Kindersley dankt folgenden Personen und Institutionen für die freundliche Genehmigung zum Abdruck ihrer Fotos

o = oben; u = unten; m = Mitte; l = links; r = rechts.

123RF.com: 126–127o; Steve AllenUK 65ur; Leonid Andronov 214o; Nattee Chalermtiragool 152o; David Crane 71m; Diego Grandi 186ul; jaimax 268ul; kawamuralucy 114ol; Sanchai Loongroong 309or; Luciano Mortula 186mru, 217ul; mtaira 173ul; oleandra 82–83; ookinate23 39mru; Sean Pavone 235ol; PaylessImages 41mru; Chan Richie 286mru; Pandech Saleewong 34ol; Sompob Tapaopong 253o; tomas1111 132m; Yiu Tung Lee 220or; tupungato 32mr; yusukerf 43ur.

4Corners: Massimo Borchi 136; Maurizio Rellini 326–327.

Alamy Stock Photo: Stuart Abraham 43ml; AF archive 47ml; Aflo Co. Ltd. 11ur, 55or, 59mru, 62u, 66–67o, /Hiroyuki Sato 28mr, /Nippon News 255or, /Ben Weller 70ur; age fotostock/Javier Larrea 201u; All Canada Photos 38–39o; ART Collection 73mu, 224ul; Askanioff 216mlu; David Ball 310o; Mark Bassett 13ur; Patrick Batchelder 8ml; Blue Jean Images 254or, 308ol; Tibor Bognar 160ur, 162ul, 242ur; Dominic Byrne 322–323o; Pocholo Calapre 36om; Nano Calvo/© 2010 Ólafur Elíasson *Colour activity house*, 2010 166–167o; Jui-Chi Chan 119o; David Cherepuschak 175or; Chon Kit Leong 202–203o; Trevor Chriss 74mu; Chronicle 75or, 75mr, 240or; Classic Image 73ur, 74–75o; coward_lion 46–47u, 170um, 195o, 198ol; Terry Donnelly 324u; Paul Dymond 291ur; EDU Vision 141ul, 241or, 300um, 308ur; Ei Katsumata - FLP 244; Robert Evans 4, 134ur; Everett Collection Historical 76ol; F1online digitale Bildagentur GmbH/D. Fernandez & M. Peck 323ur; Malcolm Fairman 73ol, 190ul; FantasticJapan 157or; Food for Thought 140ul; Fabio Formaggio 61ml; Granger Historical Picture Archive 74ol; Harry Green 87mro; Hemis 93ur, 111mru, 194mlu, 306ol; Brent Hofacker 61ur; Camilla Hohmann 290um; Horizon Images/Motion 231mlo, 279or; Peter Horree 111mr; Image navi - QxQ images 43mru, 140ml, 293o; imageBROKER 193or; JeffG 88mlu; Haiyun Jiang 72um; jirobkk 312ul; John Frost Newspapers 76mr; Jon Arnold Images Ltd 320um; Juite Wen 172o; Yoshiyuki Kaneko 311ur; Keystone Pictures USA 86or; Hideo Kurihara 111ul, 114ur; Lebrecht Music & Arts 47or, 73or, 76um; Chu-Wen Lin 318mlu; Cseh Loan 197ul; LOOK Die Bildagentur der Fotografen GmbH/Axel Schwab 159u, 168u; Ivan Marchuk 72ur; Iain Masterton 61or, 63ur, 107, 235ur, 240u; Michael Matthews 226ul; mauritius images GmbH 22o, 92o, 196u, /Jose Fuste Raga 116–117u; Mint Images Limited 54–55u, 55ur; Trevor Mogg 237or; Moonie's World 119mro; Tuul und Bruno Morandi 243ur; Geoffrey Morgan 265ml; myLAM 92ul; paolo negri 307mro; Newscom 44ur, 106mlu, 110–111o, /BJ Warnick 196mr; Nic Cleave Photography 233ur; Niday Picture Library 72o; Old Paper Studios 75mlu; Panther Media GmbH/Pius Lee 171ul; Alberto Paredes 184or; Sean Pavone 12–13u, 118ur, 135, 170o, 188ul, 194ul, 238–239u, 256ur, 274u, 278–279u, 313o, 318u, 320o; Miguel A. Muñoz Pellicer 121o; Photononstop 250r, /© Estate of George Rickey/VAGA at ARS, NY and DACS, London 2019 *Three Squares Vertical Diagonal*, 2007 250–251u; Prisma by Dukas Presseagentur GmbH 76mru, 130ol, 219or, /Raga Jose Fuste 145u; *Pumpkin*, Benesse Art Site Naoshima/Akira Suemori 68ol; QEDimages 200ul; Alex Ramsay 198m; Cheryl Rinzler 67mlo; robertharding 67mru, 276ol, 325o, Ian Robinson 259ur; Ralph Rozema 159m; Pietro Scòzzari 287ol; Alex Segre 130–131u; Skye Hohmann Japan Images 174mr; SOURCENEXT 13o, 56–57o, /MIXA 97mlu; dave stamboulis 321ul, 322mlu; John Steele 97u, 258mlu; StockFood Ltd. 140mlo; StockShot 319or; Edmund Sumner-VIEW 109ur; Jeremy Sutton-Hibbert 52ul, 65ml; TCD/Prod.DB 46ol; The Picture Art Collection 68–69u, 73mlo, 128mru; Top Photo Corporation 269u; Travel 53ur; travelbild-asia 128–129o; Jorge Tutor 131or; Leisa Tyler 30mru; Lucas Vallecillos 10mlu, 59or, 71ur, 115o, 192u, 202ul, 231mo, 268or; Ivan Vdovin 128ul, 131mu; Chris Willson 12mlu, 280, 293ml; Peter M. Wilson 98ul; World Discovery 70ul, 113or; World History Archive 216mlu, 224ur, 287ur; Masayuki Yamashita 89ur, 142–143; Ka Wing Yu 271ol; Philipp Zechner 311or.

AWL Images: Jan Christopher Becke 290–291o; Marco Gaiotti 17o, 148–149; Gavin Hellier 191mro.

Bacon: 58–59o.

Bridgeman Images: historische Bilder 224ul.

Depositphotos Inc: javarman 177or; kadsada23@gmail.com 288o; leungchopan 276ur; nicholashan 30o; parody 301ol; sepavone 215mr; Torsakarin 2–3; yoshiyayo 77mu.

Dreamstime.com: A1977 40–41u; Aaa187 229; Leonid Andronov 37ul; Sittichan Ausavakornthanarat 34–35mo; Kristopher Bason 21, 314–315; Beatricesirinun 24mlo; Lance Bellers 36–37o; Bennnn 53ml; Bennymarty 12o, 26mru, 63ml, 90o, 116ol, 155mro, 156–157u; Shubhashish Chakrabarty 169or; Checco 228mlu; Cowardlion 45ml, 86–87u, 143ul, 163ol, 185ol, 198–199u, 221ul, 302mlu, 302mu, 302um, 305ol; Leo Daphne 51ur, 266ur; Eudaemon 115mr; Eyeblink 292u; F11photo 309u; Angela Ho 41ml; Thomas Humeau 74ur; Ixuskmitl 206ul, 272–273u; Jonkio4 87ol; Kan1234 57ur, 270ur; Thitichot Katawutpoonpun 275ol; Patryk Kosmider 8–9, 204ul; Kuremo 142ul; Erik Lattwein 49ul; Chon Kit Leong 232ul; Bo Li 65or; Lumppini 50–51u; Luciano Mortula 218–219o; Mosaymay 32mru; Mrnovel 28ul, 216mru; Roland Nagy 8mlo; Naruto4836 140ur; Ngo Pang Ng 286u; Thanathorn Ngammongkolwong 306–307u; Sean Pavone 10mo, 20ul, 24–25o, 36ul, 41or, 48ul, 49mru, 64–65u, 76–77o, 100ul, 102–103, 158–159o, 164o, 165or, 166ul, 225, 231ol, 242–243o, 252u, 264o, 266o, 288–289u, 294–295, 298o, 301mro; Phuongphoto 24ol, 144–145o; Pipa100 228ur; Platongkoh 32ul; Ekaterina Polyashova 8mlu; Psstockfoto 299ml; Prasit Rodphan 48–49o; Eq Roy 64or; Somchai Sanguankotchakorn 154o; Seiksoon 39ml; Serge001 96ol; Hsu Yu Sheng 24–25mo; Siraanamwong 185mlo; Ignasi Such 160–161o; Aduldej Sukaram 77mro; Alex Sun 69ur; Parinya Suwanitch 108ul; Tktktk 22mr, 28mru; Jens Tobiska 50or; Torsakarin 177mro, 226–227o; Tupungato 121mr, 309mr; Vincentstthomas 44–45o; Krisada Wakayabun 42–43o; Chun-Chang Wu 251mro.

Getty Images: a-clip 10–11u; AFP/Kazuhiro Nogi 62ol, 250mlu, /Martin Bureau 54ol, 57mlo, /Toshifumi Kitamura 139mro, /Japan Pool 45ur; Corbis Documentary/B.S.P.I. 238um; Carl Court 77mru, 122–123; Yongyuan Dai 77or; De Agostini Picture Library 55ml;

DigitalVision/Matteo Colombo 26o; Fine Art 159or; Glowimages 224mro; Taro Karibe 60ol; John S. Lander 56u, 205mro; Moment/Marser 146–147; Denis O'Regan 216mru; Print Collector 75ur; Raga 60–61u; Jeremy Sutton-Hibbert 193ur; The Asahi Shimbun 63o, 138–139u, 139ol, 139or.

iStockphoto.com: 7maru 42–43u; 10max 254–255u; 4X-image 132ml; akiyoko 11o; AlexStoen/Yayoi Kusama *Pumpkin*, 1994 251ol; alisonteale24 22ul; ColobusYeti 62mro; coward_lion 74mlo, 115ur, 174u, 236–237u; Yongyuan Dai 101ur; DanielBendjy 40ol; DavorLovincic 30mr, 32o, 277o; E+/Eloi_Omella 18, 210; electravk 309mro, 309mru; enviromantic 185mro; finallast 224ur; golaizola 112–113u; gyro 178; helovi 309ml; iconogenic 272ol; japanthings 121ur; JavenLin 112–113o; kanonsky 35or; kiennews 51or; Korkusung 22mru, 95ur; Rich Legg 132mu; lisegagne 51ml; MasaoTaira 176or; Masaru123 66u; mrtom-uk 224mru; Nayomiee 140o; nicholashan 30ul; oluolu3 197o; paprikaworks 256–257o; Sean Pavone 6–7, 120u, 222–223o, 234u, 238o; petesphotography 20o, 282–283; preuk13 304u; Ratth 133um; recep-bg 58ul; RichLegg 13mr; Rixipix 106ur; sara_winter 207mro; SeanPavonePhoto 11mr, 19mu, 189o, 200or, 209u, 260–261; shirophoto 28o; somchaij 26ul; spastonov 140mlu; superjoseph 186–187; chee gin tan 17ul, 180–181; tanukiphoto 34–35o; thanyarat07 71ul; TommL 16, 78–79; visualspace 94–95o; VittoriaChe 26mr; shih-wei 52–53o; whitewish 188mro; winhorse 99ur.

Robert Harding Picture Library: Photo Japan 205o.

Shutterstock: EQRoy 69ml; witaya ratanasirikulchai 69or; Snap Stills 47ur.

Sound Museum Vision: 59ml.

SuperStock: age fotostock/Lucas Vallecillos 38–39u; Mauritius/Jose Fuste Raga 19ol, 246–247; Prisma/Steve Andrew Vidler 128ur.

Umschlag
Vorderseite und Buchrücken: **Dreamstime.com:** Luciano Mortula.
Rückseite: **Alamy Stock Photo:** Prasit Rodphan ml; **Getty Images/iStock:** Sean Pavone or; **petesphotography/E+** m.

MIX
Papier | Fördert gute Waldnutzung
FSC® C018179
FSC www.fsc.org

Dieser Reiseführer wird regelmäßig aktualisiert. Angaben wie Telefonnummern, Öffnungszeiten, Adressen, Preise und Fahrpläne können sich jedoch ändern. Der Verlag kann für fehlerhafte oder veraltete Angaben nicht haftbar gemacht werden. Für Hinweise, Verbesserungsvorschläge und Korrekturen ist der Verlag dankbar.
Bitte richten Sie Ihr Schreiben an:

Dorling Kindersley Verlag GmbH
Redaktion Reiseführer
Arnulfstraße 124 • 80636 München
reise@dk.com

DK | Penguin Random House

www.dk-verlag.de

DK London (aktualisierte Neuauflage)

Mitwirkende Rebecca Hallett

Lektorat Georgina Dee, Halima Mohammed, Anjasi N.N., Lucy Sara-Kelly, Alison McGill, Shikha Kulkarni, Beverly Smart, Hollie Teague

Gestaltung und Bildredaktion Maxine Pedliham, Priyanka Thakur, Sarah Snelling, Dipika Dasgupta, Donna-Marie Scrase, Stuti Tiwari, Ankita Sharma, Tanveer Zaidi, Taiyaba Khatoon, Vagisha Pushp

Herstellung Jason Little, Kariss Ainsworth

Kartografie Suresh Kumar, Ashif

Illustrationen Richard Bonson, Gary Cross, Richard Draper, Paul Guest,Claire Littlejohn, Maltings Partnership, Mel Pickering, John Woodcock

Zuerst erschienen 2000 in Großbritannien bei Dorling Kindersley Ltd., London

Aktualisierte Neuauflage 2024 / 2025

Verlagsleitung Monika Schlitzer, DK Verlag
Programmleitung Heike Faßbender, DK Verlag
Redaktionsleitung Stefanie Franz, DK Verlag
Herstellungskoordination Antonia Wiesmeier, DK Verlag
Übersetzung Barbara Rusch, München; Dr. Elfi Ledig, München
Redaktion Dr. Gabriele Rupp, Krailling
Schlussredaktion Susanne Traub-Schweiger, Garmisch-Partenkirchen
Umschlaggestaltung Ute Berretz, München
Satz und Produktion DK Verlag, München
Druck TBB, a.s., Slowakei

ISBN 978-3-7342-0777-8
18 19 20 25 24 23

Hokkaido
Wakkanai
Nationalpark Rishiri-Rebun-Sarobetsu
Toyotomi
Esashi
Otoineppu
Shosanbetsu
Nayoro
Okoppe
Tomamae
Shibetsu
Yubetsu
Shiretoko-National-park
Abashiri
Rumoi
Aibetsu
Kitami
Bihoro
Shibetsu
Asahikawa
Akan-Nationalpark
Hamamasu
Halbinsel Nemuro
Atsuta
Nationalpark Daisetsu-zan
Nationalpark Kushiro-Shitsugen
Furen-See
Furano
Honbetsu
Kamoenai
Ebetsu
Akkeshi-Bucht
Sapporo
Kushiro
Iwanai
Ikeda
Obihiro
Onbetsu
Niseko-Skigebiet
Chitose
Urahoro
Nationalpark Shikotsu-Toya
Tomakomai
Taiki
Oshamanbe
Shizunai
Hiroo
Yakumo
Muroran
Erimo
Nationalpark Onuma-Quasi
Mori
Kaminokuni
Hakodate
Matsumae
Oma
0 Kilometer 100
N
Pohang
Gyeongju
SÜD-KOREA
Busan
Tottori-Sanddünen
Matsue
Izumo
Tottori
Hidaka
Kisuki
Chizu
Asago
Katsuyama
Tsuyama
Hamada
Miyoshi
Fukiya
Himeji
Burg Himeji
Masuda
Okayama
Imbe
Kobe
Tsuwano
Kurashiki
Hiroshima
Benesse Art Site Naoshima
Akiyoshi-dai-Tafelland
Hagi
Mihara
Fukuyama
Seto-Inlandsee
Takamatsu
Yamaguchi
Miyajima
Naruto-Strudel
Shimonoseki
Iwakuni
Kotohira
Kitakyushu
Shunan
Imabari
Tokushima
Yukuhashi
Saijo
Matsuyama
Fukuoka
Otoyo
Usa
Dazaifu
Minami
Tanabe
Ausgrabungsstätte Yoshinogari
Ozu
Uchiko
Nankoku
Onta
Kochi
Toyo
Sasebo
Saga
Beppu
Kurume
Oita
Uwajima
Susaki
Muroto
Yanagawa
Yufuin
Shikoku
Stein-Buddhas von Usuki
Shimanto
Nagasaki
Halbinsel Shimabara
Berg Aso
Kumamoto
Sukumo
Takachiho
Kap Ashizuri
Yatsushiro
Nobeoka
Ashikita
Hyuga
Hitoyoshi
Kyushu
Nationalpark Kirishima-Kinkowan
Miyazaki
Sendai
Nichinan-Küste
Kagoshima
Nichinan
Chiran
Shibushi
Ibusuki
A
B
C
1
2
3
4
5
6
7